Derecho político

Fernando Jiménez Larraín
Fernando Jiménez Loosli

Profesores de Derecho Político y Constitucional
Universidad Católica de la Santísima Concepción

Derecho Político

EDICIONES
UCSC

Derecho político
Tercera edición: marzo de 2017

Caupolicán 491
Concepción, Chile
web-site: www.ucsc.cl/servicios/editorial/
mail: editorial@ucsc.cl
Teléfono: (56-41) 2735550
Fax: (56-41) 2735551

Composición, diseño de portada e impresión: RIL® editores

Impreso en Chile • *Printed in Chile*

ISBN 978-956-7943-76-0

PRESENTACIÓN

Este libro ha sido estructurado conforme al Programa de Estudios de la Facultad de Derecho de la Universidad Católica de la Santísima Concepción, para el curso de pregrado de la Carrera de Derecho, conducente al título de Abogado, que es impartido en forma anual.

Su elaboración se ha efectuado con el objetivo de proporcionar al alumno una visión general del Derecho Político, el cual constituye el fundamento de la parte teórica del Derecho Constitucional.

En esta tercera edición se han modificado el contenido de los anteriores textos e introducido nuevas materias que corresponden a nuevas realidades de la evolución política de los Estados.

Las distintas materias se encuentran tratadas en relación al contenido esencial que facilite su comprensión, con referencias bibliográficas que permitan al estudiante profundizar aquellos aspectos que puedan ser motivo de una especial atención teniendo en consideración la naturaleza de pregrado del ramo

En letra cursiva se indican vocablos o materias para destacar su importancia e inducir a una mayor atención en esos aspectos.

Con el objeto de una mejor comprensión por parte del estudiante de los contenidos teóricos del Derecho Político y su aplicación al orden jurídico vigente en nuestro país, se hacen referencias a las disposiciones de la Constitución que regulan o tratan dichas materias.

En el libro se estudia el origen, evolución y características de las distintas instituciones sociales, políticas y jurídicas así como los valores, principios y normativas jurídicas que regulan la organización y funcionamiento del Estado, sus órganos estatales, sus competencias, los derechos y obligaciones individuales, así como los instrumentos y medios de garantías y protección de ellos.

Conforme a lo anterior, el libro está constituido por el Capítulo I referido al concepto de política, sus elementos, y las disciplinas afines; el Capítulo II trata de la formación del Derecho Político, en especial en cuanto al aporte de las ideas e instituciones políticas, especialmente de Inglaterra, EE.UU. de Norteamérica, y Francia; el Capítulo III se aboca a la Teoría de la Sociedad, como expresión de las distintas manifestaciones de la vivencia humana.

El Capítulo IV trata de la Teoría del Estado, en que se analiza éste como estructura superior de la sociedad, sus elementos constitutivos y las distintas formas jurídicas que pueden adoptar los Estados y el Capítulo V está destinado a la Teoría del Gobierno analizándose las distintas formas y características que pueden presentar las relaciones de los gobernantes en la conducción política del Estado y sus relaciones con los gobernados y los medios que éstos tienen para participar en el gobierno.

El Capítulo VI estudia la Teoría de la Constitución, cuya finalidad es destacar la importancia jurídica y política que tiene la Norma Fundamental en cuanto organiza y estructura el Estado, considerándose su naturaleza, las distintas clases de Constituciones que se constatan en el Derecho Comparado, el origen de las mismas, su supremacía en el orden jurídico, su control y las distintas situaciones de anormalidad que pueden presentarse; finalmente, el Capítulo VII versa sobre las distintas fuerzas políticas que buscan el acceso al poder político,tanto aquellas de carácter individual o espontáneo como las de naturaleza organizada.

En la preparación de este Texto hemos recurrido a nuestra experiencia académica y muy especialmente a los estudios e investigaciones elaborados por distinguidos académicos, profesores y juristas, tanto nacionales como extranjeros cuyas fuentes hemos señalado como final de página.

Los autores esperan que este libro constituya un aporte a los Estudiantes de Derecho en el proceso de su formación jurídica para el ejercicio de la noble y honrosa profesión de Abogado.

Concepción, Chile, Septiembre de 2016.

CAPITULO I

DERECHO POLÍTICO

1. Introducción

La vida del ser humano se encuentra regulada por un conjunto de preceptos y valores que permite que ésta se desenvuelva en armonía dentro de la sociedad y puedan desarrollarse todas las manifestaciones de su existencia, en los distintos campos de acción en que pueda actuar. Sin embargo, el origen, naturaleza y efectos de los elementos reguladores del comportamiento humano tiene diferencias profundas, aún cuando existan zonas de conexiones entre ellas.

El diario vivir en una comunidad, impone determinadas costumbres o *usos sociales*,tales como formas de saludos, reglas en el uso del lenguaje, vestir, comer, etc., que, en términos generales, constituyen lo que se denomina como la buena educación. La sanción por las infracciones a estas costumbres importa un juicio de reproche por parte de la sociedad.

Asimismo,el ser humano debe encuadrar su conducta a preceptos y valores inherentes a su naturaleza que le permiten distinguir entre el bien y el mal, para cuyos efectos la *moral* juega un papel rector en su comportamiento. Ellos se encuentran en el fuero interno del individuo y, su falta de observancia, son generadores de una sanción moral cuando se advierten actuaciones inadecuadas o cuando el grupo social así lo considera. Sin embargo, las sanciones no se manifiestan en consecuencias externas.

Del mismo modo, existen mandatos y prohibiciones que rigen la vida de los hombres derivados de la aceptación de la existencia de un Ser Supremo y que su finalidad es la de regular el comportamiento humano en vista de una vida supra terrenal. Estas reglas son de carácter *religioso* y su inobservancia es causante de sanciones de esa naturaleza. Se trata de una relación entre la persona y Dios y las infracciones a esas normas son propias del campo religioso.

Finalmente, existen otros principios y valores que son determinados por la propia comunidad por intermedio de sus autoridades y se expresan en las *normas jurídicas*que son reglas de conductas exteriores, bilaterales, imperativas y coercitivas que regulan las acciones de los hombres con el fin de establecerun ordenamiento justo en la convivencia humana.[1]

En las normas jurídicas se establecen los derechos y las obligaciones que hacen posible la vida en sociedad y a cuyo cumplimiento se encuentran obligadas todas las personas. Su infracción o incumplimiento genera sanciones establecidas por el orden jurídico y que, según la naturaleza de la norma violada y del bien protegido, pueden tener carácter civil, penal, administrativo u otros.

2. Concepto de Derecho.

La palabra "derecho"deriva del latín "directus", esto es, recto, igual, seguido, sin torcerse a un lado u otro y conforme al Diccionario de la Lengua Española[2] tiene diversas acepciones:

a) Aquello que es justo, fundado, razonable, legítimo.

b) Aquello que es cierto, conocido como verdadero, seguro, indubitable.

c) Facultad natural del hombre para hacer legítimamente lo que conduce a los fines de su vida.

d) Facultad de hacer o exigir todo aquello que la ley o la autoridad establece en nuestro favor, o que el dueño de una cosa nos permite con ella.

e) Consecuencias naturales del estado de una persona, o sus relaciones con respecto a otras.

f) Acción que se tiene sobre una persona o cosa.

g) Justicia, razón.

h) Conjunto de principios, preceptos o reglas a que están sometidas las relaciones humanas en toda sociedad civil y a cuya observancia pueden ser compelidos los individuos por la fuerza.

No obstante, las distintas acepciones señaladas, se puede conceptualizar el derecho como "el ordenamiento social y coercible de la acción humana según un criterio de justicia",[3] o bien, como "una forma de vida social en la cual se realiza un punto de vista sobre la justicia que delimite las

---

1 Pacheco M. Máximo Teoría del Derecho. Edit. Jurídica. Chile. Año 1993.p.50.

2 Real Academia Española. Editorial Espasa Calpe S. A. Madrid 1984. T. I. p.455.

3 Giuseppe Graneris. La Filosofía del Derecho a través de su historia y de sus problemas. Edit. Jurídica. Chile. Año 1979.p.62.

respectivas esferas de licitud y deber, mediante un sistema de legalidad dotado de valor autárquico"[4].

Desde una perspectiva amplia,el derecho es el conjunto de principios, preceptos y normas jurídicas, establecidos por la autoridad, que rige las relaciones de los particulares entre sí y entre éstos y el Estado, y cuyo cumplimiento puede exigirse coercitivamente.

Estas normas establecidas por la autoridad legítimamente constituida, tienen por finalidad, en última instancia,favorecer el logro del bien común, tanto de la sociedad como el de cada miembro de ella y, por lo cual, deben estar fundadas en el respeto de los derechos esenciales del ser humano, tales como la libertad, la dignidad, la igualdad, la justicia,es decir, con los derechos personales, también denominados derechos humanos.

El Derecho constituye una unidad de normas y preceptos que se interconectan entre sí y, a pesar de la diferenciación respecto de los bienes jurídicos protegidos, mantienen perfiles comunes que se encuadran dentro de la filosofía, valores y principios que la propia colectividad, conforme a su cultura y voluntad soberana, resuelve establecer para su convivencia y que plasma en la ley fundamental o Constitución Política que es el marco general dentro del cual el derecho es expresado.

3. Clasificación del Derecho.

No obstante esta unidad del Derecho,se pueden examinar las distintas facetas en que éste se puede manifestaren la sociedad, como el Derecho Natural, Derecho Positivo, Derecho Objetivo, Derecho Subjetivo, Derecho Público y Derecho Privado. Cada una de estas ramas del Derecho permite considerar otras clasificaciones de mayor especificación en las materias que se trate.

4. Derecho Natural.

La historia de las distintas culturas humanas demuestra que en pueblos diversos y épocas distintas, los hombres han reconocido la existencia de reglas de comportamientos que emanan de la naturaleza humana y, consecuencialmente, aceptadas racionalmente como necesarias para su convivencia, que tienen el carácter de inmutables en el tiempo y en el espacio.

---

[4] Legaz L. y Lacambra. Filosofía del Derecho. Bosch. Casa Edit. S. A. Barcelona. Año 1971.p.288.

Ello se puede constatar en antiguos textos y escritos hebreos, egipcios, chinos, romanos y otros en que se consideraba la existencia de una ley natural, independientemente de la ley positiva establecida por la autoridad.

El surgimiento del cristianismo desarrolló ampliamente estas concepciones de la existencia de la ley natural expresadas en las directas enseñanzas de Jesús, conocidas a través del Evangelio y, además, posteriormente, por la explicitación de los filósofos y teólogos de la Patrística, como San Agustín; los Escolásticos, como Santo Tomas de Aquino y, posteriormente, por los autores de la Escuela Clásica del Derecho Natural, cuyos representantes más destacados son Hugo Grocio, Tomas Hobbes, John Locke, Montesquieu, Juan J. Rousseau entre otros.

Sin embargo, diversos pensamientos de filósofos y de juristas positivistas, han cuestionado la existencia y validez del derecho natural, tal como la Escuela Histórica del Derecho[5], así como algunos contemporáneos como Norberto Bobbio y, muy especialmente, la Escuela Vienesa de Hans Kelsen.[6]

El Derecho Natural, por consiguiente, se nos presenta como el conjunto de principios que orienta y dirige el comportamiento humano y que son inherentes a su naturaleza, tales como no mentir, no robar, respeto a los padres, fidelidad conyugal, etc.

Se *conceptualiza* el derecho natural como "la ley moral aplicada a las relaciones sociales, en cuanto miran a la realización de la justicia y del bien común".[7]

5. Derecho Positivo.

El Derecho Positivo se sustenta en la afirmación que el Derecho se impone sólo por su poder coercitivo y que todo sufundamento se encuentra en su realidad empírica, cierta, real y cognoscible. Su origen se atribuye al filósofo Augusto Comte (1798-1857) quien sostuvo que sólo existe conocimiento empírico fundado en los hechos a través de métodos válidos propios de las ciencias experimentales y de las cuales se extraen secuencias que permiten formular leyes de coexistencia y sucesión de los fenómenos. Descartó toda antecedente sustentado en la metafísica.

---

5 Jhering von Rudolf. La dogmática jurídica. Editorial Losada. S. A. Buenos Aires. 1946. p.173.

6 Kelsen Hans. Introducción a la Teoría Pura del Derecho. Edit. Jurídica Grijley. Lima. Perú. Año 2001. p.70

7 Hübner G. Jorge. Introducción al Derecho. Edit. Jurídica. Chile. Año 2002. p.269.

Sobre estas bases se han estructurado diversas tendencias del positivismo, tales como el historicismo jurídico con Rudolf von Ihering (1818-1892), el materialismo dialéctico de Karl Marx (1818-1883) y Friedrich Engels (1820-1895), el positivismo sociológico de Emilio Durkheim (1841-1935) y Roscoe Pound (1870-1964) y el positivismo jurídico de Hans Kelsen (1881-1973).

Conforme a lo expuesto, el derecho positivo es el conjunto de normas jurídicas establecidas por la autoridad, legítimamente constituida conforme a los procedimientos y formalidades previamente establecidas, para regular la vida en sociedad y cuyo cumplimiento puede obtenerse mediante la coerción externa.

No obstante lo anterior, numerosos filósofos y juristas incorporan al concepto de derecho positivo, los valores y principios del derecho natural, como elemento justificador de la legitimidad del derecho positivo tanto respecto de la validez de lo establecido por la autoridad, como de la obligación de acatamiento por parte de los gobernados.

Desde esta última perspectiva se señala que el Derecho Positivo "es el conjunto de normas de conductas extensivas, bilaterales, imperativas y coactivas que, inspiradas en el Derecho Natural, regulan efectivamente la conducta de los hombres en una sociedad y momento histórico determinados, con el objeto de establecer un ordenamiento jurídico justo de la convivencia humana".[8]

6. Derecho Objetivo.

Precisar el concepto de Derecho Objetivo ha constituido una materia de prolongadas controversias entre los juristas, especialmente en cuanto a determinar sus alcances y consecuencias. Debe señalarse, en primer lugar, que el significado de la voz "objetivo" incide en lo perteneciente o relativo al objeto en sí y no a nuestra manera de pensar o de sentir, pues se vincula con lo que realmente existe, fuera e independiente del sujeto o persona que lo conoce, estudia o investiga.

El Derecho, en esta esfera de la juridicidad, no se preocupa de persona, institución o situación concreta y determinada, sino que enuncia sus postulados en forma genérica, considerando las hipótesis que pueden

[8] Pacheco G. Máximo. Teoría del Derecho. Edit. Jurídica. Chile. Año 2004. p.31.

presentarse y los medios para enfrentarlos, adquiriendo siempre el carácter de órdenes o mandatos que deben acatarse y cumplirse.

Conforme con estas premisas, el Derecho Objetivo "es el conjunto de normas imperativas que, para mantener la convivencia pacífica y ordenada de los hombres que viven en sociedad, regulan las relaciones de ellos determinadas por esas mismas normas".[9]

7. Derecho Subjetivo.

El Derecho Subjetivo supone un conjunto de facultades que la norma jurídica objetiva, esto es el Derecho Positivo, reconoce y ampara a favor de los respectivos titulares y nace, ya sea directamente de la disposición legal, como son los derechos individuales constitucionales, indirectamente por acto de autoridades, como las sentencias de los tribunales, de la voluntad humana como en los contratos, o bien por la ilicitud en el accionar que genera perjuicio a un tercero.

El Derecho Subjetivo protege y ampara jurídicamente los intereses de las personas, tal como el derecho de propiedad, los del vendedor y comprador para exigir, respectivamente, el pago del precio y la entrega de la cosa, la indemnización por los daños sufridos, etc., derecho que se encuentra fundado en la existencia de un deber u obligación de otra persona nacida por alguno de los cauces ya señalados.

Existen autores que niegan la existencia del Derecho Subjetivo, como León Duguit que lo considera un concepto metafísico, o H. Kelsen para quien el Derecho Subjetivo no es sino la resultante de la aplicación a los individuos del Derecho Objetivo.

Sin embargo, la mayor parte de la doctrina acepta la existencia del Derecho Subjetivo como un facultad concedida o reconocida por la ley a una persona que le permite realizar ciertos actos determinados o para exigir el cumplimiento de un deber y, consecuencialmente, se le concibe como la potestad de obrar o de exigir algo protegida o sancionada por la ley.

En consideración a la multiplicidad de las relaciones a que se encuentran sometidas las personas, ya sea por imposición del orden jurídico o por la propia voluntad de obligarse a deberes interpersonales, surge una

---

[9] Alessandri A. Somarriva M. Vodanovic A. Tratado de Derecho Civil. Edit. Jurídica. Chile. 2005. Tomo I, p.15.

gran variedad de derechos subjetivos, tales como los de carácter absolutos, relativos y eventuales, originarios y derivados, puros y simples y sujetos a modalidades, trasmisibles e intrasmisibles, de naturaleza pública o privada, patrimonial y extrapatrimonial, todos los cuales son objeto de estudio en las respectivas áreas del derecho en que incidan.

8. Derecho Público.

Desde tiempos remotos, el estudio del ordenamiento jurídico de un Estado se ha conceptualizado, por gran parte de la doctrina, en dos grandes área: el Derecho Público y el Derecho Privado y, ambos a la vez, subdivididos en diferentes ramas o especializaciones. Muchos autores, sin embargo, cuestionan esta división señalando la naturaleza única del Derecho que mira, tanto al interés del Estado como a la utilidad de los particulares, por lo cual el Derecho es una sola fuente generadora de la que se derivan distintos campos de aplicación.

Independientemente del debate existente al respecto, resulta incuestionable que existe un Derecho con un objetivo muy preciso y determinado destinado a dar la estructura jurídica y organizacional al Estado en que se busca establecer las bases de su institucionalidad, su organización, competencias, atribuciones y deberes de la autoridad. Se trata de un Derecho conformado por normas imperativas, de especial fuerza compulsiva y dotado de exigencias, para su derogación o enmienda, que les otorgan una mayor estabilidad y permanencia.

Frente a este Derecho Público, los particulares deben condicionar sus voluntades a lo preceptuado a sus normas y con estricto apego a las mismas, de modo que un accionar, fuera de esos ámbitos, genera la nulidad e ineficacia del acto e, inclusive, pueden generarse responsabilidades.

El Derecho Público, por consiguiente, "es el conjunto de normas que rigen la organización y actividad del Estado y de los demás entes políticos menores o las relaciones de los particulares y estos organismos públicos cuando actúan en su calidad de poder político o soberano".[10]

De este concepto se deducen diversas ramas del derecho público, tales como el Derecho Constitucional, Derecho Procesal, Derecho Penal, Derecho Tributario, Derecho Administrativo.

[10] Alessandri R. Arturo y otros. Curso Derecho Civil Edit. Nascimento. Año 1945. T.I. p.27

9. Derecho Privado.

El Derecho Privado está orientado preferentemente a atender a los intereses de los particulares, aunque existen áreas de aplicación del Derecho en que no resulta fácil determinar lo público y lo privado, especialmente en la época contemporánea, en que la intervención de Estado ha invadido esferas propias del accionar particular de las personas, como un medio de proteger a éstas, o como consecuencia de políticas de mayor socialización. Así, la relación laboral entre un empleador y un trabajador, de naturaleza privada, ha sido objeto de la regulación jurídica por parte del Estado por razón de justicia y equidad social, con lo cual determinadas normas laborales, han pasado a tener características de derecho público, al no poder ser modificadas o renunciadas por los contratantes laborales.

Pero en su esencia, el Derecho Privado "es la parte del sistema jurídico que regula y delimita las relaciones de los particulares, entre sí y con los órganos del Estado,en el libre ejercicio de sus actividades personales"[11]

Forman parte del Derecho Privado, el Derecho Civil, Derecho Comercial, Derecho de Minería, Derecho de Agua, y las otras ramas cuyo objetivo son las relaciones de los particulares.

10. Concepto de política.

Etimológicamente la palabra "política"viene del vocablo latino "politicus"y éste dela palabra griega "polis", o sea, "ciudad",expresión referida a todo el sistema de vida y organización de los habitantes de la polis, y que comprendía tanto los límites urbanos en los cuales se asentaba ésta, así como su ámbito o zona de influencia. Es decir, para los griegos la ciudad comprendía tanto el aspecto material de ésta como las plazas, calles, construcciones, casas, etc., y también, el estatuto jurídico que regulaba asus habitantes constituidos por los ciudadanos, excluyéndose a los extranjeros y esclavos.

Estos conceptos relativos a la forma en que las personas se organizaban en la primitiva polis o ciudad, se fueron aplicando a otros campos de mayor amplitud en la estructuración de un orden social, tal como al Imperio, la República y la Monarquía. Asimismo, derivó su aplicación a otras formas de las manifestaciones de convivencia humana, tales como

---

[11] Hübner G. Jorge.Ob. cit.p.296.

a los sistemas de comercio, instituciones religiosas, educacionales, y otros grupos humanos, en que al concepto de política se le asignó el significado de la manera o forma más conveniente para dirigir y orientar el gobierno y dirección de ellas.

Las acepciones que la Real Academia de la Lengua Española señalan en su Diccionario que el vocablo "política" incide en lo perteneciente o relativo a la doctrina política; perteneciente o relativo a la actividad política; cortés, urbano; dícese de quien interviene en las cosas del gobierno y negocios del Estado.

Consecuencia de los ámbitos en que la política puede ser aplicada, se presenta, por un lado, como forma de dirección y conducción de cualquier actividad humana y, por otra, como una disciplina que toma tal actividad. De ello se derivan las distintas referencias conceptuales al vocablo política, tales como "la política" para designar una dinámica en la vinculación de mando y obediencia, de "lo político" referido a la estructura de esa relación, de "una política" respecto de una determinada acción o línea de conducta.

Son muy variados, los ámbitos de aplicación que en doctrina se señalan a la voz política y, por consiguiente, son muy distintos los conceptos que se pueden derivar de ella. No obstante, puede señalarse que "la política es la actividad humana destinada a ordenar jurídicamente la vida social".[12]

Esa actividad permite a los hombres que viven en una comunidad organizarse, realizando actividades destinadas a influir, obtener, conservar, crear, extinguir o modificar el poder, la organización,o el ordenamiento de la comunidad.

Las formas, modos, técnicas o medios para realizar la actividad política, constituyen, asimismo, materia cuestionada por los autores, pues mientras para unos la política es un arte, esto es, expresión de habilidad o utilidad, para otros es una ciencia, en cuanto su desarrollo exige la concurrencia de principios, sistemas y valores que permitan conocer la naturaleza y características de los hechos y circunstancias, tanto para prever riesgos sociales, como para presumir cursos de acción de mejor desarrollo y prosperidad para la comunidad.[13]

---

12 Fayt S. Carlos. Derecho Político. T. I. Ediciones Depalma. Buenos Aires. Año 1988.p. 9.

13 Alcalá G. Antonio. Lecciones de Derecho Político. Imp. Fareso S. A. Madrid. 1984. p.6

11. Elementos de la política.

La política, como expresión de una actividad humana, está constituida por un conjunto de realidades emanadas de la misma naturaleza humana, del carácter y personalidad de los seres, ya sea en forma individual o colectiva, y en que inciden, además, factores exógenos, como las circunstancias históricas, el desarrollo cultural, el progreso democrático y otros, todo lo cual hace que ella se pueda expresar con mayor precisión en distintas sociedades.

Sin embargo, en doctrina, fundamentalmente se señalan los siguientes elementos estructurales: a) un orden; b) existencia de las magistraturas o gobernantes; c) un cuerpo social o gobernados; d) concurrencia de una potestad superior; e) un sistema punitivo y f) legitimidad.

12. Un orden.

Diversas son las acepciones de la voz "orden", asignadas por el Diccionario de la Real Academia de la Lengua Española, tal como la colocación de las cosas en el lugar que les corresponde; concierto, buena disposición de las cosas entre sí; regla o modo que se observa para hacer las cosas; serie o sucesión de las cosas; relación o respecto de una cosa; mandato que se debe obedecer, y otras aplicaciones con directa relación a campos determinados, como militar, biológico, religioso y otros.

Especial importancia tiene la aplicación del "orden" en el campo jurídico, tanto en lo público como privado, pues constituye un medio para el progreso y desarrollo de los pueblos y garantía del ejercicio de los derechos de los particulares.

En el campo de la política, la orden implica la existencia de una prescripción o imposición que describe una conducta y que debe ser obedecida. Lo usual es que la orden se encuentre contenida en un documento que permita precisar su conocimiento, pero no excluye las órdenes de naturaleza verbal o establecida por la práctica o la costumbre.

La orden, en cuanto prescripción de conducta, ya sea de acción o de omisión, debe contener los elementos de precisión, claridad y comprensión que permita su cabal y completo conocimiento a fin que su cumplimiento sea oportuno, íntegro y real.

13. Los gobernantes.

En términos amplios, gobernantes son las personas que poseen cualidades o que se les reconoce titularidad para impartir órdenes a otras.

Desde este punto de vista, existen gobernantes en todas las entidades sociales que persiguen objetivos ciertos, en que determinadas personas reciben el encargo de encauzar el accionar del grupo para el logro de sus fines. Desde el punto de vista político, los gobernantes son las personas que guían, dirigen y mandan en el gobierno de la comunidad estatal. Las atribuciones de los gobernantes están despersonalizadas, pues ellos actúan en cuanto titulares o integrantes del órgano estatal al cual se le asigna una función determinada.

La ciencia política considera a los gobernantes como aquellas personas que detentan el gobierno del Estado y que puede admitir una menor o mayor amplitud, según sea el concepto de gobierno establecido por el orden jurídico.

Concebido el gobierno como las autoridades con atribuciones para ejecutar y aplicar la ley, el concepto de gobernantes se circunscribe a aquellas personas que constituyen el poder ejecutivo, como es el caso en Chile.

En cambio, si se entiende por gobierno como el conjunto de autoridades encargadas de la creación y aplicación de las normas jurídicas, como sucede en un régimen parlamentario en que en el nombramiento del jefe de gobierno interviene el Parlamento, el concepto de gobernantes es más amplio, ya que no sólo lo constituyen los integrantes del poder ejecutivo, sino que también se comprenden a miembros del Parlamento que sostienen al gobierno.

En términos generales, se puede señalar que los gobernantes son los miembros de la comunidad social que han sido legitimados para formular las órdenes a los gobernados.

14. Los gobernados.

Dentro del Estado, los gobernados son todas las personas que constituyen la nación y además todas aquellas otras que habitan su territorio como son los extranjeros residentes que, como condición de su permanencia, se obligan a acatar el orden jurídico estatal.

Los extranjeros transeúntes, como los turistas, tienen naturalmente la obligación de sujetarse al orden jurídico del país, pero ello no les otorga la calidad de gobernados.

No obstante la amplitud del término de "gobernados", éstos, en el campo de la acción política, se encuentran estructurados en una organización estatal denominada cuerpo electoral, a través del cual tienen una directa injerencia en la determinación de los gobernantes.

15. El poder.

Diversos son los significados y alcances de la voz "poder" toda vez que, bajo la concepción de incidir en una fuerza o capacidad de imperio, se aplica en diversos campos de las ciencias sociales, económicas y jurídicas. Referido al campo de la política, el poder es la potestad de la cual se encuentran investidos los gobernantes y que les permite dictar las normas de comportamiento dentro de la comunidad.

El acceso al poder del Estado y la mantención en el mismo, constituye una dinámica social que permite a las distintas fuerzas políticas, tales como partidos políticos, grupos de presión, de intereses y otros, participar en la dirección y gobierno del país.

16. La sanción.

Dentro de la actividad política, el vocablo "sanción" puede ser empleado, entre otros, con dos significados de alcances totalmente diferentes. Así, es usado como expresión de un acto solemne por el que el Jefe de Estado confirma una ley o estatuto jurídico. Es el caso de nuestro ordenamiento jurídico en Chile en que, con motivo de la aprobación de una ley por el Parlamento, corresponde al Presidente de la República confirmar su validez y aplicación por lo cual, en el respectivo decreto promulgatorio, se emplea la fórmula "y por cuanto he tenido a bien aprobarlo y sancionarlo, promúlguese ".

A ello se refiere el artículo 32 de la Constitución en que se señala como atribuciones especiales del Presidente de la República: "1° Concurrir a la formación de las leyes con arreglo a la Constitución, sancionarlas y promulgarlas".

La otra significación dada al vocablo "sanción" corresponde a la pena que la ley establece para el que la infringe y es éste el alcance que corresponde aplicar dentro del concepto de la política, toda vez que los mandatos u órdenes deben ser acatados en su íntegro cumplimiento. Este último significado corresponde a la sanción como elemento de la política, es decir, "es el castigo impuesto a quienes no acatan ni obedecen las normas establecidas".

Según sea la naturaleza de las materias en que incida la orden de la autoridad, la sanción podrá tener el carácter de política, penal, civil, administrativa, militar, jurídica, etc.

17. La validez.

"Validar" significa dar fuerza o firmeza a una cosa, darle valor y eficacia, atribuyéndole o reconociéndole alguna calidad que merezca aprecio y estimación que induce, por ello, al acatamiento y respeto de su contenido.

La validación del acto, o de una situación o realidad determinada, importa reconocerle la capacidad para generar efectos o consecuencias que deben ser aceptadas por quienes se encuentran unidos o vinculados a ellos.

La validación requiere de que el sujeto o persona mandante, tenga la titularidad, competencia e investidura pertinente, que le faculte para realizar los actos de validación. La causa de la titularidad se fundaba, en tiempos primitivos, en la fuerza física atribuible a la persona o grupo que lo detentaba, o al reconocimiento de una voluntad divina que ungía a una persona con un atributo de imperio o, incluso en algunas sociedades, a la suerte o sorteo,ya que en su resultado se veía a la voluntad divina.

En las sociedades modernas, esta titularidad es conferida por la voluntad mayoritaria del grupo social, en que a través de procesos eleccionarios, libres e informados, se otorgan a determinadas autoridades la lícita facultad de mandar con el deber de responder por el adecuado uso de ese derecho.

En el campo de la ciencia política, la validez es la legitimidad y eficacia en el actuar del gobernante que permite exigir el cumplimiento de lo prescrito.

18. Características de la política.

La política es una realidad social que está permanentemente presente en nuestro diario vivir, y se expresa en acciones y manifestaciones vinculadas con el poder de organización de la comunidad, y que presenta las características de ser una realidad: a) polifacética, b) múltiple, c) multirrelacionada, d) variable, e) de mando y obediencia, f) simbólica, g) ética.

19. Polifacética.

La actividad ejecutada por los hombres para organizar la comunidad, presenta dos realidades que se expresan al mismo tiempo. Por una parte, se desarrolla una actividad denominada de "*lucha*", "*faz agonal*" o "*disenso*" en que un sector de la sociedad se agrupa para realizar actos destinados a ocupar los cargos políticos y ejercer las funciones públicas.

Para ello constituyen movimientos, partidos políticos u otras formas de asociación, con programas sustentados en ideas filosóficas, económicas, jurídicas u otras, que se ponen en conocimiento de la comunidad a través de actos publicitarios, asambleas, conferencias, medios de comunicación social destinados a formar una opinión publica favorable a sus pretensiones electorales.

Al mismo tiempo, otros grupos sociales, con programas estructurados de acuerdo a concepciones políticas variadas, realizan, igualmente, actos y acciones, dentro de la sociedad, destinados a conquistar el favor de la comunidad. Se genera entre ellos una lucha o confrontación de carácter permanente,pues los distintos sectores políticos pretenden el apoyo mayoritario del electorado para así acceder al gobierno, pugna que se resuelve con los resultados de un proceso eleccionario.

Ahora bien, tan pronto como una determinada fuerza política obtiene el poder político, ésta inicia una conjunto de actividades que se denomina de "*integración*", "*faz arquitectónica*", "*consenso*" en que el sector político triunfante que ha logrado el poder realiza funciones orientadas a la ejecución, construcción, consolidación y conservación del poder y destinadas a concretar su programa político.

Ambas faces existen y se expresan al mismo tiempo, pues están entrelazadas y vinculadas, ya que la faz agonal obliga a las asociaciones o partidos políticos a ofrecer soluciones a los problemas sociales, creando discusiones y forzando al análisis de ellas por parte de los agentes políticos y, al mismo tiempo, la faz arquitectónica permite concretar y crear las distintas instituciones sociales.

Se trata de un proceso permanente entre la actividad del conflicto y del consenso, pero no es un enfrentamiento total y absoluto, pues ambas fases deben aceptar principios básicos para la persistencia de la sociedad política, tales como el acatamiento a las mayorías, el respeto a las minorías, la periodicidad en las elecciones, etc.

La esencia misma de la política, su propia naturaleza, y su verdadera significación, radica en que siempre, y en todo lugar, ella es ambivalente, pues existe con los dos caracteres antagónicos al mismo tiempo. La imagen de Jano, el dios de las dos caras, es la verdadera representación del Estado y la expresión más profunda de la realidad política.[14]

20. Múltiple.

La política, en cuanto es una realidad humana dirigida a la obtención de determinados logros u objetivos, puede manifestarse en varios sentidos.

En un *sentido formal*, la política se expresa cada vez que las actividades de las personas, en relación con otras personas, mediante procedimientos, maneras o formas, tiende a que el comportamiento de éstos sea el deseado por aquéllos. Esta situación se produce permanentemente en toda agrupación humana, de cualquier naturaleza, sea una entidad social, política, comercial, económica, cultural, deportiva, etc., por lo que existe una política social, comercial, económica, cultural, deportiva, etc.

En un *sentido material*, la política está referida a todas las actividades concretas y precisas que deben ser realizadas para la construcción, consolidación y conservación de los medios materiales que permiten la obtención de los objetivos, tales como el edificio institucional, la iglesia, el gimnasio.

En un sentido *material más restringido*, esta realidad se refiere a que dicha actividad está encaminada a la obtención del poder político o su mantención, lo cual implica que, para conseguir esos objetivos, deben emplearse técnicas políticas destinadas a obtener el concurso de voluntades ya sea para crear, conservar, modificar o sustituir instituciones, órganos, o sistemas jurídicos.

21. Multirrelacionada.

La política no es una actividad aislada, sino que está vinculada con manifestaciones, modalidades o elementos de ella misma, tales como ideas filosóficas, instituciones y fuerzas políticas, etc., constituyendo una actividad estrechamente relacionada con el derecho, la economía, la geografía, la moral y otras disciplinas del saber humano.

---

[14] Duverger Maurice. Introducción a la Política. Ediciones Ariel. Barcelona. Año 1970. p. 16.

La política, además, es compleja pues hechos o situaciones de similar naturaleza, pueden generar resultados distintos como consecuencias de las variantes que puedan presentarse en algunos de sus elementos integradores. Así, por ejemplo, una nueva interpretación al contenido programático de un partido político puede inducir a éste a proponer acciones de distintas características que las anteriormente propuestas, creando con ello un nuevo escenario político.

22. Variable.

La política no ha sido siempre igual en la historia, pues permanentemente se ha encontrado acondicionada a factores contingentes, a concepciones doctrinarias y a hechos de muy variada naturaleza, tales como revoluciones, guerras, elecciones y otros elementos del devenir histórico, todo lo cual hace que la política presente matices variados según el grado de influencia de ellos.

Nuestra historia constitucional nos permite constatar que el sistema político democrático existente en Chile durante el siglo XIX difiere substancialmente del existente en el siglo XX, debido al cambio de las condiciones sociales y cívicas del pueblo chileno, al desarrollo económico, a la irrupción de nuevas ideas políticas frente al problema de la cuestión social.

23. Simbólica.

La realidad política permite constatar que uno de los factores esenciales en el fenómeno político, es la imagen que las personas pretenden hacer creer que presentan, para lo cual recurren a los más variados recursos para demostrar una apariencia determinada, tales como símbolos, adornos, religiosidad, carácter, imparcialidad, incorrupción, honestidad, y otros actos destinados a mostrar una actividad, acto o hecho político determinado desde una particular perspectiva. Así,por ejemplo, se puede presentar a una persona como de una gran personalidad en circunstancias que es un pusilánime; de vida moral intachable, aunque no lo sea; un gran patriota aunque sea un persona egoísta que sólo busca la protección de sus intereses.

24. Vinculación ética.

La ética es una ciencia filosófica que estudia el comportamiento moral del hombre en sociedad. El objeto de la ética es la moral. La moral, en cuanto ciencia que trata del bien en general y de las acciones humanas en orden a su bondad o malicia, importa una verdadera disciplina en el comportamiento humano destinado a que éste actúe en orden a lograr y alcanzar el bien. El bien, en sí mismo, es aquello que tiene el complemento de la perfección en su propio género. Bien, en toda su perfección, sólo lo es Dios.

Desde tiempos remotos se ha discutido la relación entre política y moral. Platón sostuvo que la política se encuentra subordinada a la moral, criterio que conduce a la existencia de una moral oficialmente impuesta. En cambio, Aristóteles distinguió entre el ámbito que le correspondía a cada una de ellas. Maquiavelo subordinó la moral a la política propiciando que el monarca debía actuar usando todos los medios para el logro de sus objetivos, manifestando que el fin justifica los medios.

Sin embargo, en la moral importa el acatamiento a valores y principios indispensables para la convivencia humana y su adecuado desarrollo, tales como los conceptos de justicia, de bien, de rectitud, honradez, respeto al prójimo y a sus derechos, etc., que obligan a los actores políticos a su observancia tanto respecto de las técnicas y métodos empleados para obtener y ejercer el poder, como en cuanto a la estructuración de las instituciones y las bases de la convivencia social. La falta de un adecuado comportamiento ético y moral en el ejercicio de la actividad política, es propensa al envilecimiento de ésta y a su corrupción.

25. Finalidades de la actividad política.

Los fines perseguidos por la actividad política, como resultado o beneficio que se busca, son variados, según sea la etapa o momento en que ella se desarrolle. En la faz agonal o de lucha, el fin inmediato tiene por objetivo lograr y obtener la ocupación y ejercicio de los cargos de gobiernos, es decir, alcanzar el poder. En la faz arquitectónica, en cambio, su fin es construir, consolidar y conservar el poder para lo cual deben concretar los programas propuestos a los electores en la etapa agonal.

Se tratan de fines propios u "*objetivos*"de la política en el sentido de que son necesarios e independientes de la intención y voluntad de los actores y se presentan en toda sociedad civil.

Existen, además, los llamados fines últimos o "*subjetivos*" de la política en cuanto existen por la voluntad e intención de los actores políticos que están contenidos en los programas, principios y filosofía doctrinaria de los partidos políticos, movimientos sociales, o líderes en una sociedad determinada; estos fines son válidos para un Estado determinado en un momento histórico preciso, siendo, por lo tanto, contingentes ya que están sujetos a una voluntad política determinada.

Entre estos fines subjetivos, deben distinguirse los políticos *propiamente tales,*como la pretensión de la expansión territorial, el crecimiento económico del Estado, etc., y fines *metapolíticos*, es decir, que trascienden los objetivos y fines de carácter político, tales como el logro dela grandeza nacional, la exaltación del Estado, o de una ideología o religión.

26. Formas del conocimiento político.

Diversas disciplinas del conocimiento humano permiten estudiar, conocer y descubrir la realidad política tal como es, como se presenta en una sociedad y, también, para prever fenómenos futuros que incidan en la vida política.

Constituyendo la política una manifestación de las diversas actividades humanas, son múltiples las disciplinas que, en forma directa o indirecta, estudian el fenómeno político. Sin embargo, nos limitaremos a aquellas inmediatamente vinculadas con el Derecho Político, constituidas por la teoría política, doctrina política, la ciencia política, técnica política y filosofía política.

27. Teoría Política.

En términos amplios, una teoría se concibe como un conocimiento especulativo considerado con independencia de toda aplicación, o bien, una hipótesis cuyas consecuencias se aplican a toda una ciencia o a parte muy importante de ella. En el campo del área política, la teoría es un modo de pensar para conocer la realidad social tal como es, comprobar los hechos, clasificarlos y explicarlos para lo cual se recurre a hipótesis susceptibles de ser verificadas por la experiencia, pero sin pretender juzgarlos y valorarlos.

La teoría política, por consiguiente, se presenta como el conocimiento especulativo puramente racional de los fenómenos sociales relacionados con el gobierno de una sociedad comunitaria.[15]

Es así que la teoría política ha desarrollado, entre otras, la Teoría del Estado, Teoría de la Sociedad, Teoría Constitucional y Teoría del Gobierno que se estudiarán más adelante.

[15] Sanguinetti Horacio. Curso Derecho Político. Ciencia Política. Editorial Astrea. Buenos Aires. Año 1986.p. 292.

28. Doctrina Política.

Dentro de los significados de la voz "doctrina", según el Diccionario de la Lengua Española, se señala que corresponde "a la opinión de uno o varios autores en cualquier materia". El concepto de doctrina, aplicado al conocimiento político, hace referencia al pensamiento destinado a juzgar los fenómenos políticos, aceptándolos o rechazándolos, en función de una determinada concepción filosófica y que ofrece caminos, formas y procedimientos de acción para modificarlos, adoptarlos o perfeccionarlos.

Por consiguiente, la doctrina política es el estudio de las diversas escuelas de pensamiento e ideologías que plantean diferentes puntos de vista acerca del ser y del deber ser de la sociedad política y de los objetivos que persigue su dirección.[16]

Se puede señalar como un ejemplo de doctrina política, a la llamada *doctrina clásica del derecho constitucional*, que corresponde al estudio acerca del contenido orgánico y sistemático de un conjunto de principios sobre el Gobierno y el Estado y que está constituida, fundamentalmente, por los pensamientos filosóficos y políticos de los contractualistas del siglo XVIII y, además, de la evolución de las instituciones políticas de Inglaterra.

29. Ciencia Política.

Existen algunos autores que niegan la existencia de una ciencia política sosteniendo que la incertidumbre, variabilidad, falta de orden y carencia de continuidad de los actos, procesos y fenómenos de los hechos sociales impiden estructurar una disciplina fundada en principios y normas rigurosas que conduzcan a un resultado único e inequívoco. Sin embargo, la mayor parte de los autores señalan que, con el enorme aumento del conocimiento de nuestra era contemporánea, es imposible negar que la suma total de todas las experiencias, fenómenos y conocimientos respecto al Estado puedan ser unidas bajo el título colectivo de Ciencia Política.[17]

Junto a ello, se precisa que la ciencia política "es el conjunto de principios, preceptos y reglas que se relacionan con el gobierno de la sociedad política y cuyo conocimiento se logra mediante el empleo de una investigación fundada en el método, la objetividad y la comunicabilidad".[18]

---

[16] Silva B. Alejandro. Derecho Político. Ensayo de una Síntesis. Edit. Jurídica. Chile. Año1980. p 15.

[17] Ollero Carlos. Introducción al Derecho Político. Librería Bosch. Barcelona. 1948. p.96.

[18] Cea E. José. Teoría Política y Constitucional. Editorial Jurídica. Chile. T. I. Año 1979. p.34.

30. Técnica Política.

El vocablo "técnica" está relacionado con lo perteneciente o relativo a las aplicaciones de las ciencias y las artes. Usualmente se emplea la palabra técnica para referirse al empleo de reglas generales y procedimientos preestablecidos en procesos de creaciones, invenciones, investigaciones, planificaciones, estudios y otras manifestaciones del saber y conocimiento humano.

La técnica se encuentra estrechamente vinculada con el arte, en cuanto éste es expresión de conjunto de preceptos y reglas necesarios para hacer bien una cosa. En el campo de la política, la técnica constituye un medio muy valioso para establecer las formas y maneras de acciones para los logros de los objetivos políticos.

Sin embargo, a diferencia de las cualidades de la técnica en otros campos de la actividad humana en que se puede lograr una permanencia y estabilidad, la técnica política es muy variada y variable a la vez, pues está condicionada a las características propias que puede tener una comunidad producto de sus antecedentes y circunstancias históricas, así como de su nivel cultural y económico, entre otros.

Del mismo modo, la técnica política puede variar conforme a la etapa del desarrollo mismo de la política, pues en la etapa de la lucha por la conquista del poder, esto es la faz agonal, se recurren a técnicas especiales ya sea de propaganda, proselitismo y otras destinadas a convencer al electorado de las bondades ofrecidas.

En cambio, desde el momento que una fracción política logra el acceso al poder, esto es, la etapa de consolidación o arquitectónica, se recurre a otra clase de técnicas políticas, tales como uso de influencias, lobbies, encuestas, división de los adversarios, concientización de la opinión pública destinada al logro de los objetivos establecidos en los programas de gobierno.

De lo expuesto, puede señalarse que la técnica política "es el conocimiento y empleo de reglas ya sea por los gobernantes o gobernados, mediante las cuales la actividad política es deliberadamente dirigida hacia fines inmediatos"[19].

---

[19] Justo L. Mario. Derecho Político. Editorial Kapeluz. S. A. Buenos Aires. Año 1973. p. 55

31. Filosofía Política.

La filosofía es una rama del conocimiento humano que sobrepasa las verdades proporcionadas por la ciencia buscando conocer la naturaleza, propiedades, causas y efectos de las realidades y de las cosas. La filosofía no sólo abarca el mundo material pues también explora, mediante la reflexión, su espíritu para llegar de esta manera a la autocontemplación del espíritu[20].

Empleada en el campo de la política, la filosofía procura el conocimiento de los valores supremos de la vida política, como un conocimiento puro o especulativo en que se trata de conocer y explicar no sólo lo que es la política, sino también, su deber ser, o sea, lo que debe ser y no ser, ocurrir o no ocurrir, aceptarse o no aceptarse.

La aplicación de la filosofía a la política ha sido una preocupación constante en el curso de la historia. Baste recordar el pensamiento de Platón en cuanto a que el gobierno de una polis, debía ser entregado a los filósofos por ser las personas mejor preparadas en la sociedad. La permanente relación entre Estado y persona ha estado ilustrada por corrientes filosóficas entre aquéllas que subordinan al hombre al Estado, de aquéllas que asignan a éste un rol garante de los derechos individuales de las personas.

Ha sido la filosofía política la que ha inspirado concepciones doctrinarias traducidas en programas de acción y conducción política con miras al logro del bienestar de la sociedad, tales como el liberalismo, socialismo, marxismo, social cristianismo, y otras.

En resumen, se señala que la filosofía política "es el estudio del conocimiento del bien político que se trata de adquirir a través de una crítica sistemática de la realidad". [21]

32. Concepto de Derecho Político.

El concepto de Derecho se encuentra sustentado en un conjunto de principios, valores y normas que corresponden a determinadas doctrinas filosóficas, sociológicas y jurídicas con el fin de regular el comportamiento humano en sociedad, por lo cual el ámbito de desarrollo del mismo es

---

[20] Rychlowski P. Bruno. Filosofía. Edit. Calderón y Cía. Santiago. Chile. 1976. p.15.

[21] Wilhelmy V Manfred. Tendencias actuales de la Teoría Política. Edit. Jurídica. Chile. 1969. p.33.

amplísimo, dando origen a diversas denominaciones según sea el objeto perseguido.

Del mismo modo, el concepto de político comprende diversos campos de la actividad de las personas, ya sea en relación a sus intereses individuales o corporativos, como el referente a la estructura y organización del Estado.

La unificación y sistematización de ambas realidades sociales importa una tarea ardua para determinar sus objetivos y ámbitos de competencia, toda vez que, tanto el derecho como la política, constituyen también materias de estudios de otras áreas. Lo anterior ha inducido a la doctrina a incorporar las materias del derecho y de la política en otras disciplinas, como el Derecho Constitucional, Derecho Público, Derecho Estatal y otros.

Sin embargo, los autores han estructurado un concepto de Derecho Político ateniéndose a sus significados estrictos, con lo cual se configura una idea unificadora e independiente y, al respecto se señala que "es aquella rama del Derecho Público que estudia las normas e instituciones reguladoras de los poderes estatales y de las libertades fundamentales en un contexto histórico y sociopolítico"[22].

Conforme a esta definición, el *objeto del derecho político* comprende, el estudio de los conceptos de poder político, su historia, los pensamientos filosóficos y la evolución de las distintas instituciones que han contribuido a su estructuración. También comprende la relación, procesos y fuerzas políticas, la descripción y análisis de las actitudes y de los tipos humanos, las ideologías, doctrinas y teorías políticas y las formas e instituciones que encarnan, así como la dinámica social en cuanto a los cambios estructurales, especialmente en lo relativo al quiebre institucional y a la revolución.

Del mismo modo *compete al derecho político* el análisis de la organización política, poderes y funciones; las instituciones fundamentales que organizan y aseguran el cumplimiento de las diversas funciones; el estudio de los diferentes órganos del Estado y de sus correlaciones con las instituciones; la consideración de algunos principios básicos como la supremacía de la Constitución escrita, la separación de poderes, la igualdad ante la ley, la representación política, el principio de subsidiariedad y pluralismo social; la estructura del Estado, el centralismo y federalismo; las normativas institucionales de las formas políticas,tales como formas

[22] Lucas V. Pablo. Curso Derecho Político. T. I. Editorial Tecnos. Año. Madrid. Año 1980. p.40.

de Estado y sistemas de gobierno y regímenes políticos; el estudio de los derechos y libertades fundamentales, situación jurídica de los partidos políticos, entre otras materias.

33. Las instituciones.

El vocablo "institución" deriva del latín "institutio" que, según su etimología, significa "fundamento", "base", "establecimiento" o "fundación" de una cosa.

El hombre, como un ser social, busca los medios para satisfacer sus necesidades que derivan de la circunstancia de vivir en comunidad con otros seres a fin de conservar o perfeccionar esa vivencia.

La palabra "institución" designa, en términos genéricos, todo lo que ha sido inventado o creado por los hombres, como solución a los requerimientos de la vivencia, resultado o producto de su intelecto o artificio. Así considerado, la institución es un concepto que es la antítesis de todo aquello que es natural.

Toda sociedad está estructurada en un conjunto de instituciones destinadas a darle estabilidad y continuidad, tales como instituciones políticas, religiosas, económicas, culturales, educacionales, deportivas, sociales, jurídicas, administrativas, seguridad, defensa y otras. Todas esas instituciones deben guardar una vinculación y armonía entre sí, como diversas piezas de un mosaico cuyo conjunto genera una obra con forma y color.

Pero, además, cada institución obedece a una determinada idea, creencia o valor que es generador de la forma de dar respuesta a una necesidad social y que es aceptado por el grupo social. Las instituciones de la cultura occidental cristiana, por ejemplo, tienen muchas características que le son propias y que difieren, en determinados aspectos a las correspondientes a las culturas orientales.

34. Elementos de la institución.

El tratadista francés Maurice Hauriou señala que "la institución es una idea de obra o de empresa que se realiza y dura jurídicamente en un medio social".[23] Ello significa que una o varias personas,generan o descubren una idea que ofrecen transformarla en una obra social y, en

[23] Hauriou Maurice. Principios Derecho Público y Constitucional. Editorial Reus. Madrid. Año 1927.p.83.

el caso que la sociedad la acepte y la adopte como una respuesta a una necesidad colectiva,dicha idea se transforma en una institución que va a durar y permanecer mientras la sociedad considere que está dando respuesta a una necesidad social.

Concurren, por consiguiente, dos factores en el proceso de creación de una institución: un factor *racional* que es percibido conscientemente por los miembros de la sociedad como solución a una necesidad, y un factor *jurídico* encargado de darles estabilidad y duración a las instituciones.

De lo anterior, puede constatarse que en toda institución se distinguen dos elementos constitutivos que permiten conocer la naturaleza y su manifestación externa o material:

a*)* Elemento *intelectual*, que se expresa en las ideas, creencias o valores vigentes en un medio social concreto y que constituye la base por la cual la comunidad acepta la institución.

b*)* Elemento *estructural*, representado por su organización técnica y material tales como emblemas, logos, edificios, maquinarias, personal, normas jurídicas que las reglamentan. La estructura externa constituye lo visible de la institución y es la que induce a las personas a identificarla, facilitando la comunicación con ella.

Las instituciones permanecen en el tiempo aún más allá de la voluntad de sus autores o fundadores, puesto que concurrirán nuevos miembros que se renovarán indefinidamente.

Las personas que componen e integran una institución cambian, pero la institución permanece. Pero, para que una institución tenga estabilidad en el tiempo, es necesario que pueda adaptarse a las nuevas exigencias o condiciones sociales con el objeto que no quede obsoleta o fuera de uso. Así, por ejemplo, una Constitución Política de un Estado, requiere tener la flexibilidad necesaria que permita hacer las rectificaciones o modificaciones según las nuevas condiciones políticas y sociales, pues si ellas no se efectúan, se genera un vacío jurídico.

Siendo las instituciones respuestas a las necesidades sociales, ellas pueden ser de las más variadas *clases,* tales como instituciones religiosas, económicas, culturales, deportivas, filantrópicas, políticas, jurídicas, etc.

35. Las instituciones jurídicas.

Las instituciones jurídicas obedecen al hecho que, en toda sociedad, los problemas que suscitan la convivencia y el conflicto de intereses individuales, deben ser resueltos con arreglo a normas establecidas. Todos los miembros de la sociedad se encuentran obligados a acatarlas por su coercibilidad pues corresponden, generalmente, a una estabilización de formas jurídicas de convivencia.

Estas instituciones pueden ser *privadas*, como una sociedad comercial, un club deportivo, una corporación etc, o *públicas* tales como una Municipalidad, Fisco, empresa fiscal.

Las instituciones, en sí mismas, presentan una triple significación:

a) Institución *cuerpo*, que se refiere a las personas físicas que la componen, como es el caso de los socios, miembros de un club, o los senadores que integran el Senado.
b) Institución *órgano*, que comprende a las personas que tienen a su cargo la dirección o administración de la institución, como sería el caso de los directivos de un club.
c) Institución *norma*, constituida por las normas jurídicas que regulan la institución, tal como son los estatutos de un club deportivo, o las disposiciones legales referentes a la competencia de los órganos estatales.

36. Las instituciones políticas.

Las instituciones políticas son definidas por Karl Lowenstein como "el aparato a través del cual se ejerce el poder en una sociedad organizada como Estado, tales como el gobierno, el parlamento, los tribunales de justicia, la administración pública, la policía y los sistemas de valores que dan sentido a las instituciones y determinan su telos."[24]

El proceso por el cual las instituciones adquieren valor y estabilidad en cuanto a su organización y procedimientos, se llama *institucionalización*.

Para un adecuado desarrollo y cumplimiento de las funciones de las instituciones, es indispensable que éstas permanezcan en el tiempo. Sin embargo, la estabilidad no excluye que ellas tengan que ir adecuándose a las instancias de cambio que se generan en la sociedad como consecuencia

---

[24] Lowenstein Karl. Teoría de la Constitución. Editorial Ariel. Barcelona. 1976. p.30.

de la evolución científica, técnica, política, cultural, económica y social a fin de evitar que las instituciones queden obsoletas y sin utilidad alguna.

La adaptabilidad a las nuevas exigencias debe, naturalmente, efectuarse dentro de una continuidad jurídica establecida a través de procedimientos señalados por el propio sistema político, el cual tampoco escapa al proceso de cambio.

CAPITULO II

LA FORMACIÓN DEL DERECHO POLÍTICO.

TITULO I.

LA CONTRIBUCIÓN DE LAS IDEAS POLÍTICAS.

Desde tiempos remotos ha existido preocupación por los temas relacionados con la organización de la sociedad, su forma de gobierno, los derechos de las autoridades y de los gobernados, así como de los medios a emplear para el logro del bienestar comunitario. En las sociedades del mundo occidental, han tenido mayor gravitación e influencia los contenidos de las concepciones políticas de los autores griegos, romanos, de los pensadores cristianos, de los filósofos del siglo XVIII y juristas y filósofos contemporáneos.

37. Platón.(420-347A .de C.)

Platón fue hijo de una familia noble ateniense que propagó sus doctrinas en los jardines de la Academia, entre cuyas obras cabe destacar "La República", "El Político" y "Las Leyes". Fue discípulo de Sócrates de quien forjó la idea de que la virtudes conocimiento, pensamiento que fue siempre lo fundamental de su filosofía política.

Para Platón, existe una dualidad entre el mundo de las ideas y el mundo de la realidad. Ambas coexisten, pero difieren fundamentalmente. El mundo de las *ideas* es inmutable, perfecto, y se expresa en la moral cuyo fin es lograr el bien que es concebido por Platón como sinónimo de la verdad. En cambio, el mundo de la *realidad* es un mundo mutable, cambiante, constituido por los elementos de la naturaleza, lo material, lo económico, mundo que se manifiesta en la sociedad en la cual vive el hombre y que, a través de la política, debe tener, asimismo,como fin, el logro del bien.

En el logro de este objetivo, ambos mundos se encuentran buscando las verdaderas realidades, cuya pesquisase la entrega Platón a la ciencia, a los sabios o filósofos a quienes les corresponde encontrar las leyes ideales.

Por consiguiente, para Platón, la política será ciencia, cuando los reyes sean filósofos, pues éstos son los que poseen las mayores virtudes. La primera tarea que les corresponde a los filósofos es constituir en ciencias a la moral y a la política, las cuales coinciden en un objetivo común que es el bien y que es equivalente a la verdad.

Considera, además, que, igual que como en el hombre hay tres componentes de su naturaleza que determinan su manera de ser y que están constituidos por la razón, las pasiones y los deseos, en la sociedad también existen *tres clases de hombres* que tienen características morales propias y por lo cual deben asignárseles funciones distintas en la sociedad, lo que origina tres clases sociales.

La primera clase social se encuentra simbolizada por el oro, como metal más precioso y valorado, ya que se trata de hombres en los cuales prevalece la *razón*, de modo que gozan de la sabiduría o prudencia y están llamados, naturalmente, al gobierno.

La segunda clase social está compuesta por hombres que Platón los compara con la plata, ya que en ellos domina la ira y el vigor a causa de la *fortaleza* que guían a dichas personas y están llamados a asumir las labores de la milicia para la defensa de la sociedad.

La tercera clase social, que es asimilada al hierro, está constituida por hombres en los cuales prevalece la *sensualidad* y las pasiones bajas, por lo cual éstos están destinados a desempeñar sólo las distintas labores manuales o artesanales.[25]

En cuanto al *sistema de gobierno,* Platón propicia diversas formas mixtas que importan una combinación de la aristocracia con la democracia, señalando que el devenir político no es sólo una sucesión de hechos accidentales, sino que está determinado por un determinismo rígido.

Para Platón, la *aristocracia* es la forma más perfecta de gobierno pues corresponde a aquél que es realizado por unas pocas personas determinadas por sus talentos, virtudes o condiciones de sabiduría. De la aristocracia proceden otras formas de gobierno que se generan, sucesivamente, por una evolución continua que constituyen, en forma paulatina, una degradación moral, y que son la timocracia, la oligarquía, la democracia y la tiranía.

---

[25] Platón. La República. Editorial Renacimiento. Santiago. Chile. 1980. p. 307.

La *timocracia* es el gobierno que tiene lugar cuando los miembros de la tercera clase, esto es, la de los trabajadores, se enriquecen, y asumen el gobierno dirigido a proteger sus propias riquezas. La timocracia degenera en *oligarquía* que se origina cuando los ricos gobiernan sin participación de los pobres.

Cuando la presión de los descontentos es demasiado fuerte, se instala la *democracia,* en que se eliminan los ricos, generándose un régimen deplorable lo que produce una reacción expresada en la *tiranía* que es la mayor esclavitud por cuanto es una sola persona la que gobierna a su sola voluntad.

Para Platón, la política es el arte de gobernar con el consentimiento de los hombres, pero el poder de éstos debe estar respaldado por la fuerza, teniendo como único límite, el fuero interno, casi religioso, del gobernante.

Propicia una *sociedad jerarquizada y unificada*, así como una educación estricta dispensada por el Estado, el cual debe ser teocrático e intolerante, especialmente con el ateísmo, propiciando una propiedad comunitaria.

38. Aristóteles. (**384-322 A. de C.**)

Discípulo de Platón, Aristóteles nació en Estagira, hijo de un griego que fue médico del rey de Macedonia. Enseñó en el Liceum una filosofía esencialmente realista y entre sus obras, relacionadas con la política, debe señalarse "Moral a Nicómaco", "La Política", "Etica" y"Retórica". Fue maestro de Alejandro Magno. Para Aristóteles, el hombre es un ser social, un animal político, que requiere vivir en compañía de otros hombres y es, por esta circunstancia, por la que surge la familia y de ella, posteriormente, la tribu, la aldea y la ciudad, esto es, la sociedad organizada.

Sostiene Aristóteles que es la Constitución misma la que crea y la que da origen al Estado hasta el punto de que si ella cambia, cabe cuestionarse si se trata del mismo Estado. Defiende la existencia de la ciudad, porque es una forma natural de desarrollo de la vida humana y porque, además,permite establecer un sistema de convivencia, esto es, un sistema político.

Aristóteles efectuó un trabajo de *recopilación de 158 Constituciones* de diversas polis, material que completó con comentarios sobre los gobiernos tiránicos y con el expansionismo territorial de los Estados. Desde luego, las "constituciones" reunidas no eran textos constitucionales en el sentido moderno, es decir, legislación positiva sancionada orgánicamente. Eran simples descripciones del modo como estaban estructurados los Estados.

Considera como *Estado ideal*, aquél que se encuentra basado en la *clase social media*, es decir, aquélla que es intermediaria entre los ricos, los cuales, según Aristóteles, se mueven guiados por sus ambiciones y egoísmos, y los no propietarios que los considera una carga y amenaza para el Estado por estar permanente exigiendo auxilio a éste. La clase media, sostiene, es la que asegura la estabilidad del Estado, pues permanece fiel a las leyes y está predispuesta a administrar los negocios públicos. Para ello, propicia la existencia de un *censo* como garantía que asegurará a la clase media preponderancia política.

Al *ciudadano* lo concibe como aquella persona que es capaz de ocupar un cargo público y de obedecer a la autoridad. Resalta el *valor de la mayoría* de la voluntad ciudadana, tratando de conciliar los principios democráticos con los aristocráticos. La igualdad debe ser proporcional al mérito de cada ciudadano, por lo cual las funciones públicas sólo deben ser realizadas por los hombres virtuosos.

El *buen gobierno* es el que tiene por fin proteger al pobre de la opresión y proteger al rico de la confiscación del Estado y la *finalidad* del Estado debe ser la felicidad. Aristóteles divide las *formas de gobierno* según su naturaleza cuantitativa.

Así, denomina como *formas puras de gobierno* a la *monarquía* que está conformada por el gobierno de una sola persona; la *aristocracia,* al gobierno en que el poder lo ejercen las personas pertenecientes a la nobleza y democracia censitaria o *timocracia*, al gobierno en que ejercen el poder los ciudadanos que tienen cierta renta.

Sostiene que las formas puras de gobierno pueden corromperse y dar origen a *formas impuras* como son la *tiranía* que es un gobierno generado por imperfección de la monarquía; la *oligarquía,*que es degeneración del gobierno de la aristocracia, pues el gobierno es ejercido por un reducido grupo de personas que pertenecen a una misma clase social y la *demagogia,*-que es el ejercicio del gobierno sustentado en el halago al pueblo mediante promesas incumplidas, resultando una perversión de la democracia. [26]

---

[26] Aristóteles.La Política.Editorial Iberia. Barcelona.1962. p.77.

39. Cicerón. (106-43 A.de C).

Cicerón fue un destacado jurista y político romano, cuyo pensamiento filosófico fue inspirado en las manifestaciones de la cultura helénica y estructurado en torno a la moral y a la ley natural, y expuesto, principalmente, en sus obras Las Leyes y la República.

Sostiene que todo hombre posee la forma *esencial de lo humano*, esto es, *la razón* y por lo cual es capaz de adherirse, mediante lo mejor de sí mismo, a una ley justa convertida, por este procedimiento, en universal. De modo que, el derecho, la moral, el interés particular e interés común, son idénticos o se encuentran ligados y que por ello, consecuencialmente, la humanidad es solidaria.

Rechaza la *intervención de la plebe*, considerándola despreciativamente como una pordiosería, y propicia la creación de una coalición social sustentadas en las personas honradas que permita la creación de un partido del "justo medio" conciliador y enemigo de todos los excesos, propiciando un programa de acción político esencialmente conservador.

Reconoce la existencia de *tres formas de gobierno*: monárquica, aristocrática y democrática, las cuales tienen diferentes ventajas: la primera prevé la abnegada dedicación tutelar de una persona poderosa; la segunda goza del talento de una élite y, en la tercera, se garantiza la libertad de cada persona.

Considera a la *república* como sistema ideal de gobierno e invoca la libertad y el derecho de todos los hombres a ocupar cargos en el Estado y de todo ciudadano honrado a participar en los asuntos públicos frente a cualquier tentativa de reacción oligárquica o dictadura [27].

40. San Agustín.(354-430).

La aparición y difusión del cristianismo alteró fundamentalmente muchos conceptos de derecho que regulaban la convivencia social causando una verdadera revolución por la profunda transformación del pensamiento imperante. La predicación de la existencia de una vida ultraterrenal, supone reconocer al hombre su libertad de conciencia para el logro de su fin trascendental; el principio que todos los hombres son hijos de Dios y, consecuencialmente, hermanos, implica aceptar la igualdad entre ellos; la

[27] Touchard Jean. Historia de las Ideas Políticas. Edit. Tecnos. Madrid. 1981.p.72.

diferenciación entre la autoridad civil y religiosa, lleva al principio de la separación entre el poder civil y religioso.

El estudio y desarrollo de la doctrina cristiana efectuada por los Padres de la Iglesia, entre los cuales cabe señalar a San Agustín, fundamentan los importantes aportes a la formación del derecho público al propiciar principios, valores e instituciones políticas.

San Agustín nació en Tagaste (Numidia) hijo del pagano Patricio y de la cristiana Mónica, fue seguidor de la secta de los maniqueos, pero en el año 487 se convirtió al cristianismo y fue consagrado, en el año 395, Obispo de Hipona en el Africa del Norte, donde murió. Su gran obra, desde el punto de vista del derecho público, es "La Ciudad de Dios", que es una visión cristiana de la historia, en que combate la afirmación de sectores paganos acerca de que el cristianismo fue la causa de la ruina del imperio romano.

La teología política de San Agustín descansa en la concepción de la existencia de dos ciudades en que se divide la humanidad. La *ciudad terrenal*, que es la ciudad de Caín, material, con sus poderes políticos, su moral, su historia y sus exigencias y que se encuentra en oposición a la *ciudad celestial*, que es la ciudad de Abel, constituida por la comunidad de cristianos que participan en el ideal divino y que se hallan en la tierra en peregrinaje. Ambas ciudades existen al mismo tiempo y permanecerán hasta el fin de los tiempos, pero sólo subsistirá, al final, la ciudad celestial.

San Agustín acepta, con el nombre de *ciudad*, toda sociedad de seres razonables en que la autoridad civil está conectada con el poder divino, por cuanto, señala, que todo poder proviene de Dios, ya que los jefes adquieren su autoridad ya sea por sorteo, sufragio o herencia, y porque la historia de los imperios y de los regímenes, obedece al Plan General de la Providencia de Dios por lo cual reconoce el derecho de la autoridad civil intervenir en defensa de la fe[28].

41. Santo Tomás de Aquino. (1224-1274).

Sacerdote italiano, cuya filosofía es la oficial de la Iglesia Católica, que desarrolla una vasta y profunda exposición del pensamiento cristiano y que se contiene en numerosas obras, entre las cuales cabe señalar, la "Summa

---

[28] Touchard Jean. Ob. cit. p.100.

Teológica" la "Summa contra Gentiles", y "Comentarios a la Etica y a la Política de Aristóteles".

Santo Tomás establece una *unión* entre la filosofía realista de Aristóteles y la patrística, que es el conjunto del pensamiento filosófico y teológico de los Padres de la Iglesia Católica, basándose, además, en el estudio de la evolución política y social de la historia.

Señala que el mundo *es un orden* que corresponde a la obra de Dios dentro del cual cada ser ocupa un lugar que es regido por la *Ley Eterna* que define como "la razón de la divina sabiduría en cuanto dirige toda acción".

Del señalado concepto deriva el de la *Ley Natural* como "la participación de los seres racionales en la ley eterna" y que se caracteriza, entre otras, por su universalidad e inmutabilidad y ser perfectamente cognoscible por el ser humano.

La ley natural constituye el fundamento de la *Ley Humana*, la cual es "la ordenación de la razón al bien común promulgada por quien tiene a su cargo el cuidado de la comunidad". Se trata de disposiciones concretas de la razón fundadas en la ley natural debiendo la ley humana estar al servicio del bien común, por lo cual se le reconoce fuerza coactiva.

Desde el punto de vista político, *sus tesis principales* se relacionan con la *distinción* entre el campo de lo religioso y de lo temporal; la separación del origen de la *autoridad,* que proviene de Dios, pero que su ejercicio es realizado por los representantes que la comunidad determina; la *función social* que debe cumplir la propiedad; la existencia de un *mínimo de bienestar material* para practicar la virtud; el reconocimiento del derecho de *resistencia a la opresión*, bajo ciertas circunstancias.

Respecto de la *formas de gobierno*, distingue entre gobiernos que están constituidos por la *realeza,* en cuanto es uno solo el que manda; por la *aristocracia*, en que varios ejercen el poder a causa de su virtud; y la *democracia*, que es el poder del pueblo, y que corresponde a éste la elección de las autoridades[29].

---

[29] Sabine H. George. Historia de la Teoría Política. Fondo Cultura Económica México. Año1982.p.191.

42. Nicolás Maquiavelo. (1469-1527)

Maquiavelo fue un patriota italiano cuya obra política estuvo destinada a la unidad de Italia, hacer reinar el orden y lograr un Estado estable. Procedente de la burguesía florentina, desempeñó diversas funciones políticas y diplomáticas, dedicando a la familia de los Médicis su obra "El Príncipe".Además escribió "Los Discursos sobre la primera década de Tito Livio" y "Discurso sobre la reforma del Estado de Florencia".

Maquiavelo tiene un *pesimismo antropológico*, pues considera que el hombre es malo por naturaleza y dispuesto a emplear en su beneficio su malignidad natural cada vez que la ocasión se lo permita. Considera que la política es un movimiento continuo que afecta al Estado por su propia dinámica de corrupción interior que conduce la monarquía a la tiranía,la aristocracia a la oligarquía y, el estado democrático, a la confusión.

Sostiene que la política experimenta *ciclos revolucionarios* en que las formas fundamentales de gobierno se suceden entre sí, lo cual debilita progresivamente al Estado. Además, externamente la política se ve afectada por las políticas de Estados más fuertes y poderosas que están siempre atentas a la conquistas de los Estados más débiles o corrompidos.

Maquiavelo usó el *método del estudio* y análisis de los acontecimientos contemporáneos en forma concreta y realista logrando con ello captar la esencia de la realidad política de su época, tanto respecto de las cualidades y características que debe reunir el jefe de Estado, como los procedimientos de gobierno de los subordinados.

Maquiavelo *propicia* que el Príncipe debe ser un hombre hábil, protegido por la fortuna, poseído de una energía brutal y prudentemente calculadora, ajena a cualquier preocupación moral: "el fin justifica los medios"; debe evitar cambiar las instituciones, dejando lo más posible a sus subalternos adoptar las medidas impopulares; debe elegir con cuidado a sus consejeros evitando otorgarles mucha autoridad; debe dedicarse tan sólo a defender y extender su poder por todos los medios, incluso el crimen si es necesario: "vale más ser temido que ser amado"[30].

43. Jean Bodin. (1530-1596).

Jurista francés cuyo pensamiento político se encuentra contenido en su obra "Los Seis Libros de la República", en que pretendió reforzar el

---

[30] Macquiavelo Nicolás. El Príncipe. Edit. Offsetgrama. Buenos Aires. Año 1978.p. 61

poder monárquico. Desarrolló el concepto de "*soberanía*" como un poder único, perpetuo, absoluto e indivisible que impone el Estado para impedir la guerra entre sus súbditos. No obstante, reconoce como límites el respeto a las leyes divinas y naturales.

Rechaza los actos de insurrección contra el monarca, pues ello implica caos, y consideraba que siempre era preferible un gobierno tiránico a la anarquía. Propició el mercantilismo como política de protección estatal de la industria nacional.

44. Thomas Hobbes. (1588-1679)

Fue un profesor inglés que se caracterizó por su personalidad estudiosa, solitaria y tímida cuya filosofía política, sin embargo, suscitó el horror de los católicos, anglicanos y de los defensores de la libertad política. Sus principales obras son "El Leviathan" (1651), "Elementos de Derecho"(1640) y "Tratado del Ciudadano" (1642).

Tiene una *concepción pesimista del hombre*, sosteniendo que éste busca sólo el placer y el poder, sin sentido de justicia ni de solidaridad, y que el hombre es un lobo para el hombre.

Su *filosofía política* es esencialmente racionalista, pues considera la política como una ciencia fundada en justas nociones y rigurosas definiciones; niega la existencia de las ideas innatas y destaca la importancia de los signos y el lenguaje.

Rechaza lo sobrenatural denunciando que la demonología, el exorcismo y el temor al diablo son recursos empleados por el clero para la obtención de beneficios, por lo cual propugna liberar al hombre de los fantasma y del miedo.

Distingue varias etapas en la *historia del poder*.

a) *Estado de naturaleza.*

Hobbes sostiene que, primitivamente,los hombres vivían en un estado de guerra y anarquía, en que todas las personas eran iguales por naturaleza, lo cual generaba la desconfianza entre ellas lo que fue causa del nacimiento de la guerra de todos contra todos. La vida era solitaria y pobre y no existía la noción de lo justo y de lo injusto ni de la propiedad. No había industria, ni ciencia, ni sociedad.

b) *Sociedad civil.*

No obstante lo anterior, Hobbes admite la existencia de un germen de derecho natural de las personas, expresado en el instinto de conservación del hombre de su propia vida.

Como consecuencia de ello, admite la existencia de una ley natural que se manifiesta en el precepto o regla general descubierto por la razón humana y que prohibe al hombre hacer todo aquello que pueda destruir su vida u obstaculizar sus medios de preservación.

c) *Contrato social.*

Para Hobbes, las dos primeras leyes naturales consisten en buscar la paz y en defenderse por todos los medios que tenga el hombre a su alcance y, para establecer la seguridad, éstos establecieron, entre ellos, un contrato por el cual cedieron todos sus derechos al Estado creándose, simultáneamente, la comunidad política, la autoridad de la persona o de la Asamblea y el poder total del Estado.

Contrariamente a Aristóteles, afirma Hobbes que la sociedad no es un hecho natural, sino *artificial* pues es consecuencia del obrar humano y, por lo mismo, la soberanía es absoluta, está fundada en un contrato pactado y no tiene más límites que la razón y la conciencia del soberano. Para Hobbes, el Estado se presenta como una persona de apariencia gigante y absorbente, que todo lo consume y devora, tal como sucede con el gran lobo marino llamado *Leviathan* en las Sagradas Escrituras.

El Estado, con su poder omnímodo, es *civil y eclesiástico a la vez,* pues ninguna autoridad religiosa puede oponerse a la autoridad civil; no existen espacios para los cuerpos intermedios y los derechos que pueden tener las personas no son inherentes a su calidad de tal, sino otorgados por mera liberalidad de la autoridad estatal[31].

45. John Locke. (1632-1704).

Nacido en Inglaterra, fue médico y filósofo y es considerado el padre del individualismo liberal. Sus principales obras son "Tratado sobre el Gobierno Civil" (1690), "Ensayo sobre el entendimiento humano" (1690), "Cristianismo razonable" (1695), y"Carta sobre la tolerancia" (1689).

---

[31] Hobbes Thomas. Leviathan. Editorial Nacional.Madrid. Año 1983.p.290.

Contrariamente a Hobbes, Locke estima que el *estado de naturaleza* primitivo de la sociedad es un estado pacífico de paz y de tranquilidad, pero no completamente perfecto, como sostiene Rousseau. Señala que el hombre goza de completa libertad y disfruta de todos los derechos conforme a la ley natural, sin depender de la voluntad de otro.

Destaca la importancia de la *propiedad privada*, señalando que ésta existe en el estado de naturaleza, anterior a la sociedad civil. Según Locke, el hombre es industrioso y razonable y es en él en quien está el origen de casi todo lo que tiene valor por el trabajo que realiza. La propiedad tiene la calidad de constituir un derecho natural y es bienhechora, no sólo para el propietario, sino para el conjunto de la humanidad.

Para *garantizar la propiedad*, sostiene Locke, los hombres salieron del estado de naturaleza y mediante un contrato suscrito entre ellos, constituyeron la sociedad civil cuyo principal fin fue la conservación de la propiedad.

La *función del gobierno*, por consiguiente, debe tender a la protección de la propiedad, pues los hombres sólo renunciaron a la parte de su libertad natural que exige el bien, la prosperidad y la seguridad de la sociedad, conservando el resto de sus libertades, derechos y propiedades.

La sociedad política tiene un *poder limitado* cuyo poder supremo es el *poder legislativo* cuya función esencial es hacer leyes. Reconoce al pueblo el *derecho de rebelión* en caso que la autoridad atente en contra de los derechos naturales, la libertad o la propiedad, rebelión que debe estar destinada a restablecer el orden alterado[32].

46. Charles Louis de Montesquieu. (1689-1755).

Nació en el seno de una familia de nobles y, no obstante ostentar el título de Barón de la Brede, nunca usó dicho título. Fue Presidente del Parlamento de Burdeos y a partir de 1726 se incorporó a la Academia, iniciando una serie de viajes a distintos países, observando sus sistemas de gobierno, admirando el sistema político de Inglaterra. Entre sus obras se señalan "Cartas Persas" (1725), "Consideraciones acerca de la grandeza y decadencia de los romanos" (1734) y "El Espíritu de las Leyes" (1748). Esta obra corresponde a un tratado enciclopédico compuesto de 31 libros

[32] Urzúa V. Germán. Historia de las Ideas Políticas. Edit. Jurídica. Chile. Año 1967.p.166

que desató una gran polémica entre los intelectuales, juristas y políticos de esa época.

Montesquieu sostiene que las *leyes* en su significado más amplio, "son las relaciones necesarias que derivan de la naturaleza de las cosas" y, en este sentido, todos los seres tienen sus leyes. El mundo material se mueve según ciertas leyes-relaciones, pero las leyes, civiles y políticas positivas no deben confundirse con las leyes científicas, que son mas profundas, más lentas y más seguras para ordenar la evolución de las sociedades. Por ello, Montesquieu señala que debe preocuparse no tanto de las leyes en sí, sino del *espíritu* que las anima.

En cuanto a las *formas de gobierno*, y atendida la observación de la realidad histórica y de las modalidades de su tiempo, distingue entre república, que puede ser democrática o aristocrática, monarquía y despotismo, cada una de las cuales se apoya en un principio que la hace eficaz.

Señala que la naturaleza de la *democracia* radica en que cada uno de los miembros de la sociedad política, es al mismo tiempo soberano, pues interviene en la gestación de la autoridad, y súbdito, pues debe someterse a dicha autoridad. El principio rector de la democracia es la virtud, no en su sentido moral sino cívico, esto es, el sentido de servicio, de amor a la patria que debe guiar a cada ciudadano.

Respecto de la *aristocracia,* su naturaleza se fundamenta en el pequeño número de personas que gobiernan, ya sea por sus condiciones intelectuales, méritos, factores hereditarios u otros, y el principio que la guía es la moderación y prudencia con que deben hacer uso del poder.

En cuanto a la *monarquía,* ésta encuentra su naturaleza en la circunstancia que es una sola persona la que gobierna por leyes fijas y establecidas, regulada por la nobleza, el clero y los estamentos de la ciudad, y su fundamento se encuentra en el honor del monarca.

Finalmente, el *despotismo* tiene por naturaleza el gobierno de una sola persona, cuyo accionar no se sujeta a leyes algunas sino en el arbitrio de ésta, basado en el principio del temor de los gobernados.

Uno de los aportes de mayor trascendencia de Montesquieu es su "*Teoría de la División y Separación de los Poderes*" que ha pasado a constituir uno de los fundamentos de la concepción jurídica del Estado de Derecho. Señala que existen tres potestades: legislativa, ejecutiva y judicial. La primera, que debe radicarse en un órgano colegiado y periódico, sanciona o deroga las leyes y fiscaliza su fiel ejecución, es decir, controla a los otros poderes. La ejecutiva,debe ser unipersonal y permanente encargada de la seguridad interna y externa del Estado, de las finanzas y de las relaciones exteriores. La potestad judicial tiene por función castigar delitos y resolver las diferencias entre los particulares, dentro de lo que la ley dispone, sin poder modificarla ni suplirla[33].

47. Juan Jacobo Rousseau. (1712-1778).

Nació en Ginebra y tuvo una infancia amargada por la injusticia que agudizó su ansia de la igualdad. Vivió preferentemente en Francia y su intelecto permitió abrir el camino al desarrollo del pensamiento, siendo sus principales obras "El Contrato Social", "Discurso sobre las Ciencias y las Artes", "Discurso sobre la desigualdad de los hombres", y "Emilio".

En su *teoría,* sostiene que los hombres primitivamente vivían en un estado de naturaleza de completa libertad e igualdad, sin propiedad y sin trabas ni limitaciones, por lo cual gozaban de una completa felicidad y paz. Sin embargo, el desarrollo de la civilización corrompió al hombre, pues éste comenzó a adquirir para sí la propiedad privada, con lo cual se generó una división del trabajo que trajo consigo una desigualdad entre los individuos, así como la opresión e infelicidad acrecentada por el poder político.

Frente a esta nueva realidad, los hombres, sostiene Rousseau, acordaron un pacto o *Contrato Social* en que cada uno de ellos se unió a los demás mediante un convenio que se formalizó en la comunidad. Cada ciudadano adquirió el carácter de ser, al mismo tiempo, soberano, pues participó en la suscripción del contrato y súbdito, ya que se sometió voluntariamente al mismo. El objeto del pacto fue garantizar la libertad y la igualdad y, por su intermedio, las personas entregaron todos sus derechos naturales a la sociedad, la cual se los restituyó, transformados en los derechos civiles, tales como derechos de los ciudadanos, derecho de propiedad, libertad personal, de información y prensa, reunión, asociación, y otros[34].

Según Rousseau del contrato surgió una *persona moral,* la cual tomó el nombre de *República* en cuanto forma de gobierno, de *Estado* en

---

[33] Montesquieu Charles. "El Espíritu de las Leyes".Edit. Tecnos Madrid. 1998. p.7.

[34] Rousseau Juan. El Contrato Social. Editorial Edaf. Madrid. Año 1979. p.39.

cuanto ser pasivo, *Soberano* en cuanto persona activa y de *Potencia*, en comparación con otros Estados.

Conforme a la concepción de Rousseau, el hombre queda subordinado a la *voluntad general* que es la voluntad de la mayoría, la cual reside en el pueblo y que denomina "*soberanía*", la que tiene las características de ser una, absoluta, indivisible, imprescriptible e inalienable. Rechaza las *sociedades intermedias*, como son los partidos políticos, y propicia la existencia de una *religión civil* que debe ser formulada por el soberano basado en los sentimientos de sociabilidad.

48. Alexis Tocqueville. (1805-1859)

Nació en Francia perteneciente a una familia de la nobleza, abogado, pensador y político que participó activamente en el Gobierno de su país. Permaneció un tiempo en EE.UU., admirando su modelo liberal democrático lo que expresó en su libro "La democracia en América" donde plantea el problema de la supervivencia de la libertad en una sociedad democratizada. Debió enfrentar la implementación del cambio político en Francia, del Antiguo Régimen y la Revolución, cuyo análisis se encuentra en su obra "El antiguo régimen y la revolución", escrito en las postrimerías de su vida.

Sostuvo que la revolución francesa no produjo una ruptura total con el pasado, pues sólo se había limitado a confirmar la tendencia reformista del siglo XVIII.Afirmó que el signo de los tiempos iba en camino de la democracia, pero que frente a las desviaciones que ésta podía sufrir, debían implementarse mecanismos de protección de la libertad individual de las personas.

49. Karl Heinrich Marx (1818-1883)

Karl Heinrich Marx fue un filósofo, historiador, sociólogo, economista y escritor nacido en Prusia de una familia alemana judía. Es considerado uno de los teóricos del pensamiento socialista científico y del comunismo. Escribió numerosas obras y ensayos junto a **Friedrich Engel** (1820-1895), entre los cuales destacan La Sagrada Familia (1844), La ideología alemana (1846), Manifiesto Comunista (1848) y El Capital (1864).

En el pensamiento esencial de Karl Marx y de Friedrich Engel se sostiene que la historia de la humanidad es *la historia de la lucha de clases y* que en este momento histórico, la burguesía dominante, se encuentra enfrentada al proletariado emergente, en un proceso de lucha que, este último, vencerá, lográndose con ello una *sociedad igualitaria,* sin clases sociales por lo que *no será necesario la existencia del Estado.* Para acelerar el proceso de cambio, Marx propicia la *dictadura del proletariado* y el traspaso total de la propiedad de los *medios de producción de dominio al Estado.*

50. Antonio Gramsci (1892-1937)

Antonio Gramsci fue un político, filosófico, periodista italiano y uno de los fundadores del Partido Comunista de Italia. Su tesis política se sustenta en la doctrina marxista materialista, a la cual, sin embargo, introdujo diversas concepciones y que se encuentran contenidas, entre otras, en su obra "Cuadernos desde la Cárcel".

Gramsci atribuyó un papel central al concepto de infraestructura de la sociedad constituido por las fuerzas de producción y relaciones sociales y al de superestructura constituida por las instituciones, sistemas de ideas, doctrinas y creencias de una sociedad.

Sostiene que el poder de las clases dominantes sobre el proletariado, no está dado simplemente por el control de los aparatos represivos del Estado, sino que está configurado, fundamentalmente, por el predominio cultural que, las clases dominantes, logran ejercer, a través del control del sistema educativo, de las instituciones religiosas y de los medios de comunicación.

Por ello propicia que la acción política debe estar dirigida directamente a la modificación y sustitución de las ideas religiosas, de los procesos educativos y comunicacionales a fin que ellas estén inspiradas y sustentadas en la concepción marxista y, logrado ello, se obtendrá la sociedad igualitaria.

51. Jacques Maritain (1882-1973)

Filósofo francés, católico, cuyas ideas políticas y filosóficas se sustentan en la admisión de una sociedad abierta, plural y solidaria y defensor de los sistemas democráticos basados en la participación popular, la libertad ideológica y protección los derechos humanos que entendía enraizaban en la ley natural. Sostiene la primacía de la persona sobre el Estado y que el fin de éste es asegurar el bien común. Criticó el Estado burgués, el sistema capitalista y la concepción liberal de la propiedad privada. Combatió al nacionalsocialismo y al comunismo y propició una política de desarrollo sustentada en la participación equitativa de todos los factores económicos y sociales. Su pensamiento ha inspirado a los partidos políticos que sustentan las democracias cristianas.

52. Otros pensadores.

La concepción política moderna del Estado de Derecho, se ha estructurado paulatinamente, con los aportes que han efectuado numerosos intelectuales de diversas nacionalidades en el campo de la política y del derecho, lo que ha permitido el consenso en materia de derechos personales, deberes de protección del Estado hacia los ciudadanos, así como las relaciones de convivencia entre los Estados dentro de una comunidad mundial global.

En Estados Unidos de N.A. destacan como hombres públicos que otorgan dinámica a la política, Franklin, Washington, Jefferson, Hamilton, Adams Roosevelt, Kennedy, y los juristas James Bryce, David Easton, Samuel Huntington, Robert Dahl, Carl Friederich, Bernard Schwarts, entre otros.

Dentro de los autores franceses, debe mencionarse a León Duguit, Maurice Hauriou, Esmein, Careé de Marberg, Maurice Duverger, Jean Dabin, André Hauriou, Georges Burdeau, Jacques Maritain, entre otros.

En España, han contribuido al desarrollo del derecho político, los autores Manuel García Pelayo, Pablo Lucas Verdú, Adolfo Posada, Luis Sánchez Agestá, Nicolás Pérez Serrano.

En Chile han participado en la formación del derecho político, los destacados profesores universitarios Jorge Huneeus, Alcibíades Roldán, Gabriel Amunátegui, Aníbal Bascuñán, Mario Bernaschina, Mario Verdugo, Alejandro Silva B., José Luis Cea, Raúl Bertelsen, entre los más destacados.

TÍTULO II
CONTRIBUCIÓN DE LAS INSTITUCIONES POLÍTICAS.

Párrafo I.

Aporte del Derecho Constitucional de Inglaterra.

Las características del sistema político de Inglaterra constituyen una de las bases fundamentales en la formación y estructuración del Derecho Político, así como del Derecho Constitucional, pues sus instituciones han tenido una gran influencia en la organización de otros Estados y en la creación de nuevas formas de expresión política.

53. Carta Magna.

Llamada "*Carta Libertatum*" o "*Carta Baronum*" data del 15 de Junio de 1215 cuando el Rey de Inglaterra Juan Sin Tierra, hermano y sucesor de Ricardo Corazón de León, frente a la crisis que enfrentaba por el desprestigio del fracaso de la guerra con Francia y a la excomunión que fuere objeto por el Papa, fue obligado a aceptar las imposiciones exigidas por los barones de ese reino.

Con anterioridad a esta Carta se habían aprobado otros instrumentos políticos, tales como la Carta de las Libertades de Enrique I en el año 1100; la Carta de San Esteban en 1136; la Carta de las Libertades de Enrique II en 1554, y otras, la cuales, sin embargo, no adquirieron la importancia y trascendencia de la Carta Magna, la cual tiene a la presente fecha plena vigencia en Inglaterra.

La Magna Carta fue suscrita en la pradera llamada Runnymede entre Windsor y Staines en Inglaterra. El texto original, del que hoy sólo se conservan cuatro ejemplares, uno de ellos en el Museo Británico, estaba hecho de pergamino y no fue firmado, sino únicamente estampado el sello real.

Se trata de un documento escrito en un latín bárbaro, mezcla de idioma francés e inglés, destinado a restablecer antiguas costumbres y cuyas principales disposiciones son las siguientes:

a) Ningún hombre libre podrá ser arrestado, encarcelado, despojado de sus bienes, costumbres y libertades ni puesto fuera de la ley ni desterrado o molestado en manera alguna, sino en virtud de un juicio legal de sus pares y según la ley del país.

b) Prohibición imponer contribuciones sin el consentimiento del Consejo del Rey.

c) Ningún hombre libre puede ser condenado sin que exista una sentencia judicial.

d) Consagra la libertad de tránsito, por la cual toda persona pueda entrar y salir del país.

e) Se establece la libertad de comercio[35].

---

[35] Jauregui Carlos Historia del Parlamento Inglés. Edit. Depalma. B. Aires. Año 1993. p.129.

54. Estatutos de Oxford.

En 1254, el Rey Enrique III debió afrontar grandes problemas económicos y dificultades para solventar los gastos de la monarquía, por lo cual solicitó a cada condado que enviaran dos caballeros para decidir la ayuda económica al monarca, la cual le fue concedida al rey bajo la condición de que los feudos pudiesen nombrar representantes ante el reino, lo cual fue aceptado por el monarca, que se tradujo en un acuerdo del año 1258 conocido como *Provisiones de Oxford.*

Por tal circunstancia, el Gran Consejo del Rey que estaba constituido sólo por representantes del clero y de la nobleza, pasó a ser integrado con este nuevo segmento, reuniéndose los tres estamentos sociales en una sola Sala o Cámara. Se mantuvo un trabajo mancomunado hasta el año 1340 en que se produjo una separación de dichos grupos, reuniéndose, en una Cámara, los representantes del clero y de la nobleza, constituyendo la denominada Cámara de los Lores, y en otra, los representantes de los burgueses, conocida, posteriormente, como la Cámara de los Comunes. Así surgió el sistema de un parlamento bicameral de gobierno, y que posteriormente han adoptado la mayoría de los países occidentales.

55. Petición de Derechos.

El 7 de junio de 1628 el Parlamento impuso al rey Carlos I un Acta llamada "*Petition of Rights*", por la cual el rey no podía imponer tasas sin el consentimiento del Parlamento; nadie podía ser perseguido o procesado por el no pago de impuestos no autorizados por el Parlamento; ninguna persona sería sustraído de sus jueces naturales; no podrían establecerse tribunales militares o de excepción y nadie podía ser obligado a alojar en sus casas a soldados.

56. Documento de Gobierno.

Durante el gobierno de Cromwell se aprobó, por su Consejo de Oficiales, un documento denominado "*Instrument of Government*" que constaba de 42 artículos y tenía por objeto fijar las bases permanentes de la forma de gobernar, establecer las facultades y limitaciones del Protector, del Consejo de Estado y del Parlamento y determinados derechos de las personas. Este documento esbozó un conjunto de ideas de lo que sería posteriormente una constitución escrita y que fuere adoptada en los EE.UU. de N. América.

57. Bill del Habeas Corpus.

El 28 mayo de 1679, el Parlamento aprobó el Acta de "*Habeas Corpus*", destinada a proteger a los ciudadanos ingleses contra las detenciones arbitrarias y largas esperas de juicio, estableciendo los siguientes principios:

a) En caso de detención de un ciudadano inglés, éste debe recibir, por escrito, la naturaleza y calidad de los cargos que se le imputan.

b) Excepto en los casos de felonía, alta traición u otro delito gravísimo, cualquiera persona detenida está facultada para obtener su libertad provisional mediante caución.

c) Dentro de los veinte días siguientes a la detención, el detenido debe ser llevado ante el Gran Jurado, el cual debe dictaminar la existencia del hecho criminoso, juzgando si existen indicios suficientes para proseguir contra el imputado el procedimiento penal.

d) Todo oficial de policía, magistrado y carcelero que viole de algún modo el habeas corpus, debe pagar, cada uno por cuenta propia, quinientas libras esterlinas a la parte afectada.

El Bill del Habeas Corpus constituye el antecedente del *recurso de amparo* que en las legislaciones modernas y contemporáneas se contemplan como una de las garantías fundamentales de las personas en el ejercicio de sus libertades, incorporados incluso en convenios internacionales, tal como la Declaración Universal de Derechos Humanos de 1948 en su artículo 8; el Pacto Internacional de Derechos Civiles y Políticos de 1966 en su artículo 9; la Convención Americana sobre Derechos Humanos llamada Pacto de San José de Costa Rica de 1969 en su artículo 7.

En Chile, la actual Constitución Política de 1980 contempla este recurso de amparo en su artículo 21.

58. Bill of Rights.

El 13 febrero de 1689 bajo el reinado de Guillermo III, el Parlamento aprobó un acuerdo, contenido en un Acta denominada "*Bill of Rights,*" esto es, "Declaración de Derechos", por la cual se ratifican los principios de la Carta Magna y, además, se establecen las siguientes restricciones al monarca:

a) Prohibición de suspender la ejecución de las leyes, ni dispensar a nadie su cumplimiento.

b) Prohibición para crear tribunales de excepción.

c) Prohibición para restringir el uso de la palabra a los miembros del Parlamento, ni imponer contribuciones sin la autorización del Parlamento.

d) Prohibición para mantener un ejército sin permiso del Parlamento, ni arrestar a nadie sino con arreglo a la ley.

e) Prohibición de efectuar condonaciones de multas antes que se dicte sentencia judicial.

f) Derecho de los súbditos de hacer peticiones al Rey.

g) Derecho de los súbditos para poseer armas para su defensa.

Con el objeto de controlar la aplicación de estas restricciones, se comenzó a sentar el principio de que los ministros del Rey deben ser personas de la confianza del Parlamento y que las resoluciones del monarca deben ser refrendadas por los ministros para ser obedecidas.

59. Ley de Instauración.

El 12 de junio de 1701 y previendo que a la muerte del Rey Guillermo, ocurrida posteriormente en 1702, la corona pasaría a un pariente alemán de la familia Hannover, el Parlamento inglés aprobó el "*Act of Settlement*" que es una ley de instauración, sucesión o establecimiento en que se dispuso:

a) Los soberanos de Inglaterra debían profesar la religión protestante. Se estableció que "por la presente ley se promulga que todas y cada una de las personas que hereden dicha Corona, en virtud de las limitaciones contenidas en esta ley, y estén reconciliadas, o en el futuro se reconcilien, o comulguen con la Sede o Iglesia de Roma, o profesen la religión papista, o contraigan matrimonio con un papista, quedarán incursas en las incapacidades que para tales casos han quedado promulgadas y establecidas. Todo rey o reina que herede la Corona imperial de este reino, en virtud de la presente ley prestará juramento en la ceremonia de su coronación, con arreglo a lo dispuesto en la ley votada por el Parlamento y aprobada en el primer año del reinado de V.M. y la difunta reina María, titulada "Ley para establecer el Juramento de la Coronación", cuya declaración leerán y suscribirán en la forma y manera que en dicha ley se establece"[36].

El Rey tenía que prestar juramento que no creía en la Transustanciación, es decir, en el Sacramento de la Eucaristía, dogma esencial de la Iglesia

[36] Daranas Mariano. Las Constituciones Europeas. Edit. Nacional. Madrid. 1979. p.945.

Católica. Sin embargo, en el año 1910 se reformó el juramento, de tal modo que basta que el Rey declare adherirse a la Iglesia Anglicana.

b) Ninguna guerra podía ser declarada por los dominios personales del rey sin consentimiento del Parlamento.

c) Ningún extranjero podía formar parte del Consejo Privado del Rey.

d) Los jueces serían inamovibles mientras observasen buena conducta. Bajo el reinado de Jorge I de Hannover, se estableció la costumbre que el Gabinete del Rey pudiese sesionar sin la presencia del monarca, en atención a que éste ignoraba el idioma inglés; por la misma razón, tampoco concurría a las deliberaciones al Parlamento haciéndolo, en su reemplazo, un Primer Ministro. Este precedente pasó a constituir una característica del régimen parlamentario.

60. Parliament Act de 1911.

Las atribuciones y facultades de ambas Cámaras del Parlamento inglés eran muy similares, pero con motivo de diversas reformas al sistema electoral iniciado el año 1832, la importancia de la Cámara de los Lores comenzó a disminuir ostensiblemente. Con la promulgación de ley de 18 agosto 1911, denominada "*Parliament Act*", que posteriormente fue modificada el año 1949, se redujo definitivamente la gravitación en la gestión gubernativa de la Cámara de los Lores.

Conforme a la reforma, se estableció que si un proyecto de ley (Money bill) de carácter financiero, previamente aprobado por la Cámara de los Comunes, aunque fuere rechazado por la Cámara de los Lores o no fuere considerado dentro de un mes, debe ser presentado a la Corona para su sanción real. La calificación de si la ley es de carácter financiero corresponde efectuarla al Presidente de la Cámara de los Comunes, llamado "Speaker". Además, tratándose de leyes comunes, éstas se convierten en ley si han sido aprobadas por la Cámara de los Comunes en dos legislaturas sucesivas, aunque sean rechazadas por la Cámara de los Lores.

61. Estatuto de Westminster.

El 11 de diciembre de 1931, el Parlamento aprobó el Estatuto de Westminster que estructura la Commonwealth Británico, que corresponde a una libre asociación de *Estados libres* e independientes constituidos por Gran Bretaña, Canadá, Australia, Nueva Zelandia e India, Pakistán, Ceilán, Ghana, Malasia, Chipre, Nigeria, Sierra Leona, Islas Samoa, Jamaica,

Trinidad y Tobago, Uganda, Kenya, Tanzania, Malawi, Malta, Zambia y Gambia, y además constituido por *colonias autónomas* dotadas de un cuerpo legislativo elegido por votación, Gibraltar, Aden, Guayana Británica, islas Fiji, islas Mauricio, de *colonias de la Corona* directamente administradas por el Gobierno Británico, como Honduras Británicas, islas Falkland, los *protectorados*, sultanatos del golfo Pérsico, Somalia Británica, islas Salomón y Tonga y *territorios bajo fideicomiso* como Nueva Guinea, Samoa occidental e isla Nauru[37]. Al año 2016 la Commonwealth Británica se encuentra constituida por 53 países independientes que comparten lazos históricos con el Reino Unido.

El principal objetivo de la Commonwealth es la cooperación internacional en el ámbito político y económico. Desde el año1950 su membresía no implica sumisión alguna hacia la corona británica y atendidos los antecedentes históricos y ancestrales de nuevos estados miembros, se le denomina actualmente como "*Commonwealth of Nati*ons" (Comunidad de Naciones).

62. Parliament Act de 1949.

Con fecha 16 de diciembre de 1949, se aprobó por el Parlamento el "*Parliament Act de 1949*" que es una modificación de la Ley Orgánica de 1911, por la cual se restringieron aún más las facultades de la Cámara de los Lores, al establecerse sólo dos insistencias de la Cámara de los Comunes en el plazo de un año, para que un proyecto de ley no financiero, se presente a la Corona para su sanción y aprobación, no obstante que hubiere existido un rechazo de la Cámara de los Lores.

63. Creación de la Corte Suprema.

Como consecuencia de las obligaciones emanadas de la Convención Europea de Derechos Humanos, el gobierno laborista, liderado por el entonces primer ministro Tony Blair, anunció su plan de derogar la función judicial del Lord Chancellor, quien desempeñaba la máxima función judicial de la House of Lords, Camara de los Lores, y transferir esa función a la nueva Corte Suprema.

En 2005, la ley de reforma constitucional fue promulgada, llevando a la derogación de la House of Lords. El 1 de octubre de 2009, la Corte Suprema del Reino Unido sesionó por primera vez.

---

[37] Rousseau Charles. Derecho Internacional Público Editorial Ariel. Barcelona. Año 1966.p. 131.

Párrafo II

Aporte del Derecho Constitucional de Estados Unidos de Norteamérica.

64. Su desarrollo.

La colonización de América del Norte comenzó a desarrollarse a partir de fines del siglo XVI con la llegada de europeos constituidos, especialmente, por puritanos ingleses, hugonotes franceses, católicos irlandeses y otros, todos los cuales estaban imbuidos de las ideas y concepciones de las instituciones políticas vigentes en Inglaterra.

Las trece colonias creadas por los ingleses fueron Virginia, Massachussets, Pensilvania, Connecticut, Rhode Island, Carolina del Norte, Carolina del Sur, Georgia, Nueva Hampshire, Maryland, Nueva Jersey, Nueva York y el Maine

Con posterioridad, y con motivo de las aspiraciones de autonomía, los representantes de las diversas colonias se reunieron en el año 1774 en la ciudad de Filadelfia, proclamándose la independencia el día 4 de Julio de 1776 en un documento redactado por Thomas Jefferson y, a raíz de lo cual, los diversos nuevos Estados formularon declaraciones de los derechos de los ciudadanos, siendo la más completa la del Estado de Virginia de 12 Junio 1776.

La lucha bélica con Inglaterra terminó en 1781 con motivo de la toma de Yorktown. Inglaterra reconoció la independencia el 30 Noviembre 1782 y suscribió el tratado de paz en París, el 3 Septiembre de 1783.

65. La Declaración de Independencia de 4 de Julio de 1776.

Fue redactada por Thomas Jefferson y aprobada en el Congreso Continental, que fue un organismo de unión al que el conjunto de los colonos americanos había encargado la dirección de la guerra.

Esta declaración, que sirvió de modelo a muchas colonias de Sud América, contiene un conjunto de principios filosóficos, tanto respecto a la naturaleza humana, como los derechos y obligaciones de las personas y del Estado. Así, se establece en su enunciado que "Todos los hombres nacen iguales; están dotados por su Creador de ciertos derechos inalienables, entre los cuales se encuentra la vida, la libertad y la búsqueda de la felicidad.

Los gobiernos son establecidos por los hombres para garantizar estos derechos y su justo poder emana del consentimiento de los gobernados. Todas cuantas veces una forma de gobierno se convierta en destructiva de esa finalidad, el pueblo tiene derecho a cambiarla o abolirla. La prudencia nos enseña realmente que los gobiernos establecidos desde hace tiempo no deben ser cambiados por causas ligeras; y la experiencia de todos los tiempos muestra que, en efecto, los hombres se sienten más dispuestos a tolerar males soportables que a hacer justicia por sí mismos aboliendo las formas a las que están acostumbrados"[38].

66. La Confederación.

Con fecha 14 de noviembre de 1777 se suscribió el Tratado de Confederación en el cual se pactaron los principios generales de organización y funcionamiento de la Confederación de los Estados.

El Tratado estableció el principio de la soberanía y de la igualdad de los 13 Estados, los que declararon su voluntad de prestarse socorro en caso de invasión, con un ejército común se componía únicamente de fuerzas locales. El único órgano común era el Congreso, expresado en una asamblea de representantes diplomáticos en que cada Estado estaba representado por una delegación de dos a siete miembros, pero que no disponía como tal delegación, más que de un sólo voto, cualquiera que fuere el número de sus componentes. La circulación de ciudadanos de un Estado a otro era libre, pero cada Estado podía reglamentar en la forma conveniente a sus intereses.

La representación diplomática internacional, en principio, estaba reservada a la Confederación, pero cada Estado de ésta podía recibir o enviar embajadores con autorización del Congreso. Las finanzas de la Confederación eran muy rudimentarias y estaban constituidas por contribuciones ingresadas por los Estados y basadas sobre el valor de las tierras que componían cada territorio.

La falta de una estructura planificada, fuerte y unida, creó numerosas falencias en el funcionamiento de la Confederación, que fue considerada como causa de las debilidades y deficiencias para realizar un buen gobierno y dar estabilidad y permanencia al Estado[39].

---

[38] Hauriou André. Derecho Constitucional e Instituciones Políticas. Edic. Ariel Barcelona. 1971p .419.

[39] Sánchez A. Luis. Derecho Constitucional Comparado. Universidad de Madrid. 1988 p.174.

67. La Constitución Política de 1787.

En el año 1787 se celebró en Filadelfia una Convención Constitucional que elaboró un proyecto de Constitución que fue firmado por los delegados el día 17 de septiembre y que, posteriormente, fue ratificado por los Estados en el curso del año 1788 entrando en vigencia el día 1° enero de 1789. Este Texto Constitucional presenta importantes innovaciones al sistema de organización y funcionamiento de los Estados.

a) La Constitución Política se encuentra contenida en un texto, teniendo la particularidad de ser la *primera constitución escrita* y que, además, se encuentra actualmente vigente.

No obstante la tradición costumbrista del derecho inglés, los constituyentes inspirados en las ideas del contrato social de Rousseau, expresaron sus normas en un documento escrito formalmente, para otorgarle la estabilidad y permanencia y, además, para permitir su oportuno conocimiento por la ciudadanía.

b) Se establece el *sistema republicano* como forma de gobierno cuyo Jefe de Estado es el Presidente de la República.

c) El poder Legislativo está estructurado en un *sistema bicameral*, existiendo la Cámara de Representantes que comprende 435 miembros elegidos por dos años, proporcional al número de habitantes, y el Senado que está compuesto de dos miembros por cada Estado, elegidos por seis años y renovables por tercios cada dos años, conjuntamente con la elección de los miembros de la Cámara de Representantes.

d) La organización del Ejecutivo, a cuya cabeza está situado un *Presidente de la República,* del que dependen directamente los ministros, y que es a la vez Jefe de Estado y Jefe de Gobierno, constituye el elemento más original de la Constitución Americana que ha sido denominado como "Régimen Presidencial".

e) La elección del Jefe de Estado es efectuada por *electores presidenciales* que son elegidos previamente por el pueblo, por lo cual se trata de una elección indirecta.

f) El *Poder Judicial* tiene una organización compleja y estructurada sobre la organización federal del país, existiendo tribunales propios de cada Estado y otros propios del Estado Federal.

En el campo federal existen los Tribunales de Distrito, Tribunales de Circuito y un Tribunal Supremo, el cual está constituido por nueve jueces inamovibles nombrados en forma vitalicia por el Presidente de la República, teniendo competencia propiamente judicial y además, de control de la constitucionalidad.

g) El sistema modificatorio de la Constitución es rígido, pues las proposiciones de reforma se acuerdan por los dos tercios de las Cámaras Federales o por una Convención convocada a pedido de las dos terceras partes de los Estados. Además, las enmiendas deben ser ratificadas por las tres cuartas partes de los Estados ya sea por medio de sus propias legislaturas o por convenciones convocadas especialmente al efecto.

Durante toda su vigencia, la Constitución ha experimentado sólo veintisiete enmiendas y las diez primeras son conocidas como "Declaración de Derechos", las cuales fueron propuestas el 25 de septiembre de 1789 y ratificadas el 15 de diciembre de 1791. Originalmente, las enmiendas se aplicaban al gobierno federal, pero la 14° Enmienda declaró que ningún Estado puede privar a persona alguna de la vida, la libertad o la propiedad, sin el proceso judicial apropiado. La Corte Suprema ha interpretado estas palabras en el sentido de que, casi en su totalidad, la Declaración de Derechos se aplica también a los Estados[40].

Las enmiendas han recaído en las siguientes materias:

a) Enmienda n°1 sobre libertad de culto, expresión y de prensa; derecho de reunión y petición.
b) Enmienda n°2 sobre derecho de portar armas.
c) Enmienda n°3 sobre alojamiento de soldados.
d) Enmienda n°4 sobre órdenes de cateo y arresto.
e) Enmienda n°5 sobre los derechos en las causas penales.
f) Enmienda n°6 sobre el derecho a un juicio justo.
g) Enmienda n°7 sobre los derechos en las causas civiles.
h) Enmienda n°8 sobre fianzas, multas y sanciones.
i) Enmienda n°9 sobre derechos retenidos por el pueblo.
j) Enmienda n°10 sobre poderes retenidos por los Estados y por el pueblo.
k) Enmienda n°11 de 7 febrero 1795 sobre litigios contra los Estados.
l) Enmienda n°12 de 27 julio 1804 sobre elección del Presidente y el Vicepresidente.

---

40 Peltason J. W. La Constitución de EE.UU. Editorial World Book Inc. Año 1986. p.44

m) Enmienda n°13 de 6 diciembre 1865 sobre abolición de la esclavitud.

n) Enmienda n°14 de 9 julio 1868 sobre derechos civiles.

ñ) Enmienda n°15 de 3 febrero 1870 sobre el sufragio racial.

o) Enmienda n°16 de 3 febrero 1913, referentes a impuestos sobre los ingresos.

p) Enmienda n°17 de 8 abril 1913 sobre elección directa de senadores.

q) Enmienda n°18 de 16 enero 1919 sobre prohibición venta o transporte de licores.

r) Enmienda n°19 de 18 agosto 1920 sobre sufragio femenino.

s) Enmienda n°20 de 23 enero 1933 sobre períodos del Presidente y del Congreso.

t) Enmienda n°21 de 5 diciembre 1933 sobre revocación prohibición licores.

u) Enmienda n°22 de 27 febrero 1951 sobre limitación gestión presidencial.

v) Enmienda n°23 de 29 marzo 1961 derecho sufragio en distrito de Columbia.

w) Enmienda n°24 de 23 enero 1964 sobre impuestos de capitación.

x) Enmienda n°25 de 10 febrero 1967 sobre incapacidad y sucesión presidencial.

y) Enmienda n°26 de 1 julio 1971 sobre sufragio para personas de 18 años edad.

z) Enmienda n°27 de 1 julio 1992 sobre efecto de las leyes que regulan remuneración de Senadores y Representantes.

68. La Federación.

La Constitución consagra el sistema federal como forma jurídica del Estado, permitiendo con ello que los distintos Estados Miembros posean grados de autonomía. Este sistema se presenta como una verdadera invención y es la primera vez que un Estado se organiza bajo esa modalidad.

Entre los poderes federales que figuran en la Constitución, se incluye el derecho de recaudar impuestos, declarar la guerra y regular el comercio. Además de esas facultades *delegadas* o expresas, pues constan en la Constitución, el gobierno nacional tiene facultades *implícitas*, esto es, que se desprenden del texto constitucional y que permiten al gobierno tomar acciones para responder a las necesidades.

Existen ciertas facultades que la Constitución no confiere al gobierno nacional ni prohibe a los Estados y son las llamadas facultades *reservadas* que corresponden al pueblo o a los Estados. En algunos casos, el gobierno nacional y los gobiernos de los Estados tienen facultades *concurrentes*, es decir, que ambos niveles del gobierno pueden intervenir.

Cada Estado miembro, dentro de las facultades otorgadas por la Constitución Federal, tiene su propia Constitución y sus propios órganos ejecutivos, legislativos y judiciales y, cada una de ellas, regula sus gobiernos locales ya sea en corporaciones municipales, tales como ciudades, aldeas, burgos, comunas o corporaciones cuasi –municipales, o como los condados, municipios, distritos[41].

Párrafo III

Aporte del Derecho Constitucional de Francia.

69. La historia de la organización política de Francia, presenta un valioso aporte a la formación del Derecho Político y del Derecho Constitucional, pues partiendo de una estructura organizacional sustentada en la concepción de un Estado y poder absoluto, las inquietudes intelectuales, políticas, económicas y sociales que se desarrollaron en Francia, dieron origen al nacimiento de importantes instituciones que, lentamente, se fueron incorporando a su organización como Estado.

Los textos constitucionales que se suceden a partir de la Revolución de 1789, en forma paulatina, van incorporando los conceptos tales como la soberanía nacional, división de poderes, reconocimiento de los derechos personales y políticos de los ciudadanos, voto popular secreto y uniforme, asamblea legislativa unicameral, representación parlamentaria, entre otros.

La primera Constitución de Francia es de 3 de septiembre de 1791 y desde esa fecha esa nación ha tenido quince textos políticos, que han contemplado regímenes variados conforme a las realidades de la época en que fueron dictados y, salvo excepciones, todos ellos inspirados en un ideal democrático.

Desde la señalada perspectiva, se pueden distinguir cuatro fases en los esfuerzos para introducirlo en la organización constitucional:

a) De 1789 a 1814 la introducción de la idea democrática en las instituciones.

---

[41] Blair S. George. El Gobierno local de los EE.UU. Edit. Omeba. Buenos Aires. Año 1966 p.71.

b) De 1814 a 1848 la democracia burguesa.

c) De 1848 a 1870 el advenimiento del sufragio universal.

d) De 1870 a 1940 el gobierno de las masas.[42]

Con posterioridad, se reconocen en Francia las Constituciones de 2 noviembre de 1945 en que se establece un Gobierno Provisional como consecuencia del término de la Segunda Guerra Mundial; la Constitución de 27 octubre de 1946 en que se estructura la IV República y la Constitución de 5 de octubre de 1958 que origina la V República y que al año 2009 ha experimentado 22 modificaciones, con especial relevancia aquellas destinadas a permitir una mayor participación en la Comunidad Europea.

Párrafo IV

Las Declaraciones de Derecho.

70. Orígenes.

Las Declaraciones de Derechos comenzaron a gestarse muy lentamente desde la antigüedad, especialmente a partir del desarrollo del pensamiento cristiano, en que se reconoce la existencia de la dignidad como cualidad esencial del ser humano, titular de derechos y, conforme a ello, surgen posteriormente, algunos documentos de reconocimiento de ellos, tales como Carta Magna (1215) en Inglaterra.

En los siglos XVII y XVIII, con la estructuración de la Escuela del Derecho Natural, los filósofos de esta escuela como Pufendorf, Grocio y otros, desarrollan la concepción de la existencia de un estado de naturaleza de la sociedad anterior a la formación de la sociedad política, en el cual los hombres eran libres e iguales poseyendo derechos naturales inalienables e imprescriptibles y, con el objeto de preservarlos, concuerdan un pacto o contrato que da origen al Estado. Estas ideas son desarrolladas, con diversos matices, por Thomas Hobbes, John Locke y Juan J.Rousseau, entre otros.

En el proceso de formación del *constitucionalismo clásico*, el reconocimiento formal y expreso de los derechos y libertades individuales adquirió especial importancia por el compromiso asumido por toda la sociedad de respetarlos, tanto por las autoridades, como por todos los ciudadanos.

---

[42] Burdeau George. Derecho Constitucional e Instituciones Políticas. Editorial Nacional. Madrid 1981. p.368.

En estas Declaraciones se reconocen la existencias de *derechos originarios* o primarios, tales como el derecho a la vida, a la igualdad, a la dignidad, a la libertad personal, libertad de pensamiento y además, otros que nacen como consecuencia de los anteriores, que tienen el carácter de *derivados* o adquiridos, como el derecho de petición, de reunión de asociación, de propiedad.

La variedad y surgimiento de nuevos derechos conforme a las nuevas realidades sociales, tales como el derecho a la educación, enseñanza, vivir en un medio libre de contaminación, seguridad jurídica, ha permitido distinguir entre derechos *individuales* propiamente tales, derechos *colectivos*, derechos *sociales*, *económicos, civiles*.

Además, el reconocimiento se ha extendido a los derechos que emanan de la calidad de ciudadano de las personas, llamados derechos *políticos* como el derecho al sufragio, a la asociación política, la igualdad al acceso de los cargos públicos, entre otros.

71. Concepto.

Se señala por algunos autores, como Esmein[43], que las Declaraciones de Derecho sólo son enunciadas de principios filosóficos y morales, sin valor jurídico atendido el carácter vago de la mayoría de los principios en ellas enunciados.

Dicha apreciación pudo haber sido comprensible en las primeras etapas de las manifestaciones de las Declaraciones de Derechos, pero no resulta válido sostener dicho pensamiento frente al reconocimiento jurídico que, tanto los ordenamientos legales internos de los Estados, así como las obligaciones internacionales asumidas, han convenido para reconocerlos y aplicarlos.

Por ello, se señala que las Declaraciones de Derecho son las manifestaciones o los reflejos, en el orden político y jurídico, de determinadas concepciones respecto de la vida individual y social de las personas, tendientes a mejorar y proteger el bienestar de la comunidad[44].

---

[43] Esmein. A. Elementos de Derecho Constitucional Francés y Comparado. Lib. Societ. Paris 1902. p.176.

[44] Pérez S. Nicolás. Tratado Derecho Político. Edit. Civitas. Madrid. 1976. p.588.

72. Clases de Declaraciones.

Según las formalidades empleadas al estatuir los derechos de las personas, las Declaraciones pueden estar contenidas en los propios textos constitucionales o en forma separada e independiente.

73. Declaraciones contenidas en el mismo Texto Constitucional.

Toda norma jurídica, creadora de un derecho, se encuentra fundamentada en una determinada concepción o filosofía que es la inspiradora del contenido y alcance de dicho derecho. Puede encontrarse, tácitamente comprendida en la normativa constitucional o en forma expresa y manifiesta, como ocurre en determinadas Constituciones Políticas.

La mayor parte de los textos constitucionales adoptan esta modalidad de precisar y regular en forma expresa y taxativa el contenido de los derechos.

Es el caso de la Constitución de Chile de 1980 que en su Capítulo I, artículos 1 a 9, señala las Bases de la Institucionalidad, y en su Capítulo III establece los derechos y deberes constitucionales.

74. Declaraciones contenidas en textos independientes de aplicación nacional.

También puede presentarse la Declaración en forma independiente del texto constitucional, e incluso muchas veces formulada con anterioridad a la Constitución, sirviendo de antecedente para la regulación de determinados derechos.

Tal es el caso de la Declaración de Virginia del 12 de junio de 1776 que en sus 16 artículos afirma que "los hombres poseen derechos inherentes a su calidad de persona, por lo cual ninguna autoridad o individuo puede privar o perturbar su ejercicio; que las personas son iguales, prohibiendo la existencia de privilegios; que el Gobierno se establece para el bienestar de todos los habitantes para lo cual asegura la libertad de imprenta y de elecciones y sostiene que la religión y los deberes para con el Creador no pueden imponerse por la fuerza o la violencia, y que las personas tienen derecho al libre ejercicio de su culto conforme a su propia conciencia y creencia".Esta Declaración tuvo influencia en las enmiendas a la Constitución Política de Estados Unidos de Norte América de 1787.

Situación similar ocurrió con la Declaración Universal de los Derechos del Hombre y Ciudadano de 1789 en Francia, que fue aceptada por la Asamblea Nacional Constituyente el 26 agosto 1789, e incorporada a la Constitución y que ha sido inspiradora en Constituciones de numerosos Estados, y que es del tenor que se transcribe.

DECLARACIÓN DE DERECHOS DEL HOMBRE Y DEL CIUDADANO

Los representantes del pueblo francés, constituidos en la Asamblea Nacional, considerando que la ignorancia, el olvido o el desprecio de los derechos del hombre son las únicas causas de los males públicos y de la corrupción de los gobiernos, han resuelto exponer, en una declaración solemne, los derechos naturales, inalienables y sagrados del hombre a fin de que esta declaración, estando constantemente presente a todos los miembros del cuerpo social les recuerde sin cesar sus derechos y sus deberes; a fin de que los actos del Poder legislativo y los del Poder ejecutivo, pudiendo ser comparados en cada instante con el fin de toda institución política, sean más respetados; a fin de que las reclamaciones de los ciudadanos, fundadas desde ahora sobre principios simples e indudables, se dirijan siempre al mantenimiento de la Constitución y al bienestar de todos.

En consecuencia, la Asamblea Nacional reconoce y declara, en presencia de todos y bajo los auspicios del Ser Supremo, los siguientes derechos del hombre y del ciudadano:

ARTÍCULO 1. Los hombres nacen y permanecen libres e iguales en derechos. Las distinciones sociales sólo pueden fundarse en la utilidad común.

ARTÍCULO 2. La finalidad de toda asociación política es la conservación de los derechos naturales e imprescriptibles del hombre. Estos derechos son la libertad, la propiedad, la seguridad y la resistencia a la opresión.

ARTÍCULO 3. El principio de toda soberanía reside esencialmente en la nación. Ninguna corporación ni individuo pueden ejercer autoridad que no emane de ella expresamente.

ARTÍCULO 4. La libertad consiste en poder hacer todo lo que no daña a otro; así el ejercicio de los derechos naturales de cada hombre no tiene otros límites que los que aseguran a los demás miembros de la sociedad el goce de estos mismos derechos. Estos límites no pueden ser determinados más que por ley.

artículo 5.La ley no tiene derecho a prohibir más que las acciones perjudiciales a la sociedad. Todo lo que no esté prohibido por la ley no puede ser impedido, y nadie puede ser obligado a hacer lo que ella no ordene.

artículo 6. La ley es la expresión de la voluntad general. Todos los ciudadanos tienen el derecho de participar personalmente, o por sus representantes, en su elaboración. Debe ser la misma para todos, tanto cuando protege como cuando castiga. Siendo todos los ciudadanos iguales a sus ojos, son igualmente admisibles a todas las dignidades, puestos y empleos públicos, según su capacidad, y sin otra distinción que la de sus virtudes y sus talentos.

artículo 7. Nadie puede ser acusado, arrestado ni detenido más que en los casos determinados por la ley y según las formas prescritas por ella. Los que soliciten, expidan, ejecuten o hagan ejecutar órdenes arbitrarias deberán ser castigados; pero todo ciudadano llamado o requerido en virtud de una ley debe obedecer al instante: de no hacerlo así, se hará culpable de resistencia.

artículo 8. La ley no debe establecer otras penas que las estrictas y evidentemente necesarias, y nadie puede ser castigado más que en virtud de una ley establecida y promulgada anteriormente al delito y legalmente aplicada.

artículo 9. Se presume que todo hombre es inocente hasta que haya sido declarado culpable; si se juzga que es indispensable arrestarlo, todo rigor que no sea necesario para asegurarse de su persona debe ser severamente reprimido por la ley.

artículo 10. Nadie debe ser inquietado por sus opiniones incluso religiosas, siempre que su manifestación no perturbe el orden público establecido por la ley.

artículo 11. La libre comunicación de pensamientos de opiniones es uno de los derechos más preciosos del hombre; todo ciudadano puede hablar, escribir, imprimir libremente, con la salvedad de responder del abuso de esta libertad en los casos determinados por la ley.

ARTÍCULO 12. La garantía de los derechos del hombre y del ciudadano necesita una fuerza pública; esta fuerza es instituida para el beneficio de todos y no para la utilidad particular de aquellos a quienes está confiada.

ARTÍCULO 13. Para el mantenimiento de la fuerza pública y para los gastos de la administración es indispensable una contribución común, que debe ser equitativamente repartida entre todos los ciudadanos en razón de sus posibilidades.

ARTÍCULO 14. Todos los ciudadanos tienen el derecho de comprobar, por sí mismos o por sus representantes, la necesidad de la contribución pública, de consentirla libremente, de vigilar su empleo y de determinar la cuota, la base, la recaudación y la duración.

ARTÍCULO 15. La sociedad tiene el derecho de pedir cuentas de su administración a todo agente público.

ARTÍCULO 16. Toda sociedad en la que no esté asegurada la garantía de los derechos ni determinada la separación de los poderes carece de Constitución.

ARTÍCULO 17. Siendo la propiedad un derecho inviolable y sagrado, nadie podrá ser privado de ella a no ser que lo exija evidentemente la necesidad pública, legalmente acreditada, y a condición de una justa y previa indemnización.

75. Declaraciones contenidas en textos independientes de aplicación internacional.

Existen otras Declaraciones que surgen en el medio de la comunidad internacional y que corresponden al desarrollo y progreso social, cultural y económico de las naciones, así como a su mayor interrelación y dependencia en la vida internacional. Ellas han surgido por voluntad de los Estados para propiciar el reconocimiento o establecimiento de derechos y deberes obligatorios tanto para ellos mismos, como para sus ciudadanos.

Con ello se tiende y pretende uniformar las legislaciones en determinadas áreas, especialmente en la relativa a los derechos individuales, naturales o humanos, laborales, económicos, así como garantizar una real y efectiva participación democrática de las personas en la política de los países.

Se tratan de acuerdos o convenios que los Estados pactan en forma multilateral, fijando las bases esenciales del contenido de los derechos en torno a los cuales los Estados contratantes se obligan a establecer en sus respectivas legislaciones internas, influyendo con ello en el orden jurídico de cada nación contratante.

Especial incidencia han tenido, entre otras, la Declaración Universal de Derechos Humanos de la Naciones Unidas de 10 diciembre de 1948, aprobada, como ideal común, por el cual todos los pueblos y naciones deben esforzarse, a fin que tanto los individuos como las instituciones, inspirándose constantemente en ella, promuevan, mediante la enseñanza y la educación, el respeto a esos derechos y libertades, y aseguren, por medidas progresivas de carácter nacional e internacional, su reconocimiento y aplicación universales y efectivos, tanto entre los pueblos de los Estados Miembros como entre los territorios colocados bajo su jurisdicción, todo ello conforme al tenor de la Declaración que, por su importancia, se transcribe.

DECLARACIÓN UNIVERSAL DE DERECHOS HUMANOS

CONSIDERANDO que la libertad, la justicia y la paz en el mundo tienen por base el reconocimiento de la dignidad intrínseca y de los derechos iguales e inalienables de todos los miembros de la familia humana;

CONSIDERANDO que el desconocimiento y el menosprecio de los derechos del hombre han originado actos de barbarie ultrajantes para la conciencia de la humanidad; y que se ha proclamado, como la aspiración más elevada del hombre, el advenimiento de un mundo en que los seres humanos, liberados del temor y de la miseria, disfruten de la libertad de palabra y de la libertad de creencias;

CONSIDERANDO esencial que los derechos del hombre sean protegidos por un régimen de Derecho, a fin de que el hombre no se vea compelido al supremo recurso de la rebelión contra la tiranía y la opresión;

CONSIDERANDO también esencial promover el desarrollo de relaciones amistosas entre las naciones;

CONSIDERANDO que los pueblos de las Naciones Unidas han reafirmado, en la Carta, su fe en los derechos fundamentales del hombre, en la dignidad y el valor de la persona humana y en la igualdad de derechos de hombres y mujeres; y se han declarado resueltos a promover el progreso social y a elevar el nivel de vida dentro de un concepto más amplio de la libertad;

CONSIDERANDO que los Estados Miembros se han comprometido a asegurar en cooperación con la Organización de las Naciones Unidas, el respeto universal y efectivo a los derechos y libertades fundamentales del hombre; y

CONSIDERANDO que una concepción común de estos derechos y libertades es de la mayor importancia para el pleno cumplimiento de dicho compromiso;

La Asamblea General proclama la presente DECLARACION UNIVERSAL DE DERECHOS HUMANOS como ideal común por el que todos los pueblos y naciones deben esforzarse, a fin de que tanto los individuos como las instituciones, inspirándose constantemente en ella, promuevan, mediante la enseñanza y la educación, el respeto a estos derechos y libertades, y aseguren, por medidas progresivas de carácter nacional e internacional, su reconocimiento y aplicación universal y efectivos, tanto entre los pueblos de los Estados Miembros como entre los de los territorios colocados bajo su jurisdicción.

ART. 1. Todos los seres humanos nacen libres e iguales en dignidad y derechos y, dotados como están de razón y conciencia, deben comportarse fraternalmente los unos con los otros.

ART. 2 1) Toda persona tiene todos los derechos y libertades proclamados en esta Declaración, sin distinción alguna de raza, color, sexo, idioma, religión, opinión política o de cualquier otra índole, origen nacional o social, posición económica, nacimiento o cualquier otra condición. 2) Además no se hará distinción alguna fundada en la condición política, jurídica o internacional del país o territorio de cuya jurisdicción dependa una persona, tanto si se trata de un país independiente, como de un territorio bajo administración fiduciaria, no autónomo o sometido a cualquier otra limitación de soberanía.

ART. 3. Todo individuo tiene derecho a la vida, a la libertad y a la seguridad de su persona.

ART. 4. Nadie estará sometido a esclavitud ni a servidumbre; la esclavitud y la trata de esclavos están prohibidas en todas sus formas.

ART. 5. Nadie será sometido a tortura ni a penas o tratos crueles, inhumanos o degradantes.

ART. 6. Todo ser humano tiene derecho, en todas partes, al reconocimiento de su personalidad jurídica.

ART. 7. Todos son iguales ante la ley y tienen, sin distinción, derecho a igual protección de la ley. Todos tienen derecho a igual protección contra toda discriminación que infrinja esta Declaración y contra toda provocación a tal discriminación.

ART. 8. Toda persona tiene derecho a un recurso efectivo, ante los tribunales nacionales competentes, que la ampare contra actos que violen sus derechos fundamentales reconocidos por la constitución o por la ley.

ART. 9. Nadie podrá ser arbitrariamente detenido, preso ni desterrado.

ART. 10. Toda persona tiene derecho, en condiciones de plena igualdad, a ser oída públicamente y con justicia por un tribunal independiente e imparcial, para la determinación de sus derechos y obligaciones o para el examen de cualquier acusación contra ella en materia penal.

ART. 11. 1) Toda persona acusada de delito tiene derecho a que se presuma su inocencia mientras no se pruebe su culpabilidad, conforme a la ley y en juicio público en el que se le hayan asegurado todas las garantías necesarias para su defensa. 2) Nadie será condenado por actos u omisiones que en el momento de cometerse no fueron delictivos según el Derecho Nacional o Internacional. Tampoco se impondrá pena más grave que la aplicable en el momento de la comisión del delito.

ART. 12. Nadie será objeto de injerencias arbitrarias en su vida privada, su familia, su domicilio o su correspondencia, ni de ataques a su honra o a su reputación. Toda persona tiene derecho a la protección de la ley contra tales injerencias o ataques.

ART. 13. 1) Toda persona tiene derecho a circular libremente y a elegir su residencia en el territorio de un Estado. 2) Toda persona tiene derecho a salir de cualquier país, incluso del propio, y a regresar a su país.

ART. 14. 1) En caso de persecución, toda persona tiene derecho a buscar asilo, y a disfrutar de él, en cualquier país. 2) Este derecho no podrá ser invocado contra una acción judicial realmente originada por delitos comunes o por actos opuestos a los propósitos y principios de las Naciones Unidas.

ART. 15. 1) Toda persona tiene derecho a una nacionalidad. 2) A nadie se privará arbitrariamente de su nacionalidad ni del derecho a cambiar de nacionalidad.

ART. 16. 1) Los hombres y las mujeres, a partir de la edad núbil, tienen derecho, sin restricción alguna por motivos de raza, nacionalidad o religión, a casarse y fundar una familia; y disfrutarán de iguales derechos en cuanto al matrimonio, durante el matrimonio y en caso de disolución del matrimonio. 2) Sólo mediante libre y pleno consentimiento de los futuros esposos podrá contraerse el matrimonio. 3) La familia es el elemento natural y fundamental de la sociedad y tiene derecho a la protección de la sociedad y del Estado.

ART. 17. 1) Toda persona tiene derecho a la propiedad, individual y colectivamente. 2) Nadie será privado arbitrariamente de su propiedad.

ART. 18. Toda persona tiene derecho a la libertad de pensamiento, de conciencia y de religión; este derecho incluye la libertad de cambiar de religión o de creencia, así como la libertad de manifestar su religión o su creencia, individual y colectivamente, tanto en público como en privado, por la enseñanza, la práctica, el culto y la observancia.

ART. 19. Todo individuo tiene derecho a la libertad de opinión y de expresión; este derecho incluye el no ser molestado a causa de sus opiniones, el de investigar y recibir informaciones y opiniones, y el de difundirlas, sin limitación de fronteras, por cualquier medio de expresión.

ART. 20. 1) Toda persona tiene derecho a la libertad de reunión y de asociación pacíficas. 2) Nadie podrá ser obligado a pertenecer a una asociación.

ART. 21. 1) Toda persona tiene derecho a participar en el gobierno de su país, directamente o por medio de representantes libremente escogidos. 2) Toda persona tiene el derecho de acceso, en condiciones de igualdad, a las funciones públicas de su país. 3) La voluntad del pueblo es la base de la autoridad del poder público; esta voluntad se expresará mediante elecciones auténticas que habrán de celebrarse periódicamente, por sufragio universal e igual y por voto secreto u otro procedimiento equivalente que garantice la libertad del voto.

art. 22. Toda persona, como miembro de la sociedad, tiene derecho a la seguridad social, y a obtener, mediante el esfuerzo nacional y la cooperación internacional, habida cuenta de la organización y los recursos de cada Estado, la satisfacción de los derechos económicos, sociales y culturales, indispensables a su dignidad y al libre desarrollo de su personalidad.

art. 23. 1) Toda persona tiene derecho al trabajo, a la libre elección de su trabajo, a condiciones equitativas y satisfactorias de trabajo y a la protección contra el desempleo. 2) Toda persona tiene derecho, sin discriminación alguna, a igual salario por trabajo igual. 3) Toda persona que trabaja tiene derecho a una remuneración equitativa y satisfactoria, que le asegure, así como a su familia, una existencia conforme a la dignidad humana y que será completada, en caso necesario, por cualesquiera otros medios de protección social. 4) Toda persona tiene derecho a fundar sindicatos y a sindicarse para la defensa de sus intereses.

art. 24. Toda persona tiene derecho al descanso, al disfrute del tiempo libre, a una limitación razonable de la duración del trabajo y a vacaciones periódicas pagadas.

art. 25. 1) Toda persona tiene derecho a un nivel de vida adecuado que le asegure, así como a su familia, la salud y el bienestar, y en especial la alimentación, el vestido, la vivienda, la asistencia médica y los servicios sociales necesarios; tiene asimismo derecho a los seguros en caso de desempleo, enfermedad, invalidez, viudez, vejez u otros casos de pérdida de sus medios de subsistencia po circunstancias independientes de su voluntad. 2) La maternidad y la infancia tienen derecho a cuidados y asistencia especiales. Todos los niños, nacidos de matrimonio o fuera de matrimonio, tienen derecho a igual protección social.

art. 26. 1) Toda persona tiene derecho a la educación. La educación debe ser gratuita, al menos en lo concerniente a la instrucción elemental y fundamental. La instrucción elemental será obligatoria. La instrucción técnica y profesional habrá de ser generalizada; el acceso a los estudios superiores será igual para todos, en función de los méritos respectivos. 2) La educación tendrá por objeto el pleno desarrollo de la personalidad humana y el fortalecimiento del respecto a los derechos del hombre y a las libertades fundamentales; favorecerá la comprensión, la tolerancia y la amistad entre todas las naciones y todos los grupos étnicos o religiosos; y promoverá el desarrollo de las actividades de las Naciones Unidas para el mantenimiento de la paz.3) Los padres tendrán derecho preferente a escoger el tipo de educación que habrá de darse a sus hijos.

ART. 27. 1) Toda persona tiene derecho a tomar parte libremente en la vida cultural de la comunidad, a gozar de las artes y a participar en el progreso científico y en los beneficios que de él resulten. 2) Toda persona tiene derecho a la protección de los intereses morales y materiales que le correspondan por razón de las producciones científicas, literarias o artísticas de que sea autor.

ART. 28. Toda persona tiene derecho a que se establezca un orden social e internacional en el que los derechos y libertades proclamados en esta Declaración se hagan plenamente efectivos.

ART. 29. 1) Toda persona tiene deberes respecto a la comunidad, puesto que sólo en ella puede desarrollar libre y plenamente su personalidad. 2) En el ejercicio de sus derechos y en el disfrute de sus libertades, toda persona estará solamente sujeta a las limitaciones establecidas por la ley con el único fin de asegurar el reconocimiento y el respeto de los derechos y libertades de los demás, y de satisfacer las justas exigencias de la moral, del orden público y del bienestar general en una sociedad democrática.3) Estos derechos y libertades no podrán, en ningún caso, ser ejercidos en oposición a los propósitos y principios de las Naciones Unidas.

ART. 30. Nada en la presente Declaración podrá interpretarse en el sentido de que confiere derecho alguno al Estado, a un grupo o a una persona, para emprender y desarrollar actividades o realizar actos tendientes a la supresión de cualquiera de los derechos y libertades proclamados en esta Declaración.

76. Magisterio de la Iglesia.

La Iglesia Católica a través de las Encíclicas y otros documentos, ha tenido gravitación en la configuración de un derecho orientado al desarrollo de la persona humana, tal como ocurre con la Encíclica Rerum Novarum de 1891, Quadragésimo Anno de 15 mayo 1931 y Laborem Exerces de14 septiembre 1981 relativas a las condiciones de trabajo; Pacem in Terris de 11 abril 1963 sobre la paz de los pueblos; Inter Mirifica de 4 diciembre 1963 sobre medios de comunicación; Gravissimum Eduactiones de 28 octubre 1965 sobre educación; Dignitates Humanae de 7 diciembre 1965 sobre libertad religiosa; Populorum Progressio de 24 mayo 1967 de Pablo VI sobre desarrollo sostenible en el mundo; Humanae Vitae de 25 julio 1968 de Pablo VI sobre derecho a la vida; Mater et Magistra de 15 mayo 1981 sobre la cuestión social; Evangelium Vitae de 25 marzo 1995 de Juan Pablo II sobre aborto y eutanasia, Caritas e Veritas de 29 junio 2009 de Benedicto XVI, entre otras importantes expresiones del Magisterio de la Iglesia.

CAPITULO III

TEORÍA DE LA SOCIEDAD.

77. Los hechos sociales.

El hombre es un ser racional que, para vivir y desarrollarse, requiere del concurso y asistencia de otros seres humanos, por lo cual busca su compañía, lo que origina la formación de unidades sociales que permitan dar respuesta a determinadas necesidades. El desarrollo de las distintas actividades humanas, siguiendo la ley de la naturaleza, producen resultados diversos, algunos con efectos individuales y otros de índole colectivos.

Estos hechos realizados por el hombre vinculados a interrelacionarse con los demás miembros de la sociedad, reciben el nombre de *hechos sociales* y surgen de las comunicaciones tan simples como es entre el "tú" y el "yo", a formas más complejas como "nosotros" y "ellos".Los hechos sociales, aunque autónomos, tienen aristas tangenciales que en alguna medida los vinculan unos a otros, pues todos ellos se armonizan con las demás respuestas a las necesidades humanas.

Se podría decir que cada uno de esos hechos se presenta como piezas de un mosaico que, en forma separada e independiente, dan una visión parcial sin un aparente sentido, pero que considerados en su unidad total, presentan armonía y un significado final. Por ello, todos los hechos sociales, en forma directa o indirecta, responden al modelo de una determinada sociedad.

Los autores no tienen un criterio único para presentar las características que permitan determinar la *naturaleza* de los hechos sociales, recurriendo a criterios variados. Así, se sostiene por algunos sociólogos, que es la *repetición* de un hecho lo que define lo social, pues hechos tales como comer, respirar no son en sí hechos sociales, pero comer con tenedor, cuchara, etc. según normas de educación, o respirar según reglas del canto, pasan a constituir hechos sociales.

Otros autores expresan que es hecho social toda forma que permita ejercer *coerción* externa sobre el individuo destinado a obligarlo a ejecutar un hecho. También se enseña que lo que caracteriza a los hechos sociales es la *naturaleza humana* inserta en ellos, pues concurren no sólo características internas, tales como la conciencia mental, la regularidad y finalidad en su ejecución, sino también factores externos, como la multiplicidad, complejidad, diversidad y variabilidad de los hechos.

En todo caso, lo importante en los hechos sociales es constatar que cada uno de ellos queda afectado por los otros y que todos, en última instancia, responden a las respuestas de las necesidades de interrelación de los hombres.

78. Las relaciones sociales.

Los distintos hechos sociales de una persona o grupo de personas, con motivo de su vivencia social, generan las *relaciones sociales,* que corresponden a las distintas formas de mutuo comportamiento, las que tienen características propias y que son muy variadas y complejas, tales como la relación afectiva entre madre e hijo, o la de índole laboral como la del empleador y trabajador, o las relaciones de amistad, económicas, políticas.

Una de las relaciones sociales primarias está constituida por la *familia,* pues constituye el núcleo en torno del cual se genera y desenvuelve en forma natural la vida del hombre con una mujer y los hijos de éstos. El desarrollo tanto de la vida personal como familiar, exigen la formación de otras agrupaciones humanas que estén en condiciones de satisfacer otras necesidades mayores, tales como educación, vivienda, alimentos, etc., ya que la sola vida familiar difícilmente puede responder a todas sus necesidades. Así surgen *grupos* de personas en los distintos campos de las actividades humanas que crean escuelas, liceos, universidades, o entidades comerciales, y de transportes.

Esta realidad humana permite constatar que el hombre desarrolla su vida en medio de los bienes y cosas, animadas e inanimadas, pero también en medio de sus semejantes, es decir, el hombre está rodeado por todo lo que constituyen el mundo de la naturaleza lo cual le otorga al individuo, el carácter de la *mundanidad.* Esta coexistencia del hombre con las cosas de la naturaleza, va acompañada de la conciencia de la necesidad de esas interrelaciones para su pleno desarrollo, así como el conocimiento del deber de la reciprocidad con sus semejantes, dando lugar con ello a otro carácter del ser humano, denominado la *sociabilidad.*

Pero la coexistencia de mundanidad y sociabilidad humana, exigen la concurrencia de un orden y sistema que regulen las relaciones de las personas y grupos humanos, tanto para garantizar el pleno respeto de los derechos de cada cual, como para establecer las obligaciones y deberes, evitando el caos que supondría una sociabilidad en un medio sin un ordenamiento social. Surge así la *politicidad* del ser humano que le permite concebir y aceptar la existencia de una organización de la convivencia humana.

79. La relación de mando y obediencia.

Los distintos grupos humanos, asociaciones comunidades y otras expresiones sociales, aunque independientes y autónomas entre sí, todas ellas tienen algunos elementos, características o materias tangenciales que permite que ellas se desenvuelvan con una relativa armonía dentro del orden general establecido por la autoridad. El logro de los objetivos o fines particulares de cada agrupación humana debe realizarse considerando los objetivos o fines generales de la sociedad civil y política que es el bien común de toda la comunidad.

Por consiguiente, cada sociedad debe actuar acatando y cumpliendo la regulación establecida, ya sea por la propia voluntad de sus miembros al organizar y constituir la sociedad, o bien, por la imposición de un orden jurídico o moral superior. En estas relaciones sociales existen vinculaciones de mando y obediencia que permite el desarrollo de las actividades humanas dentro de paz y armonía con seguridad de la protección que otorga el sistema jurídico.

El *mando* es la autoridad y poder que tiene el superior sobre sus dependientes. El mandar es un acto por el cual se imparte una orden a otro para que actúe de acuerdo con la voluntad del que manda en ejercicio de la autoridad y poder que se le ha conferido. Tener mando y ejercerlo, requiere la *legitimidad* de éste, es decir, tener su origen en un hecho o causa que autorice su ejercicio, pues en caso contrario importaría un mando ilegitimo al cual nadie está obligado a obedecer. El mando supone la capacidad de dar órdenes que sean moral, jurídica y materialmente posible de cumplirlas, tanto respecto de sus formas, como las oportunidades y tiempo para ejecutarlas.

La *obediencia* es el aspecto anverso que va implícito en una orden impartida. Es cumplir la voluntad de quien manda, aceptando y acatando la orden en la forma dispuesta. La obediencia encuentra su fundamento en el reconocimiento de la legitimidad de la autoridad de quien manda y en la necesidad del obedecimiento, ya sea por el temor a la sanción por el no cumplimiento de lo ordenado, o por la convicción que ello es indispensable para la consecución de un determinado fin.

Sin el reconocimiento y aceptación de esta relación de mando y obediencia que debe existir en toda agrupación humana, no es posible el pleno desarrollo ni de las personas ni de las distintas asociaciones, sociedades u otras formas de organización social.

80. Concepto de sociedad.

La sociedad, como expresión de relaciones humanas, presenta una variedad de nociones en cuanto a su naturaleza o a la aplicación de esas relaciones a campos o materias específicas, todo lo cual genera una amplia sinonimia.

En su acepción *vulgar*, el vocablo "sociedad" es usado como sinónimo de reunión, círculo, compañía, gremio, consorcio, unión, tanto para referirse a una relación humana de forma permanente como transitoria.

En su acepción *política*, el término sociedad ha sido utilizado como sinónimo de comunidad política, como elemento integrante de una sociedad mayor que es el Estado.

En su acepción *sociológica* la palabra sociedad es utilizado para designar, indistintamente el hecho de la relación social, las formas de dichas relaciones como la comunidad, sociedad y asociación y las consecuencias de esas relaciones como son los grupos, comunidades y otras formaciones.

Además la sociología *distingue* entre:

a) Sociedad en general, como conjunto de relaciones humanas derivadas de la convivencia y acción recíproca;

b) Sociedad global, al conjunto de esas relaciones determinadas espacial y temporalmente y

c) Sociedades o grupos sociales, como formaciones originadas en las relaciones de convivencia dentro de una sociedad global.

El Diccionario de la Real Academia de la Lengua Española señala como *acepciones* de sociedad: a) "agrupación natural o pactada de personas, que constituyen unidad distinta de cada uno de sus individuos, con el fin de cumplir, mediante la mutua cooperación, todos o algunos de los fines de la vida"; b) "reunión mayor o menor de personas, familias, pueblos o naciones".

En la *ciencia política* se presenta una gama de conceptos referentes a la sociedad, de mayor o menor amplitud según sea su referente. Así, se señala que la sociedad "es un *sistema* de costumbres y procederes, de autoridad y ayuda mutua, de múltiples agrupaciones y divisiones, de controles de la conducta humana y de libertades en constante transformación"[45].

Otros expresan que la sociedad "es la *reunión* de individuos que obran en conjunto con el propósito de alcanzar fines determinados"[46]. También se le conceptualiza como "un gran *número* de seres humanos que obran conjuntamente para satisfacer sus necesidades sociales y que comparten una cultura común.[47].

El profesor J.L. Cea define la sociedad como "una colectividad organizada de personas que viven juntas en un territorio común, cooperan en grupos para satisfacer sus necesidades sociales básicas, adoptan una cultura común y funcionan como una unidad social distinta" [48].

La sociedad, en consecuencia, es el medio por el cual se otorga a los seres humanos las condiciones de existencia y desarrollo de su personalidad tanto en lo material como en lo espiritual.

81. Orígenes de la sociedad.

El origen de la sociedad se encuentra en la naturaleza social del hombre tendiente a buscar las satisfacciones a sus necesidades espirituales y biológicas. En forma espontánea el varón se une a la mujer dando origen a la *familia*. En una etapa primitiva de salvajismo y barbarie, la familia se expresa en forma promiscua y poligámica, pero, posteriormente, en una etapa de civilización, se constituye en forma monogámica. Esta realidad permite afirmar que la familia constituye el núcleo fundamental de la sociedad, pues es en torno de ella, que se desarrollan otras relaciones sociales que dan origen a distintos grupos sociales globales.

La primera forma de sociedad global es la *tribu*, usualmente nómade, constituida por una comunidad reducida de carácter rural, en que se

[45] Mc Iver y Page Ch. Sociología. Edit. Tecnos Madrid.1972. p.115.
[46] Poviña Alfredo. Sociología. Edit. Assandri, Córdova, Argentina. 1954 p. 305.
[47] Fichter J. Sociología. Edit. Herder. Barcelona. 1972. p.153.
[48] Cea E. José Luis. Ob. cit. p.133.

establecen técnicas de producción y algunas formas de división del trabajo, pero la propiedad es colectiva. Con el sedentarismo, se desarrollan las primeras comunidades territoriales dando origen a las *polis* o ciudades, como lo ocurrido en Grecia y Roma, en que las personas se especializan en distintas artesanías, se organizan políticamente otorgando poder a la autoridad, se desarrollan centros de producción y se crean normas que regulan la convivencia y la seguridad de las polis.

Con el surgimiento del concepto de pertenencia a una determinada sociedad sentada en un lugar determinado, se desarrolla la idea de nación y de patria que hace surgir una organización política mayor llamada *Estado*.

Las principales teorías que formulan explicaciones sobre el *origen* de la sociedad corresponden a las teológicas, a las contractualistas y la sociológica, distinguiéndose la matriarcal o económica y la patriarcal o histórica.

a) Escuela teológica.

Señala que la sociedad es obra de Dios, y es expuesta fundamentalmente por San Agustín en su obra "La ciudad de Dios o la Sociedad Divina", y se funda en la Biblia, especialmente en el Antiguo Testamento. Sostiene que la especie humana fue creada por Dios y que todos los hombres descienden de Adán y Eva.

Se trata de una concepción religiosa fundada en la fe, y que no está corroborada por la investigación científica.

b) Escuela del Contrato Social.

Sostiene que la sociedad es obra libre y voluntaria de los hombres y entre sus exponentes se encuentran Hobbes, Locke y Rousseau. Con algunos matices diferentes, señalan que los hombres vivían, primitivamente, en un estado de naturaleza de libertad y lucha y que, para asegurar su convivencia pacífica, convinieron darse una organización y normar sus derechos mediante un contrato.

c) Escuela Sociológica.

Fundamentalmente, trata de explicar la forma como surge y se desarrolla la sociedad para lo cual recurre al estudio de los documentos del pasado, las tradiciones, mitos y análisis del desarrollo económico e histórico de los pueblos.

d) Escuela Económica.

También llamada Sociológica Matriarcal, es expuesta, entre otros, por Lewis H. Morgan (1818-1851), quien sostiene que la sociedad inició su desarrollo en torno a la autoridad de la mujer, pues a través de ella los hijos se integraron al núcleo familiar acatando su autoridad e incorporándose a las tareas primarias de producción.

e) Escuela Histórica.

Denominada asimismo Sociológica Patriarcal, es expuesta por Henry James Sumner, Mains, entre otros, y sostiene que es en la historia donde se encuentra la explicación del surgimiento de la sociedad, ya que desde la familia, cuya autoridad se reconoce en el padre, se fue constituyendo una red social, formada por la reunión de las familias. En ellas permaneció la figura del "*paters familia*" con autoridad sobre las personas de su núcleo y de sus bienes. Posteriormente aparecen, sucesivamente, otras formas de asociación de las familias, tales como las comunidades domésticas, las comunidades de aldea, de feudos, la monarquía y el Estado.

82. Naturaleza de la sociedad.

Determinar el contenido y alcance de la naturaleza de la sociedad ha sido motivo de muchas opiniones, tanto en el campo de la sociología, como de la política.

En efecto, se sostiene por algunos sociólogos, que la sociedad es una realidad *substancial,* es decir, que constituye un ser que tiene existencia propia y separada de sus miembros, y que se puede estructurar y organizar a su propia voluntad así como establecer los medios y vías para lograr los objetivos y fines que ella misma determina.

La voluntad y querer de las personas que constituyen la sociedad, es ajena a la voluntad de ésta, por lo cual la sociedad prescinde del sentir de los hombres, quedando éstos sometidos a esta voluntad superior que emana de este ser superior llamado sociedad. Se genera así, una primacía de la voluntad social sobre la voluntad de cada individuo, el cual debe vivir por y para la sociedad. Esta concepción sirve para justificar sistemas sociales y políticos absolutistas y totalitarios.

Otros, en cambio, sostienen que la sociedad es una realidad *accidental* que surge de las interrelaciones de las personas y sólo puede entenderse su existencia, por la voluntad humana la cual moldea y estructura la sociedad.

Al ser la sociedad una expresión del querer de los hombres, son éstos los que determinan sus objetivos y fines, correspondiéndole cumplir un papel de servicio a la persona. Esta concepción pone énfasis en el respeto a la libertad humana y propicia sistemas sociales que minimizan la acción de la sociedad y del Estado.

Determinar el justo equilibrio para establecer una sociedad que resguarde los derechos comunes de sus miembros con el respeto de los derechos individuales de los mismos, corresponde al deber ser de la sociedad y de la política.

Con respecto a la naturaleza de los vínculos y relaciones surgidas en torno al desarrollo de la sociedad, son cuatro las principales teorías que proponen soluciones para determinar la naturaleza de la sociedad.

a) *La teoría mecánica*, contractual o atómica, se fundamenta en la existencia de un contrato o pacto social, por lo cual la sociedad ha sido creada por el hombre en forma consciente y voluntaria, y está constituida por la suma o agregación de los individuos, y por ello se le denomina también mecánica o atómica.

b) *La teoría orgánica*, entre cuyos exponentes se encuentran Karl Christian Krause (1791-18329, sostiene que la sociedad es un hecho natural que nace en forma independiente de la voluntad humana, se desarrolla como un ser orgánico que está sujeto a hechos básicos, como es la sucesión de las generaciones que le dan una permanencia y vida y la interdependencia de todas las partes constitutivas de la sociedad, tales como la autoridad, los órganos estatales, los medios de producción etc. y, como todo ser orgánico, la sociedad puede tener su fin.

c) *La teoría psíquica*, desarrollada por Carlos Bunge, sostiene que las sociedades se han formado en virtud de sentimientos e ideas comunes y tradicionales superiores a la unidad étnica, lingüística o territorial, lo que permite entender el sentimiento de pertenencia de los individuos a una sociedad determinada, aun cuando se encuentre fuera de ella.

d) *La teoría de la solidaridad social*, expuesta por Emilio Durkheim, explica la naturaleza de la sociedad a través de la unidad de semejanza de los sentimientos familiares, religiosos, de trabajo, nacionales etc. y, además, por la diferencia de los mismos, que permite la especialización de las relaciones sociales, en el campo laboral, cultural, económico, político.

83. Elementos de la sociedad.

Desde el punto de vista de la ciencia política, la sociedad está constituida por los siguientes elementos que permiten diferenciarla de otras formas de agrupamientos humanos.

a) Pluralidad de personas.

Se trata de un conjunto de seres humanos de cualquier condición, sexo, estirpe, edad, capacidad, es decir, cualquier ser racional de naturaleza individual. Hay autores que señalan que además, deben ser consideradas las personas morales, como los entes ficticios, y personas jurídicas, persigan o no fines de lucro.[49] Las personas constituyen una unidad demográfica denominada población.

b) Territorio determinado.

El cumplimiento del logro y fines de la sociedad requiere que ésta se encuentre radicada en un territorio determinado en el cual se establezca el orden jurídico que ha de regirla y que obliga a los miembros de la sociedad a su obediencia, incluso en situaciones de encontrase más allá de dicho territorio. Se trata de una zona geográfica determinada en que se desarrolla la sociedad humana y política, así como otras agrupaciones diferenciadas dentro de la misma sociedad.

c) Cultura común.

El proceso histórico de la sociedad permite que sus integrantes tengan un idioma, valores y principios comúnmente aceptados que les otorgan una diferenciación en relación a otras sociedades, sin perjuicio de las propias particularidades de los otros grupos humanos que puedan existir dentro de ella.

d) Sentido de identidad propia.

No obstante las diferentes relaciones de variada naturaleza que se generan en la sociedad, ello no es óbice para reconocer y aceptar el hecho de la integración social como perteneciente a una entidad distinta a las demás, con un hondo sentido de integración.

84. Funciones de la sociedad.

La sociedad debe cumplir determinadas funciones con el objeto de lograr sus objetivos y finalidades que, aunque puedan variar atendidas

---

49 Guzmán E. Jaime. Derecho Político. Edic. Pontificia Universidad Católica. 1996. p.28.

las circunstancias de tiempo y lugar, en términos generales, son valederas en una sociedad global.

El sociólogo Josep Fichter[50] señala las siguientes funciones que corresponden a la sociedad:

a) Reúne a las personas en el tiempo y en el espacio haciendo posibles las mutuas relaciones humanas.

b) Proporciona medios sistemáticos y adecuados de comunicación entre ellas, de modo que por medio del lenguaje y otros símbolos comunes de comunicación, favorezca el entendimiento entre las personas.

c) Ahorra tiempo y energía de los individuos desarrollando y conservando ciertas formas comunes de comportamiento que los miembros de la sociedad comparten y practican.

d) Proporciona un sistema de estratificación de estado individual y de clases, de modo que cada persona tenga una posición relativamente estable y reconocible en la estructura social.

e) Establece una forma ordenada y eficiente de renovación de sus propios miembros, tales como la etapa de noviazgo, matrimonio, familia, parentesco, todo lo cual constituye el medio normal por el que las nuevas personas pasan a ser miembros de la sociedad.

f) Cuida de la socialización, desarrollo e instrucción de sus miembros por medio de sistemas de organización de la educación tanto formal como informal.

g) A través de sus grupos económicos, la sociedad produce y distribuye los bienes y servicios materiales y físicos necesarios para el mantenimiento de la vida de las personas.

h) La administración política y los diversos grupos cívicos satisfacen la necesidad fundamental de orden y seguridad externa que sienten todos los hombres.

i) A través de los grupos religiosos, la sociedad atiende las necesidades de creencias y espirituales de las personas.

j) Existen diversos grupos sociales y disposiciones sistemáticas que están destinadas al descanso y las diversiones de sus miembros.

---

50 Fichter. Ob. cit. p.155.

85. Clases de sociedades.

Las distintas asociaciones, comunidades, grupos y sociedades menores constituyen un conjunto mayor denominado *sociedad civil* que se caracteriza por cuanto es el accionar de las personas las que determinan su extensión y los distintos campos que puede abarcar. En la medida que las sociedades se desarrollen y perfeccionen, mayor es el alcance que logra la sociedad civil.

Muchas de estas sociedades cumplen labores y funciones muy específicas que transcienden a otras entidades sociales generando un interés público, tanto su constitución como su funcionamiento, por lo cual la autoridad interviene en su regulación, pasando a tener el carácter de *instituciones.* Así, la familia, que es una sociedad natural, se encuentra regulada por un cuerpo jurídico en que se establecen las exigencias, formalidades y efectos del contrato matrimonial, disposiciones que prevalecen sobre la voluntad de los contrayentes.

Existe un interés de orden social de dar estabilidad y permanencia a la institución matrimonial por constituir la fuente de la familia y ésta a su vez, ser la base fundamental de la sociedad.

Según sea la naturaleza de las necesidades para cuya satisfacción son creadas, las sociedades pueden ser de carácter jurídico, religioso, filosóficas, económicas, políticas, deportivas, etc. esto es, tantas cuantas sean respuestas a requerimientos humanos.

La sociedad civil, durante el curso de la historia, se ha desarrollado, primitivamente, en forma nómade, y posteriormente, al asentarse los pueblos en un lugar determinado, debió adquirir una estructura y organización mas sólida surgiendo las polis, civitas, repúblicas, feudos, reinos, países, y otras formas, con lo cual surgen las *sociedades políticas.* La mayor organización de la sociedad política es denominada por la ciencia política "Estado".

Dentro del Estado, las agrupaciones humanas que habitan el territorio en el cual éste ejerce jurisdicción se les denomina "*población*" y, respecto del conjunto de aquéllos hombres que tienen características comunes, como lengua, cultura, historia de "*nación*", y aquellos que, además, gozan de derechos políticos, de "*pueblo*".

86. Los grupos.

Dentro de la sociedad, los hombres forman distintos tipos de vínculos relacionados con sus actividades laborales, culturales, religiosas, políticas, filosóficas, deportivas, aficiones y otros. En términos genéricos estas agrupaciones reciben el nombre de "*grupo*" o sea, la pluralidad de seres que forman un conjunto relacionado con alguna forma de afinidad.

El profesor de la Universidad de Paris M. Duverger manifiesta que "se llama grupos a todas las colectividades, a todos los conjuntos humanos y a todos los sistemas de interacciones distintos de la sociedad global"[51].

Por su parte, el profesor Germán Urzúa, expresa que "por grupo social entendemos toda pluralidad de individuos que integran una unidad merced a ciertos factores cohesivos y a una conciencia más o menos intensa de esta unidad".[52]

Estos grupos se pueden formar naturalmente, como es el caso de los parentescos, o por la libre voluntad de las personas que los constituyen, como un club deportivo o sociedad comercial. Los grupos cumplen la función de aunar esfuerzos de las personas para dar solución a sus problemas o inquietudes las que, por sí solas, difícilmente lograrían obtener respuesta de la autoridad. Por encontrarse su campo de acción entre la órbita propia del ser humano y la órbita de competencia del Estado, se les denomina "*grupos intermedios*".

La Constitución de Chile de 1980 expresamente se refiere a la existencia de los grupos en el artículo 19 n°2 en que establece que "En Chile no hay persona ni grupo privilegiado". Asimismo, en su artículo 1° inciso tercero dispone que "El Estado reconoce y ampara los grupos intermedios a través de los cuales se organiza y estructura la sociedad y les garantiza la adecuada autonomía para cumplir sus propios fines específicos".

87. La comunidad.

Existen grupos en que las personas que los forman tienen conciencia de sentirse vinculados mediante alguna forma de relación con otras personas y que les permiten y favorecen realizar y cumplir actividades comunes para el logro de fines específicos, tales como obtener medios de subsistencia, de protección y otros, y que se denominan "*comunidad*".

---

[51] Duverger Maurice. Sociología de la Política. Edit. Ariel. Barcelona. 1976. p.53.

[52] Urzúa V. Germán. Sociología Política. Edit. Juridica. Chile. 1959. p.23.

En cualquier lugar que los miembros de un grupo pequeño o grande vivan juntos en forma que todos participen de las condiciones básicas de una vida en común, se genera una comunidad. Lo que caracteriza a la comunidad es el hecho de que la vida de cualquiera de ellos puede ser vivida dentro de ella.

Las comunidades primitivas se encierran en sí mismas y permanecen independientes de las demás comunidades, como se constata en algunas comunidades indígenas amazónicas. En cambio, las comunidades modernas, aun cuando sean grandes, son menos autosuficientes y necesitan de las actividades y funciones de otras comunidades menores. Podemos vivir en una gran ciudad y, sin embargo, ser miembros de una comunidad muy pequeña debido a que nuestros intereses quedan circunscritos a un área muy estrecha, como ocurre con las comunidades de latinos, orientales y otros en una gran ciudad, como Nueva York.

Las comunidades pueden surgir en el seno de otras comunidades mayores, como es el caso de una ciudad dentro de la región, de la región dentro de un país, y un país dentro de la comunidad internacional. Por consiguiente, la comunidad es un área de vida humana caracterizada por la posesión de un cierto grado de cohesión social y relativa a las condiciones de vida común.

La comunidad está constituida por un elemento de *ubicación,* es decir, espacio de territorio, que puede ser transitorio, como es el caso de las comunidades nómades o permanente de las comunidades sedentarias, y por un elemento de *sentimiento* de comunidad, esto es, la conciencia de pertenecer a una agrupación social determinada, que puede ser reducida, como en el caso de la comunidad formada en torno al barrio, o de contenido mayor, como la comunidad nacional.

El artículo 1° inciso 4° de la Constitución de Chile dispone que el Estado debe contribuir a crear las condiciones sociales que permitan a todos y a cada uno de los integrantes de la comunidad nacional su mayor realización espiritual y material posible, con pleno respeto a los derechos y garantías que la Constitución establece.

88. Las asociaciones.

Las personas, para conseguir sus fines, pueden recurrir a diversos caminos o medios según las circunstancias y oportunidad que ellas pueden enfrentar, así como los recursos personales o grupales que posean, tales como nivel educacional, profesional, recursos económicos y otros.

La forma más primaria para esos logros se presenta en el actuar *independiente y personal* del individuo y, generalmente, es propio de personas carentes de posibilidades de requerir el concurso o asesoría de otras. Se trata de seres dotados de voluntad y vocación que logran superar los obstáculos para obtener los objetivos perseguidos, tal como sucede con un pequeño comerciante, artesano, estudiante, artista.

Existen otras personas que determinados fines o logros los obtienen por la vía de la rivalidad, del permanente conflicto y *confrontación*. Generalmente inciden en pugnas de poder ya sean políticos, económicos, industriales, profesionales, culturales. La lucha se puede dar por medios lícitos, como la competencia, el requerimiento de los tribunales, o medios ilícitos o reprochables, como el espionaje, el soborno, cohecho.

En cambio, otras personas recurren a la *cooperación* y unión de esfuerzos para lograr sus fines, empleando o aceptando cualquier medio de ayuda. Así sucede con el auxilio espontáneo de un tercero o en los casos de costumbres o prácticas, como ocurre entre los campesinos en labores agrícolas conjuntas, como los mingacos.

Sin embargo, la forma más frecuente de actuación conjunta, es a través de la *organización*, en que se conviene quienes integrarán la entidad, su administración, su patrimonio y sus fines. Estos grupos, así dotados de organización y de medios para el logro de sus fines, reciben distintas denominaciones.

Así, cuando surgen por la espontánea voluntad de sus integrantes para obtener objetivos de interés no lucrativos, toman el nombre de "*asociaciones*" que pueden ser de una gran variedad, tantas como sean los intereses pretendidos. Esas asociaciones pueden constituirse sin formalidad alguna, en cuyo caso se denominan asociaciones de *hecho*, a diferencia de las que se someten a las normas legales sobre su constitución denominadas asociaciones de *derecho*, dotadas de personalidad jurídica, como son los casos de los sindicatos, partidos políticos, colegios profesionales, entre otros.

En cambio, cuando los objetivos o fines son de carácter permanente de naturaleza rentable, se les denomina "*sociedades*", cuyas formas jurídicas son variadas, según la naturaleza del vínculo generador de la unión, tal como la confianza personal entre los socios, en las sociedades de personas, o la constitución del patrimonio o capital, como las sociedades anónimas.

La Constitución de Chile de 1980 expresamente se refiere a la existencia de las asociaciones en el artículo 19 n°15 asegura a todas las personas el derecho de asociarse sin permiso previo.

89. Fines de la sociedad.

La sociedad encuentra su razón de ser en la naturaleza social del hombre pues éste para vivir plenamente en lo material y espiritual, necesita de la asistencia y compañía de los demás seres humanos. La propia configuración física y biológica del hombre, requiere de la complementación con la mujer y ambos logran, recíprocamente, su completa realización en la unión de sus sentimientos, afectos y satisfacciones fisiológicas, materiales y espirituales.

Esta unión interpersonal, así como los frutos de ella expresados en los hijos y la familia, debe realizarse dentro de un orden fundamentado con el objetivo de dar la debida seguridad para que los diversos actores, factores y medios que concurren en su desarrollo, cumplan adecuadamente sus respectivas funciones. Especial atención le corresponde otorgar a la sociedad a todas las entidades y organizaciones creados por el hombre en torno al mejoramiento de su vida tanto en lo individual como en lo colectivo.

Este orden es establecido por la sociedad expresado por la voluntad y criterio de sus miembros, tomando en consideración el bien de todas y cada una de las personas, puede imponer, incluso determinadas limitaciones a bienes o derechos, para el mejor logro de ese bien, denominado *bien común.*

CAPITULO IV.
TEORÍA DEL ESTADO.

TÍTULO I
INTRODUCCIÓN

90. Su objeto.

La Teoría del Estado tiene por materia de conocimiento, el estudio de la realidad estatal a la que pertenecemos, el análisis del Estado tal como existe, en cuanto unidad concreta y dinámica que se da en nuestro tiempo y espacio históricos. Es la búsqueda del saber respecto del Estado cierto, real y verdadero existente, en su estructura y función actual y que es el enlace entre el repliegue de un desarrollo histórico consumado y la línea ortal de una realidad política que se despliega hacia el futuro [53].

La Teoría del Estado, además, abarca otros campos del saber, pues estudia el origen, evolución, funcionamiento y finalidad del Estado, para lo cual investiga todo aquello que es permanente en el fenómeno estatal, así como la realidad de la vida política y social que nos rodea.

La expresión "Teoría del Estado" o "*Teoría General del Estado*" proviene de la traducción de los términos "Allgemeine Staatslehre" una de las dos disciplinas en las que los autores alemanes dividían la Ciencia del Estado.

91. Perspectivas de análisis.

El estudio de la realidad estatal puede efectuarse desde tres facetas distintas que, aunque tienen matices variados, en definitiva, están ligados al concepto de Estado. Estos análisis ponen énfasis en algunos de los elementos que concurren en la formación y desarrollo del Estado.

a) En un sentido *sociológico*, el Estado se estudia como una institución, esto es, como una sociedad organizada y como una consecuencia de la voluntad del hombre.

---

[53] Sampay E. Arturo. Introducción a la Teoría del Estado. Edit. Omeba. Año 1961. p.373.

Thomas Hobbes, John Locke y Juan J.Rousseau sostienen que el Estado es consecuencia de la voluntad humana manifestada en forma contractual, esto es, mediante la celebración de un pacto o convenio en que se crea y se da nacimiento al Estado. Se tratan de conceptos sociológicos que tienen por objeto el estudio del hombre en su comportamiento dentro de la sociedad, sin importar mayormente sus principios jurídicos, pues la sociedad es concebida y analizada por una ciencia llamada sociología y no por el derecho.

b) Desde una perspectiva *política,* se averigua cual es la mejor forma de organización de la sociedad en relación con los ideales pretendidos por los hombres. Se busca el Estado ideal, su finalidad y actividad para su logro para lo cual se recurre al auxilio de otras ramas del saber, tal como la economía, sociología, matemáticas, filosofía y otras.

c) Desde una concepción *jurídica,* se considera desde el punto de vista del Derecho, se estudia el Estado como un valor, es decir, se atiende a las cualidades que posee el Estado como realidad. Ello se explica porque el Derecho es una ciencia de valores y, por tanto, a través del Derecho se busca establecer qué es el Estado y cómo es el Estado, sin pretender buscar el Estado ideal ni estudiar el origen ni la trayectoria de su formación.

Esta diversidad de criterios permite constatar las dificultades existentes para lograr un acuerdo sobre una definición única de Estado. Por ello, un estudio que permita conocer la naturaleza del Estado, exige analizar rasgos y matices de sus elementos, entre los que se encuentran el grupo humano, la sociedad o la nación, así como las características del ámbito espacial o territorial en el cual éstos se desenvuelven. Además, deben considerarse, los aspectos políticos de la dinámica del Estado, esto es, el poder, pues se trata, al mismo tiempo, de un fenómeno político-social y un fenómeno jurídico. Por consiguiente, será éste el criterio que adoptaremos en el estudio de la Teoría del Estado.

92. Conceptos de Estado.

La configuración del contenido del Estado por parte de la Ciencia Política moderna, ha sido producto de un proceso evolutivo determinado por la mayor relevancia dada a los distintos elementos constitutivos del mismo.

En efecto, en Grecia la noción Estado gira en torno a la "*polis*". Cuando alude a las comunidades políticas de mayor extensión, emplea la denominación personal de sus habitantes, diciendo, por ejemplo, "los egipcios", "los persas", etc, es decir, se otorga importancia al elemento *personal.*

En Roma, el Estado está referido a la "*civitas*" o "res pública" y también a "*imperium*", esto es, se resalta el aspecto *de poder de mando* por parte de la autoridad.

En la Edad Media, se exalta el concepto en torno a la "*terra*", el "land" para designar lo que hoy denominamos Estado resaltando al elemento *territorial*[54].

Corresponde a Maquiavelo en su obra "El Príncipe", precisar el empleo del vocablo "*Stato*" para referirse al Estado con un contenido copulativo de los elementos poder, personas y territorio. Conforme a los tres puntos de vista en que puede ser estudiada la Teoría del Estado, los conceptos de Estado corresponden a dichas nociones.

93. Conceptos sociológicos.

El estudio del Estado como una realidad social, importa considerar la naturaleza y elementos originarios que le dan existencia, así como los diversos factores económicos, demográficos, éticos, culturales, geopolíticos y otros, que permiten su desarrollo. En torno a ellos, los autores, han formulados diversas teorías.

a) Las teorías *atomistas,* propias del pensamiento liberal, conciben el Estado como una simple agrupación o reunión permanente de individuos, en que el Estado, en cuanto entidad rectora y organizadora, encuentra su razón de existencia en la labor de protección y cuidado de la actividad individual de las personas.

b) Las teorías *mecanicistas*, en cambio, consideran al Estado como un instrumento o medio que debe estar al servicio de la colectividad.

c) Las teorías *organicistas*, por su parte, conciben al Estado como un órgano social, por lo que asignan al Estado un conjunto de funciones, conforme a los diversos elementos que lo integran, tal como la dirección superior de gobierno de la comunidad, su actividad creadora del orden jurídico, su función judicial y administrativa, entre otras.

d) Las teorías *fácticas*, entre cuyos exponentes se encuentra L. Duguit, miran al Estado como una realidad social en la cual existe un conjunto

[54] Görlitz Alex. Diccionario Ciencia Política. Editorial Alianza. Madrid. Año 1980. p. 241.

de personas que son gobernadas y otras que son las que asumen el gobierno, pero no le reconocen ningún atributo propio de un ente jurídico.

e) Las teorías *coactivas* atribuyen al Estado solo un carácter de fuerza de poder de dominación, especialmente como medio de explotación de la clase proletaria al servicio de la clase burguesa dominante, como es el caso de las doctrinas marxistas.

Dentro de las concepciones sociológicas de Estado, Herman Heller, lo define como "un centro real y unitario de acción humana consciente, que se diferencia de todos los otros grupos territoriales de dominación por su carácter de unidad soberana de decisión".[55] León Duguit expresa que "el Estado es toda sociedad humana en que existe una diferencia entre gobernantes y gobernados"[56].

94. Conceptos políticos.

Los conceptos de Estado desde el punto de vista político, corresponden al análisis que se realiza en torno a la naturaleza de la actividad del Estado y de sus fines perseguidos, así como de la manera de lograr los objetivos determinados por la propia sociedad o clase dirigente de la comunidad.

Existen autores que identifican el Estado con el *poder supremo*, esto es, con la soberanía, en cuanto señalan que es ésta la que puede determinar su estructura y organización, radicando dicho poder en el pueblo o en la autoridad misma.

Otros pensadores sostienen que el Estado es solo un *instrumento* de un determinado sector de la sociedad para limitar o restringir la libertad, por lo cual propician su destrucción, como ocurre en el caso de los anarquistas.

La doctrina marxista concibe el Estado como una *mera etapa* circunstancial en el desarrollo de la sociedad cuya existencia se encuentra limitada hasta el instante en que el proletariado logre dominar a la burguesía, momento en el cual el Estado desaparecerá y se logrará una sociedad igualitaria y plena.

Por ello, desde el punto de vista político, para Georges Burdeau, "el Estado es fundamentalmente una forma de poder político institucionalizado". Señala que el Estado es un concepto que solo existe porque es pensado a la

---

55 Heller Herman. Teoría del Estado. Sexta Edición. Fondo Cultura Económica. México. Año 1968. p. 247.

56 Duguit León. Teoría General del Estado. Librería Española. 1926. p.54

vez por los gobernantes, que ejercen su poder, y por los gobernados, que ven en él la sede del poder y fundamento de las reglas jurídicas sobre las que se organiza la búsqueda del bien común. El Estado es una explicación, una justificación y una utilización del fenómeno social que es el poder[57].

Por su parte, Carré de Malberg sostiene que "el Estado es una comunidad de hombres fijada sobre un territorio propio y que posee una organización de la que resulta, para un grupo considerada en sus relaciones con sus miembros, una potestad superior de acción de mando y de coacción"[58].

Karl Marx, en sus diversas obras, prácticamente no se refiere en forma directa al concepto de Estado, por lo que hay que deducirlo de otras de sus ideas.[59] Sostiene que el Estado es un instrumento permanente del curso de la historia, mediante el cual una clase social se impone sobre otra y que en la etapa de confrontación entre la burguesía y el proletariado, el Estado se presenta como el medio a través del cual se facilitará la derrota de la burguesía mediante el establecimiento de la dictadura del proletariado y, una vez consolidada la victoria y lograda una sociedad sin clases sociales, el Estado desaparecerá, pues no tendrá justificación alguna.

95. Conceptos jurídicos.

En la concepción del Estado desde el punto de vista jurídico, su análisis se vincula preferentemente con el Derecho, y se estudia el Estado como un valor, pues el derecho es una ciencia de valores, como la justicia, el orden, la equidad. Se busca determinar qué es el Estado y como es el Estado, sin pretender buscar el mejor Estado, ni averiguar como se originó ni cual fue su trayectoria para llegar al Estado moderno. Es así que Georg Jellinek define al Estado como "la unidad de asociación dotada originariamente de un poder de dominación y formada por hombres asentados en un territorio"[60].

Hans Kelsen señala que la unidad existencial del Estado no radica en el reino de la realidad natural, sino en el de las normas o valores, pues el Estado es, por naturaleza, un sistema de normas o la expresión para designar

---

57 Burdeau George. Ob. cit. p.24.

58 Carre de Malberg. Derecho Constitucional. Fondo Cultura Económica. México. 1948. p. 321.

59 Canessa Julio R. Estado según Marx y Hegel. Rev. Política y Estrategia. Editorial Universitaria. Santiago. 1989 .p.28.

60 Jellinek. George. Teoría General del Estado. Editorial Albatros. Buenos Aires. 1954.p.1335

la unidad de tal sistema. Por tanto, el Estado, como orden, no puede ser más que el orden jurídico o la expresión de su unidad.[61] Para Kelsen, el Estado es un conjunto de normas jurídicas que regulan la conducta mutua de los individuos bajo un orden coercitivo, relativamente centralizado y que instituye órganos especiales para la creación y la aplicación de sus normas.

Un concepto de Estado, comprensivo de las perspectivas antes señaladas, corresponde a André Hauriou, para quien el Estado "es una agrupación humana, fijada en un territorio determinado y en la que existe un órgano social, político y jurídico, orientado hacia el bien común, establecido y mantenido por una autoridad dotada de poder de coacción" [62]. Para el señalado autor, se estará en presencia de un Estado cuando se hayan reunido los cuatro elementos siguientes: una agrupación humana, un territorio, un poder que dirige el grupo y el orden económico social político y jurídico a cuya realización se dedica el poder.

Por nuestra parte, podemos definir el Estado expresando que es la nación jurídicamente organizada, dentro de un territorio determinado, con una diferenciación entre gobernantes y gobernados.

En la Séptima Conferencia Internacional Americana de Montevideo celebrada en el año 1933 se aprobó la Convención sobre Derechos y Deberes de los Estados, en la cual se establece que el Estado, como persona del Derecho Internacional debe reunir los siguientes requisitos: a) Población permanente. b) Territorio determinado. c) Gobierno. d) Capacidad de entrar en relaciones con los demás Estados.

En Chile, el Código Civil, en su artículo 547, así como otras leyes, consideran al Estado, explícita o implícitamente, como una persona jurídica de Derecho Público.

La Corte Suprema ha señalado que el Estado Chileno es una verdadera corporación que representa la organización jurídica del pueblo chileno[63].

96. Elementos del Estado.

En el estudio acerca de la naturaleza y características del Estado, la mayoría de los autores distinguen como elementos esenciales de su

---

[61] Kelsen Hans. Teoría General del Estado. Editora Nacional. México.1979. p. 23.

[62] Hauriou André. Ob. cit. p.114.

[63] Corte Suprema. Sentencia de fecha 20 agosto 1923. Revista de Derecho y Jurisprudencia. Tomo XXII. Sección 1°. p. 335.

existencia, el grupo humano, el territorio, el poder y el derecho. Además, otros agregan el fin del Estado.

Estos elementos del Estado se vinculan recíprocamente, ya que cada uno de ellos está relacionado, tanto jurídica como políticamente, con todos los demás y cada cual tiene como supuesto a los demás. Su análisis en forma separada e independiente, sólo tiene por explicación razones de estudio más exhaustivo de cada uno de ellos.

TÍTULO II
EL ELEMENTO HUMANO

Para que exista un Estado es indispensable la existencia de hombres unidos por un objetivo de sobrevivencia pacífica y de mejoramiento de sus condiciones de vida. No es concebible un Estado sin seres humanos, los cuales pueden constituir, dentro de un Estado, diversos calificativos, tales como "población", "pueblo" o "nación.

97. La población.

La simple totalidad de personas que habitan un territorio y que es susceptible de ser cuantificada constituye la población. En un sentido *genérico,* indica la sociedad global y comprensiva del conjunto de seres humanos que conviven entre sí y que se determina por el marco geográfico en que viven, por lo cual puede existir una población chilena, sudamericana, europea, mundial.

Referida a un Estado *determinado*, se le denomina como "la población del Estado", en que se integran a todas las personas en las distintas etapas de sus vida, ya sea la infancia, la adolescencia, la madurez y vejez, todos los cuales son poseedores de derechos civiles, sin diferenciación de razas, clases sociales, jurídicas o nacionalidades.

La influencia del factor humano en los procesos sociales y de organización política ha sido objeto de estudios por pensadores políticos tales como Platón Aristóteles, Santo Tomás, Montesquieu, Rousseau y otros, todos los cuales han resaltado la importancia de las características de la población en el desarrollo y progreso de los Estados.

La Constitución Chilena de 1980 en diversas disposiciones se refiere expresamente a la población, tal como el artículo 1° inciso 5° en cuanto a que es deber del Estado dar protección a la población y en artículo 19 n° 16 referente a la prohibición de declararse en huelga las personas que trabajen en corporaciones o empresas, cualquiera que sea su naturaleza, finalidad o función que tienda a servicios de utilidad pública o cuya paralización cause grave daño, entre otros, al abastecimiento de la población.

En la actualidad, contribuyen a estudiar la población en relación con el Estado, diversas disciplinas tales como la demografía, la antropología, la sociología y otras. En el aspecto *demográfico* se considera el volumen o número de la población del Estado tomando en consideración la superficie de su territorio para asegurar un mejor desarrollo.

Platón en su obra "Las Leyes" señala como cantidad ideal de población para la polis griega la cantidad de 5040, y Aristóteles en "La Política", propicia un número reducido que posibilite tanto el gobierno directo como los vínculos intersociales y mutuo conocimiento de los miembros de la polis.

Por su parte, Montesquieu en el Capítulo X de "El Espíritu de las Leyes" propone una serie de fórmulas sobre la relación que debe existir entre el número de habitantes y las condiciones físicas del territorio.

Respecto de la *cantidad* adecuada u óptima de la población de un Estado existen doctrinas *antipoblacionistas* que propician una limitación al crecimiento de la población. Es el caso de la doctrina de Tomás R.Malthus, un inglés quien, en 1798, publicó una obra titulada "Ensayo sobre los principios de la población", en el cual sostenía que los medios de subsistencia del hombre en el mundo crecían en progresión aritmética, mientras que la población lo hacía en progresión geométrica. Por ello, señalaba, se presentaría un momento en que los bienes no alcanzarían a abastecer a la población y, para evitar esta situación, propiciaba que el crecimiento y aumento natural de la población debía limitarse mediante métodos y procedimientos de control de la natalidad.

Esta doctrina, sin embargo, incurrió en la omisión de no considerar diversos factores de aumento y mejoramiento de la productividad de bienes, tales como explotación de tierras no labradas, desarrollo de la ciencia y de la técnica, aparición de nuevos medios de producción etc., razones por las cuales ha resultado una doctrina muy cuestionada.

Las doctrinas *poblacionistas* son sostenidas, fundamentalmente, por la Iglesia Católica y se encuentran contenidas, entre otros documentos eclesiásticos, en la Encíclica Humanae Vitae del Papa Paulo VI de 29 de julio de 1968, la cual plantea que "el amor conyugal exige a los esposos una conciencia de su misión de "paternidad responsable" la cual debe considerarse bajo diversos aspectos legítimos y relacionados entre sí. En relación con los procesos biológicos, paternidad responsable significa conocimiento y respeto de sus funciones; la inteligencia descubre, en el poder de dar vida, leyes biológicas que forman parte de la persona humana. Las tendencias del instinto y de las pasiones, y la paternidad responsable comporta el dominio necesario que sobre aquéllos han de ejercer la razón y voluntad. Las condiciones físicas, económicas, sicológicas y sociales, en la paternidad responsable se pone en práctica ya sea con la deliberación ponderada y generosa de tener una familia numerosa, ya sea con la decisión, tomada por graves motivos y en el respeto de la ley moral, de evitar un nuevo nacimiento durante algún tiempo o por tiempo indefinido, La paternidad responsable comporta sobre todo una vinculación más profunda con el orden moral objetivo, establecido por Dios, cuyo fiel intérprete es la recta conciencia. El ejercicio responsable de la paternidad exige, por tanto, que los cónyuges reconozcan plenamente sus propios deberes para con Dios, para consigo mismo, para con la familia y la sociedad, en una justa jerarquía de valores. En la misión de transmitir la vida, los esposos no quedan por tanto libres para proceder arbitrariamente, como si ellos pudiesen determinar de manera completamente autónoma los caminos lícitos a seguir, sino que deben conformar su conducta a la intención creadora de Dios, manifestada en la misma naturaleza del matrimonio y de sus actos. En conformidad con estos principios fundamentales de la visión humana y cristiana del matrimonio, hay que excluir, absolutamente como vía lícita para la regulación de los nacimientos, la interrupción directa del proceso generador ya iniciado y sobre todo, el aborto directamente querido y procurado, aunque sea por razones terapéuticas y excluir, igualmente, la esterilización directa tanto del hombre como de la mujer quedando, además excluida, toda acción que en prevención del acto conyugal, en su realización o en el desarrollo de sus consecuencias naturales que se proponga como fin o como medio, hacen imposible la procreación. Pero que es lícito tener en cuenta los ritmos naturales de los períodos infecundos y así regular la natalidad sin ofender los principios morales"[64].

[64] Papa Pablo VI. Encíclica Humanae Vitae. Ediciones Paulinas. Santiago de Chile. Año 1992 p. 18.

Respecto de la *calidad* de la población, la *demología* propicia considerar la homogeneidad o heterogeneidad de la población, así como sus caracteres morales o intelectuales y sus hábitos y costumbres y, especialmente, el factor de la raza. Científicamente se ha definido a la raza como la frecuencia de ciertos rasgos físicos y hereditarios que distinguen, entre sí, a los grupos humanos.[65] Se han efectuado distinciones entre la raza caucásica, mongólica, negra y australiana y de subgrupos entre ellas. Para ello, se han considerado factores de color, tipo físico, adaptabilidad al medio ambiente, rasgos biológicos y otros.

Lo anterior ha inducido a algunos estudiosos a propiciar jerarquías y primacías de determinadas razas sociales. Así han surgido *teorías racistas* como la de Arturo de Gobineau en su "Ensayo sobre la desigualdad de las razas humanas" y de Houston Steward Chamberlain en "Los Fundamentos del Siglo XIX" y que se han aplicado en determinados Estados, como sucedió en Alemania bajo el régimen nacionalsocialista.

98. El pueblo.

El concepto de pueblo tiene múltiples aplicaciones y, según el Diccionario de la Lengua Española, está referido a "un conjunto de personas de un lugar, región o país"; a "la población de menor categoría"; a "la gente común y humilde de una población". Estas últimas acepciones inducen, a algunas personas a otorgar un sentido peyorativo a la voz pueblo, en referencia a la parte de la población de menos recursos o de menor cultura, asimilando, incluso, al término de "proletariado" en referencia a la mayor prole de las familias económicamente débiles.

En el campo del derecho, la voz *"pueblo"* está reservada a un conjunto determinado de la población que, por reunir características determinadas establecidas por la ley, gozan de derechos especiales de carácter político, que les permite participar activamente en los procesos de elección de las autoridades.

Se define al pueblo como "el conjunto humano de un Estado cada uno de los cuales tiene la titularidad no sólo de derechos y obligaciones civiles, sino además de derechos y obligaciones políticas" [66].

El ejercicio de los derechos políticos está determinado, generalmente, por la existencia de un registro público que permite a los ciudadanos

---

65 Fayt S. Carlos. Ob. cit.. T.I. p.221.

66 Justo L. Mario. Derecho Político. Edit. Kapeluz. B. Aires. 1973. p.226

participar en los procesos electorales y formar el pueblo electoral. El pueblo, entonces, forma parte de la población e indica a un conjunto de seres humanos que tiene una determinada calidad jurídica los cuales constituyen el cuerpo electoral.

J.J. Rousseau sostiene que es en el pueblo donde radica el poder político, el poder soberano que permite gobernar y estructura la concepción de la soberanía popular en que cada persona en particular es depositaria de ella y, por consiguiente, es libre para ejercerla a su arbitrio.

Para el jurista H. Kelsen, el concepto de pueblo tiene un sentido normativo, ya que el contenido regulado por las normas jurídicas es la conducta humana y, sostiene, una pluralidad de hombres no constituye una unidad sino porque existe un orden jurídico unificado. Agrega que la doctrina acerca del pueblo no se refiere a las cualidades físicas o psíquicas de los hombres que la constituyen, y forman parte del pueblo del Estado solamente en tanto que están sometidos al dominio estatal [67].

La Constitución Política de Chile emplea la voz "pueblo" en el artículo 5 como acepción de cuerpo electoral en cuanto se refiere a que el ejercicio de la soberanía se realiza por el pueblo a través del plebiscito y de elecciones periódicas y, como acepción de población, en cuanto se refiere a que ningún sector del pueblo ni individuo alguno puede atribuirse su ejercicio.

99. La nación.

El vocablo "nación" tiene su raíz en la palabra latina "nazcor" que significa nacer de donde deriva la voz "natio" que señala una relación de procedencia y origen común.

Según algunos autores, el origen del vocablo se encuentra en el uso dado en la Universidad de París en la Edad Media por sus estudiantes que se agrupaban conforme a los lugares de su procedencia o de nacimiento [68].

Durante la Revolución Francesa de 1789, el uso de la voz "nación" fue muy pródiga para fundamentar el derrocamiento del Rey Luis XVI, en que se invocó el derecho de la nación para gobernarse. La concepción de la "soberanía de la nación" desarrollada por el Abate Sieyés introdujo su empleo en la teoría política.

---

[67] Kelsen Hans. Teoría General del Estado. Ob. cit. p.196.

[68] Sánchez A. Luis. Principios de Teoría Política. Edit. Nacional. Madrid.1983. p. 171.

En América, la independencia de las distintas colonias españolas se fundamentó en el derecho de cada nación americana para autogobernarse. En Alemania, el sentimiento de nación, como una sociedad singular y distinta a otros, tuvo un fuerte desarrollo, especialmente a partir de los "Catorce Discursos sobre la Nación Alemana" pronunciados por Johan Fitche(1762-1814) en Berlín en 1808, cuya máxima expresión lo constituyó el *pangermanismo* al proclamar la misión superior asignada a la nación alemana y especialmente desarrollada por la doctrina del nacionalsocialismo.

La nación está constituida por un conjunto de seres humanos que por tener determinadas características comunes tienen conciencia de formar una unidad social diferenciada.

100. Concepto de nación.

El autor André Hauriou define la nación como "una agrupación humana en la que los individuos se sienten unidos los unos a los otros por lazos materiales y espirituales y se consideran diferentes de los individuos que componen las otras agrupaciones humanas"[69].

Pablo Lucas V. señala que "entendemos por nación una comunidad que, arrancando de un pasado histórico y mediante la síntesis de diversos elementos importantes pero no exclusivos (raza, lengua, costumbres etc.), intenta, lográndolo a veces, constituirse en Estado"[70].

Para el filósofo Jacques Maritain, la nación "es una comunidad de gentes que advierte como la historia los ha hecho, que valoran su pasado y que se aman a sí mismos tal cual saben o se imaginan ser, con una especie de inevitable intromisión" [71].

Por nuestra parte, expresamos que la nación es el conjunto de personas que vive habitualmente en un mismo territorio y que unidos por lazos comunes de lengua, raza, cultura, pasado, historia, tienen sentido de unidad y se proyectan al futuro en el logro de un bien común.

La nación es el elemento que estructura a la mayor parte de los Estados modernos, por lo cual se les denomina Estados nacionales a diferencia de

---

69 Hauriou André. Obra citada. p.114.

70 Lucas V. Pablo. Ob. cit. T. II. p.84.

71 Maritain Jacques. El hombre y el Estado. Edit. Edicusa. Madrid. 1972. p.30.

los Estados en los cuales coexisten diferentes unidades étnicas, y que son llamados Estados plurinacionales.

101. Elementos de la nación.

La mayor parte de los autores, distinguen, fundamentalmente dos clases de elementos constitutivos de la nación: a) Elementos objetivos, constituidos por un común origen étnico o racial, una religión, una lengua, una cultura, un territorio y una misma historia o pasado, y b) Elementos subjetivos, constituidos por un sentimiento de solidaridad y voluntad de vivir en común y la conciencia de constituir un núcleo social distinto a otras sociedades políticas.

Dentro de los *elementos objetivos*, cabe señalar los siguientes aspectos constitutivos de la nación.

a) El origen étnico o racial constituye un elemento biológico comúnmente invocado por algunos autores, para configurar la existencia de la comunidad nacional, pues se atiende a las características físicas de un grupo de personas tal como el color de la piel, la configuración de los cráneos, su textura física y otros que permite otorgarles una individualidad diferenciada de otros grupos.

Esta base biológica genera, asimismo, una identificación intelectual o psíquica que desarrolla una cultura común. Este elemento racial es rebatido como factor integrante de la nación, sosteniéndose que existen pueblos, como por ejemplo Suiza y Estados Unidos, que no cuentan etnológicamente con la supuesta unidad étnica.[72]

b) La *religión* es asimismo indicada como elemento objetivo de la nación, señalándose como factor determinante en la formación de ciertas naciones, tal como el catolicismo en Polonia e Irlanda, el islamismo en Irán e Irak. Sin embargo, la religión ha perdido el carácter de factor aglutinante en la nación, debido al desarrollo y aplicación de los principios sociales democráticos.

c) El *idioma* o lengua común, sin duda, constituye un elemento unificador de las comunidades nacionales por constituir el medio facilitador de las comunicaciones interpersonales, no obstante que no siempre los grupos lingüísticos coinciden con los grupos nacionales.

---

[72] Leiboz Gerhardt. Conceptos Fundamentales de la Política y de Teoría de la Constitución. Grafica González. Madrid. 1964.p. 210.

d) La *cultura* es otro de los factores gravitantes en la formación y desarrollo de una nación ya que se logra un común modo de vida y costumbres, conocimientos y desarrollos económico, industrial, científico, artístico, intelectual y que se manifiestan en la vida tradicional del pueblo, otorgándole su propia identidad.

e) El *territorio* permite crear el ámbito espacial de vida de una comunidad, favoreciendo la formación y expresión de su cultura, su idioma, su desarrollo social y político regulando el orden jurídico y su validez. Sin embargo, la existencia de muchas nacionalidades que se han desarrollado careciendo de un territorio, como ocurrió con la nación hebrea, y con muchas minorías nacionales insertas en otros Estados.

f) *La historia* importa un elemento trascendente en la formación y mantenimiento de una nacionalidad, ya que permite la prolongación de la vivencia de los antepasados en las nuevas generaciones, creando con ello conciencia de los esfuerzos y actividades realizadas para el progreso social y la necesidad de su protección.

Respecto de los *elementos subjetivos,* ellos inciden en la forma o manera que los miembros de la sociedad juzgan, asimilan y aceptan los ya señalados elementos objetivos que constituyen la sociedad, especialmente la evolución histórica, lo cual les permite tomar conciencia de la identidad social forjada y de la cual forman parte. Ello induce a desarrollar los sentimientos de solidaridad y la voluntad de vivir en común y proyectarse hacia el futuro.

102. Doctrinas sobre la nación.

Dada la complejidad de factores que influyen en la formación de las naciones, en el siglo XIX nacieron diversas concepciones acerca de la importancia de esos componentes. Las doctrinas de mayor relevancia son la alemana y la francesa.

a) La doctrina *alemana* sostiene que existe una jerarquía entre las diversas razas humanas y en la cima de esta jerarquía se encuentra la raza aria pura, y que a ella le siguen las razas arias no puras, las razas mezcladas y en los lugares más bajos de dicha escala, se encuentran las razas de color. Para esta doctrina, la raza aria pura, que se ha conservado intacta desde la prehistoria, es la raza alemana, es decir, la nación alemana.

Esta concepción de la nación raza, corresponde a los franceses Gobineau y Vacher de Lapouge y fueron difundidas por Houston Stewart

Chamberlain, inglés, y se convirtió en una de las bases políticas del nacionalsocialismo alemán bajo el gobierno de A. Hitler quien exaltó los conceptos del Volk y el Volkstum.

El Volk, que significa pueblo, nación, se expresa en una comunidad fundada en la sangre, el suelo y la lengua y comprende todo el conjunto humano, que tiene un parentesco de lengua o de sangre con esta comunidad, independientemente del lugar o país en que se encuentre. El Volkstum, que significa la nacionalidad, se determina por la conjunción de la raza, del suelo y de la historia que se realiza en el presente y se proyecta al futuro en que el verdadero jefe de la comunidad, el Führer, puede captar, interpretar y valorar.

b) En cambio, la doctrina *francesa* considera que la formación de las naciones requiere la concurrencia de los factores étnicos como parentesco racial, lengua y religión, pero que hay que tener en cuenta, además, los elementos espirituales

En primer lugar, se señala, deben considerarse los acontecimientos históricos, constituidos por las guerras, las calamidades, y en sentido inverso, los años de prosperidad y los éxitos nacionales pues el alma nacional está basada en recuerdos comunes de sufrimiento o de felicidad.

En segundo lugar, debe integrarse la comunidad de intereses ya sean culturales, políticos o jurídicos pero, principalmente, los de carácter económico logrados por la dinámica social. Por último, se necesita la incorporación de los sentimientos de parentesco espiritual en que las personas, aún sin tener las mismas creencias o el mismo nivel intelectual, reaccionan de una misma manera que configuran el sentido de pertenecer a un grupo determinado sintiéndose diferentes de las otras comunidades[73].

103. Nacionalidad.

Cuando una nación se encuentra establecida en un territorio determinado y ha adquirido la calidad de un Estado, se genera el concepto de la nacionalidad, que puede concebirse como “el vínculo jurídico que une a un individuo determinado con un Estado determinado”.

De esta relación surgen derechos y obligaciones recíprocas entre el Estado y el nacional. Así, el Estado debe a sus nacionales la protección a

---

[73] Hauriou André. Ob. cit. p.116.

través de sus leyes y de sus magistrados, les reconoce derechos civiles y políticos y debe hacerlos respetar en caso de infracciones.

Por su parte, los nacionales tienen, para con el Estado, las obligaciones de acatar su régimen jurídico, respetar a sus autoridades, aceptar las sanciones en caso de incurrir en infracciones y soportar las cargas y tributos.

En el caso de Chile, expresamente así lo establece el artículo 22 de la Constitución Política en que se establece que "Todo habitante de la República debe respeto a Chile y a sus emblemas nacionales. Los chilenos tienen el deber fundamental de honrar a la patria, de defender su soberanía y de contribuir a preservar la seguridad nacional y los valores esenciales de la tradición chilena. El servicio militar y demás cargas personales que imponga la ley son obligatorios en los términos y formas que ésta determine. Los chilenos en estado de cargar armas deberán hallarse inscritos en los Registros Militares, si no están legalmente exceptuados".

La nacionalidad constituye uno de los atributos de la persona humana, por lo cual la comunidad internacional se ha preocupado de establecer bases mínimas de regulación, y se expresan a través de diversos instrumentos internacionales. El Instituto Internacional de Cambrigde, en 1895, formuló los siguientes principios que los Estados deben aceptar respecto de la nacionalidad:

a) Toda persona tiene derecho a una nacionalidad.

b) Nadie puede tener simultáneamente más de una nacionalidad.

c) Toda persona tiene derecho a cambiar de nacionalidad.

d) La renuncia pura y simple no basta para perder la nacionalidad.

e) La nacionalidad de origen no puede trasmitirse indefinidamente de generación en generación.

La Declaración Universal de Derechos Humanos de las Naciones Unidas de 10 de diciembre de 1948 establece en su artículo 15 que toda persona tiene derecho a una nacionalidad y que a nadie puede privársele arbitrariamente ni del derecho a cambiar de nacionalidad.

La Declaración Americana de los Derechos y Deberes del Hombre, suscrita en Bogotá el año 1948 en su artículo 19, dispone que toda persona tiene derecho a la nacionalidad que legalmente le corresponda y el de cambiarla, si así lo desea, por la de cualquier otro país que esté dispuesto a otorgársela.

El Pacto Internacional de Derechos Civiles y Políticos de las Naciones Unidas del año 1966 establece en su artículo 24 que todo niño tiene derecho a adquirir una nacionalidad.

La Convención Americana sobre Derechos Humanos "Pacto de San José de Costa Rica" del año 1969 en su artículo 20 consagra que toda persona tiene derecho a una nacionalidad, que toda persona tiene derecho a la nacionalidad del Estado en cuyo territorio nació si no tiene derecho a otra y que a nadie se le privará arbitrariamente de su nacionalidad ni del derecho a cambiarla.

La nacionalidad normalmente se adquiere por razones de vínculos de sangre o parentesco, es decir, por "*jus sanguinis*" o bien por el solo hecho de haber nacido en el territorio de dicha nación, esto es, por "*jus solis*," constituyendo ambas una fuente originaria para adquirir la nacionalidad, distinguiéndola de la fuente derivada, en que la nacionalidad puede adquirirse por acto administrativo de la autoridad o por ley.

En Chile, la nacionalidad se encuentra regulada en el Capítulo II de la Constitución Política en que se establece quienes son chilenos y los casos en que se pierde la nacionalidad así como la forma de protegerla en casos que ella sea desconocida o privada por acto administrativo.

104. Principio de las nacionalidades.

El Principio de las Nacionalidades, consiste en afirmar que toda nación tiene derecho de constituirse en Estado. Ha sido propagado por la Revolución Francesa, sosteniéndose que el poder tiene su origen en la nación y que reside en ella. A partir de la Revolución de 1848 acaecida en Francia, este principio permitió la formación de la unidad rumana, el renacimiento de la unidad italiana y formación de la unidad alemana.

En la actualidad se puede señalar que numerosos pueblos que han logrado una unidad como nación, han invocado este principio en su aspiración a constituirse en Estado, como ocurre con la nación Palestina, Chechenia, Bielorrusia en la ex Unión Soviética, y los pueblos de la ex Yugoslavia.

Sin embargo, en la aplicación de este principio debe atenderse a la concurrencia de diversos factores de índole geográficos, políticos y económicos que tienen influencia y determinación para establecer la viabilidad en la constitución de un nuevo Estado.

Ante la realidad que en muchas comunidades políticas existen *minorías nacionales* que deben subsistir en medio de un sistema de vida ajeno a sus propias características, el Derecho Internacional ha procurado dar protección a ellas, que permitan su subsistencia y desarrollo.

Es así que en la Conferencia de Paz de 1919, en París, se estableció que las minorías de nacimiento, de raza, de lengua, tienen los siguientes derechos:

a) Libre ejercicio, tanto público como privado, de toda fe, religión o creencia.

b) Libre uso de la lengua nacional, así como su enseñanza.

c) Igualdad en el disfrute de los derechos civiles y políticos.

Este sistema, sin embargo, ha fracasado pues ha contribuido a mantener la agitación en Europa, al inducir a ciertos Estados a sostener reivindicaciones de minorías étnicas incorporadas a un Estado vecino o a darles pretexto a este respecto. Así ocurrió con Rusia y su anexión de Crimea en el año 2014.

Asimismo, existen agrupaciones humanas con una clara identificación nacional propia que buscan su independencia, como ocurre actualmente en España con Cataluña y el País Vasco, y en Canadá con la región de Quebec.

105. Nacionalismo.

Los sentimientos y afectos que se generan por el hecho de pertenecer a una nación y sentirse identificada con ella, mueve a muchas personas a exaltar todos los elementos, factores y circunstancias que permiten el desarrollo y progreso de la nación, constituyendo, muchas veces, causa o motivo de comportamientos y acciones políticas que, genéricamente, se les denomina "nacionalismos", que son movimientos de pensamientos sociales y políticos que ponen énfasis en el concepto de nación, idealizándola y sublimándola por sobre otros valores.

Los movimientos nacionalistas comenzaron a gestarse especialmente en Europa en el siglo XIX en que, fundamentalmente, se buscaba la independencia o unificación de las nacionalidades, con prescindencia casi absoluta de un contenido programático o doctrinario, sobre la forma de estructurarse y organizarse internamente. Situación similar ocurrió en América con los movimientos de independencia de las colonias de España.

Sin embargo, desde comienzo del siglo XX los movimientos nacionalistas, ya lograda la independencia o unificación perseguida, iniciaron la tarea de expresar un contenido doctrinario e ideológico, y por lo cual, en general, se manifestaron en una posición antiliberal, de rechazo a la democracia de partidos políticos, y adoptaron una concepción de gobiernos autoritarios y personales.

Entre la Primera y Segunda Guerra Mundial, surgieron nuevos movimientos nacionalistas tales como el Fascismo en Italia, el Nacionalsocialismo en Alemania, el Falangismo en España. Todos ellos pretendieron dar solución al problema económico social, atacando el liberalismo económico o capitalismo, para lo cual propiciaron nuevas formas de organización de la producción, como el corporativismo en Italia y Portugal, los sindicatos verticales en España.

Una síntesis de las ideas nacionalistas, fundamentalmente europeas, es la siguiente:

a) La nación es concebida como *realidad suprema*, por lo cual debe ser preservada más allá de la voluntad de los individuos, tanto en su integridad física como en los valores espirituales que constituyen la esencia de su ser.

b) Aceptación del *tradicionalismo*, como forma de desarrollo de la vida social por los valores históricos y por la conciencia de que el individuo es un eslabón de su estirpe entre el pasado y el futuro.

c) Posición *antimarxista* por cuanto, para el nacionalismo, el marxismo rompe la continuidad histórica de los pueblos y afecta a la unidad de la nación al propiciar la lucha de clases y negar los valores espirituales como los religiosos.

d) Exaltación de la *solidaridad nacional* que es propiciada a través de la existencia de un ejecutivo fuerte y la adopción de nuevas formas de producción económicas y de desarrollo social, distantes del capitalismo y del marxismo destinadas a enfrentar los problemas de la llamada "cuestión social", reconociendo la importancia de la propiedad privada, pero subordinada a la función social.

e) La *oposición al liberalismo político*, es decir, contra la democracia liberal de partidos políticos pues se estima que éstos afectan a la unidad nacional, por lo cual propician la existencia de un partido político único.

f) La integración del *aporte juvenil* de integración a las labores sociales y políticas del Estado mediante la creación de incentivos tales como uniformes, cantos, insignias, marchas, saludos, organización piramidal, etc. a fin de proyectar la acción política para mantener sus principios en el futuro.

106. La Patria.

La patria es un concepto que se encuentra íntimamente vinculado con las nociones de Estado, nación y nacionalidad. La patria es la tierra natal o adoptiva ordenada como nación, a la que se siente ligado el ser humano por vínculos jurídicos, históricos, costumbres, tradiciones y afectivos. Se trata de un sentimiento y vínculo espiritual que nos comunica el orgullo de nuestra gloria pasada y nos alienta para conseguir su perpetuación en grandezas futuras. Patria es el país en que vivimos, al que pertenecemos como ciudadanos, es la nación como conciencia de sí, objeto de una especie de culto de un sentimiento de amor y gratitud.

"La compenetración entrañable con una historia gloriosa, el orgullo nobilísimo de sentirse vinculado a un depósito de ideales, a un patrimonio de valores excelsos, y el ansia fecunda de proseguir, y si es posible aumentar, esa misma grandeza constituye el sentimiento de la Patria y engendra la virtud del patriotismo, desinteresada como ninguna, abnegada como pocas, capaz de todos los sacrificios. Quien no experimente la emoción al evocar la obra de su país, ni es nacional en el más puro sentido del vocablo ni puede ser buen ciudadano, por mucho que lo disimule con proyecciones internacionalistas que, so capa de amplitud generosa, minaría con criticismo corrosivo empresas y valores que sólo pueden comprenderse cuando pasan al cerebro destiladas por el alambique del corazón"[74].

La Constitución Política de Chile emplea el término de patria en el artículo 22 al establecer que los chilenos tienen el deber fundamental de honrar a la Patria, y en el artículo 101 que señala que las Fuerzas Armadas existen para la defensa de la Patria. Asimismo, el artículo 107 del Código Penal dispone que se castigará al chileno que militare contra su Patria bajo banderas enemigas.

---

[74] Pérez S. Nicolás. Ob. cit. p.116.

TITULO III

EL TERRITORIO

107. Importancia del territorio.

El territorio constituye un elemento fundamental para la existencia del Estado, e incluso, hay autores que señalan que el territorio es el origen y causa del nacimiento y constitución del Estado. Las características geofísicas del territorio condicionan la vida de la sociedad y del Estado debido al proceso de adaptación de la población al medio físico, generando una unidad geográfica.

La estructura de la superficie terrestre, su extensión, la distribución, el agua, su acceso marítimo, su flora y fauna natural, las riquezas mineras influyen en la economía, en la división del trabajo, en la organización social y en la estructura política del Estado. La extensión territorial determina, tanto la necesidad de defensa como la manera centralizada o descentralizada de la gestión administrativa y política, así como las formas de gobierno del Estado.

Desde tiempos inmemoriales ha constituido una preocupación el estudio de los factores y elementos que inciden en territorio, tal como el clima, la configuración terrestre, la naturaleza, los recursos económicos etc. que son determinantes en el carácter y cualidades de la población así como respecto de su potencial económico.

Aristóteles propiciaba como forma de Estado, entre otras, las talasocracias, es decir, formaciones políticas que, influidas por su carácter insular, ejercían su dominio sobre un gran espacio marítimo y por lo cual debían desarrollar su poderío naval.

Montesquieu, dedicó cuatro libros de El Espíritu de las Leyes al desarrollo de su teoría sobre las características del clima y del territorio que debe tener un Estado, especialmente el Libro XVIII sobre "Las leyes con relación a la naturaleza del terreno", señalando que los climas cálidos son enervantes, gastan las fuerzas, consumen la energía de los hombres y, en cambio, los climas fríos fortalecen los cuerpos y los ánimos haciendo a los hombres más capaces de realizar empresas penosas, difíciles y riesgosas.

J.J. Rousseau en el Capítulo VIII del Libro III del Contrato Social analiza las características del territorio en relación a la mejor forma de gobierno que debe corresponderle a cada Estado.

La consideración del territorio como elemento del Estado es una concepción moderna, vinculada al surgimiento de los Estados nacionales y a las ideas de soberanía y de ley. El territorio de un Estado normalmente está constituido por una unidad integral claramente determinado, como ocurre en los territorios continentales, pero puede estar integrado, además, por otros territorios que carecen de continuidad, como son los dominios insulares. En el territorio, el Estado ejerce su plena soberanía y jurisdicción con independencia de cualquier injerencia externa. Sin embargo, hay Estados que pueden, además, poseer otros territorios, pero cuya plena jurisdicción puede estar limitada, como ocurre con los territorios entregados en fideicomiso, protección o administración.

El carácter de dominio total, absoluto, permanente e imprescriptible es intrínsico a la calidad del territorio estatal, y su pleno desarrollo no tiene limitantes en el tiempo, sin perjuicio que las contingencias políticas puedan modificarlos, especialmente en los casos de conflagraciones bélicas.

Hay situaciones excepcionales en que este dominio permanente pueda estar condicionado a determinados factores limitativos, como ocurrió con los territorios de Tacna y Arica al término de la Guerra del Pacífico, en que Chile ejerció su plena soberanía con el acuerdo expreso que ello duraría hasta que un plebiscito determinaría el dominio definitivo en favor de Chile o de Perú.

Por la importancia del territorio para un Estado, diversas disciplinas estudian la naturaleza, elementos y características del territorio así como los factores determinantes que influyen en el mismo, tal como la geografía, la geografía económica, la política económica y la geopolítica, entre otros.

Existen Estados en los cuales sus respectivas Constituciones Políticas indican las partes que constituyen o abarcan su territorio, como son, entre otros, la Constitución de Bélgica de 1831, Holanda de 1972.

La Constitución Política de Chile de 1980 hace referencia al territorio en diversas disposiciones, tales como el artículo 3 que señala que la administración del Estado será funcional y territorialmente descentralizada; el artículo 10 que indica que son chilenos los nacidos en territorio de Chile; el artículo 19 n°7 letra a) en cuanto al derecho a entrar y salir de su territorio; el artículo 25 respecto a las condiciones para que el Presidente de la República pueda salir del territorio nacional; el artículo 63 n° 13 sobre la entrada y salida de tropas extranjeras del territorio; el artículo

110 respecto a que el territorio se divide en regiones; el artículo 111 sobre territorio de jurisdicción del Intendente; el artículo 115 sobre desarrollo armónico del territorio; el artículo 118 sobre territorio de las comunas.

108. Concepto de territorio.

El territorio, no obstante corresponder a un concepto de unidad física y material, genera cuestionamientos dentro de la ciencia del Derecho tanto en lo referente a su carácter de elemento constitutivo del Estado, como el rol y funciones que le corresponde. Entre los autores que rechazan que el territorio sea un factor de existencia del Estado, se encuentra León Duguit.

En cambio, para George Jellinek (1851-1915), el territorio es el espacio en que el poder del Estado puede desenvolver su actividad específica, o sea, el poder público [75]. Herman Heller (1891-1933, jurista alemán, sostiene que el territorio es la condición geográfica del obrar estatal [76]. Para Hans Kelsen (1881-1973) jurista austríaco, el territorio es el ámbito espacial de validez o vigencia del orden estatal [77].

El profesor chileno Ernesto Barros J. (1894-1977) expresa que "el territorio es la porción del globo terrestre en que cada Estado ejerce dominio y jurisdicción. Comprende el subsuelo, la tierra firme, los mares interiores, los lagos, los ríos, los canales, el mar territorial, el espacio aéreo" [78].

La doctrina clásica señala que el territorio es el espacio físico dentro del cual se desarrolla la actividad del Estado, ejerciendo su plena soberanía con autonomía e independencia y así reconocido y aceptado por la comunidad internacional. El territorio del Estado es aquella parte delimitada de la superficie del globo sometida a su soberanía [79].

109. Naturaleza jurídica del territorio.

Diversas teorías se han formulado para explicar la naturaleza de las relaciones existentes entre el Estado y su territorio y, al respecto, se pueden destacar fundamentalmente cinco.

---

[75] Jellinek George. Ob. cit. p.102 y ss.

[76] Heller Herman. Ob. cit. p. 158.

[77] Kelsen Hans. Ob. cit. p.181.

[78] Barros J. Ernesto. Manual de Derecho Internacional Publico. Edit. Jurídica. Chile. 1955. p.17.

[79] Oppenheim L. Tratado de Derecho Internacional Público. Imp. Nac. Barcelona. 1961 T. I. p.3.

a) Teoría del territorio como elemento constitutivo del Estado.

Considera que el territorio es un elemento del Estado que forma parte integrante de su naturaleza y se halla afectado de modo exclusivo al ejercicio del poder público, de modo que no es posible admitir la existencia de un Estado que carezca de territorio.

Entre los autores que sustentan esta teoría puede mencionarse a Raymond Carré de Malberg (1861-1935), H.Heller, G. Burdeau, y N.Pérez Serrano (1861-1935) jurista español. Este último señala que "los pueblos nómades no son realmente Estados, aunque se acuda a la ficción, a veces empleada, de considerar que en cada momento de su peregrinación cuentan con aquel mínimo de asiento territorial sin el cual no podemos concebir a la especie humana; un Estado ambulante no tendría la fijeza indispensable para realizar la unidad política duradera que el Estado supone. La sedentaridad que surge cuando el homo vagus se convierte en homo manens, y cuando la agricultura empieza a rendir sus frutos, es condición natural sine qua non para la aparición del verdadero Estado. El territorio ofrece la base para asiento de la nación, proporciona habitación y sustento, permite la defensa del país contra agresiones del exterior, es el área en que la autoridad impera sobre nacionales y extranjeros, e incluso constituye el medio de conservar acción sobre los súbditos que se expatrían" [80].

Esta teoría es cuestionada, porque no es capaz de explicar de una manera satisfactoria fenómenos y situaciones que afectan al territorio tales como las cesiones territoriales y los casos de competencia compartida.

b) Teoría del territorio como objeto.

Según esta teoría, el territorio es un objeto al servicio y disposición del titular subjetivo que es el Estado. Para algunos autores, el Estado tiene un derecho real de propiedad del territorio y corresponde a la concepción del Estado patrimonial; para otros, el Estado tiene un derecho real de soberanía.

Esta teoría es criticada por la confusión que se produce entre las nociones de propiedad (dominium) y soberanía (imperium) y, además, porque el poder público o soberanía, consiste en un poder de mando que sólo puede ejercerse respecto de seres humanos, por lo que la soberanía estatal no puede ejercerse sobre un territorio como tal, independientemente de las personas que en él se encuentren y de los actos o hechos de éstos.

---

[80] Pérez S. Nicolás. Ob. cit. p.97.

c) Teoría del territorio límite.

Para esta teoría, el territorio no es sino que el perímetro dentro del cual se ejerce el derecho de mando del Estado, y es sostenida, entre otros, por León Duguit y R. Carré de Malberg. Para el primero, el territorio es el límite material de la acción efectiva de los gobiernos y, para el segundo, es el marco dentro del cual se ejerce el poder estatal.

Esta teoría es criticada, porque el territorio no solamente es un límite para la competencia del Estado, sino que además le proporciona el título y derecho de competencia para actuar en cumplimento de sus fines.

d) Teoría de la competencia.

Esta teoría considera al territorio como una porción de la superficie terrestre en la que se aplica, con efectividad de ejecución, un determinado sistema de normas jurídicas. El territorio no es más que la esfera de competencia espacial del Estado, el marco dentro del cual tiene validez el orden estatal.

Uno de los principales exponentes de esta teoría es Hans Kelsen, quien sostiene que "el espacio al que se circunscribe la validez del orden jurídico estatal es lo que se llama "territorio" del Estado, bien entendido que se trata del espacio para la "validez", no del ámbito de la "eficacia" del orden estatal. Este carácter completamente normativo se revela advirtiendo que sólo es "territorio" el espacio en que se "deben" realizar ciertos hechos, especialmente los actos coactivos regulados por el orden jurídico; no el espacio en el que de hecho se realizan, como se afirma corrientemente cuando se dice que el territorio es el escenario en que el Estado actúa su poder. El espacio en que el Estado ejerce su poder, posee tres dimensiones, pues no sólo se extiende en longitud, sino también en altura y profundidad. Los territorios de los Estados no son parte de la superficie terrestre, sino cuerpos cónicos cuyos vértices se encuentran en el punto central de la tierra" [81].

e) Teoría del espacio vital.

En Alemania, durante el Gobierno del Tercer Reich, se desarrolló una nueva teoría relativa a la naturaleza del territorio y, a pesar de los esfuerzos de su sistematización, ella se presenta más bien como una teoría política que como una interpretación jurídica del territorio. Los juristas

[81] Kelsen Hans. Ob. cit. p.181

alemanes nacionalsocialistas calificaban de espacio vital (Lebensraum) aquella extensión espacial que, en todo caso, debía ser accesible a un pueblo determinado para asegurar el mantenimiento y desarrollo de su existencia.

Esta teoría fue puesta en práctica con motivo del Tratado de Alianza Germano-Italiano de 22 de mayo de 1939 según el cual los dos Estados signatarios tomaban la decisión de "intervenir conjuntamente en lo sucesivo y con sus fuerzas unidas, para asegurar su espacio vital y para mantener la paz". Posteriormente, por el Pacto Tripartito de Alemania, Italia y Japón de 27 septiembre de 1940, dichos Estados consideraron como una condición previa de una paz duradera que "cada nación obtenga el espacio vital que le corresponda"[82].

110. Características del territorio.

Considerando al territorio como un elemento integrante del Estado y como el espacio físico dentro del cual desarrolla sus actividades, el territorio se caracteriza por su unidad, indivisibilidad, exclusividad e inalienabilidad.

a) La *unidad* implica que el territorio del Estado es uno solo ya sea integrado sin discontinuidad física o separado materialmente, como son los casos de las islas y archipiélagos que forman parte del Estado.

b) La *indivisibilidad,* que es una consecuencia de la unidad, significa que el territorio no puede segmentarse, dividirse o desmembrarse.

c) La *exclusividad,* también llamada impenetrabilidad, supone la absoluta imposibilidad de intervención de cualquiera otra soberanía en el territorio, sin perjuicio que el propio Estado pueda, por propio acto soberano, convenir compartirla respecto de determinados espacios, como ocurre en los casos de servidumbres internacionales o situaciones de condominio como ocurre en Andorra.

d) La *inalienabilidad* impide la cesión patrimonial del territorio, no obstante que parte del mismo, por causas geopolíticas, económicas o estratégicas, pueda ser objeto de canje o enajenación a otro Estado, como sucedió con la cesión de Rusia de sus territorios de Alaska a los Estados Unidos de Norte América.

---

[82] Rousseau Charles. Ob. cit. p.92.

111. Funciones del territorio.

El territorio desempeña funciones o roles irreemplazables en el ejercicio de las funciones políticas y públicas del Estado, tanto en el plano interno como externo. En primer lugar por la fijación de una delimitación territorial, es posible desarrollar la vinculación real y efectiva entre la población y el suelo en que habitan, surgiendo *la identificación con lo nacional* que permite la unidad social y la conciencia de la diferenciación con otras sociedades.

Asimismo, el territorio determina el ámbito de la competencia del poder estatal, pues todos los que viven en dicho territorio, sean nacionales o extranjeras, están sometidos al régimen jurídico establecido por la autoridad. Los distintos órganos estatales tienen atribuciones y deberes y poder coercitivo que sólo pueden ser ejercidos dentro de las distintas áreas previamente establecidas dentro del territorio, lo cual no excluye las situaciones excepcionales derivadas de las normas del Derecho Internacional, como ocurre con los tratamientos y privilegios para diplomáticos.

Además, el territorio facilita *la acción del Estado*, pues la autoridad, gracias a la estabilidad de su dominio, puede imprimir más fácilmente una dirección a la actividad del grupo así como la coacción a los individuos es más efectiva cuando se les puede someter a través del suelo en que viven [83].

112. Delimitación territorial.

El territorio comprende el suelo, subsuelo el espacio marítimo y aéreo extendiéndose, por consiguiente, en superficie, profundidad y altura.

Como *superficie*, comprende la parte terrestre, los ríos, lagos, aguas interiores y mares jurisdiccionales; como *profundidad* abarca el subsuelo terrestre y marítimo y en cuanto a la *altura,* su dimensión está convenida, según el uso del espacio aéreo a distintos acuerdos o convenio internacionales.

El territorio se encuentra determinado y precisado por las *fronteras* o lindes, constituidos por líneas naturales terrestres, marítimas o por líneas ideales de separación que delimitan la esfera de la actividad del Estado.

Especial importancia han tenido en las delimitaciones territoriales, las conflagraciones bélicas, en que los vencedores han impuesto la obligación

---

[83] Burdeau Georges. Ob. cit. p.32.

de cesiones territoriales a los vencidos, estableciendo fronteras o demarcaciones conforme a sus propios intereses. Las delimitaciones de las fronteras constituyen un factor de paz, pues casi siempre son determinadas en Tratados de Paz, a la vez que son elementos de seguridad pues las violaciones a ellas, generalmente terminan en casos bélicos.

El espacio físico en el cual se establece un Estado, es la consecuencia de un conjunto de hechos históricos en los que, normalmente, han concurrido numerosas generaciones como conquistadores o colonizadores, quienes lo han legado a los actuales habitantes. En el caso de los países iberoamericanos, al momento que lograron independizarse de España, los respectivos territorios fueron determinados conforme al principio del utis possidetis de 1810.

Los métodos empleados por los Estados para fijar sus límites pueden efectuarse en forma convencional, es decir, mediante un tratado de límites, como la situación entre Chile y Perú de 1929 o mediante una mediación, como es el caso entre Chile y Argentina sobre la zona marítima y del Canal Beagle de 1984.

Los deslindes o límites pueden ser naturales o artificiales.

Los *límites naturales* corresponden a las características de la naturaleza en un espacio físico determinado, y pueden ser:

a) *Orográficos* aplicados a regiones montañosas, tales como la línea de las cumbres, línea divisoria de aguas situadas entre dos cuencas hidrográficas o por la línea que sigue la base de las montañas.
b) *Fluviales* en el caso de existir cursos de aguas fronteriza como los ríos Rhin y Danubio.
c) *Marítimos*, que son fijados por convenios internacionales, especialmente en la Convención del Derecho del Mar de 1982
d) *Lacustres* que corresponden a lagos de común dominio de dos Estados en que la frontera pasa por el centro del lago, como es el caso de Chile y Argentina con el lago denominado por Chile como General Carrera y por Argentina como Buenos Aires.

Los *límites artificiales* son de dos clases:

a) *Astronómicos*, que son trazados según los paralelos y meridianos, como entre EE.UU. y Canadá, y la división entre Corea del Sur y del Norte.

b) *Geométricas* constituidas por una línea recta que une dos puntos conocidos o por un arco de círculos, como el caso entre Alaska y Canadá.

113. Clasificación del territorio.

Desde un punto de vista jurídico, el territorio se clasifica en territorio *natural,* que comprende: a) el territorio propiamente tal; b) el suelo; c) el subsuelo, d) las aguas interiores que incluyen los mares cerrados, bahías, golfos, ríos, canales y lagos, con sus correspondientes lechos y subsuelos, e) el espacio marítimo y f) el espacio aéreo, y en territorio *artificial*, ficticio o simbólico respecto de ciertos bienes a los cuales se les aplica el ordenamiento estatal como si se tratase de territorio real o físico, constituidos por a) las naves y aeronaves de guerra, b) naves mercantes en alta mar, c) aeronaves en vuelo y d) las sedes diplomáticas situadas en el extranjero.

114. Territorio propiamente tal.

El territorio es la porción de la superficie terrestre perteneciente a un Estado y que se prolonga hasta el centro de la tierra, el cual comprende a) el *suelo,* que es la superficie de la tierra donde viven o pueden vivir las personas, animales y plantas y b) el *subsuelo,* que es el espacio situado bajo la superficie terrestre y del lecho del mar territorial y hasta el centro de la tierra y cuya figura gráfica lo presenta como un cono cuya base es la superficie terrestre, el lecho del mar territorial y cuyo vértice es el centro de la tierra.

El territorio puede ser *continuo*, que es lo que acontece y ocurre con la mayoría de los Estados, como es el caso de Suiza, Egipto, Costa Rica, o *discontinuo* o dividido, en que el territorio se encuentra en lugares separados por derechos territoriales de otros Estados o por secciones de alta mar, como es el caso de Alaska con respecto a Estados Unidos y de la Isla de Pascua respecto de Chile.

También puede ser exclusivamente *continental*, como es el caso de Suiza y Bolivia, o *insular,* como Japón.

Existen Estados en que en sus respectivas Constituciones Políticas señalan los espacios que comprenden el territorio, como por ejemplo, la Constitución de Bélgica de 1831, de Portugal de 1976, de México de 1917, de Ecuador de 1979, Panamá de 1972. En otros Estados, en la propia Constitución se describen los límites territoriales, como es el caso de Honduras de 1982 y República Dominicana de 1994. La Constitución de Chile de 1833 en su artículo 1° señalaba los límites territoriales.

115. El espacio marítimo.

Desde tiempos inmemoriales, el mar ha sido objeto de estudio por parte de los juristas por constituir no sólo fuente de recursos económicos, sino además, por significar un permanente y eficaz medio de comunicación.

El Derecho Internacional ha establecido diversos parámetros para fijar las áreas de jurisdicción y competencia marítima de los Estados. A partir de la aprobación por parte de las Naciones Unidas de la Convención del Derecho del Mar, suscrito en Jamaica en el año 1982, deben distinguirse las siguientes zonas: mar territorial, zona contigua, zona económica exclusiva, plataforma continental, aguas interiores y alta mar.

116. Mar territorial.

A través de los tiempos tanto la doctrina de los autores como las Convenciones y Tratados Internacionales, han señalado los elementos para configurar un concepto de mar territorial.

El mar territorial es un espacio marítimo intermedio entre la alta mar y el territorio.[84] .La existencia del mar territorial se justifica por motivos de seguridad nacional y de defensa, así como de control del tránsito marítimo y policía de la navegación, de vigilancia sanitaria, aduanera, fiscal y razones económicas.

Su origen se encuentra en los comentarios de diversos autores en el siglo XVIII y fue desarrollada en el año 1702 por el holandés Cornelius van Bynkershoek (1673-1743) en su obra "De Dominio Marus" en que se tomaba como base de su extensión el límite del alcance de la artillería considerado en tres millas aproximadamente. Conforme a esa concepción, Andrés Bello hacía la siguiente referencia: "Cada nación tiene derecho para considerar como perteneciente a su territorio y sujeto a su jurisdicción, el mar que baña sus costas, hasta ciertas distancias que se estima por el alcance del tiro de cañón, o una legua marina" [85].

El profesor chileno Enrique Pascal (1917-1985) opina que mar territorial "es la zona de agua adyacente a las costas o a los límites de las aguas

[84] Rousseau Charles. Ob. cit. p. 441.

[85] Bello Andrés. Derecho Internacional. Imp. La Patria. Valparaíso. 1864. p. 62.

interiores de un Estado, sobre la cual éste extiende su autoridad y control en forma soberana, reconociendo el paso inocente de naves extranjeras" [86].

En el Convenio de Ginebra de 29 abril de 1958 se estableció en su artículo 1° que: "La soberanía del Estado se extiende más allá de su territorio y de sus aguas interiores, a una zona de mar adyacente a sus costas".

La Convención del Derecho del Mar [87], en el artículo 2° de la Parte II, dispone que la soberanía del Estado ribereño se extiende más allá de su territorio y de sus aguas interiores y, en el caso del Estado archipiélago, de sus aguas archipiélagos, en una anchura que no exceda doce millas marinas medidas a partir de líneas de bases y comprende el espacio aéreo sobre el mar territorial, así como al lecho y al subsuelo de ese mar.

El primitivo artículo 593 del C. Civil de Chile establecía que el mar adyacente hasta la distancia de una legua marina, medida desde la línea de más baja marea, era mar territorial y de dominio nacional.

Por ley n°18.565 de 23 octubre de 1986, se modificó dicha disposición, fijándose como extensión del mar territorial y de dominio nacional la de doce millas marinas medidas desde las respectivas líneas de base. Una milla marina es equivalente a 1.852 metros.

Conforme a lo establecido en el artículo 597 del C. Civil citado, las nuevas islas que se formen en el mar territorial de Chile o en ríos o lagos que puedan navegarse por buques de más de cien toneladas, pertenecerán al Estado de Chile.

Las líneas de *base normal* para medir la anchura del mar territorial, es la línea bajamar a lo largo de la costa.

Las líneas *de base recta* tienen aplicación en los lugares en que la costa tenga profundas aberturas o en los que haya una franja de islas a lo largo de la costa situada en su proximidad inmediata, en que la línea de base une los puntos apropiados.

---

86 Pascal G. Enrique. Derecho Internacional Marítimo. Imp. Inst. Hidrog. Armada. Valparaíso. 1983. T.I. 311.

87 Promulgado en Chile por D. S. n° 1.393 de 28 Agosto 1997 M. Relac. Exteriores. Diario Oficial de 18 Noviembre 1997.

Las líneas de *base recta del sur de Chile* se encuentran establecidas en el Decreto Supremo n°416 de 14 julio 1997, y comprenden el espacio entre los paralelos 41° S y 56°S.

117. Zona Contigua.

La zona contigua comprende el espacio marítimo que se extiende más allá del límite exterior del mar territorial, en dirección a la alta mar y hasta cierta distancia.

El artículo 33 de la Convención del Derecho del Mar establece que la zona contigua es la zona adyacente al mar territorial la cual no podrá extenderse más allá de veinticuatro millas marinas contadas desde las líneas de base a partir de las cuales se mide la anchura del mar territorial y en el cual el Estado ribereño podrá tomar las medidas de fiscalización necesarias para prevenir las infracciones de sus leyes y reglamentos aduaneros, fiscales, de inmigración o sanitarios que se cometan en su territorio o en su mar territorial y sancionar las infracciones de esas leyes y reglamentos cometidas en su territorio o en su mar territorial.

El Código Civil de Chile, en su primitivo artículo 593, fijaba una zona continua de cuatro leguas marinas medidas desde la línea de más baja marea para objetos concernientes a la seguridad del país y la observancia de las leyes fiscales.

El actual artículo 593 del Código Civil señala que la zona contigua es el espacio marítimo que se extiende hasta la distancia de veinticuatro millas marinas medidas desde las respectivas líneas de base en el cual el Estado ejerce soberanía sólo para objetos concernientes a la prevención y sanción de las infracciones de sus leyes y reglamentos aduaneros, fiscales, de inmigración o sanitarios.

118. Zona Económica Exclusiva.

Se trata de un concepto nuevo incorporado al Derecho Internacional en forma paulatina a partir de mediados del siglo XX, en que la intervención de la acción jurídica y política de Chile, a través de sus juristas y convenios, tuvo una gravitación importante.

En efecto, con fecha 23 julio de 1947 el Presidente de la República Sr. Gabriel González Videla formuló una declaración por la cual el Gobierno de Chile confirmó y proclamó la soberanía nacional sobre los mares adyacentes a sus costas, a cualquiera profundidad en toda la extensión necesaria para preservar, proteger, conservar y aprovechar los recursos y riquezas naturales que sobre dichos mares y en ellos y bajo ellos se encuentren, sometiendo a la vigilancia del Gobierno, especialmente, las faenas de pesca y caza marítimas, con el objeto de impedir que esas riquezas sean explotadas y mermadas o destruidas en detrimento del país y del continente americano, y comprendido dentro el perímetro formado por la costa con una paralela matemática proyectada en el mar de doscientas millas marinas distantes de las costas continentales chilenas.

Posteriormente con fecha 18 de agosto de 1952 entre Chile, Ecuador y Perú, se suscribió un tratado internacional que lleva el título de "Declaración sobre Zona Marítima", más conocido como "Convención del Pacífico Sur", en que se proclaman como norma de sus políticas internacionales marítimas, la soberanía y jurisdicción exclusiva que a cada uno de ellos corresponde sobre el mar que baña las costas de sus respectivos países, hasta una distancia mínima de doscientas millas marinas desde las referidas costas, incluyéndose el suelo y subsuelo.

Este tratado fue aprobado por el Congreso Nacional y ratificado por Decreto Número 432 del Ministerio de Relaciones Exteriores, del 23 de septiembre de 1954 publicado en el "Diario Oficial" del 22 de noviembre de 1954, en que se establece:

1. Los gobiernos tienen la obligación de asegurar a sus pueblos las necesarias condiciones de subsistencia, y de procurarles los medios para su desarrollo económico.

2. En consecuencia, es su deber cuidar de la conservación y protección de sus recursos naturales y reglamentar el aprovechamiento de ellos a fin de obtener las mejores ventajas para sus respectivos países.

3. Por lo tanto, es también su deber impedir que una explotación de dichos bienes, fuera del alcance de su jurisdicción, ponga en peligro la existencia, integridad y conservación de esas riquezas en perjuicio de los pueblos que, por su posición geográfica, poseen en sus mares fuentes insustituibles de subsistencia y de recursos económicos que les son vitales.

Por las consideraciones expuestas, los gobiernos de Chile, Ecuador y Perú, decididos a conservar y a asegurar para sus pueblos respectivos, las riquezas naturales de las zonas del mar que baña sus costas, formulan la siguiente declaración.

I. Los factores geológicos y biológicos que condicionan la existencia, conservación y desarrollo de la fauna y flora marítima en las aguas que bañan las costas de los países declarantes, hacen que la antigua extensión del mar territorial y de la zona contigua sean insuficientes para la conservación, desarrollo y aprovechamiento de esas riquezas, a que tienen derecho los países costeros.

II. Como consecuencia de estos hechos, los Gobiernos de Chile, Ecuador y Perú proclaman como norma de su política internacional marítima, la soberanía y jurisdicción exclusivas que a cada uno de ellos corresponde sobre el mar que baña las cotas de sus respectivos países, hasta una distancia mínima de 200 millas marinas desde las referidas costa. La jurisdicción y soberanía exclusivas sobre la zona marítima indicada incluye también la soberanía y jurisdicción exclusivas sobre el suelo y subsuelo que a ella corresponde.

III. En caso de territorio insular, la zona de 200 millas marinas se aplicará en todo el contorno de la isla o grupo de islas.

Si una isla o grupo de islas pertenecientes a uno de los países declarantes estuviere a menos de 200 millas de la zona marítima general que corresponde a otro de ellos, la zona marítima de esta isla o grupo de islas quedará limitada por el paralelo del punto en que llega al mar la frontera terrestre de los Estados respectivos.

IV. la presente declaración no significa desconocimiento de las necesarias limitaciones al ejercicio de la soberanía y jurisdicción establecidas por el derecho internacional, a favor del paso inocente e inofensivo, a través de la zona señalada, para las naves de todas las naciones.

V. Los gobiernos de Chile, Ecuador y Perú, expresan su propósito de suscribir acuerdos o convenciones para la aplicación de los principios indicados a reglamentar y proteger la caza y la pesca dentro de la zona marítima que les corresponde y a regular y coordinar la explotación y aprovechamiento de cualquier otro género de productos o riquezas naturales existentes en dichas aguas y que sean de interés común.

Este Convenio motivó a diversos países a declarar la extensión de su soberanía y jurisdicción en las zonas marítimas a una distancia de doscientas millas marinas.

El término "*zona marítima*", empleado en la Convención, fue reemplazado por el de "*zona económica exclusiva*"[88]. La Convención del Derecho del Mar en su artículo 55 estableció que "la zona económica exclusiva es un área situada más allá del mar territorial y adyacente a éste, sujeta al régimen jurídico específico establecido en esta parte, de acuerdo con el cual los derechos y la jurisdicción del Estado ribereño y los derechos y libertades de los demás Estados se rigen por las disposiciones pertinentes de esta Convención".

En Chile, la ley n°18.565 de 23 octubre de 1986 incorporó el artículo 596 en el Código Civil por el cual se denomina zona económica exclusiva, el mar adyacente que se extiende hasta las doscientas millas marinas contadas desde las líneas de base a partir de las cuales se mide la anchura del mar territorial, y más allá de este último. En ella, el Estado ejerce derechos de soberanía para explorar, explotar, conservar y administrar los recursos naturales vivos y no vivos de las aguas suprayacentes al lecho, del lecho y al subsuelo del mar, y para desarrollar cualesquiera otras actividades con miras a la exploración y explotación económica de esa zona. Además al Estado de Chile le corresponde toda otra jurisdicción y derechos previstos en el Derecho Internacional respecto de la zona económica exclusiva.

119. Plataforma Continental.

Las explotaciones económicas de las minas de carbón a través de las vetas que, a partir de tierra firme se internaban en el lecho marino, contribuyeron al desarrollo del concepto de Plataforma Continental, ya que fue necesario dar protección jurídica a esas riquezas tal como ocurrió en las minas de Cornualles en Gran Bretaña, y en Coronel y Lota, en Chile. Por ello se comenzó a concebir el espacio de dominio marítimo no sólo en un sentido vertical, sino también horizontal del lecho marino o cauce o soporte natural que existe bajo las aguas.Pero la variedad topográfica y accidentes geológicos de los fondos marinos, dio origen a otras denominaciones para referirse a la plataforma, tales como "zócalo", "terraza", "cornisa", "banco", "margen", "meseta", y otros.

---

[88] Vargas C. Edmundo. América Latina y los Problemas Contemporáneos del Derecho del Mar. Santiago 1973. p.73.

Una Comisión especial de las Naciones Unidas en 1968, precisó los siguientes términos:

a) *Plataforma continental*: es la zona del fondo del mar que partiendo de tierra llega hasta el comienzo del talud continental, entre 150 y 200 metros de profundidad y su anchura varía de 1 a 800 millas.
b) *Talud continental*: es la zona que comienza desde el borde exterior de la plataforma y se dirige hacia el fondo abisal, más allá de 3.000 metros, con una pendiente que va de 3° a 45° y un ancho entre 10 y 20 millas.
c) *Fondo abisal*: es la planicie accidentada que corre bajo los océanos de 3.000 a 5.000 metros y que a veces posee cadenas de montes submarinos.
d) *Terraza o zócalo continental*, que comprende la plataforma y el talud.
e) *Emersión continental*, que es la continuidad del talud cuando no cae bruscamente a pique hacia el fondo abisal.
f) *Crestas oceánicas*, o cadenas montañosas que surgen en el fondo abisal.
g) *Profundidades abisales* que son cavidades muy profundas que aparecen en la primera parte del fondo abisal.

Dada la variedad de factores que inciden en la determinación de la plataforma continental, tanto en el campo del Derecho Marítimo como del Derecho Internacional, se han ensayado muchos conceptos para precisar su contenido.

El profesor Enrique Pascal señala que la plataforma continental "es aquella parte del territorio sumergido de un Estado, cualquiera que sea su profundidad y hasta el límite que el mencionado Estado declare vigente, conforme al Derecho Internacional" [89].

La Convención del Derecho del Mar, en su artículo 76, establece que la plataforma continental es el espacio que comprende el lecho y el subsuelo de las áreas submarinas que se extienden más allá de su mar territorial y a todo lo largo de la prolongación natural de su territorio hasta el borde exterior del margen continental, o bien, hasta una distancia de 200 millas marinas contadas desde las líneas de base a partir de las cuales se mide la anchura del mar territorial, en los casos en que el borde exterior del margen continental no llegue a esa distancia. El margen continental comprende la prolongación sumergida de la masa continental del Estado ribereño y está constituido por el lecho y el subsuelo de la plataforma, el talud y la

---

[89] Pascal G. Enrique. Ob.cit. T.I. 1. p.242.

emersión continental. No comprende el fondo oceánico profundo con sus crestas oceánicas ni su subsuelo.

El artículo 596 C. Civil, dispone que el Estado de Chile ejerce derechos de soberanía exclusivos sobre la plataforma continental para los fines de conservación, exploración y explotación de sus recursos naturales y, además, le corresponde toda otra jurisdicción y derechos previstos en el Derecho Internacional.

120. Aguas interiores.

Son *aguas marítimas interiores* aquellas que se encuentran entre la costa y el límite interior del mar territorial, dentro de las líneas de base, naturales o jurídicas que corresponda a un Estado y comprenden los puertos, las bahías y los canales marítimos.

Los elementos constitutivos de toda agua interior son las de encontrarse rodeada o casi rodeada de tierra de un Estado y, además, hallarse delimitada, bien sea por esa tierra o costa, bien sea por líneas de base recta que indiquen el término del mar territorial. Sobre las aguas interiores el Estado ejerce su total soberanía.

La Convención de Ginebra de 1958 en su artículo 5° estableció que las aguas situadas al interior de las líneas de base del mar territorial se considerarán como aguas interiores, lo cual ha sido ratificado por el artículo 8 de la Convención del Derecho del Mar de 1982.

En Chile el C. Civil establece en su artículo 593 que las aguas situadas en el interior de las líneas de base del mar territorial, forman parte de las aguas interiores del Estado de Chile, y en su artículo 595 agrega que todas las aguas son bienes nacionales de uso público.

Dentro de las aguas interiores existen los puertos de mar, las bahías, los ríos, los lagos, los canales, las islas, los archipiélagos y los estrechos.

a) Puertos de mar.

Los *puertos de mar* son lugares de la costa, defendidos de los vientos y dispuestos para la seguridad de las naves y para las operaciones de tráfico y armamento. Son sitios donde los barcos acuden a cargar o descargar, embarcar o desembarcar. La Convención del Derecho del Mar en su artículo 11 establece que las instalaciones adentradas en el mar que forman parte integrante del sistema portuario se considerarán como parte de la costa.

b) Bahías.

Bahía es una penetración del mar en la tierra con una boca ancha.

Las bahías bordeadas por un solo Estado cuya entrada no excede de 24 millas pueden ser encerradas por una línea entre los puntos naturales de entrada (línea de cierre), las aguas que quedan al interior de dicha línea son aguas interiores; cuando la bahía excede de 24 millas, se podrán trazar dentro de la bahía una línea de esa longitud y las aguas así encerradas son interiores. Si se trata de bahías internacionales que pertenecen en conjunto a dos o más Estados, no pertenecen a las aguas interiores.

c) Ríos.

Los *ríos* son corrientes de agua continua y más o menos caudalosa que van a desembocar en otras aguas corrientes, en un lago o en el mar.

Los ríos pueden ser *nacionales,* cuando nacen y mueren dentro de su territorio, o *internacionales,* cuando atraviesan o crucen territorios de dominio de dos o más Estados cuyo dominio, navegación y uso de las aguas queda sujeto a convenios internacionales entre los Estados ribereños.

En la VII Conferencia Interamericana de Montevideo de 1933 sobre la utilización de las aguas fluviales internacionales para usos industriales y agrícolas, se estableció en su artículo 2° que "Los Estados tienen el derecho exclusivo de aprovechar, para fines industriales o agrícolas, el margen que se encuentre bajo su jurisdicción de las aguas de los ríos internacionales. Ese derecho, sin embargo, está condicionado en su ejercicio por la necesidad de no perjudicar el igual derecho que corresponde al Estado vecino en la margen de su jurisdicción. En consecuencia, ningún Estado puede, sin el consentimiento del otro ribereño, introducir en los cursos de agua de carácter internacional por el aprovechamiento industrial o agrícola de sus aguas, ninguna alteración que resulte perjudicial a la margen del otro Estado interesado".

En Chile, las aguas terrestres son bienes nacionales de uso público, cuyo aprovechamiento se regula conforme al Código de Aguas.

d) Lagos.

Los *lagos* son grandes masas de aguas depositadas en hondonadas del terreno, con comunicación al mar o sin ella. Los lagos integran las aguas interiores si pertenecen a un solo Estado, como es el caso en Chile del lago Villarrica, pero si pertenecen a dos o más Estados, sus aguas deben dividirse entre los ribereños, como sucede con el lago compartido entre Chile y Argentina denominado General Carrera por Chile y Buenos Aires, por Argentina.

e) Canales.

Los canales o pueden ser naturales o artificiales.

Los canales *naturales* son aquellos que aparecen en un continente o entre las islas de un archipiélago costero. Los canales que existen en una costa desmembrada son aguas interiores sin derecho a paso inocente excepto en aquellas partes que antes del trazado de líneas de base rectas hubieran sido consideradas mar territorial o alta mar.

Los canales *artificiales* son vías artificiales construidas a través del territorio de un Estado y que comunican dos mares u océanos. En principio son aguas interiores y están sometidos a la soberanía territorial de un Estado ribereño.

En caso de *canales internacionales* están sujetas a los respectivos tratados. Diversos canales marítimos han sido sometidos, por tratado, a un régimen internacional de libre navegación.

El Canal de Suez, que comunica el Mar Mediterráneo con el Mar Rojo, conforme a Convención de Constantinopla de 1888, "estará siempre libre y abierto, tanto en tiempo de paz como guerra a los buques de comercio o de guerra de todas las naciones".

El Canal de Panamá se rige actualmente por Tratado de Panamá entre EEUU y Panamá de 1977, que reemplazaron los tratados anteriores.

El Canal de Kiel, enclavado en territorio alemán, comunica al mar Norte con el Báltico. El Tratado de Versalles de 1919 estableció que el Canal de Kiel estará abierto a los buques de comercio y de guerra de todas las naciones en paz con Alemania. Se puso nuevamente en vigor de 1945, después de ser denunciado por Alemania en 1936.

f) Las islas.

Conforme a lo señalado en el artículo 10 de la Convención de Ginebra, las *islas* son una extensión natural de tierra, rodeada de agua, que se encuentra sobre el nivel de ésta en pleamar. Las islas, ya sea en el mar, lagos o ríos son de dominio nacional cuando se encuentran ubicadas en el mar territorial o en las aguas interiores.

Existen *islas artificiales* como las instalaciones petroleras o de otra índole para explotar el subsuelo marino o directa construcción humana como lo ejecutado actualmente por China sobre corales y arrecifes para transformarlos en pista de aterrizaje de aeronaves. Cuando se encuentran fuera del mar territorial, facultan al Estado ribereño para fijar una zona de seguridad en torno a ellas, especialmente para no entorpecer la navegación.

Chile tiene islas fuera del mar territorial donde ejerce soberanía absoluta, como por ejemplo, Isla de Pascua, Islas de Juan Fernández.

El artículo 597 del C. Civil de Chile dispone que las nuevas islas que se formen en el mar territorial o en ríos y lagos que puedan navegarse por buques de más de cien toneladas, pertenecerán al Estado de Chile.

g) Archipiélagos.

Se entiende por *archipiélagos* un grupo de islas, incluidas partes de islas las aguas que las conectan y otros elementos naturales, que estén tan estrechamente relacionados entre sí que tales islas y elementos naturales formen una entidad geográfica, económica y política intrínseca o que históricamente hayan así considerados como tal, conforme a lo establecido en el artículo 46.b. de la Convención del Derecho del Mar.

Existen *archipiélagos continentales* como son los casos de los Filipinas, Indonesia, Fijii, Bahamas que son Estados archipiélagos, y también existen *archipiélagos costeros* como es el caso en Chile del archipiélago de Chiloé.

h) Los Estrechos.

Los *estrechos* son puertas naturales del mar, de mayor o menor anchura y naturalmente destinados a asegurar las comunicaciones entre los océanos cuya unicidad realizan.

Desde el punto de vista geográfico, el Estrecho es un paso angosto comprendido entre dos tierras y por el cual se comunica un mar con otro.

En los casos que el Estrecho se encuentre entre tierras o costas de dos o más Estados, el Estrecho debe considerarse *internacional*, como el Estrecho de Gibraltar, Los Dardanelos, Bósforo. En cambio, cuando el Estrecho se encuentra entre dos costas de un mismo Estado, el estrecho es de dominio *nacional* del Estado, como sucede en Chile, con el Estrecho de Magallanes.

Conforme al Tratado de Límites entre Chile y Argentina de 1881, el Estrecho de Magallanes es de soberanía absoluta de Chile, sin perjuicio que, conforme a su artículo 5°, se haya establecido que el estrecho queda neutralizado a perpetuidad y asegurada su libre navegación para las banderas de todas la naciones y en interés de asegurar esa libertad y neutralidad, no se construirán en las costas fortificaciones ni defensas militares que puedan contrariar ese propósito.

121. Alta Mar.

Alta mar es aquella parte de los océanos y mares abierta al uso común de todas la naciones.

La Convención de Ginebra de 1958 establece que se entenderá por alta mar la parte del mar no perteneciente al mar territorial ni a las aguas interiores del Estado y que ningún Estado podrá pretender legítimamente someter cualquier parte de ella o su soberanía, existiendo libertad de navegación, pesca, colocación de cables y tuberías submarinos y libertad de volar sobre el mismo.

La Convención del Derecho del Mar en su artículo 86 establece que la alta mar corresponde a todas las partes del mar no incluidas en la zona económica exclusiva, en el mar territorial o en las aguas interiores de un Estado, ni en las aguas archipelágicas de un Estado archipelágico y está abierta a todos los Estados sean ribereños o sin litoral y comprende la libertad de navegación, de sobrevuelo, de tender cables y tuberías submarinos, de construir islas artificiales y otras instalaciones permitidas por el Derecho Internacional, de pesca y de investigación científica.

En Chile, el artículo 585 del Código Civil dispone que las cosas que la naturaleza ha hecho comunes a todos los hombres, como la *alta mar*, no son susceptibles de dominio, y ninguna nación corporación o individuo tiene derecho de apropiárselas. Su uso y goce son determinados entre individuos de una nación por las leyes de ésta, y entre distintas naciones por el Derecho Internacional.

122. El espacio aéreo.

Se entiende por *espacio aéreo* aquél que se encuentra sobre el espacio terrestre y el mar territorial formando parte integrante del territorio del Estado, quedando bajo la jurisdicción exclusiva de éste. Desde principios del siglo XX existió preocupación por reglamentar el espacio aéreo, especialmente por la necesidad de la navegación aérea, tratándose de aplicar las soluciones inspiradas en la reglamentación del derecho marítimo, pero el auge y desarrollo de la aviación demostraron la impracticabilidad de ello.

Los progresos técnicos de la aeronáutica motivaron a los juristas a buscar y a proponer soluciones, polarizándose dos grandes teorías:

a) El principio de la *libertad del aire,* sostenida por la mayoría de los autores y por el Instituto de Derecho Internacional, quienes sostienen que el aire es libre y que la circulación aérea es libre.

b) El principio de la *soberanía del Estado subyacente*, esto es, el dominio del Estado sobre el cual se sitúa el espacio aéreo, pero con libertad de paso para las aeronaves extranjeras, teoría sostenida principalmente por los autores anglosajones.

El primer acuerdo internacional, reglamentando el espacio aéreo, se celebró en París el 13 octubre de 1919 mediante la suscripción del Convenio de París en el cual se establece que se reconoce que cada Potencia posee soberanía completa y exclusiva sobre el espacio aéreo que se halla sobre su territorio. Sin embargo, en dicho Convenio se reconoció la libertad de paso y la igualdad de trato para las aeronaves de cualquier nacionalidad. Este Convenio sólo se aplicaba en tiempo de paz y para el caso de guerra, se limitaba a afirmar la libertad de acción de los Estados beligerantes, dejando a salvo los derechos de los neutrales.

Posteriormente se suscribió el Convenio de Chicago de 7 diciembre de 1944 en que se reconoce la soberanía del Estado, pero estableciendo las libertades elementales de derecho de paso inofensivo y derecho de escala técnica para aprovisionamiento o reparaciones y libertades de carácter comercial.

La Asamblea General de las Naciones Unidas por Resolución n°1721 de 20 diciembre 1961, recomienda a los Estados que en la exploración y utilización de espacio ultraterrestre se guíen por los siguientes principios:

a) El Derecho Internacional, incluida la Carta de las Naciones Unidas, se aplica al espacio ultraterrestre y a los cuerpos celestes.

b) El espacio ultraterrestre y los cuerpos celestes podrán ser libremente explorados y utilizados por todos los Estados de conformidad con el Derecho Internacional y no podrán ser objetos de apropiación nacional.

La determinación precisa del lugar en que termina el espacio aéreo y comienza el espacio ultraterrestre, es materia de cuestionamientos.

En efecto, la tierra, en cuanto planeta, está constituida por las siguientes zonas:

a) *Geósfera* que es una parte sólida, es decir, la tierra propiamente.

b) *Hidrósfera,* constituida por espacios de agua que se encuentran bajo, en y sobre la superficie de la tierra.

c) *Atmósfera* que es una envoltura de gas, que rodea el globo terráqueo.

La atmósfera protege la vida de la tierra absorbiendo en la capa de ozono parte de la radiación solar ultravioleta, reduciendo las diferencias de temperatura entre el día y la noche y actuando como escudo protector contra los meteoritos.

La atmósfera está constituida, entre otros, por las siguientes *zonas de gases*:

a) *Tropósfera* que corresponde a una zona inferior de la atmósfera, hasta la altura de 12 kilómetros, donde se desarrollan los meteoros aéreos, acuosos y algunos eléctricos.

b) *Estratósfera* que es zona superior de la atmósfera, desde los 12 a los 100 kilómetros de altura.

c) *Ionósfera,* constituida por un conjunto de capas de la atmósfera, situadas entre 70 y 600 kilómetros de altura y que representa una fuerte ionización a causa de la radiación solar.

Diversos tratados internacionales regulan el uso del espacio aéreo en materia de aeronavegación, telecomunicaciones, de satélites, responsabilidades civiles por daños de artefactos espaciales y otros.

El Código Aeronáutico de Chile establece en sus artículos 1° y 2° que el Estado de Chile tiene la soberanía exclusiva del espacio aéreo sobre su territorio, y que las aeronaves, sean nacionales o extranjeras, que se encuentren en el territorio o en el espacio aéreo chileno, y las personas o cosas a bordo de ellas, están sometidas a las leyes y jurisdicción de los tribunales y de las autoridades chilenas.

Para efectos del control del tráfico aéreo, la Organización de Aeronáutica Civil Internacional (OACI) le reconoce a Chile la tuición y responsabilidad en un área que, en general, se extiende desde el límite Norte (latitud

18° 21'N) hasta el Polo Sur, y desde el límite político internacional al este hasta el meridiano 131° 00′ W. En total, el espacio aéreo controlado por Chile cubre una superficie de 26,8 millones de kilómetros cuadrados, lo que incluye su territorio continental e insular, sus aguas jurisdiccionales y la alta mar comprendida [90].

123. El territorio ficticio.

En general, los territorios ficticios son lugares en que las costumbres o los tratados reconocen como parte integrante de la jurisdicción de los Estados. Pueden señalarse los casos de los buques de guerra, naves mercantes, aeronaves y los recintos diplomáticos.

124. Buques de Guerra.

De acuerdo a lo establecido en la Convención del Derecho del Mar en su artículo 29, se entiende por *buques de guerra t*odos los buques pertenecientes a las Fuerzas Armadas de un Estado que lleve los signos exteriores distintivos de los buques de guerra de su nacionalidad, que se encuentre bajo el mando de un oficial debidamente designado por el gobierno de ese Estado, cuyo nombre aparezca en el correspondiente escalafón de oficiales o su equivalente y cuya dotación esté sometida a la disciplina de las fuerzas armadas regulares.

Concordante con lo expuesto, el artículo 428 del Código de Justicia Militar dispone que "para los efectos del artículo 3° de dicho Código, se considerará territorio nacional todo buque de guerra chileno y toda nave mandada por un Oficial que pertenezca a la Armada cualesquiera que sean las aguas en que se encuentren."

Sobre las naves de guerra rige la legislación del Estado a que pertenecen, en todo lugar y en todas las aguas, salvo las excepciones que pueden darse en los mares territoriales.

El buque de guerra es un elemento de gran poder ofensivo, puesto que representa la fuerza del Estado al cual pertenece. Se habrá discutido mucho sobre si es la "soberanía" o la "jurisdicción" de su país lo que ellos encarnan, pero nadie discute que son instrumentos por definición ofensivos. Correspondió al derecho proteger y legitimar dicha fuerza y lo

---

[90] Libro de la Defensa Nacional de Chile. Ministerio de Defensa. Imp. Morgan. Santiago. 2003. p.34.

hizo mediante una institución que ha sido arduamente controvertida por los autores, pero que constituye uno de los pilares del Derecho Internacional Marítimo: la extraterritorialidad[91].

125. Naves mercantes.

Las *naves mercantes* son los barcos privados que pertenecen, bien a un Estado en cuyo caso se denomina flota mercante estatal, o bien a particulares y que quedan sujetas a un régimen jurídico distinto de las naves de guerra. Corresponde al derecho de cada país determinar los requisitos que desee exigir para establecer la nacionalidad, el nombre y el domicilio.

De acuerdo a lo establecido en el artículo 6.1. de la Conferencia de Ginebra de 1958, los buques navegarán con la bandera de un solo Estado y, salvo en los casos excepcionales previstos de un modo expreso en los tratados internacionales o en la señalada Conferencia, estarán sometidos en la alta mar, a la jurisdicción exclusiva de dicho Estado.

Por consiguiente, las naves mercantes en alta mar, siguen sometidas a la jurisdicción de las autoridades nacionales. "Se consideran como parte del territorio los buques nacionales mercantes, no sólo mientras flotan sobre las aguas de la nación, sino en alta mar".[92]

"El buque mercante que se encuentre en alta mar, está sometido a la ley del país en que esté matriculado. En consecuencia, a esa ley se someterán los actos de estado civil que se realicen. Por lo tanto, el nacido a bordo de un buque mercante en alta mar, adquirirá, de pleno derecho, la nacionalidad del país a que pertenece la nave"[93].

126. Aeronaves.

Aeronave es todo vehículo apto para el traslado de personas o cosas, y destinado a desplazarse en el espacio aéreo, en el que se sustenta por reacción del aire con independencia del suelo. Existen aeronaves de propiedad del Estado y de particulares.

Dentro de las *aeronaves del Estado* se encuentran las militares, entendiéndose por tales las destinadas a las Fuerzas Armadas o las que fueren empleadas en operaciones militares o tripuladas por personal militar en

---

[91] Enrique Pascal G. Ob. cit. T.I. 1. p.106

[92] Bello Andrés. Derecho Internacional. Obras Completas. Vol. X. Santiago 1886. p.66

[93] Miguel Cruchaga Tocornal. Nociones Derecho Internacional. Madrid. 1923. T. I. p.340

ejercicio de sus funciones. Las aeronaves militares, por analogía, gozan de privilegios e inmunidades semejantes a los buques de guerra en el extranjero, salvo que vuelen sobre el territorio de un Estado, sin permiso de éste.

El artículo 2° inc. 2° del Código Aeronáutico de Chile establece que las aeronaves militares chilenas están sometidas a las leyes y a la jurisdicción de los tribunales y autoridades chilenas cualquiera que sea el lugar en que se encuentren.

Respecto de las *aeronaves particulares,* éstas se rigen por la legislación del Estado en que se encuentren matriculadas cuando se encuentran dentro de la jurisdicción de dicho Estado, y conforme a las normas del Derecho Internacional en los casos de extraterritorialidad.

127. Recintos diplomáticos.

Los edificios, instalaciones y recintos que un Estado compra, arrienda o usa a cualquier otro título en el Estado acreditado para el cumplimiento de sus funciones diplomáticas, no le son aplicables la legislación del país en cuyo territorio se encuentran, sino que se rigen por la respectiva legislación del Estado que representan. No se trata de un enclave territorial extranjero, sino que el reconocimiento de inmunidades y privilegios para un mejor desempeño de la función diplomática.

Los tratadistas explican la situación de excepción a través de la doctrina de la inviolabilidad. Sostienen que dichos inmuebles y recintos ocupados por las embajadas son bienes de dominio del Estado en que se encuentran, o de los súbditos de éste, y que por normas consuetudinarias o convenciones de Derecho Internacional, gozan de inviolabilidad e inmunidad de jurisdicción.

La Convención sobre Derecho de los Tratados de Viena de 1969 dispone que los privilegios o inmunidades diplomáticas tienen por fin garantizar el desempeño eficaz de las funciones de las misiones diplomáticas en calidad de representantes de los Estados.

128. Límites del territorio de Chile.

Los siguientes son los límites del territorio de Chile.

1. **Territorio continental.**

Norte: con Perú separado por la línea que parte de un punto de la costa denominada Concordia, distante a diez kilómetros al norte del puente Río Lluta para seguir, en general, en forma paralela al ferrocarril de Arica a La Paz, conforme al Tratado de Lima de 3 de junio de 1929 y Sentencia Tribunal de La Haya de 27 enero 2014.

Oriente*:* *c*on Bolivia, conforme a Tratados de 4 de abril de 1884 y 20 de octubre de 1904; con Argentina, con los siguientes Tratados: 1) Tratado de Paz, Amistad, Comercio y Navegación de Chile y Argentina de 30 de agosto de 1855. 2) Tratado de Límites de 23 de julio de 1881. 3) Tratado de Paz y Amistad suscrito en el Vaticano el 29 de noviembre de 1984.

Sur: con punto "A" cuyas coordenadas son 55° 07´ 3 Sur, 66° 25´ 0 Oeste y punto"F" en mar con límite con Argentina, cuyas coordenadas son 58° 21' 1" de latitud Sur y 67° 16' 0" de longitud oeste.

Poniente*:* con Mar Chileno, así denominado por D.346 de 30 de mayo de 1974 y Océano Pacífico.

2. **Territorio insular***:* formado por el archipiélago Juan Fernández, la isla Salas y Gómez y la Isla de Pascua.

3. **Territorio Antártico***:* conforme a D.S.n°1.747 de 6 de noviembre de 1940, forman la Antártica Chilena o Territorio Chileno Antártico todas las tierras, islas, islotes, arrecifes, glaciares (pack-ice) y demás conocidos y por conocerse así como el mar territorial respectivo existentes dentro de los límites del casquete constituido por los meridianos 53° longitud Oeste de Greenwich y 90° longitud Oeste de Greenwich. Forma parte de la comuna Antártica de la Provincia de la Antártica Chilena, la cual, a su vez, forma parte de la Región de Magallanes y de la Antártica Chilena.

Chile suscribió el Tratado Antártico de 1° de diciembre de 1959, en el cual los Estados firmantes se obligan a realizar actividades con fines pacíficos y se congelaron los litigios territoriales.

129. La geopolítica.

Dentro de las distintas disciplinas que estudian la vida y proyección de los Estados, en relación al territorio, su naturaleza, características, clima, ubicación, riquezas, población y cultura, debe señalarse a la geopolítica que es una ciencia relativamente nueva.Se señala al geógrafo alemán Friederich Ratzel (1844-1904) autor de Antropografía (1891) y Política Geográfica (1897) quien inventó la expresión "geopolítica", que fuere ampliamente difundida posteriormente por diversos estudiosos de la geografía y su entorno.[94]

Dentro de los propulsores de la geopolítica, se destaca al geógrafo alemán Carl Ritter (1779-1859) quien sostenía que la geografía es la causa de todo el desarrollo del Estado, y que la clave de la marcha de las civilizaciones podía proporcionar las directrices de la vida política como un conjunto. Agregaba que, a través de ella, era posible prever y orientar el futuro de cada nación. Es el primero en afirmar que existen áreas en el mundo que por causas geográficas, entre otras, estaban predeterminadas para desempeñar un papel histórico particular.

En Munich, Alemania, en 1925 se fundó el Instituto de Geopolítica por Karl Haushofer (1869-1946), quien sostenía que "la geopolítica es la ciencia de las relaciones en el ámbito mundial de los procesos políticos. Está basada en los amplios cimientos de la geografía, especialmente de la geografía política, la cual es la ciencia de los organismos políticos en el espacio y de la estructura de los mismos. Además, la geopolítica se propone proporcionar los útiles para la acción política y las directrices para la vida política en su conjunto. De este modo, la geopolítica se convierte en un arte, es decir, el arte de guiar la política práctica" [95].

Se define *la geopolítica* como "una rama de las ciencias políticas que, basada en los conocimientos geográficos, históricos, sociológicos, económicos, estratégicos y políticos, pasados y presentes, estudia en conjunto la vida y desarrollo de una masa humana organizada en un espacio terrestre, analizando sus múltiples y recíprocas influencias entre sangre y suelo, para deducir objetivos y estudiar sus proyecciones, con el fin de lograr en el futuro, un mayor bienestar y felicidad para el pueblo"[96].

El autor sueco Rudolf Kjellén (1864-1922) publicó en 1916 un trabajo titulado "El Estado con forma de vida" obra que tuvo extraordinaria repercusión en el pensamiento científico.

---

[94] Justo L. Mario. Ob. cit. p.89.

[95] Fayt S. Carlos. Ob. cit. p.207.

[96] Pinochet U. Augusto. Geopolítica. Editorial A. Bello. Santiago. 1984. p. 52.

Sostiene Kjellén que el Estado es un gran organismo vivo biológico, que tiene vida y conciencia propia, que nace, desarrolla y muere en medio de una permanente lucha determinada por dos influencias principales que son el medio geográfico y las características de la raza y por tres influencias secundarias manifestadas por la economía, la sociedad y el gobierno.

Agrega Kjellén que en su constitución es posible distinguir diversos elementos de este ser viviente llamado Estado:

a) Las *fronteras*, que es capa envolvente cuya resistencia está de acuerdo con el grado de potencialidad del núcleo vital.
b) El "*hinterland*" o espacio alimentador del núcleo vital que, en su crecimiento, lo ocupa hasta llegar a sus mismas fronteras. Así se produce la necesidad de buscar un nuevo espacio vital o zona de alimentación en otras áreas del globo terrestre.
c) El "*heartland*" o núcleo vital, que es el núcleo más poderoso del Estado y el que le da vida, y que atendidas sus funciones, Kjellén lo asimila al corazón en un organismo vivo y que corresponde al gobierno del Estado y su capital.
d) Las *comunicaciones* constituidas por los caminos, puentes, vías terrestres, marítimas y aéreas que unen los distintos puntos de la zona y a las zonas entre sí y que su origen se genera en la zona del Heartland, correspondiendo, según Kjellén a los nervios de los seres vivos.

Se sostiene que en la geopolítica deben considerarse los elementos anteriores en la determinación de las políticas de los Estados, favoreciendo el desarrollo de las ventajas comparativas, supliendo las deficiencias naturales de los mismos, conjugando las características, capacidad y pujanza de la raza con los recursos económicos que le brinda su territorio; debe buscarse una adecuada distribución de los centros de poderes políticos a fin que éstos se encuentren al alcance de la mayoría de la población; fomentar la creación y mejoramiento de las vías de comunicación entre los distintos actores de la dinámica social, tales como las rutas marítimas, aéreas y camineras, los medios de información. Para ello, el núcleo vital, que es el gobierno del Estado (heartland), debe establecerse en un lugar físico que facilite ese acceso y comunicación (nervios) con las zonas extremas del territorio (límites), desarrollando social y económicamente, sus zonas intermedias (hinterland).

Un caso de aplicación de estos principios se encuentra en Brasilia, en que Brasil creó esta ciudad para establecer su capital en un lugar más próximo al centro de su extenso territorio.

Las medidas que adopten los Estados para lograr sus desarrollos dependerá de los objetivos que cada uno de ellos que se han fijado atendido sus momentos históricos, por lo cual la geopolítica puede revestir un carácter agresivo (positivo) cuando ella señala al Estado la necesidad de alcanzar por varias alternativas un mayor desarrollo que le permita lograr una posición de liderazgo en el concierto internacional o, por el contrario, un aspecto defensivo (negativo) cuando el Estado, con una ubicación destacada en el mundo por su poderío económico, político, social, etc. debe luchar por mantener dicho lugar de privilegio.

TITULO IV

EL PODER

130. Concepto de poder.

El vocablo *poder* tiene diversas acepciones tales como dominio, imperio o facultad para mandar o ejecutar una cosa, o jurisdicción que tiene un órgano para ejecutar una cosa, o fuerza que se posee que permite imponer un comportamiento.

En el uso corriente sirve para designar una especial *aptitud* para hacer algo, por ejemplo capacidad de una persona para mandar, o para indicar un *lugar* o posición como cuando se realizan actos para "conservar el poder", y también como expresión de una *relación* entre quienes mandan y quienes obedecen.

En términos generales, el poder es la facultad de que gozan ciertos hombres por la cual sus órdenes son obedecidas, y que se puede manifestar en los distintos campos del accionar humano, tal como el poder económico, social, familiar religioso, militar, político.

Se le *define* como "aquella capacidad de un individuo o grupo social para llevar a práctica su voluntad, incluso contra la de otros individuos o grupos" [97].

---

[97] Urzúa V. Germán. Ob. cit. p.26.

131. Elementos del poder.

El poder es un fenómeno común a toda sociedad y a todas sus organizaciones por lo cual puede analizarse desde los distintos ámbitos en que se pueda encontrar, esto es, desde el punto de vista del derecho, la sociología, la filosofía, la economía, la ciencia política, etc, pero en todas ellas, se pueden encontrar rasgos comunes que constituyen sus principales elementos.

a) La existencia simultánea de *dos agentes*: el ente, institución o persona detentadora del poder, esto es, de la facultad de mandar e imponer su voluntad y resolución y el destinatario del poder constituido por la entidad, persona o grupo social. Es decir, la existencia de una voluntad que emite e imparte una orden, y otra que debe acatarla.
b) Una *relación de mando y de obediencia*, que se genera entre el sujeto o ente que imparte la orden y el que debe obedecerla. Si se rompe esta relación porque el mandado no obedece lo ordenado y no existen medios para compelerlo a su cumplimiento, desaparece el poder.
c) Concurrencia de *medios de compulsión* que generen el imperio o fuerza para hacer cumplir lo ordenado asegurando la efectividad de la relación de mando y obediencia que podrán ser medios jurídicos, económicos, disciplinarios, o de otra naturaleza con carácter punitivo.

132. Concepto de poder político.

En términos generales, poder político es la capacidad de una persona o conjunto de personas de imponer sus decisiones a una comunidad, determinando su obediencia y garantizándola, si es menester, con la coacción [98].

Se señala que el *poder político* es la facultad de que gozan ciertos individuos y que les permite dictar órdenes obligatorias cuando estas órdenes se refieren, en general, al gobierno del grupo social. [99].

André Hauriou define el poder político diciendo que "es una energía de la voluntad que se manifiesta en quienes asumen la empresa del gobierno de un grupo humano y que les permite imponerse gracias al doble ascendiente de la fuerza y de la competencia. Cuando no está sostenido más que por la fuerza, tiene el carácter de poder de hecho, y se convierte en poder de derecho por el consentimiento de los gobernados"[100].

---

[98] Lucas V. Pablo. Ob. cit. T. II. p.108.

[99] Eyzaguirre Sebastián. El Poder en la Teoría del Estado. Editorial Jurídica. Chile. 1967. p.20.

[100] Hauriou André. Ob. cit. p.123.

Por su parte Hans Kelsen expresa que el poder político no es sino que la validez del ordenamiento jurídico. Señala que como el orden del Estado es un orden jurídico, sus actos son de naturaleza jurídica y que al emanar del poder del Estado, este poder tiene que ser un poder jurídico, es decir, su propia validez [101].

El poder político, para tener eficacia, supone la concurrencia de la facultad de *mando* por parte de quien ejerce el poder y de la obediencia por parte de los gobernados. La facultad de mandar puede originarse en causas originadas por situaciones de fuerza que son impuestas o bien, por vías licitas establecidas y aceptadas por la sociedad, tales como expresiones de la voluntad popular, la aceptación de tradiciones históricas, el reconocimiento de méritos personales, y otras.

Por su parte, la *obediencia* supone que los gobernados deben acatar las órdenes, ya sea por la convicción de la necesidad de someterse a los comportamientos impuestos por causa de respeto al orden social existente, o por la coacción punitiva para acatamiento. Por ello, el poder político siempre es un poder dominante, pues la posibilidad de resistir su coacción no existe de modo que cualquiera que sea su jerarquía, se presenta como irresistible. Las otras organizaciones tienen poder disciplinario, no poder dominante.

133. Origen del poder político.

En la Teoría del Estado, la interrogante sobre el origen del poder político constituye un motivo de estudio y de análisis que ha preocupado a los filósofos, teóricos y cientistas políticos, quienes han buscado respuestas sobre sus fundamentos y han propuesto soluciones para justificar su ejercicio y limitaciones, por lo cual pueden distinguirse las siguientes principales doctrinas que se indican.

a) Doctrina del origen divino del poder.

Señala que el poder se genera por un acto emanado de Dios de su propia voluntad y existen dos formas o variantes para explicar el origen del poder.

1. Doctrina del derecho divino sobrenatural.

Se trata de una doctrina que fue defendida fundamentalmente por Jacques Bousset (1627-1704), obispo francés que publicó una obra titulada

[101] Kelsen Hans. Ob.cit.p.125.

"La política sacada de la Escritura Santa". Se sustenta esta teoría en la Biblia, en que se narra que Dios eligió a Israel como su pueblo y escogió a sus jefes y autoridades. Consiste en afirmar que el poder se ha hecho necesario a causa del pecado del hombre; que Dios elige por Sí mismo a los gobernantes y los inviste de los poderes necesarios para conducir los negocios humanos. Se propicia la monarquía hereditaria, en descendencia de varón mayor, cuyo poder real ha de ser sagrado, absoluto, temeroso de Dios, paternal, sometido a la razón, debiendo el monarca dar cuenta de sus actos solamente a Dios.

En esta forma J. Bousset pretendió justificar el poder político absoluto que sustentaban las monarquías de los siglos XVII y XVIII en Europa, especialmente la monarquía francesa, en que se sostenía que la persona designada por Dios, recibía el poder por El otorgado mediante una ceremonia de carácter religioso oficiada por la autoridad eclesiástica y solamente debía dar cuenta de sus actos a Dios, sin que tuviere participación alguna el pueblo.

Esta concepción absolutista, fue abandonada, en general, después de la Revolución Francesa. Esta teoría nunca ha sido el pensamiento oficial del catolicismo.[102]

2. Doctrina del derecho divino providencial.

Sostenida por Santo Tomás de Aquino (1224-1274), por el jesuita español Bartolomè Las Casas (1484-1566), y por Joseph de Maistre (1753-1821), entre otros, explican que el poder, en su principio, forma parte del orden providencial divino del mundo, esto es, emana directamente de Dios, depositado en la comunidad, la cual lo delega en el gobernante. La comunidad es libre de elegir los sistemas o formas de investir de autoridad al gobernante, por lo cual no se excluyen las monarquías.

Esta doctrina permite la justificación del poder democrático, en que el pueblo detentador del poder recibido de Dios, elige a los gobernantes y permite con ello fundamentar tanto el poder ejercido por el pueblo, como también el poder ejercido por una élite o por un jefe único.

b) Doctrina del origen democrático del poder.

Esta doctrina sostiene que es la voluntad del grupo social la fuente generadora del poder político que es legítimo, pues ha sido instituido

[102] Silva B. A. Tratado Derecho Constitucional. Edit. Jurídica. Chile.1963 T. I. p.131.

por la colectividad en que rige. Los filósofos políticos contractualistas Thomas Hobbes, John Locke y Juan J. Rousseau conciben, como fuente primaria del origen del poder, al pueblo mismo, quien lo detenta por sí y lo ejercita en iguales términos para lo cual lo regula mediante un acuerdo social, esto es, el llamado Contrato Social. De esta manera el pueblo, a través de su voluntad mayoritaria, es libre para determinar la forma de gobierno y sistema político.

c) Doctrina de la fuerza.

Conforme a esta concepción, el origen del poder político se encuentra en la fuerza material, en la violencia impuesta por unos pocos sobre los más débiles del grupo social, cuyo resultado se expresa en el dominio logrado por los detentadores de la fuerza. Corresponde a concepciones fácticas del poder y se caracteriza por el predominio de los instintos de dominación sobre la competencia y, también, por la circunstancia que, en estos casos, el pueblo soporta esta dominación como consecuencia del apremio a que se encuentra sometido, pero no otorga su aceptación ni consentimiento en forma libre y espontánea.

134. Clases de poder político.

El poder político puede expresarse de diversas maneras según sea la forma de su establecimiento y los órganos o entes que sean los detentadores.

a) Poder político anónimo o difuso.

Es una forma de poder político que se encuentra en las sociedades de los grupos humanos más primitivos, en que el poder está difuso entre sus miembros, sin que exista un jefe o titular que lo ejerza a nombre de nadie.

b) Poder individualizado.

El poder político se encuentra concentrado en manos de un jefe o de una minoría, llámese clase social, secta o casta, quienes detectan la idea de derecho y aplican el principio de autoridad que es impuesto a la comunidad política sin que este poder se haya generado por un medio legítimo, sino por la vía de la práctica o de los hechos.

No existen trabas ni limitaciones en las decisiones del jefe o autoridad gobernante, pues poseen los medios necesarios, especialmente coercitivos, para la consecución de sus fines, por lo cual normalmente incurrirá en abuso del poder. El que ejerce el poder no lo separa de su persona, pues establece una relación personal de jefe a subordinado, fundado en la astucia, inteligencia, fortuna, fuerza.

Es un poder efímero y temporal por cuanto, encontrándose radicado en personas o grupos determinados, desaparecidos éstos, desaparece el poder generándose el problema de la sucesión.

c) Poder institucionalizado.

El poder político se encuentra radicado en las instituciones creadas por el ordenamiento jurídico. Es ejercido por las personas o agentes que representan a dichas instituciones quienes actúan en representación de ellas y la obediencia de los gobernados se fundamenta en el acatamiento al poder nacido de dichas instituciones, respetándose a las personas que lo ejercen por la investidura que les otorgan las instituciones.

La institucionalización del poder es un acto jurídico en virtud del cual el poder político es transferido, de la persona de los gobernantes, a una entidad jurídica abstracta. En las sociedades políticas, la institucionalización se produce cuando las cualidades personales del jefe, por considerables que ellas sean, son insuficientes para explicar la autoridad que él ejerce. La conciencia política de los gobernados, ya más exigente, rechaza que toda la organización descanse en la voluntad de un solo individuo [103].

El poder, como institución, se estabiliza y determina, mediante normas jurídicas, la sucesión y la participación en el poder y delimita la esfera y la competencia. El poder, así concebido, se encuentra al servicio de un bien público que lo emancipa de la voluntad y los intereses de hombres determinados [104].

d) Poder Estatal.

Es el poder ejercido por aquellas personas cuya actividad es imputada al Estado y a los órganos de éste y que permite encauzar eficazmente el cuerpo político hacia el objetivo propio del Estado. Este poder se manifiesta en el Poder Constituyente, Legislativo, Ejecutivo y Judicial.

e) Poder No Estatal.

Es el poder que detentan las personas, entidades, órganos y grupos ajenos al aparato estatal y que es ejercido para influir o determinar la acción de quienes detentan la autoridad, para el logro de sus particulares intereses. Se manifiesta en los grupos de presión, intereses, opinión pública, sindicatos, gremios, partidos políticos.

---

[103] Elías A María. La institucionalización del Poder. Editorial Jurídica. Chile. 1967. p. 26.

[104] Sánchez Luis. Ob. cit. p.395

Para el profesor Mario Justo L. el poder político no estatal es "la relación o relaciones que se originan internamente en los grupos que tienden a proporcionar a sus integrantes la ocupación de los cargos del gobierno o la influencia sobre los ocupantes de aquél" [105].

f) Poder Legal.

Es el poder que se genera y que actúa conforme al orden jurídico promulgado o reconocido, es decir, con el derecho positivo y que genera la legitimidad y la autoridad en el actuar de los agentes que mandan.

Es necesario distinguir entre el poder legal y el poder legítimo. La *legalidad* del poder consiste en su conformidad con el derecho positivo existente. La *legitimidad* del poder consiste, en cambio, en su conformidad con las teorías del poder aceptadas en la época, en el sistema de valores de la sociedad. Se puede señalar que legitimidad es como la cualidad que presenta un poder de ajustarse con la imagen del poder que se considera válida en la sociedad.

Para aquellos que creen que el poder ha de ser ejercido por un monarca de linaje real, el poder es legítimo si se halla en manos del descendiente de los reyes precedentes. En cambio quienes consideran que el poder debe reposar en la elección popular, los gobernantes son legítimos si emanan de elecciones libres.[106]

g) Poder ilegal.

Es el poder que se detenta y ejerce fuera del orden jurídico establecido, ya sea porque su origen no surgió conforme a derecho, o bien, porque habiendo tenido un origen legal, los detentadores del poder han actuado desbordando los marcos jurídicos, transformándose en un poder ilegal.

135. Cualidades del poder político estatal.

Las siguientes son las cualidades propias del poder político estatal o público, y que lo distingue de los otros tipos o clases de poderes que coexisten también en la sociedad civil pero que no son de aplicación general.

a) Es un poder público.

El poder político estatal es público tanto por su origen de ser expresión de la voluntad popular, como por el he hecho de estar destinado a

---

[105] Justo L. Mario. Ob. cit. p.144.

[106] Duverger Maurice. Instituciones Políticas y Derecho Constitucional. Ediciones Ariel. Barcelona. 1970. p.29.

regir los intereses generales de la comunidad. Su finalidad es lograr el bien común pero, al mismo tiempo, permitiendo, favoreciendo y garantizando la subsistencia, autonomía y desarrollo de los otros poderes que existen en la sociedad constituidos por particulares o por grupos intermedios.

b) Es un poder originario.

El poder político estatal no deriva jurídicamente de ningún otro poder que no sea el Estado mismo, es decir, nace en él mismo y su realidad y cualidades son inherentes e inseparables de su propia existencia constituyendo una realidad social, de modo que su ausencia origina la anarquía social.

c) Es un poder supremo.

No se concibe ni admite otro poder superior al poder político estatal, por lo cual tiene la plena capacidad para determinar los medios a través de los cuales pueda satisfacer las necesidades de la colectividad, teniendo las prerrogativas de mandar y hacerse obedecer y de exigir el cumplimiento.

d) Es un poder institucionalizado.

Se trata de un poder regulado por el derecho en su origen, ejercicio y limitaciones y que tiene, además, el carácter de legítimo, es decir, está justificado con valores políticos y éticos. Los gobernantes o jefes actúan como agentes de los órganos estatales que representan y su acceso y ejercicio al poder deben hacerlo conforme al orden jurídico establecido.

e) Es un poder temporal.

El poder político estatal es temporal porque su fin es regular la conducta humana en su desarrollo en la vida terrenal, especialmente frente a las necesidades materiales de los hombres que forman la misma sociedad estatal. Sin embargo, debe permitir la creación de las condiciones que favorezcan el pleno desarrollo de la espiritualidad de cada persona en relación con su concepción de vida supraterrenal.

f) Es un poder independiente.

El ejercicio del poder político estatal se realiza por las autoridades pertinentes, tomando sus decisiones sin presión o coacción de voluntades ajenas a él, sea que provengan de factores externos a la comunidad o generados en su interior.

g) Es un poder coactivo.

El poder político estatal no sólo implica ordenar y mandar sino, además, disponer de los medios para ejecutar sus órdenes con su propia fuerza en caso de no acatamiento, por lo cual lo mandado es irresistible.

Se trata de fuerzas de coacción reguladas por el orden jurídico cuyo accionar corresponde a una legalidad y legitimidad, como ocurre con las Fuerzas Armadas y la Policía de Seguridad, pues toda coacción realizada por el gobernante, a través de medios no autorizados, tiene el carácter de violencia ilegítima.

h) Es un poder consentido.

El poder político estatal tiene su fuerza de convicción en el consentimiento de la voluntad de parte de los gobernados, manifestada en la adhesión mayoritaria de éstos a la legalidad establecida, cuya primera manifestación es el acatamiento y respeto a la Constitución Política del Estado.

i) Es un poder único.

El poder político estatal es único, singular e indivisible en la universalidad de su misión y cuya actividad la realiza a través de las funciones constituyente, legislativa, ejecutiva, jurisdiccional y de control. Son ejercidas por diversos órganos estatales, como el Congreso Nacional, el Presidente de la República, la Contraloría General de la República, respectivamente.

j) Es un poder limitado.

La aplicación y eficacia del poder político estatal se encuentra limitado tanto por los límites territoriales que le fijan el ámbito de validez, así como por los derechos individuales de los gobernados por cuanto éstos tienen garantías que son anteriores al Estado mismo. Del mismo modo, constituye una limitación la existencia de otros órdenes jurídicos pertenecientes a otros Estados, es decir, debe respetar la soberanía externa de éstos.

k) Es un poder civil.

La supremacía del poder civil sobre el poder militar, en el régimen de Estado de Derecho, es el resultado de una evolución, pues en sus comienzos los Estados presentaban un marcado carácter militar en cuanto a su calidad de detentador de la fuerza material, pero el desarrollo de la democracia ha permitido la subordinación a la autoridad civil.

136. Legitimación del poder político.

Dentro de las diferentes formas de legitimación del poder político, se destacan la clasificación efectuada por Max Weber (1864-1920) [107] quien

[107] Weber Max. Economía y Sociedad. Edit. Fondo Cultura Económica. México. 1964. T. I. p.170.

distingue los siguientes tipos de dominación legítima que permite justificar la imposición de órdenes para que sean acatadas por los gobernados.

a) De carácter racional.

Se trata de una dominación legal y administrativa generada en un orden jurídico emanado de normas impersonales y objetivas por las que deben regirse las personas que ejercen los cargos de gobierno. Los gobernantes se encuentran investidos de autoridad en virtud del orden legal establecido en la Constitución y las leyes, y los gobernados, al obedecerlas, obedecen al derecho racionalmente establecido.

Este tipo de legitimación es propio de una sociedad democrática, en que en forma voluntaria y libre los ciudadanos se someten al ejercicio del poder político realizado por las personas elegidas por la mayoría de ellas, en procesos libres e informados.

b) De carácter tradicional.

Se refiere a personas o instituciones que, de acuerdo con las tradiciones, recibieron la facultad de mandar, por lo que tienen derecho a ejercer el poder independientemente del querer o voluntad de los gobernados, como sucede con las monarquías hereditarias.

c) De carácter carismático.

Se trata de una dominación en que el caudillo, líder, jefe religioso, militar, etc. detenta el poder e impone la dominación sustentado en razón de la fe y de la confianza que se deposita en esa persona por motivos de revelación, heroísmo, personalidad o ejemplaridad. Supone un proceso de comunicación de carácter emotivo entre el líder o jefe y sus subordinados o seguidores que induce a éstos a acatar ciegamente, y muchas veces irracionalmente, las órdenes que aquél les imparte o los actos que realiza y que les son imitados, como los actos de heroísmo.

137. La obediencia.

Constituyendo el poder una relación de orden y de acatamiento, debe señalarse que el fundamento de las motivaciones o causas por las cuales las personas obedecen las órdenes emanadas de la autoridad, pueden ser variadas.

a) Obediencia por temor.

El motivo de la obediencia es el temor a la sanción que el precepto normativo establece en caso que sea infringido. La naturaleza del bien, con cuya privación se amenaza, puede ser de orden económico, como el caso de la multa pecuniaria; de índole personal, en el evento de la privación de la libertad; de carácter político, como la suspensión de los derechos políticos; de índole administrativo, respecto de la suspensión del cargo o función.

b) Obediencia por hábito.

En estos casos, existe un automatismo psicológico en el cumplimiento de una orden pues, establecida la rutina en el obedecer, se crea un hábito o costumbre que lleva a la persona a acatar lo ordenado, sin evaluación previa, respecto de su contenido y validez. Los reglamentos del tránsito se cumplen en forma de hábito, pues la presencia de un signo o de un uniforme provoca el hábito de la obediencia.

c) Obediencia por indolencia.

En esta clase de obediencia existe una predisposición anímica en las personas que las induce a no aceptar responsabilidades, dejando que los actos sean realizados por otras personas, por lo cual se limitan a obedecer para evitarse las molestias que le causarían asumir dicha responsabilidad.

d) Obediencia por autoridad.

El motivo de la obediencia se funda en el reconocimiento de que la persona quien manda lo hace por tener una autoridad y un poder de mando legal que está basado en el derecho, creador del orden social y jurídico.

138. La autoridad.

En forma impropia, suele darse al concepto de poder el significado de *autoridad*. Sin embargo, ello corresponde al carácter o representación que se reconoce o se asigna a una persona por su empleo, mérito o nacimiento.

El concepto de poder conlleva el de coacción como una exigencia para imponer un comportamiento, independientemente de la adhesión y aceptación que puedan manifestar quienes deban acatar dicho comportamiento

En cambio, el concepto de autoridad implica, por parte de quienes tienen que acatar las órdenes, que en éstos exista la convicción de la necesidad de someterse a esos comportamientos, ya sea por causa del respeto al orden social existente, o reconocimiento a los méritos personales de quien imparte las órdenes.

La autoridad y el poder son dos cosas diversas: el poder es la fuerza con que se obliga a otro a que obedezca. La autoridad es el derecho a dirigir y mandar, a ser escuchado y obedecido por otros. La autoridad requiere poder. El poder sin autoridad es tiranía [108].

El autor Robert MacIver (1882-1970) señala que "por autoridad entendemos el derecho establecido dentro de cualquier orden social para determinar líneas de actuación, pronunciar juicio respecto de problemas importantes, solucionar controversias o, en un sentido más amplio, actuar como líder o guía de otros hombres. Cuando hablamos de una autoridad, estamos significando, por dicho término, una persona o cuerpo de ellas que poseen el referido derecho. Se insiste aquí primordialmente en el derecho, no en el poder. El poder solo carece de legitimación, de mandato, etc. Incluso el más desalmado e implacable de los tiranos no irá a ninguna parte a menos que se arrope con el simulacro de la autoridad legítima" [109].

Por consiguiente, para que el poder deba estar revestido de autoridad dentro del orden jurídico, es necesario que su titular reúna determinadas condiciones que legitimen sus actos. En primer lugar, es necesario que se tenga *título para mandar*, esto es, que exista un fundamento jurídico que constituya la base u origen del poder invocado, y que puede estar constituido por el acto eleccionario, nombramiento, designación, incorporación u otra forma habilitante.

Además, se requiere que se actúe dentro de la *órbita de las atribuciones* y facultades que le son concedidas por el orden establecido, pues una extralimitación en el ejercicio del poder es constitutivo de una infracción, cuyas consecuencias podrá generar responsabilidades de diversa naturaleza.

Finalmente, la orden impartida debe corresponder a los *objetivos* y finalidades oportunamente considerados que permiten justificar el acto de poder. Si ello no ocurre, se genera un acto de abuso de poder o de desviación del objetivo del mismo incurriéndose en una ilegitimidad.

TITULO V.
DE LA SOBERANÍA.

139. Historia.

La caída del Imperio Romano originó el inicio de una nueva forma de organización social, tanto en lo político como en lo económico, llamado

[108] Maritain Jacques. La carta democrática. Pensadores Católicos Contemporáneos. Ed. Grijalbo. Barcelona. 1964. p.39.

[109] MacIver Robert. Teoría del Gobierno. Editorial Tecnos. S.A. Madrid. 1966. p. 86.

sistema feudal, que comenzó a estructurarse en torno a los principales dueños de la tierra quienes ejercían la autoridad imponiendo sus leyes, administrando justicia y dando protección a sus habitantes.

Es en la Edad Media donde el sistema feudal logra su mayor apogeo y, por lo mismo, adquieren mayor relevancia las disputas de poder entre los señores feudales. Ello indujo a que éstos, para obtener protección, se uniesen en torno al que tuviere mayor poder, creando un reino, otorgándole tributos y reconociéndole autoridad de príncipe, esto es, el superior, título que posteriormente derivaría en el de Rey.

La dependencia económica del rey de los señores feudales, verdaderos detentadores de la riqueza, dio origen a numerosos conflictos, muchos de los cuales fueron resueltos por el otorgamiento de privilegios otorgados por el monarca, ya sea en beneficio de las ciudades o en la participación del gobierno de la corona.

En el siglo XVI, y principalmente en el reino de Francia, se buscaban los fundamentos filosóficos, teológicos y políticos para afirmar la supremacía del rey sobre los grandes señores feudales, cuyo poder económico y político estaba en permanente crecimiento.

Asimismo, la Iglesia Católica se había consolidado no sólo como una fuerza espiritual y religiosa unificadora y transversal en los pueblos de Europa, sino además como fuerza económica y política detentadora de vastos feudos propios que le permitía enfrentar el poder de los soberanos. Ello también fue motivo para que los monarcas buscaran justificación de la independencia de la Corona frente a la Iglesia y al Sacro Imperio Romano Germánico.

El surgimiento del Renacimiento, el desarrollo de nuevas ideas de vida y la Reforma Protestante, con el consiguiente quiebre de la unidad religiosa, alentaron las inquietudes para fortalecer el poder civil de la autoridad del monarca o soberano.

El primer autor en emplear el vocablo *soberanía* fue Jean Bodin (1530-1596) en cuya principal obra "Los Seis Libros de la República", la definió diciendo que la "soberanía es el poder perpetuo y absoluto de la República". Afirma que es un *poder perpetuo*, porque el pueblo se ha despojado y desprendido de su poder para investir al monarca trasladando a éste dicho poder, la autoridad, las prerrogativas y soberanía; además, que es un *poder absoluto* por cuanto se confiere el poder total al monarca para que disponga de los bienes de las personas y de todo el Estado.

Con ello, J. Bodin hace una separación y división entre el pueblo y la persona del monarca, cuyo poder absoluto consiste en dar leyes para sus súbditos sin el consentimiento de éstos, pero sólo limitado por el orden moral, la ley de Dios y la ley natural. El concepto de soberano implica necesariamente un poder que no forma parte del pueblo ni del cuerpo político, pues éste lo transfirió al monarca, por lo cual éste es soberano, ya que tiene poder de decisión y de dar leyes, sin recibirlo de otro.

Sostiene Bodin que la soberanía nace con tres características básicas: a) el soberano está por sobre la sociedad, el pueblo o cuerpo político; b) su poder es ilimitado y absoluto en el nivel temporal, y c) el soberano es el monarca. Jean Bodin fortaleció el poder monárquico a fin de imponerlo al poder feudal, a la autoridad religiosa, cuya unidad de fe había sido quebrantada con la reforma protestante por la cual existían grandes disputas, luchas y violencia.

Esta concepción fue desarrollada, posteriormente, por los contractualistas del siglo XVIII. Thomas Hobbes, en su obra "El Leviathan", señala que el pueblo acepta la sumisión total ante el Estado para hacer posible la convivencia social frente a la realidad de caos y desolación en que se hallaba. Para ello, los hombres transfieren su poder destructor a un tercero que asume derecho absoluto e ilimitado sobre los súbditos.

Por su parte John Locke sostiene, asimismo, la señalada tesis contractualista en su obra "Ensayo sobre el Gobierno Civil", justificando el pacto social por el resguardo de los derechos humanos, especialmente el derecho de propiedad.

En el mismo sentido, Jean Jacques Rousseau en "El Contrato Social" indica que los hombres son libres, porque la sociedad política nace de un contrato celebrado entre sus miembros. Este pacto consiste en la renuncia total que formulan la personas de los derechos naturales de cada cual y que hacen en beneficio de la sociedad constituida por ellos mismos, por lo cual cada miembro de la sociedad es a la vez soberano, por haber contribuido a la generación del poder, y súbdito, porque ha de obedecer a dicho poder. Según Rousseau, al revestir la doble condición de soberano y súbdito, el hombre se libera de la opresión que sobre él ejercía la sociedad, restableciéndose la igualdad al recibir, en forma legal y legítima, sus derechos naturales transformados en derechos civiles.

140. Concepto de soberanía.

El vocablo de soberanía deriva de la palabra "soberano" que tiene su origen en la voz latina "superanus" referente a que ejerce o posee la autoridad suprema e independiente, y tiene diversas acepciones:

a) *Poder del Estado*, cuando se hace referencia al Poder Soberano, al Estado Soberano.

b) *Cualidad* del *Poder Político*, al calificarlo como Poder Superior.

c) *Persona u órgano* en quien reside el poder, en los casos de referencia al Monarca Soberano, Pueblo Soberano, Nación Soberana, Parlamento Soberano, Estado Soberano.

d) *Facultad del Poder Político*, esto es, la atribución para organizarse internamente el Estado, dictando su propio orden jurídico (soberanía interna) y gozar de independencia frente a otros Estados y ser reconocido y respetado como tal, (soberanía externa).

La precisión de la naturaleza y características de la soberanía se encuentra íntimamente vinculada a las distintas doctrinas que abordan el estudio de los elementos que la constituyen, así como la persona, u órgano que es el depositario de la misma.

La doctrina jurídica de la soberanía del Estado que admite que ésta es propiedad de los poderes de gobierno,[110] sostiene que la soberanía "es el poder supremo que tiene un Estado para constituirse y gobernarse por sí mismo y ser considerado como independiente frente a los demás Estados".

Juan J.Roussea expresa que la soberanía "es el ejercicio de la voluntad general "[111].Para George Jellinek, lo esencial de un Estado es la existencia de un poder del mismo, que no puede derivarse de ningún otro sino que tiene que de dominación es completamente indiferente para su existencia, por lo cual sostiene que la soberanía "es la capacidad de determinarse el Estado asimismo, desde el punto de vista jurídico" [112].

---

110 Hauriou A. Ob. cit.p.160

111 Rousseau. J. Ob. cit. p. 51.

112 Jellinek. J. Ob. cit. p. 367.

Hans Kelsen señala que para imputar al Estado el poder, se necesita previamente la existencia de un orden jurídico y si los actos humanos imputables al Estado son actos jurídicos, de la misma manera el poder del Estado tendrá que ser un poder jurídico, es decir, la propia validez del orden jurídico. Por ello, señala que la soberanía "es una cualidad general del poder jurídico que consiste en que éste sea superior no derivando su vigencia de ninguna otro" [113].

Un *concepto* amplio se soberanía señala que es el poder supremo en virtud del cual el Estado se organiza política y jurídicamente, estableciendo sus órganos y competencias y estableciendo los derechos y deberes de las personas y así reconocido en el ámbito internacional.

La existencia y validez de la soberanía, en cualquier expresión de los conceptos precedentemente señalados, es cuestionada por algunos autores, sosteniéndose que se induce a confundirla con el poder político, en circunstancias que ella no es sino que una cualidad de dicho poder.

Otros autores, como León Duguit, niegan la existencia de la soberanía, señalando que la nación o el pueblo no pueden ser sujetos de derechos, ni siquiera personas, porque las colectividades no tienen una personalidad distinta de los individuos que la integran [114].

141. Características de la soberanía.

La doctrina clásica señala diversas las características de la soberanía, las que, sin embargo, deben ser relativizadas en atención a las nuevas modalidades que el desarrollo de la comunidad internacional ha ido imponiendo como condición de convivencia.

a) La soberanía es una.

El poder político del Estado tiene como característica la unidad, ya que los miembros del Estado no pueden estar sometidos más que a un poder supremo y soberano. Por tener validez en sí misma, la soberanía no está sujeta a otros ordenamientos jurídicos positivos, puesto que, de otra forma, el Estado pasaría a ser una sociedad intermedia en vez de sociedad perfecta, ya que estaría subordinado a otro ordenamiento jurídico superior.

---

[113] Kelsen. H. Ob.cit. p. 137.

[114] Duguit León. Las transformaciones del Derecho Público. Imp. Blas y Cia. Madrid 1915. p. 71.

b) La soberanía es absoluta.

La soberanía es un poder máximo, independiente, sin restricción ni condicionado a la existencia de otro poder. El jurista Raymond Carré de Malberg[115], señala que la soberanía es absoluta, porque no puede ser determinada más que por sí misma; es una voluntad que no depende de otra en su manifestación, pero, desde el momento en que se habla del Estado como poder jurídico, queda limitada por la competencia que el orden jurídico asigna a los gobernantes al institucionalizarse el poder para someterse a un sistema de normas; de poder de hecho absoluto, se transforma en un poder de derecho limitado·Así, debe respetar los derechos esenciales que emanan de la persona humana, la soberanía de otros Estados, los Tratados o Convenio Internacionales suscritos, etc.

En concordancia con ello, el inc. 2° del artículo 5° de la Constitución Política de Chile establece que el ejercicio de la soberanía reconoce como limitación el respeto a los derechos esenciales que emanan de la naturaleza humana. Es deber de los órganos del Estado respetar y promover tales derechos, garantizados por la Constitución, así como por los tratados internacionales ratificados por Chile y que se encuentren vigentes.

c) La soberanía es indivisible.

Como consecuencia que la soberanía es una, se deriva que ella sea indivisible en su naturaleza, ya que pertenece a un solo titular, sea éste el monarca, el pueblo, la nación. Sin embargo, la soberanía es divisible en su ejercicio, pues a cada uno de los poderes o autoridades del Estado les corresponde el ejercicio de parte de la soberanía.

El artículo 5ª de la Constitución Política de Chile al respecto establece que "su ejercicio se realiza por el pueblo a través del plebiscito y de elecciones periódicas y, también, por las autoridades que esta Constitución establece. Ningún sector del pueblo ni individuo alguno puede atribuirse su ejercicio."

d) La soberanía es indelegable.

Siendo la soberanía un poder supremo único e indivisible del pueblo, nación, monarca o Estado, nadie puede decirse depositario de una parte de ella ni nadie puede tampoco asumir su representación, sin perjuicio que su ejercicio pueda ser delegado.

---

[115] Carré de Malberg. Ob. cit. p.232.

e) La soberanía es inalienable.

Significa que no puede ser enajenada o cedida, ni trasmitirse por causa de muerte, pues no es susceptible de acto jurídico o de comercio alguno. No debe confundirse con actos jurídicos celebrados por los Estados que pueden importar compras o cesiones territoriales, como el caso de la venta del territorio de Alaska por parte de Rusia a los EE.UU. en el año 1867, pues ello afecta a un elemento material en el cual se ejerce soberanía, pero no es la soberanía misma, o parte de ella, objeto de dicha venta o cesión.

f) La soberanía es imprescriptible.

Hay autores que señalan que la soberanía es imprescriptible, porque no puede perderse por el no uso ni tampoco puede adquirirse por la sola realización de actos de soberanía sobre un determinado territorio o pueblo.

Se señala, como ejemplo, el caso de Argentina que protesta periódicamente por la ocupación de las Islas Malvinas, o islas Falkland en su denominación por Inglaterra, como si con ello quisiera interrumpir la prescripción que supone que estaría ganando Gran Bretaña, que las ocupa actualmente y quien ha reiterado sus derechos a las mismas después de la victoria lograda en la guerra del año 1982.

142. Teorías sobre la residencia de la soberanía.

Existen diversas teorías que buscan establecer quién es el titular y depositario de la soberanía, esto es, si es atributo del monarca, de la nación, pueblo, del derecho, del Parlamento o del Estado, entre otros.

a) Soberanía del monarca.

En una primera época, el poder se concebía como una concesión otorgada por Dios a la persona del monarca, por lo cual éste era soberano, ya que su voluntad determinaba la voluntad del Estado y sobre ella no existía otra superior.

En la actualidad, puede señalarse como ejemplo de esta concepción el caso del Estado de la Ciudad del Vaticano en que SS. el Papa, como Jefe de dicho Estado, ejerce la plenitud de dicho poder pues sólo su voluntad es soberana. Así lo establece el artículo 1° de su Constitución Política aprobada el 22 febrero de 2001 en que se dispone que "el Soberano Pontífice, soberano del Estado de la Ciudad del Vaticano, tendrá la plenitud de los poderes legislativo, ejecutivo y judicial".

b) Soberanía de la nación.

En la Declaración de los Derechos del Hombre y del Ciudadano de 1789 se contienen principios de concepción política que sirven de base para quienes sostienen que la soberanía reside en la nación. En efecto, en su artículo 3° se establece que: "El principio de toda soberanía reside esencialmente en la nación. Ninguna corporación ni individuo pueden ejercer autoridad que no emane de ella expresamente". Esta doctrina influyó profundamente en la Revolución Francesa de 1789 y, consecuencialmente, en la evolución política de los pueblos de occidente.

El principal impulsor fue el abate francés Emmanuel Joseph Sieyés (1748-1836) quien desarrolló su doctrina en su obra ¿Qué es el Tercer Estado? Al respecto se sostiene que el depositario y titular de la soberanía es toda la colectividad tomada ésta como una unidad sociológica en que, los miembros de ella, están unidos por lazos étnicos, lengua, pasado histórico y otros factores que permiten a dicho grupo sentirse formando parte de una unidad distinta a otras colectividades o pueblos [116].

En esta doctrina hay un principio aglutinador e integrador representado por la nación, como un todo substancial, perdurable en el tiempo y enraizado en la tradición. Es en esta voluntad de la nación, como una persona distinta, dotada de voluntad propia en quien reside la soberanía y no en las voluntades de los individuos que la conforman.

De ello se colige que las autoridades políticas representan a la voluntad de la nación, a la cual deben interpretar en el ejercicio de sus funciones.

Para el ejercicio de sus funciones los representantes tienen libertad en su accionar, pues el mandato político que han recibido *es amplio y libre*, no teniendo más limitaciones que las que emanen del orden jurídico existente. Las intervenciones del pueblo se limitan a participar en las elecciones de sus representantes en quienes delegan el ejercicio del poder y, posteriormente, el electorado asume una actitud pasiva, ya que queda sujeto al libre gobierno que realizan sus representantes, careciendo de medios jurídicos para intervenir políticamente o fiscalizar la labor de sus mandatarios.

De esta forma la democracia adquiere el carácter de una *democracia gobernada*, por la mínima participación del pueblo en los negocios políticos.

---

[116] Sieyes E. Joseph. ¿Qué es el Tercer Estado? Univ. Nacional Autónoma. México. 1973. p. 86.

Los distintos textos constitucionales de Chile han acogido esta doctrina, y es así que el actual artículo 5° de su Carta Política, establece que "La soberanía reside esencialmente en la nación".

c) Soberanía popular.

Esta doctrina es propiciada por J.J.Rousseau, quien sostiene que la soberanía pertenece y reside en el pueblo, es decir, en cada una de las personas que lo constituyen.

Rousseau señala que "el soberano no puede considerarse sino colectivamente y en cuerpo, pero cada particular en su calidad de súbdito es considerado individualmente. Así, el soberano es el súbdito como diez mil es a uno; es decir, que a cada miembro del Estado le corresponde la diez milésima parte de la autoridad soberana, aunque esté sometido enteramente a ella. Si el pueblo se compone de cien mil hombres, la condición de los súbditos no cambia, pues cada uno soporta igualmente todo el imperio de las leyes, en tanto que su sufragio, reducido a una cien milésima parte, tiene diez veces menos influencia en la redacción de aquéllas. El súbdito permanece, pues, siendo uno pero la relación del soberano aumenta en razón del número de individuos de donde se deduce que cuanto más aumenta el Estado en población, mas disminuye la libertad". [117].

Se trata de una concepción de la soberanía de carácter personal e individual por estar radicada en cada persona y en proporción al número total de personas que conforman la población del Estado, es decir, de carácter *atomizante,* ya que cada persona tiene una parte o proporción de la soberanía. Conforme al pensamiento de Rousseau, los hombres al convenir el pacto, actúan como soberanos pues, junto con crear y establecer un determinado orden social, aceptan someterse a la voluntad general abandonando parte de sus derechos naturales en el cuerpo social que es moral y político a la vez.

Por ello Rousseau señala que en dicho acto, esto es, en el pacto o contrato, se encuentra la legitimidad de la soberanía perteneciente al pueblo quien delega el ejercicio de ciertos derechos en sus representantes, conservando el ejercicio de otros. De este modo, se transforma el sistema de gobierno representativo en semirepresentativo o semidirecto pues, si

[117] Rousseau.J.J. Ob. cit. p.96.

los representantes no legislan de acuerdo con la real voluntad del pueblo, éste puede intervenir para expresar su disconformidad o rechazo.

Para ello se reconocen al pueblo mecanismos y procedimientos jurídicos-políticos, que inciden en la acción de gobierno, tales como la iniciativa legal, o el veto popular para oponerse a proyectos de leyes, o el referéndum, o mecanismos de consultas o de resolución a problemas sociales políticos o económicos e incluso, puede deponer a los mandatarios por medio de la revocatoria. En estos casos, los representantes o mandatarios deben actuar conforme a la voluntad del pueblo, ya que el mandato de representación política recibido de éste, es de carácter *imperativo*. Esta doctrina genera una concepción de democracia de carácter *gobernante*, pues el pueblo está permanentemente participando de la conducción política y no limitada exclusivamente al proceso electoral de elección de sus representantes, como ocurre bajo la concepción de la soberanía nacional.

d) Soberanía del Estado.

Esta doctrina ha sido desarrollada por Georg Jellinek,[118] quien expresa que el Estado es una corporación o un ente que es uno e indivisible, que existe en sí y para sí compuesto de los elementos de una nación, un territorio y un gobierno, constituyendo una personalidad que, como tal, es sujeto de derecho y, su derecho, es la potencia pública, por lo cual es el Estado el titular originario y único de la soberanía.

Expresa Jellinek que existe una sola persona estatal en que los gobernantes no son representantes de la nación, sino que son órganos del Estado a través de los cuales éste se expresa, existiendo una relación directa entre el Estado como persona y las personas de la comunidad política, es decir, los gobernados. El Estado formula órdenes incondicionales y puede ejercer la coerción en plenitud para hacerlas cumplir.

Jellinek sostiene que esta soberanía del Estado es un derecho que éste tiene para no determinarse ni limitarse, sino que por su sola y propia voluntad, creando el orden jurídico como él lo estime conveniente, pues para el Estado no hay algo que le sea imposible jurídicamente. Por consiguiente, la soberanía es concebida como una propiedad del poder del Estado en virtud de la cual corresponde exclusivamente a éste la capacidad de determinarse jurídicamente y de obligarse a sí mismo.

---

[148] Jellinek G. Ob. cit. p. 356.

e) Soberanía parlamentaria.

Hay autores que señalan que la soberanía reside en el Parlamento[119], pues es a éste a quien se trasmite la soberanía, sea que ella se considere propia de la nación o del pueblo.

En la perspectiva de la nación como persona o ente con voluntad propia, esta transferencia de la soberanía al Parlamento, es normal y lógica porque la nación, por tratarse de un ente teórico, no puede expresarse por sí misma.

Asimismo, concebida como perteneciente al pueblo o conjunto de ciudadanos, en que cada uno de ellos es detentador de una parte de la soberanía, éstos pueden manifestar en forma individual la soberanía a través de mecanismos como el referéndum, la revocatoria y otros.

En la realidad, se sostiene, la soberanía es trasmitida al Parlamento, pues los casos del ejercicio de manifestación individual de la soberanía son excepcionales y la mayor de las veces tiene por objeto confirmar o ratificar actuaciones del Parlamento.

Esta concepción de la transmisión de la soberanía en el Parlamento tiene importancia no sólo en las relaciones entre la Nación y sus representantes, sino que también en las vinculaciones entre el Parlamento y el Gobierno, ya que importa prácticamente un predominio del primero sobre el ejecutivo.

143. La soberanía en los Estados Federales.

El orden jurídico superior de un Estado Federal, como es el caso de los EE.UU. de Norte América, Argentina, Alemania y otros, está contenido en la Constitución Federal, que delega su validez en dos órdenes jurídicos distintos: el orden central de la Unión, generado en el Gobierno Central, válido para todo el territorio del Estado, y los órdenes parciales con validez local para cada Estado Miembro integrante de la Federación.

En estos casos, la Soberanía, se encuentra radicada en el Estado Federal como una competencia o facultad de atribución, esto es, sólo le corresponden aquellas materias que expresamente le ha encomendado la Constitución Federal. En cambio, cada Estado Miembro es independiente de los demás en su ordenamiento parcial, local y soberano, en cuanto a

[119] Hauriou André. Ob. cit. p.353

que su ámbito de validez no está sometido a otro orden superior, salvo aquellas materias que la propia Constitución Federal ha reservado al Gobierno Central y que no les están prohibidas a los Estados Miembros.

144. La soberanía y el Derecho Internacional.

En el ejercicio de la soberanía de un Estado, éste puede celebrar tratados o convenios bilaterales con otros Estados como los relativos a poner término a la guerra, fijar límites o fronteras, a no fortificar sus fronteras, a regular el comercio internacional, las vías de transportes, el reconocimiento recíproco de derechos de sus nacionales, etc.

También se pueden celebrar tratados de carácter multinacional, con Organismos Internacionales como las Naciones Unidas, tal como la Declaración Universal de los Derechos Humanos de 1948, la Convención del Derecho del Mar de 1985; Tratados de Libre Comercio, Tribunales Internacionales de Justicia, etc.

En todos estos casos, el Estado, en uso del ejercicio de su propia soberanía se autolimita para condicionar su vida y desarrollo internacional obligándose a respetar los derechos de terceros, restricción que no se genera por la imposición de una voluntad o soberanía externa, sino que nace del seno de su propia voluntad.

Existen Constituciones que reconocen expresamente la validez de los tratados internacionales, aceptan la validez de un orden jurídico superior al de los Estados mismos y se remiten a las normas jurídicas internacionales. La Constitución Política de Argentina de 1994 establece en su artículo 75 que los tratados con las demás naciones y con las organizaciones internacionales y los concordatos con la Santa Sede, tienen jerarquía superior a las leyes, señalando que la Declaración Americana de los Derechos y Deberes del Hombre, la Declaración Universal de los Derechos Humanos, la Convención Americana sobre Derechos Humanos, y otros que señala, tienen jerarquía constitucional y deben entenderse complementarios de los derechos y garantías por ellos reconocidos.

La Constitución Política de Chile de 1980, en su artículo 5°, dispone que "es deber de los órganos del Estado respetar y promover los derechos esenciales que emanan de la naturaleza humana garantizados por la Constitución, así como por los tratados internacionales ratificados por Chile y que se encuentren vigentes."

Sin embargo, en Chile estos tratados internacionales sólo tienen jerarquía legal, pero no constitucional, por lo cual en todo quedan sujetos a la supremacía constitucional.

TITULO VI

EL DERECHO.

145. Importancia del Derecho.

Las vinculaciones entre el Estado y el Derecho son muy estrechas y substanciales por lo cual, en el estudio de la Teoría del Estado, son estudiadas desde diversos puntos de vista. Existen autores, que sostienen que el Derecho es un *elemento constitutivo* de la existencia del Estado, pues sin orden jurídico, no es concebible una sociedad política organizada; otros estudiosos sostienen que el Derecho es el *medio* a través del cual el Estado cumple las funciones de realización de sus fines propios. En cambio, para H.Kelsen, existe una *identificación* entre el Estado y el Derecho, de modo que el Estado es el Derecho mismo.

146. Surgimiento cronológico.

Desde un punto de vista cronológico, los autores tratan de determinar si ha sido el Estado o bien el Derecho que ha surgido primero en el plano histórico, pues ello puede determinar un grado de subordinación entre ellos.

Los autores Georg Jellinek, y Raymond Carré de Malberg, entre otros, sostienen que no ha existido jamás un Derecho que preceda al Estado, pues el hecho mismo del nacimiento de un Estado queda fuera del orden del Derecho, el cual sólo surge cuando lo real y concreto se transforma en normativo. Conforme a lo anterior, el Estado por su propia voluntad se autolimita al Derecho que el mismo ha creado.

Los autores iusnaturalistas, sostienen que el Derecho precede al Estado, pues existe un conjunto de principios, valores y preceptos inherentes a la naturaleza humana que regulan por sí mismos la conducta humana en sociedad.

Por su parte, los autores iuspositivistas señalan que es el Derecho positivo, la ley, la norma la que crea el Estado y que lo dota de órganos, competencias y atribuciones, por lo cual el Derecho es anterior al Estado.

Por último, existen autores como Otto von Gierke (1841-1921), por ejemplo,[120] que afirman el origen simultáneo del Estado y del Derecho en que el uno y el otro se suponen y condicionan recíprocamente y no de modo de causa a efecto, razón por la cual queda excluida la posibilidad de prioridad cronológica.

147. Vinculación entre Estado y Derecho.

La estrecha unión entre el Estado y el Derecho ha planteado la interrogante de establecer si entre ambos existe algún grado de dependencia o de subordinación que dé primacía a uno sobre el otro, respuesta que adquiere importancia por las secuencias que ello implica.

a) Una primera posición señala que el Derecho debe estar subordinado al Estado.

Al respecto debe señalarse que Maquiavelo, como posteriormente Thomas Hobbes, subordinan el ordenamiento jurídico a la voluntad del soberano sosteniendo que éste no está sujeto a las leyes ya que, siendo atribución suya hacerlas y revocarlas, con mayor razón puede liberarse de su ejecución, pues no es posible que nadie esté obligado a sí mismo porque, quien liga, no queda ligado.

El jurista alemán Carl Schmitt sostuvo esta posición dándole contenido jurídico al nacionalsocialismo, sosteniendo que las decisiones importantes en la vida pública deben tomarse por una sola persona que esté identificada con el poder y con el Estado. De conformidad con estas doctrinas, el Derecho debe estar subordinado al Estado, pues en caso contrario, éste dejaría de ser soberano.

b) Una segunda posición sostiene que el Estado debe estar subordinado al Derecho.

Las primeras manifestaciones en este sentido se encuentran contenidas en el pensamiento de San Isidoro de Sevilla (556-696), así como en el Concilio de Toledo celebrado el año 633 y, posteriormente, desarrollada por juristas y filósofos que fueron dando nacimiento al constitucionalismo, especialmente en Inglaterra, EE.UU. de N.A y autores contemporáneos.

Significa que la actividad del Estado, en un sentido genérico, y la de los gobernantes, en un sentido específico, debe estar regulada jurídicamente

---

[120] Justo L. Mario. Ob. cit. p. 361.

por el orden establecido, pues el Derecho es un elemento de convivencia de la sociedad que se encuentra vinculado a valores trascendentes y permanentes, tales como la justicia y la seguridad, el respeto y protección de los derechos esenciales a la naturaleza humana, originándose así la concepción del *Estado de Derecho*.

c) Una tercera posición es excluyente de las anteriores y sostiene que no existe ninguna subordinación entre el Derecho y el Estado, pues el Estado es el Derecho mismo.

Corresponde al pensamiento de la Escuela Vienesa del Derecho cuyo principal exponente es Hans Kelsen, quien sostiene que el Estado existe independientemente del Derecho, y el Derecho puede existir sin el Estado, como el Derecho de una sociedad primitiva que no tiene carácter de Estado [121].

TITULO VII
ESTADO DE DERECHO

148. Origen.

Los primitivos antecedentes sobre el Estado de Derecho se pueden encontrar en Grecia, donde Platón y Aristóteles propiciaban gobiernos regidos por el Derecho.

La concepción de la juridicidad en los actos de los gobernantes y gobernados, comienza a gestarse con los pensadores contractualistas del siglo XVIII, especialmente Locke y Montesquieu, al propiciar, respectivamente, la protección y defensa legal de los derechos individuales y la consagración de la separación de poderes.

Los ideólogos de la Revolución Francesa con sus declaraciones de principios sobre la soberanía nacional y la igualdad ante la ley contribuyeron al desarrollo de la concepción de un Estado de Derecho. Sin embargo, los primeros instrumentos jurídicos, estableciendo el principio de la supremacía legal, surgen en Gran Bretaña con la Petition of Rights (1628) , el Bill del Habeas Corpus (1679), el Bill of Rights (1689) y el Act of Settlement 1701).

La expresión *"Estado de Derecho"* tiene su origen en el término "rechtssaat" y fue utilizado, por primera vez, a principios del siglo XIX por

---

[121] Kelsen Hans. Introducción a la Teoría Pura del Derecho. Edi. Jur. Grijley. Lima. 2001. p.53.

el profesor alemán Robert von Mohl (1799-1875), para señalar la subordinación del Estado al Derecho y para hacer referencia a un determinado tipo de Estado con un particular ordenamiento jurídico.

La escuela alemana de la Teoría General del Estado generalizó el empleo del concepto entre los juristas alemanes y, posteriormente, se difundió al español y a otros idiomas.

En la Constitución de los Estados Unidos de Norteamérica de 1787, se establecieron los principios de la separación de poderes, de la soberanía de la nación, el respeto a los derechos naturales de las personas, y el control de la legalidad, entre otros, como la base de la organización del Estado garante del respeto y acatamiento al orden jurídico y derecho de las personas.

Por ello es que, la concepción del Estado de Derecho, se ha desarrollado, simultáneamente, con el pensamiento de origen constitucionalista, existiendo una estrecha vinculación entre ambos hasta tal punto, que hay autores que denominan indistintamente Estado de Derecho o Estado Constitucional.

149. Fundamentación del Estado de Derecho.

La fundamentación del Estado de Derecho tiene por objeto establecer el por qué y para qué el poder del Estado debe estar subordinado al Derecho, así como el modo y forma en que tal subordinación ha de concretarse. Dentro de las distintas doctrinas que fundamentan el Estado de Derecho, deben señalarse las siguientes:

1) Doctrinas del Derecho Natural.

Estas doctrinas sostienen que el Estado debe estar subordinado al Derecho, pues existe un Derecho Natural inherente a la naturaleza de los hombres, que es anterior a la existencia misma del Estado, el cual aparece limitado en su acción por factores externos y ajenos a su voluntad.

Estas doctrinas presentan dos variantes:

a) Doctrina del derecho natural objetivo.

Ella admite la existencia de normas prescriptibles de la conducta humana que son universales y eternas, inherentes a la naturaleza del hombre y que son discernibles por la razón. Se trata de preceptos válidos en cualquier lugar y momento histórico, pues dicen relación con regulación del comportamiento humano que permite discernir entre el bien y el mal y, consecuencialmente, determinar su comportamiento en sociedad.

b) Doctrina de los derechos individuales.

Concibe la existencia de derechos personales o individuales que corresponden a cada ser humano por su condición de tal, adquiridos al momento mismo del inicio de su existencia, tal como el derecho a la vida, a su libertad personal, su derecho a la seguridad individual, su libertad de conciencia, su derecho al trabajo, opinión, etc.

Se trata de derechos innatos de los hombres que no pueden ser violados por el Estado, pues no es éste quien los otorga, ya que son anteriores a su existencia, correspondiéndole al Estado, sólo regularlos y garantizar su libre ejercicio.

Esta doctrina, en el plano político, fue desarrollada, entre otros, por John Locke y desarrollada por los precursores de la Revolución Francesa, teniendo su consagración en la Declaración Universal de los Derechos del Hombre y del Ciudadano de 1789 y en la Constitución Política de los EE.UU. de N.A, a partir de sus diez primeras enmiendas efectuadas en 1791.

c) Doctrinas de la autolimitación.

Estas doctrinas sostienen que el fundamento de la subordinación del Estado al Derecho radica en la afirmación que el Estado tiene capacidad para darse su propio orden jurídico en torno al cual éste debe regirse. Asimismo, se sostiene, que los miembros de la comunidad política, tienen capacidad para modificar ese orden jurídico, por lo cual puede limitarse asimismo, esto es, someter su propio accionar al marco jurídico que el mismo Estado se ha dado. Se trata de una subordinación al Derecho positivo creado por el Estado. Entre sus principales exponentes se debe citar a Georg Jellinek(1851-1911) y Rudolf von Ihiering (1818-1892) y a los seguidores de la escuela Alemana de la Teoría del Derecho.

150. Concepto de Estado de Derecho.

Cuando un Estado configura jurídicamente la organización y ejercicio del poder político, de manera que los individuos y sus grupos están protegidos por la existencia previa de normas e instituciones jurídicas, garantizadoras de sus derechos y libertades; cuando la actividad estatal se somete a normas e instituciones jurídicas, sin más excepciones que las exigidas por el bien común, entonces nos encontramos ante un Estado de Derecho [122].

H. Kelsen expresa que "entendemos por Estado de Derecho, un Estado cuyos actos son realizados en su totalidad sobre la base del orden jurídico" [123].

Para el jurista A. Silva B. el Estado de Derecho supone un Estado en el cual existan distintos órganos de poder con funciones diferentes e independientes y cuyos titulares temporales se rijan por normas con contenido de respeto a los derechos fundamentales de la persona humana y de los grupos que ella forma natural y espontáneamente [124].

No obstante los diversos matices que puede presentar la concurrencia de los diversos elementos concurrentes en la concepción de un Estado de Derecho, podemos señalar que Estado de Derecho es la situación jurídica de un Estado que permite el cumplimiento de los fines del mismo, basado en el irrestricto respeto a la persona humana, a la libre generación del poder y en un orden jurídico de imperio de la ley aplicable tanto a gobernantes como gobernados.

151. Características del Estado de Derecho.

El régimen jurídico de un Estado de Derecho presenta las siguientes características:

1. La persona humana como valor supremo.

Tanto el orden jurídico como la acción real y efectiva de los gobernantes debe estar cimentada en el absoluto respeto de los derechos esenciales de la persona humana, tales como el derecho a la vida, la libertad personal, la seguridad individual, el derecho al trabajo, a la vivienda, a la educación y otros, todos esenciales para la dignidad de la persona. El Estado y sus órganos no sólo deben respetar tales derechos, sino además, darles la debida protección.

Al respecto, debe señalarse que el artículo 1° de la Constitución Política de Chile de 1980, establece que "Las personas nacen libres e iguales en dignidad y derechos" y en el artículo 5° señala en su inciso 2°

---

[122] Lucas V. Pablo. Ob. cit. T. II p.237.

[123] Kelsen H. Ob.cit. p.120.

[124] Silva B. Alejandro. Derecho Político. Ob. cit. p.54.

que "El ejercicio de la soberanía reconoce como limitación el respeto a los derechos esenciales que emanan de la naturaleza humana. Es deber de los órganos del Estado respetar y promover tales derechos garantizados por esta Constitución asì como por los tratados internacionales ratificados por Chile y que se encuentren vigentes".

2. Poder emanado de la soberanía del pueblo.

El ejercicio del poder político del Estado, debe tener su origen en la libre voluntad expresada por el pueblo o la nación, estableciendo los medios jurídicos y materiales que faciliten la información oportuna, verídica y veraz; además, debe velarse por la existencia de sistemas electorales, previamente establecidos que permitan la concurrencia y participación de las distintas corrientes de ideas o doctrinas políticas.

El artículo 5° de la Constitución Política dispone que "La soberanía reside esencialmente en la Nación. Su ejercicio se realiza por el pueblo a través del plebiscito y de elecciones periódicas y, también, por las autoridades que esta Constitución establece. Ningún sector del pueblo ni individuo alguno puede atribuirse su ejercicio".

3. Orden jurídico basado en el imperio de la ley.

Ello significa que las normas jurídicas deben tener los medios de compulsión necesarios para su general aplicación, no siendo posible que la autoridad pueda sustraer su aplicación a personas o grupos de personas, pues debe primar su igualitaria aplicación. Los medios de coacción pueden estar constituidos por medidas de restricción o privación de la libertad persona, de carácter pecuniario, de pérdida de derechos políticos, u otros.

Concordante con ello, el artículo 19 nª2 de la Constitución Política de Chile, establece que ésta asegura a todas las personas la igualdad ante la ley y que en Chile no hay persona ni grupo privilegiados.

4. Supremacía Constitucional.

Las normas jurídicas deben estar estructuradas en una jerarquización cuya base la constituye la Constitución Política, a la cual queda sometido el orden jurídico. Ninguna norma puede exceder el ámbito de la preceptiva constitucional y frente a cualquier violación que pudiere presentarse, deberá ser representada, objetada o invalidada por los órganos de control establecidos al efecto.

La Constitución de Chile, al respecto, establece en su artículo 6° que "Los órganos del Estado deben someter su acción a la Constitución y a las normas dictadas conforme a ella, y garantizar el orden institucional de la República. Los preceptos de esta Constitución obligan tanto a los titulares o integrantes de dichos órganos como a toda persona, institución o grupo. La infracción de esta norma generará las responsabilidades y sanciones que determine la ley".

5. Diferenciación entre el Poder Constituyente y el Poder Constituido.

El poder público en un Estado de Derecho debe ser ejercido por los titulares de los órganos estatales que ejercen las distintas funciones establecidas en la Constitución y dentro de las atribuciones y competencias en ella misma señalados, ya sean de índole legislativo, ejecutivo o judicial. Asimismo, cualquier proceso modificatorio de la Constitución, sólo compete a aquellos órganos estatales previamente creados y establecidos en ella para dicho fin.

La Constitución Política de Chile en el Capítulo XV establece las normas sobre reforma de la Constitución.

6. Separación de Poderes.

Con el objeto de evitar que la concentración del poder en una sola autoridad u órgano pueda conducir a actitudes arbitrarias o despóticas, debe distribuirse el poder atendiendo las funciones específicas en que puede manifestarse el poder estatal, y que permitan una autofiscalización o control entre los distintos órganos estatales encargados de realizar las actividades estatales. Sin embargo, la separación de poderes no debe afectar la debida coordinación y relación entre ellas, encaminadas al fin último del Estado que es el bien común.

En Chile, esta separación de los poderes puede constatarse por la existencia de un Poder Ejecutivo regulado en el Capítulo IV, el Poder Legislativo en el Capítulo V, el Poder Judicial en el Capítulo VI y el Poder Constituyente en el Capítulo XIV, todos de la Constitución Política.

7. Legalidad administrativa.

Los actos de la autoridad administrativa, destinados al cumplimiento, ejecución y aplicación de la ley, deben encuadrarse dentro de la preceptiva legal, a fin que éstos tengan validez pues, en caso contrario, se incurre en causal de vicio y de ineficacia jurídica. Ello se encuadra dentro del concepto de la jerarquía jurídica.

Al respecto, la Constitución de Chile en su artículo 7° dispone que "Los órganos del Estado actúan válidamente previa investidura regular de sus integrantes, dentro de su competencia y en la forma que prescriba la ley. Ninguna magistratura, ninguna persona ni grupo de personas pueden atribuirse, ni aun a pretexto de circunstancias extraordinarias, otra autoridad o derechos que los que expresamente se les hayan conferido en virtud de la Constitución o las leyes. Todo acto en contravención a este artículo es nulo y originará las responsabilidades y sanciones que la ley señale".

8. Poder judicial independiente.

Las controversias y conflictos jurídicos que se generen dentro de la comunidad, deben ser resueltos por un Poder Judicial que actúe ajeno a toda interferencia de terceros y que puedan afectar a su imparcialidad, independencia, legalidad, justicia y equidad, sin que sea licito la intervención de otros poderes del Estado.

Conforme al inciso 1° del artículo 76 de la Constitución de Chile, se establece que: "La facultad de conocer de las causas civiles y criminales, de resolverlas y de hacer ejecutar lo juzgado, pertenece exclusivamente a los tribunales establecidos por la ley. Ni el Presidente de la República ni el Congreso pueden, en caso alguno, ejercer funciones judiciales, avocarse causas pendientes, revisar los fundamentos o contenido de sus resoluciones o hacer revivir procesos fenecidos".

9. Existencia de Organismo Contralor.

El orden jurídico debe estar sujeto a un control por parte de entidades independientes del poder público y político. En lo referente a la supremacía de la Constitución, en Chile este control es efectuado por el Tribunal Constitucional facultado para declarar la inaplicabilidad o inconstitucionalidad de un precepto legal por ser contrario a la Constitución.

En cuanto al control de la actividad administrativa, este control es realizado por un órgano asimismo autónomo, que en Chile, es denominado Contraloría General de la República, con atribuciones para declarar la ilegalidad de los actos administrativos del ejecutivo.

El artículo 93 de la Constitución Política señala, entre otras atribuciones del Tribunal Constitucional, en su n° 6 la de resolver, por la mayoría de sus miembros en ejercicio, la inaplicabilidad de un precepto legal cuya aplicación en cualquier gestión que se siga ante un Tribunal ordinario o especial, resulta contraria a la Constitución. Además, en su n°7, establece la atribución de resolver por la mayoría de los cuatro quintos de sus integrantes en ejercicio, la inconstitucionalidad de un precepto legal declarado inaplicable en conformidad a lo dispuesto en el numeral anterior.

Asimismo, el artículo 98 en su inciso 1°, de la Constitución dispone que "Un organismo autónomo con el nombre de Contraloría General de la República ejercerá el control de la legalidad de los actos de la Administración, fiscalizará el ingreso y la inversión de los fondos del Fisco, de las municipalidades y de los demás organismos y servicios que determine las leyes; examinará y juzgará las cuentas de las personas que tengan a su cargo bienes de esas entidades; llevará la contabilidad general de la Nación, y desempeñará las demás funciones que le encomiende la ley orgánica constitucional respectiva".

10. Existencia y reconocimiento de instituciones opositoras.

Frente a la existencia de un poder político estatal, en un Estado de Derecho debe reconocerse la existencia de entidades y fuerzas políticas no estatales que gocen de independencia para su libre generación y actuación reconociéndoseles facultades para organizarse y expresarse a través de toda clase de medios de comunicación social. Los partidos asociaciones y movimientos políticos, gremios y grupos intermedios deben tener las garantías de su libre desarrollo.

La Constitución de Chile en su artículo 19 n° 15 inciso 6° dispone que "La Constitución Política garantiza el pluralismo político".

TITULO VIII

LA PERSONALIDAD DEL ESTADO

152. Su desarrollo.

En el Derecho Romano se encuentran instituciones que sirvieron de base para estructurar la concepción de que el Estado es una persona que tiene los atributos propios de ésta, lo que le permite ser sujeto de derecho y tener capacidad de obligarse.

Los conceptos de *collegium, corpus, sodalita,* suponían que los bienes que constituían sus patrimonios se mantenían en éstas, sin que pudiesen ser afectadas por la circunstancia que las personas que las constituían dejaran de pertenecer a ellas. Se diferenciaban de las *societas,* las cuales estaban constituidas por la unión de personas, de modo que la desaparición de alguno de ellos producía su disolución.

Los teólogos y canonistas configuraron la idea de la *personalidad moral* de las comunidades al desarrollar la concepción del Cuerpo Místico, es decir, la unión de Cristo con la Iglesia y sus fieles. Esta idea comenzó a aplicarse a organismos menores de la Iglesia, como las comunidades religiosas, monasterios, hospitales, orfelinatos, cofradías, obispados y otros, extendiéndose, posteriormente, a cualquier otra asociación humana permanente.

El Papa Inocente IV (1282-1362), quien fuere un notable jurista, sostuvo que las corporaciones eran personas en virtud de una ficción, es decir, por atribuirle una existencia en la imaginación, no obstante no tenerla realmente, construyendo así, la *teoría de la ficción.* Dicha teoría sirvió de base para desarrollar y sostener la concepción de la *persona moral,* que fuere generalizada por J. J. Rousseau en su obra El Contrato Social al referirse a la personalidad moral del Estado.

La teoría *de la persona jurídica* tiene su origen en la doctrina alemana del Derecho Privado, especialmente Savigny, pasando al campo del derecho público en Alemania. Se sostuvo la necesidad de concebir al Estado, no como una unión de hombres que actúan movidos por sus intereses particulares, sino como una comunidad institucionalizada que se superpone a los individuos miembros y tiende a fines de interés general y propios, por lo cual debe considerarse al Estado como una persona jurídica.

Puede concluirse que la teoría de la personalidad jurídica se formó por la influencia del derecho romano, el germánico y el canónigo.

153. Su importancia.

La teoría de la personalidad jurídica del Estado, tuvo mucha acogida dentro del pensamiento político liberal, pues con ello era posible imputar responsabilidad al Estado, ya que al concebírsele como una persona, podía ser sujeto de derechos y obligaciones y, por lo tanto, establecer relaciones jurídicas entre los ciudadanos y el Estado. Como persona, el Estado se presenta con los atributos propios de las personas naturales, esto es, capacidad de goce, nombre, domicilio, y patrimonio, entre otros.

La circunstancia de ser el Estado titular de un patrimonio, permite hacer efectiva su responsabilidad por los hechos o actos ejecutados por los agentes de los órganos estatales que, actuando dentro de campo civil, judicial o administrativo, puedan causar daño o perjuicio a los particulares.

154. Justificación de la personalidad del Estado.

Mediante la concepción que el Estado es una persona jurídica, detentadora de los atributos propios de las personas, es posible explicar y justificar la acción de éste en diversos campos.

a) Admitir que el Estado tiene personalidad jurídica, permite explicar la *perpetuidad* del Estado y de las obligaciones contraídas mediante los tratados suscritos con otros Estados u organismos internacionales. Aunque desaparezcan las personas naturales que representaron al Estado al momento de la suscripción de un contrato, éste continúa teniendo pleno efecto en cuanto al cumplimiento de las obligaciones pactadas.
b) En el Derecho Internacional, la personalidad jurídica del Estado constituye el fundamento de *la igualdad de los Estados*, pues incluso cuando éstos son desiguales por tener población, recursos económicos, poderío militar, extensión de territorios diferentes, en el plano jurídico son todos exactamente iguales respecto a la titularidad de derechos y obligaciones.
c) Por tener la calidad de persona jurídica, el Estado tiene un *patrimonio* propio que le permite el cumplimiento de sus fines, tales como mantener fuerzas armadas, policía, tribunales, hospitales, establecimientos educacionales, obras públicas, y otros.

155. Negación de la personalidad del Estado.

Existen juristas que niegan que el Estado tenga la calidad de persona jurídica invocando razones diversas.

Jacques Maritain considera que la noción de personalidad no debe ser aplicada al Estado, sino al pueblo, porque éste es un conjunto de personas individuales reales y su unidad deriva de la voluntad común de vivir agrupadas. De modo que la noción de personalidad colectiva o moral se aplica de modo genuino al cuerpo político que es el integrado por el pueblo [125].

El tratadista León Duguit señala que la personalidad del Estado no deja de ser un concepto escolástico y falto de base real, siendo sólo producto de una elucubración de los juristas, agregando que nadie ha visto, sentido o escuchado ni a las asociaciones, ni a la nación, ni al Estado, pues no tienen existencia física ni pueden ser percibidos por los sentidos como ocurre con las personas naturales [126].

Sin embargo, su posición es rebatida porque, aparte de las realidades sociales que pueden ser percibidas por los sentidos de los hombres, existen además, realidades jurídicas producto de figuras jurídicas, centradas naturalmente en la realidad social, pero distintas de ella, y que están modeladas por el derecho para que sean eficaces en su esfera. Se señala que los que contratan y comercian a diario, no son seres físicos, sino *personas,* que corresponde a un concepto jurídico generador del principio de la igualdad de éstos; las *instituciones jurídicas,* asimismo, gozan de atributos y cualidades que les permiten actuar en el plano jurídico, social y económico a través de sus agentes o representantes, y lo que puede ser percibidos de ellas, son los elementos o factores formales y externos, pero no su naturaleza misma[127].

El jurista Hans Kelsen, partiendo de premisas muy distintas a las de León Duguit, llega, sin embargo, a conclusiones parecidas. Kelsen depura el Derecho de todos aquellos elementos o factores que no son estrictamente jurídicos, entre los cuales se encuentran los aspectos sociológicos del derecho.

Sostiene H.Kelsen que el Estado no es sino que un conjunto de normas jurídicas, es decir, el Estado es el Derecho mismo, pero no una verdadera realidad social, y las personas, pueblo o nación no son elementos del mismo, sino el centro de imputación de las normas jurídicas, por lo cual las personas quedan así desustanciadas, convertidas en simples ficciones y el Estado es solamente el centro de imputación jurídica [128].

---

[125] Maritain Jacques. El hombre y el Estado. Ob. cit. p.65.

[126] Duiguit. León. Ob.cit. 177.

[127] Pérez S Nicolás. Ob. cit. p. 172.

[128] Kelsen H. Ob. cit. p. 93.

156. El patrimonio estatal.

De acuerdo a la noción clásica del patrimonio, éste "es el conjunto de los bienes, derechos y deberes susceptibles de evaluación pecuniaria de una persona considerado como una universalidad jurídica.[129] Por constituir el Estado una persona jurídica, posee un patrimonio propio que es administrado por éste para el cumplimiento de los fines estatales. La existencia del patrimonio estatal tiene importancia, entre otras razones, para hacer efectiva la responsabilidad del Estado.

Los bienes que componen el patrimonio estatal así como las formas jurídicas que pueden éstos revestir, constituye materia que analizan, principalmente los juristas alemanes y franceses.

1. Para la *doctrina alemana* el patrimonio Estatal está conformado por:

1) Patrimonio *fiscal,* que es el conjunto de bienes que está destinado a producir rentas al Estado, como puede ser yacimientos petrolíferos, minas de yacimientos metalíferos como cobre, oro, plata, etc.
2) Patrimonio *administrativo*, constituido por los elementos materiales adscritos a un servicio público, como un edificio de un hospital.
3) Bienes de *uso público*, que sirven para el disfrute de todas las personas, como las carreteras, puentes y otros.

2. Por su parte, la *doctrina francesa,* distingue entre bienes de dominio público que están afectos directamente al funcionamiento de un servicio público en el área marítima y de navegación, de comunicación terrestre y de inmuebles y muebles, y bienes de dominio privado y propio del Estado.

En Chile, el artículo 589 del Código Civil señala que se llaman bienes nacionales aquellos cuyo dominio pertenece a la nación toda. Si además su uso pertenece a todos los habitantes de la nación, como el de las calles, plazas, puentes, y caminos, el mar adyacente y sus playas, se llaman bienes nacionales de uso público o bienes públicos. Los bienes nacionales cuyo uso no pertenece generalmente a los habitantes, se llaman bienes del Estado o bienes fiscales.

Por su parte, el artículo 24 inc. 6° de la Constitución, dispone que el Estado tiene el dominio absoluto, exclusivo, inalienable e imprescriptible de todas las minas, no obstante la propiedad de las personas naturales o jurídicas sobre los terrenos en cuyas extrañas estuvieren situadas.

---

[129] Vial Víctor y otro. Derecho Civil. Ediciones Universidad Católica de Chile. Año 1985. p. 305.

157. La responsabilidad del Estado.

La responsabilidad del Estado está constituida por la obligación que tiene éste de reparar y satisfacer a personas naturales, jurídicas o terceros, los daños y perjuicios sufridos por éstos como consecuencia de actos u omisiones, dolosos o negligentes, cometidos por los agentes de los distintos órganos del Estado.

Las esferas de la responsabilidad estatal aumentan a medida que el acto o la omisión incriminada se aleja de la función propiamente soberana del Estado, por lo cual es fácil la generación de responsabilidad en la órbita administrativa, son menores en la jurisdiccional y legislativa y no es posible que se presente en la función constituyente.

a) Respecto del órgano constituyente, resulta evidente que no puede incurrir en responsabilidad alguna en el ejercicio de sus funciones de crear, modificar o revisar el texto constitucional, aun cuando su accionar pueda perjudicar o dañar intereses particulares de las personas, ya que su accionar importa el ejercicio mismo de la soberanía.

Excepcionalmente podría generarse una responsabilidad del Estado en el caso que dichos actos pudieren lesionar los derechos esenciales que emanan de la naturaleza humana, pues en el caso de Chile, el Estado, así como sus órganos, deben respetar y promover tales derechos garantizados por los tratados internacionales ratificados por Chile y que se encuentren vigentes, según lo dispone el artículo 5° de la Constitución Política.

b) El órgano *legislativo*, en el ejercicio de sus funciones, tampoco puede generar responsabilidad imputable al Estado, pues las leyes que apruebe podrán hacer variar radicalmente las instituciones, agraviar intereses, modificar el orden económico o jurídico del país pero todo ello adquiere plena validez y eficacia si se encuadran dentro del marco constitucional. Sin embargo, se contemplan mecanismos jurídicos para el caso que su accionar no se ajuste a la preceptiva de la Constitución.

En Chile, es posible el ejercicio de los recursos de inaplicabilidad e inconstitucionalidad que puede ser ejercido ante el Tribunal Constitucional, en los casos y circunstancias señalados en el artículo 93 de la Carta Fundamental.

c) El órgano judicial, en el desempeño de sus funciones se encuentra, en principio, ajeno a toda responsabilidad que se impute al Estado, aun cuando sus resoluciones o sentencias fueren contradictorias, toda vez que ellas tienen valor para cada caso particular, generando así el principio de la cosa juzgada. Sin embargo, por excepción el Estado puede asumir responsabilidad por los actos u omisiones de los órganos que ejercen la función judicial en los casos que se compruebe la comisión de un delito por parte de un magistrado o en los casos de sentencias injustificadamente erróneas o arbitrarias.

En Chile, el artículo 19 n°7 letra i) de la Constitución, establece que, una vez dictado sobreseimiento definitivo o sentencia absolutoria, el que hubiere sido sometido a proceso o condenado en cualquier instancia, por resolución que la Corte Suprema declare injustificadamente errónea o arbitraria, tendrá derecho a ser indemnizado por el Estado de los perjuicios patrimoniales y morales que haya sufrido.

d) Los *órganos administrativos,* en el cumplimiento de sus funciones, pueden generar un mayor ámbito de responsabilidad para el Estado, pues no sólo deben someterse al orden jurídico establecido, incluidas las solemnidades o formalidades de que están revestidos sus actos, sino que, además, deben respetar los principios del tratamiento igualitario para todas las personas tanto en la aplicación de la ley como en el ejercicio de los derechos legales, y los principios de justicia y equidad.

Por ello es que los actos de la administración pueden verse fácilmente enfrentados a la objeción o reclamo de ellos ante los Tribunales con el objeto no sólo de declarar su ineficacia, sino además, para hacer efectivas las responsabilidades que se generaren y que puede afectar no sólo al agente afectado, sino al Estado mismo cuando ello ha generado un perjuicio real y concreto.

Finalmente, debe señalarse que el Estado debe asumir las responsabilidades civiles por los actos realizados por sus agentes que sean constitutivos de infracciones contractuales o de ilícitos penales o cuasidelictuales.

En Chile, la Constitución Política establece en su artículo 20 el denominado recurso de protección destinado a proteger a toda persona que por causa de actos u omisiones arbitrarios o ilegales sufra la privación, perturbación o amenaza en el legítimo ejercicio de los derechos y garantías señalados en la misma disposición. El artículo 38 del indicado Texto Constitucional, establece que "Cualquier persona que sea lesionada en sus derechos por la Administración del Estado, de sus organismos o de las municipalidades, podrá reclamar ante los tribunales que determine la ley, sin perjuicio de la responsabilidad que pudiere afectar al funcionario que hubiere causado el daño".

TÍTULO IX
DE LAS FORMAS JURÍDICAS DE LOS ESTADOS.

158. Concepto.

Los Estados pueden ser clasificados desde diversas perspectivas, tal como la forma de su organización o estructura, o al modo de ejercer sus funciones e incluso, respecto a las ideas políticas o filosóficas que inspiran su actividad. Desde este último punto de vista, se pueden catalogar a los Estados como liberal, socialista, marxista, intervencionista, colonialista, imperialista, etc., es decir, constatando los fines u objetivos mediatos e inmediatos de los mismos.

Otro de los criterios clasificatorios de las formas de los Estados, atiende a la capacidad que tiene el Estado para organizarse jurídicamente en lo interno como en relación a las vinculaciones externas con otros Estados. Es decir, se atiende al valor y eficacia de su soberanía interna y externa.En estos casos, adquiere importancia la forma como el Estado establece su régimen jurídico, con especial relevancia en la manera de crear las normas legales, los órganos intervinientes en el proceso así como los ámbitos de competencia y los espacios de validez de las mismas.

Es esta visión de la estructura del Estado la que nos interesa, por su estrecha vinculación con la existencia de las condiciones necesarias para considerar a un Estado como Estado de Derecho. Así considerado, puede señalarse que las *formas jurídicas del Estado,* son las diversas conformaciones de organización que puede revestir el poder del Estado.

Para Herman Heller la manera como se distribuye el poder del Estado determina la forma del mismo aplicable a las dos formas fundamentales del Estado que son la democracia, con una estructura de poder construida de abajo arriba, y la autocracia, que organiza al Estado de arriba abajo [130].

Hans Kelsen sostiene que la doctrina de las formas de Estado, en cualquiera de sus épocas, no ha sido otra cosa que la teoría de las distintas posibilidades de crear el orden estatal como orden jurídico, por lo cual

[130] Heller H. Ob. cit. p.265.

forma de Estado designa el método de creación del orden estatal, es una forma jurídica, esto es, la manera de creación del Derecho [131].

No deben confundirse las formas jurídicas del Estado con *las formas de gobierno,* pues éstas se refieren a la manera como está compuesto el poder del Estado, es decir, a la organización y atribuciones de las autoridades. "La forma del Estado, expresa el profesor S. Galaz, mira fundamentalmente hablando, a la consistencia del Poder del cual el Estado es el titular; la forma de Gobierno, en cambio, está determinada por la manera como son designados los agentes que ejercen Poder y la forma como lo ejercen" [132].

159. Clasificación de las formas jurídicas de los Estados.

En la clasificación de las formas jurídicas de los Estados se considera si la estructura del Poder del Estado tiene uno o varios centros de imputación de la actividad estatal, por lo cual cabe distinguir varias formas.

a) Estados *simples o unitarios*, que son aquéllos que tiene un sólo centro creador de la norma jurídica.

b) Estados *compuestos,* que son aquéllos en los que, además del núcleo central de poder, con su variedad de órganos y funciones, tienen otros centros de poder subordinados, también dotados de su propia Constitución política, órganos y funciones.

Los Estados compuestos, a su vez, se clasifican en:

1. *Estados paritarios*, que son aquéllos que se encuentran en un mismo plano de igualdad jurídica, política y administrativa.

Pueden revestir las siguientes formas:

1.1 La Unión Personal.

1.2 La Unión Real.

1.3 La Unión Incorporada.

1.4 La Confederación de Estados.

1.5 El Estado Federal.

1.6 El Estado Regional.

---

131 Kelsen H. Teoría General del Estado. Ob. cit. p.409.

132 Galaz U. Sergio. Derecho Constitucional e Instituciones Políticas. Edit. U. Concepción.1960.p. 242.

2. *Estados no paritarios,* que son aquéllos que no se encuentran en un mismo plano de igualdad política, jurídica y administrativa ya sea por un trato no igualitario, o de subordinación de un Estado a otro.

Dentro de ellos se encuentran:

2.1 Los Estados Protectorados.

2.2 Los Estados Vasallos.

2.3 Los Estados Mandatos.

3. *Estados sui generis,* que corresponden a formas variadas de carácter internacional que sin revestir forma de Estado propiamente tal, son entidades generadoras de derecho tal como el Estado de la Ciudad del Vaticano, la Comunidad Británica, el Estado Asociado y la Naciones Unidas y la Unión Europea.

Párrafo I
De los Estados Simples

160. Estado Unitario.

El Estado Unitario, también llamado simple, es aquél que tiene un sólo centro de dirección política y de creación de la norma jurídica, que es aplicada y ejecutada en todo su territorio.

El jurista Alejandro Silva B., los define como "aquéllos en que existe sólo un centro de poder, ejercido a través de los respectivos órganos encargados de las distintas funciones, con sede en la capital del Estado, de las agencias que proyectan su acción en las distintas secciones del territorio, y de las reparticiones a través de las cuales se realizan los diversos servicios públicos"[133].

Debido al fraccionamiento del poder político, económico y territorial del sistema social durante el feudalismo, estas formas unitarias de Estados surgieron como necesidad de la centralización del poder en órganos estatales jerarquizados, imbuidos en la idea de la existencia de una autoridad plenamente identificada en cuanto a la responsabilidad política por la conducción del Estado.

Las principales *características,* son las siguientes:

---

[133] Silva B. Alejandro. Derecho Político. Ob. cit. p. 82.

a) El poder político conserva una *unidad* tanto en su estructura como sobre el elemento humano y territorial.

b) Existe un *sólo poder* ejecutivo, legislativo y judicial que regula la conducta de las personas en todo el ámbito espacial a través de los respectivos órganos del Estado que imponen la unidad de gobierno y de legislación.

c) La *autoridad central* del Estado, esto es el ejecutivo, monopoliza el poder de mando y ejercicio de las funciones públicas.

d) El *sistema de administración* de las funciones del Estado puede ser variado. La administración es la actividad que realiza el órgano ejecutivo destinada a distribuir los recursos humanos, materiales y económicos con los cuales presta a los gobernados los diferentes servicios en beneficio de la colectividad, tales como seguridad, justicia, salud, educación, etc. Esta administración puede ser centralizada, descentralizada, desconcentrada o regional, sin que ello afecte a su unidad política.

Entre los Estados que tienen la forma de unitarios o simple, puede citarse a Francia, Inglaterra, Italia, Perú, Colombia, Paraguay, Chile, entre otros.

En Chile, el artículo 3° de su Constitución de 1980 establece que "El Estado de Chile es unitario. La administración del Estado será funcional y territorialmente descentralizada, o desconcentrada en su caso, de conformidad a la ley. Los órganos del Estado promoverán el fortalecimiento de la regionalización del país y el desarrollo equitativo y solidario entre las regiones, provincias y comunas del territorio nacional".

Párrafo II

De los Estados Compuestos Paritarios.

Los Estados compuestos son uniones de Estado que, por una determinada circunstancia histórica o acuerdo pactado, tienen un solo Jefe de Estado, manteniendo cada uno de éstos la igualdad jurídica en sus vinculaciones y relaciones recíprocas.

No deben confundirse estas uniones de Estado con cierto tipo de organizaciones internacionales tales como uniones aduaneras, uniones administrativas, y otras, las cuales tienen por objeto fines específicos y determinados y que actúan estrictamente dentro de la competencia que se les ha asignado, sin afectar ni comprometer la soberanía y estructura de los respectivos Estados integrantes.

161. Unión Personal.

La Unión Personal es la unión de dos Estados totalmente independientes entre sí que tienen, en común, un monarca. Esta forma jurídica de Estado se caracteriza, única y exclusivamente, por la comunidad de Jefe del Estado, que corresponde a un resultado de coincidencia accidental de las leyes sucesorias que han elevado a una misma persona al trono de dos Estados independientes[134]. En estos casos, los Estados mantienen sus respectivos sistemas de gobierno y sus propios sistemas jurídicos y a sus habitantes no se les altera su nacionalidad.

Georg Jellinek expresa que la unión personal, en sentido jurídico, no es una unión de Estados, y que no hay nada estatista común, ya que nace a causa de la ley de sucesión al trono, distinta en cada Estado, cuando recae en una misma persona; que dura tanto tiempo como permanecen convergiendo en una persona los distintos derechos, y desaparece, tan pronto como esta coincidencia contingente se deshace por haber sido llamados a la corona, según el orden de sucesión al trono, personas diversas [135] .

Sin embargo, el profesor F.Cumplido[136] cita a los autores Marcel Prelot y Jean Boulouis para indicar que no existen razones válidas para limitar la unión personal a la forma monárquica, ya que varios Estados republicanos pueden tener simultáneamente un mismo Jefe de Estado, como sucedió con el caso de Simón Bolívar que fue Presidente simultáneamente de Perú (1813) de Colombia (1814) y de Venezuela (1814).

Estas uniones han tenido importancia en la historia, pues contribuyeron a la formación de vínculos más sólidos, como son los casos de los reinos de Castilla y Aragón, así como Inglaterra y Escocia.

Dentro de los casos de uniones personales, se encuentran:

a) Polonia y Lituania (1385-1569).

b) Prusia y Neuchatel (1707-1857.

c) Inglaterra y Hannover (1714-1837), originado por la ascensión de Jorge I de Hannover al trono británico, disolviéndose la unión estatal al ser coronada, como Monarca de Inglaterra, la reina Victoria, ya que

[134] Rousseau Charles. Ob. cit. p.103.

[135] Jellinek G. Ob. cit. p.565.

[136] Cumplido Francisco y otro. Derecho Político. Edic. Universidad A. Bello. Chile. 1990. p.423.

Hannover no admitía la sucesión femenina en iguales condiciones que la ley inglesa.

d) España y Alemania, bajo la corona de Carlos V.(1519-1556)

e) Los Países Bajos y Luxemburgo (1815-1890) creada por el Congreso de Viena 1815.

f) Bélgica y el Congo (1885 -1908) bajo el monarca belga Leopoldo I.

162. Unión Real.

La Unión Real es la unión de dos o más Estados que nace de un pacto estable que tiene organización política paralela, un Jefe de Estado y ciertos órganos comunes, que afecta principalmente a las relaciones exteriores.

El profesor Nicolás Pérez S. expresa que la unión real descansa en un convenio, que no es un auténtico contrato, sino pacto de conjunción, y se produce, por lo general, cuando los Estados no pueden realizar su fusión plena por dificultades nacionales internas. Por eso se ha dicho que son intentos fracasados para la formación de un Estado unitario, o conatos de Confederación en que juega papel primario la conservación deliberada de una misma dinastía[137].

Se señala que la Unión Real no es un "Estado" en el sentido jurídico de la palabra, sino un sujeto de derecho internacional público que tiene carácter bipartito, y como es creado por la voluntad de los Estados miembros, puede ser suprimido por acuerdo de éstos[138].

Se señalan los siguientes *elementos constitutivos* de la unión real:

a) Cierta *contigüidad territorial* entre los participantes ya que, por lo general, la unión real se apoya en una base geográfica y su relativa estabilidad proviene, precisamente, de esta vecindad.

b) Un *acto jurídico* explícito, interno o internacional, por el que los Estados asociados convienen la realización en común de ciertas actividades.

c) Una *comunidad de Jefe de Estado,* lo que explica que la unión real, como la unión personal, sólo pueden producirse entre Estados monárquicos.

d) La existencia de órganos comunes, tales como Jefe del Gobierno, ministerios, delegaciones mixtas de los parlamentos encargados de la gestión de los asuntos comunes como la Defensa Nacional, Hacienda,

[137] Pérez S. Nicolás. Ob. cit. p. 235.
[138] Rousseau Charles. Ob. cit. p. 106.

Política Exterior, fuera de los cuales cada Estado conserva su propia competencia.

Los siguientes Estados tuvieron esta forma jurídica:

a) Suecia y Noruega (1815-1905) que tenían en común al Monarca y un Consejo de Ministros encargado de regular determinadas materias.

b) Austria y Hungría (1897-1918) con un mismo Jefe de Estado, llamado Emperador de Austria, en Viena, y, en Budapest, rey de Hungría, y los Ministerios de Asuntos Exteriores, Guerra y Hacienda y además dos delegaciones legislativas, nombradas por cada Parlamento para resolver las cuestiones de orden general.

c) Dinamarca e Islandia (1918-1944) que, no obstante su falta de continuidad territorial, tenían en común al Monarca llamado rey de Dinamarca y de Islandia, una Comisión Paritaria Consultiva y otra Arbitral y un órgano danés, el Tribunal Supremo de Justicia.

163. Unión incorporada.

Es una Unión de Estados generada por la absorción de la personalidad, tanto interna como externa, de cada Estado por parte de la unión misma, conservando, cada Estado, cierta individualidad en lo concerniente a la administración y a su legislación civil. Es el caso de la unión de los reinos de Inglaterra y Escocia de 12 Mayo de 1707 para formar el Reino Unido de Gran Bretaña, a la cual se incorporó, posteriormente, Irlanda el 9 Julio de 1800 para formar el Reino Unido de Gran Bretaña e Irlanda del Norte.

164. Confederación de Estados.

La Confederación de Estados es una unión de derecho internacional entre dos o más Estados para cumplir fines determinados y precisos, conservando cada Estado su soberanía. Esta forma de Estados se caracteriza, porque el vínculo jurídico que los une, es de carácter internacional, debido a que se origina en un tratado internacional, en el cual se fijan los objetivos comunes, así como los órganos que regirán la Confederación y la determinación de las competencias necesarias para la obtención de las finalidades.

Georg Jellinek expresa que la Confederación no disminuye jurídicamente la soberanía de los Estados Confederados, sino que, más bien, se obligan éstos mutuamente, con el fin de conservar su soberanía, a ejercitar ciertas funciones, bien sólo en común, o al menos a hacerlo en común, bajo determinadas circunstancias [139].

En cuanto a la organización de la Confederación, la regulación de los asuntos comunes están entregados a un órgano central único, llamado Dieta, Consejo u Órgano colegiado compuesto por representantes de los Estados, designados por éstos, que actúan conforme a las instrucciones imperativas de sus gobiernos tomando decisiones sólo por unanimidad o de mayoría reforzada. Los acuerdos adoptados en la Confederación, sean legislativos, administrativos o judiciales, sólo tienen valor en los respectivos Estados, en virtud de la ratificación que deben efectuar éstos, es decir, tienen un valor indirecto.

El poder de la unión de la Confederación sólo se ejerce sobre los miembros, esto es, sobre los órganos supremos de los Estados, pero no tiene un poder sobre los ciudadanos particulares de los Estados de la Confederación. Constituyendo la Confederación una agrupación de Estados, no puede ser considerada por sí misma como un Estado, pues carece de los elementos propios de éstos, tal como un territorio propio, una población con nacionalidad y ciudadanía perteneciente a la Confederación, ya ellos corresponden a los propios Estados integrantes [140].

Históricamente las Confederaciones han tenido una existencia transitoria y efímera, ya sea porque se han disuelto, o bien, porque han pasado a formar una organización y unión más estrecha, originando así un Estado Federal o unitario.

Entre las Confederaciones de Estado, pueden señalarse la Confederación Helvética (1513) hasta 1848 en que se transformó en el Estado Federal Suizo; la Confederación Germánica de los Estados del Norte (1866); la Confederación de los Estados Unidos de Norteamérica (1776) transformado en Estado Federal en 1787; la Confederación Perú-Boliviana de 1836, organizada por el Presidente de Bolivia Andrés de Santa Cruz con el fin de reconstruir el antiguo virreinato del Perú, disuelta posteriormente con motivo del triunfo de Chile en el conflicto bélico.

---

[139] Jellinek G. Ob. cit. p.573.

[140] Silva B. Alejandro. Derecho Político. Ob. cit. p.82

165. Estado Federal.

Esta forma de Estado ha surgido como consecuencia del sistema político creado por los constituyentes de los Estados Unidos de Norteamérica, y tuvo por finalidad, establecer una vinculación más estrecha entre las trece colonias, pero permitiendo que éstas gozaran de una relativa independencia en la forma de gobierno.

Karl Loewenstein (1891-1973) expresa que el federalismo es la aportación americana más importante a la teoría y a la práctica del Estado moderno, pues uniones de Estado de tipo federal habían existido anteriormente como en la antigua Grecia y en los Cantones suizos, pero ninguna de estas formaciones constituyó un auténtico Estado Federal, en parte por la ausencia de órganos comunes de jurisdicción directa sobre los ciudadanos de los Estados asociados y en parte, por la preponderancia de uno de los miembros [141].

El surgimiento del Estado Federal corresponde, entre otras razones, a la convicción de mantener y respetar las tradiciones, cultura y unidad socio económica de las comunidades, ligándola a la necesidad de unidad nacional, la cual podría verse afectada en caso de fusión de Estados individuales con una sola organización estatal unitaria.

En el Estado Federal existe un poder político central que tiene competencia sobre todos los Estados asociados que integran, en conjunto, un solo Estado, por lo cual tiene, en común una Constitución y órganos que ejercen las funciones ejecutivas, legislativas y judiciales, pero respetando a cada uno de éstos, el derecho de tener, asimismo, una propia Constitución y órganos propios que ejercen, dentro de su propio territorio, las funciones ejecutivas, legislativas y judiciales, sometidos todos ellos al ordenamiento federal. Coexisten el Estado superpuesto o Estado Federal propiamente tal, y los Estados Miembros, o Asociados que lo componen, generándose dos niveles políticos, jurídicos y administrativos de Estados en que en el nivel superior corresponde al régimen federal y el inferior a los regímenes propios de cada uno de los Estados miembros.

Se trata de una asociación de Estados que tienen entre sí relaciones de derecho interno, es decir, de Derecho Constitucional, y mediante la cual un súper Estado se superpone a los Estados asociados [142]. Muchos Estados

---

141 Loewenstein Karl. Ob. cit. p.354.

142 Hauriou André. Ob. cit. p.177.

Federales han surgido por una transformación de las Confederaciones de Estados, como ha ocurrido en Suiza, Alemania, Estados Unidos de Norte América, México, Argentina, y otros.

166. Concepto de Estado Federal.

Para G. Burdeau, el Estado Federal, "es una asociación de Estados sometidos en parte a un Poder único y que, en parte, conservan su independencia". Sostiene que ello se logra por el principio de participación que se concreta en que las colectividades asociadas colaboran a la formación de las decisiones que valdrán para la Unión entera, y, además, por el principio de la autonomía que consisten en que los Estados asociados conservan cierta independencia en la gestión de sus asuntos [143].

G. Jellinek define al Estado Federal como un Estado soberano formado por una variedad de Estados y lo caracteriza porque su poder nace de la unidad estatista de los Estados miembros con una soberanía radicada en el Estado Federal por lo cual los Estados miembros no tienen una soberanía propia absoluta, sino sólo la que se les reconoce en la Constitución Federal [144].

C. Fayt, señala que el Estado Federal "es una unión de Estados de derecho político interno, investidos de soberanía y de los derechos de legislación y jurisdicción, formando una unidad política, existiendo un gobierno central y gobiernos locales". Agrega que se caracteriza esencialmente porque los Estados particulares o provincias tienen autonomía y además concurren y participan en el gobierno central, en la formación de la voluntad del poder en el Estado central [145].

167. Surgimiento del Estado Federal.

Estados Federales han surgido a través de la historia por variadas formas o procedimientos y debido a causas internas o externas.

1. *Por unión de Estados Soberanos preexistentes.*

Mediante un acto de ejercicio de sus propias soberanías, varios Estados plenamente soberanos, deciden establecer una vinculación jurídica y política mediante una Constitución Política común. En estos casos,

[143] Burdeau. Georges. Ob. cit. p.73.
[144] Jellinek G. Ob. cit. p.578.
[145] Fayt C. Ob. cit. T. II. p.106.

el primer acto jurídico político consiste en la suscripción de un tratado internacional, según el cual los Estados se obligan a crear, por sobre ellos, un Estado del que serán miembros, fijando las bases de su estructuración. Mediante actos posteriores, aprueban la Constitución Federal, crean los órganos estatales y eligen sus autoridades.

Las colonias confederadas de EE.UU. de Norte América mediante la Constitución Política de 1787, se transformaron en Estado Federal. Asimismo en Suiza mediante la Constitución de 29 mayo de 1874 los Estados Confederados acordaron la creación de un Estado Federal. Igual sucedió con Alemania, con la Constitución de Weimar de1919, entre otros.

2. *Por decisión de un Estado Unitario.*

Diversas circunstancias pueden inducir a un Estado Unitario transformarse en Estado Federal. Es el caso de Brasil que, en consideración a la gran extensión de su territorio que dificultaba la administración oportuna, en el año 1891 se transformó en una República Federal. Por tanto, el Estado Federal, en estos casos, así como la posición jurídica de los Estados Miembros descansan en un acto de Derecho Político, la ley del Estado unitario, que convierte a las circunscripciones descentralizadas en Estados Miembros [146].

3. *Por un pacto internacional.*

Varios Estados plenamente soberanos, mediante un tratado internacional y por razones políticas, económicas, geopolíticas, estratégicas, acuerdan la renuncia de sus respectivas organizaciones jurídicas como Estado, constituyendo de un Estado que absorben sus respectivas instancias internas e internacionales.

168. Características del Estado Federal.

La naturaleza, constitución y funcionamiento del Estado Federal, presenta las características que se indican a continuación.

1. El Estado Federal *está compuesto* por diversos Estados Miembros que conservan un grado de autonomía política y jurídica, que se manifiesta, fundamentalmente, respecto de su régimen interno y en que la mayor

[146] Lucas V. Pablo. Ob. cit. T. II. p.353

o menor independencia, responde al desarrollo histórico, cultural, a la estructura social de las comunidades integrantes del Estado Federal.

2. Coexisten *dos regímenes constitucionales* que corresponden a la Constitución Federal válida para todo el Estado Federal y, por consiguiente, para todos los Estados miembros, y las Constituciones propias de cada uno de éstos. Se trata de normas de Derecho Público Interno y no de Derecho Internacional, como ocurre en las Confederaciones de Estados.

3. El Estado Federal es el único que tiene el carácter de *sujeto de derecho internacional*, es decir, con capacidad para ejercer derechos y contraer obligaciones válidas en el campo del derecho internacional, pues los Estados miembros carecen de esa titularidad. Sin embargo, existen algunas *excepciones*, como es el caso de Alemania, cuyo artículo 32 inc. 3° de su Ley Fundamental de 1949 señala que los Estados miembros, con el asentimiento del Gobierno Federal, podrán concertar tratados con Estados extranjeros, y el caso de la Federación de la URSS que en el año 1944 decidió dar competencia a sus Estados miembros Ucrania y Bielorrusa para permitir a la Unión Soviética tener dos sedes complementarias en la ONU; en Alemania, el Land de Baja Sajonia firmó un concordato con el Estado del Vaticano el 26 de febrero de 1965; en Canadá, el Estado de Quebec suscribió un convenio cultural con Francia el 27 febrero de 1965.

4. El *territorio nacional* del Estado Federal está formado por el conjunto de los territorios de los Estados Miembros en donde es ejercido el poder central, pero también puede comprender partes de territorios exclusivamente sometidos al Estado Federal, como sucede con el distrito de Columbia en los Estados Unidos de Norteamérica. Al respecto, se sostiene que el Estado Federal tiene solamente un territorio, igual como el Estado unitario, pero lo que sucede es que organiza, constitucionalmente, distintos espacios políticos. Antes de darse un Estado, antes de ejercerse la soberanía, existe un área territorial, no existen espacios políticos; éstos surgen porque los organiza la Constitución. El Estado unitario organiza un solo espacio político, que en cierta medida coincide con el área territorial; en cambio, el Estado Federal organiza varios espacios políticos, tantos como los Estados Miembros.

5. Existe una *nacionalidad única* y común para todas las personas del Estado Federal. Las personas pertenecientes a los distintos Estados Miembros carecen de una nacionalidad propia. Se excluye la posibilidad de una

doble nacionalidad, pues el vínculo jurídico generador de los derechos y obligaciones de las personas, se genera directamente entre cada uno de éstos y el Estado Federal. En el concierto internacional la nacionalidad reconocida es la que otorga el Estado Federal.

6. Existe una *ciudadanía única* de naturaleza federal reconocida para todo el Estado Federal que permite al ciudadano la participación en los procesos públicos contemplados en el régimen democrático, tales como elecciones del Jefe de Estado, de parlamentarios, jueces, consultas legislativas, plebiscitos, referéndum y otros. Además, existe una ciudadanía válida para el respectivo Estado Miembro al cual pertenece el ciudadano, para el ejercicio de los derechos civiles o políticos propios de dicho Estado Miembro.

7. Coexisten un *sistema de órganos* federales con los sistemas de órganos estatales de los Estados Miembros. A través de los órganos estatales, el Estado Federal legisla, gobierna, administra y hace justicia, actuando directamente sobre toda la población del Estado Federal, y constituidos por el Jefe de Estado, el Parlamento Federal y el Tribunal Supremo Federal. En los Estados Miembros, cada Estado tiene sus propios órganos y autoridades elegidas por sus propios ciudadanos, como el Jefe de Gobierno, Parlamento y Tribunales de Justicia con poderes, atribuciones y facultades únicamente válidas en sus respectivos territorios conforme a la Constitución del Estado Miembro y dentro de los marcos de la Constitución Federal.

8. El *Derecho Federal* se aplica por sobre el Derecho Estatal propio de los Estados Miembros, y es necesario que concurran para ello, dos requisitos:

a) Que el Derecho Federal se ajuste al ámbito de las competencias estatales, y

b*)* Que el Derecho Estatal de los Estados miembros, sea contrario al Derecho Federal.

Para resolver las controversias que puedan suscitarse en la determinación del derecho aplicable, se estable un órgano jurisdiccional con competencia para declarar la inconstitucionalidad de la ley cuando exceda del marco de la Constitución Federal. Para esas situaciones, Alemania tiene establecido un Tribunal Constitucional y en los EE.UU. de N.A. esta función está entregada a la Corte Suprema.

9. La política de conducción de las *Relaciones Exteriores*, es de competencia exclusiva del Estado Federal, quien es el único titular con personalidad

jurídica internacional. De mismo modo la organización y dirección de la Defensa Nacional y Fuerzas Armadas, es de competencia del Gobierno del Estado Federal. En determinadas situaciones, se otorgan atribuciones a los Estados Miembros para convenir directamente con otros Estados convenios de carácter internacional sobre determinadas materias obligando exclusivamente a los contratantes.

169. Vinculaciones entre el Estado Federal y los Estados Miembros. El Estado Federal busca establecer un equilibrio entre la autonomía de cada Estado Miembro y el poder político ejercido por el órgano central, que se manifiesta en un Poder Ejecutivo único elegido por todos los ciudadanos del Estado Federal, un Legislativo bicameral, compuesto por una Cámara formada por representantes de cada Estado Miembro y otra Cámara integrada por miembros elegidos de acuerdo con el número de sus habitantes o ciudadanos.

Las relaciones entre el Estado Federal y los Estados Miembros, se rigen por dos principios llamados "autonomía" y de la "participación.

1. *El principio de la autonomía.*

Consiste en cierto grado de autodeterminación que los Estados Miembros conservan en la gestión de sus asuntos. Disponen de autonomía gubernamental la que se traduce en el hecho que tengan legislación, gobierno y sistema jurisdiccional propio. Siguen siendo Estados, porque el Poder que les rige es solidario de una idea de derecho que procede de ellos.

Esta autonomía debe estar encuadrada dentro de la Constitución Federal, la cual puede imponer principios jurídicos o políticos que deben ser respetados por las Constituciones de los Estados Miembros como, por ejemplo, sucede en Alemania, cuya Ley Fundamental establece en el artículo 28 que los Estados Federados deben estar constituidos por gobiernos republicanos, democráticos y sociales de derecho.

2. *El principio de la participación.*

Se concreta este principio en que los Estados Miembros pueden colaborar a la formación de las decisiones que tendrán plena validez y eficacia en todo el Estado Federal. Toda organización federal supone la existencia de instituciones encargadas de gestionar los intereses comunes con una competencia variable.

Esta participación se expresa en los siguientes aspectos:

a) El poder constituyente federal, otorga a los Estados Miembros el derecho a participar en la creación, revisión o modificación de la Constitución. Es el caso del artículo 5° de la Constitución de EE.UU. de Norteamérica que establece que las enmienda a ella requieren, además de la aprobación del Congreso, la ratificación de las legislaturas de las tres cuartas partes de todos los Estados Miembros o por Convenciones celebradas en las tres cuartas partes de los mismos. Además, dicha disposición establece que no se privará a ningún Estado, sin su consentimiento, de su derecho a igualdad de sufragios en el Senado.
b) El poder legislativo está constituido en los Estados Federales por un órgano bicameral que son la Cámara de Representantes que elige a sus miembros en proporción a la población y la Cámara Alta o Senado, en que sus miembros se eligen en representación de los Estados Miembros.

En EE.UU. de N.A., en la Cámara de Representantes se aplica el principio de la representación en relación a la población, por lo que existen Estados Miembros que tienen una gran población, y cuyo número de representantes es superior a la de aquellos Estados Miembros con menor cantidad de habitantes. No sucede así con el Senado, que está constituido por dos senadores representantes de cada Estado Miembro, cualquiera que sea su cantidad de población o extensión territorial y que son elegidos por los ciudadanos de los respectivos Estados.

La aplicación del principio de participación tiene, sin embargo limitaciones, pues la Constitución Federal establece principios, valores, procedimientos y modalidades de funcionamiento a los Estados Miembros con el fin de lograr la unidad federal, estableciendo siempre la supremacía del derecho federal sobre el estatal y entregando a un Tribunal Superior Federal la resolución de los conflictos como última instancia.

170. Distribución de competencia en el Estado Federal.

La circunstancia que en el Estado Federal coexistan dos órdenes jurídicos con órganos que cumplen funciones afines, obliga a establecer la forma de distribución de la competencia, entendida como el ejercicio de la soberanía en su sentido material.

Los métodos de distribución de competencia se pueden realizar mediante la enumeración de las atribuciones del Estado Federal y de los Estados

Miembros, o bien mediante una enumeración de las atribuciones de los Estados Miembros de suerte que las materias no citadas corresponden al Estado Federal. También se puede conferir a los Estados Miembros todas las competencias que no se les prohíben directamente.

Al respecto, cabe distinguir clases de competencia denominadas de atribución exclusiva, de derecho común y concurrente.

1. *Competencia de atribución exclusiva.*

Es la que corresponde exclusivamente al Estado Federal y que versa sobre materias que están expresamente establecidas en la Constitución Federal. La Ley Fundamental de Alemania en su artículo 73 dispone que corresponde exclusivamente al Gobierno Federal legislar sobre asuntos exteriores, así como la defensa, incluyendo la protección de la población civil, la nacionalidad en el plano federal, la libertad de circulación, el régimen de pasaportes, la inmigración y la extradición, la moneda y el cambio, los pesos y medidas y la medición del tiempo, y otras materias señaladas en dicha disposición.

2. *Competencia de derecho común.*

Es la que corresponde a los Estados Miembros y que les permite legislar sobre aquellas materias que no han sido entregadas como de competencia del Estado Federal y que no les está prohibida a los Estados Miembros.

Un caso de competencia de esta naturaleza se encuentra en el artículo 70 de la Ley Fundamental de Alemania que establece que "Los Estados tendrán derecho a legislar en la medida que la presente Ley Fundamental no confiera potestades legislativas a la Federación." Igualmente, en la Constitución Política de los EE.UU. de N.A. en virtud de la Enmienda n°1 de 1791 se establece que "Los poderes no delegados a los Estados Unidos por la Constitución, ni prohibidos por ésta a los Estados, quedarán reservados respectivamente a los Estados o al pueblo."

3. *Competencia concurrente.*

Es la facultad para legislar sobre ciertas materias que corresponde, tanto al Estado Federal, como a los Estados Miembros y que se contemplan en la Constitución Federal. El artículo 74 de la Ley Fundamental de Alemania señala que las materias de la legislación concurrente se extiende a los campos del derecho civil, reunión, asociación, uso de armas, previsión pública, penal, penitenciario, organización judicial, procedimiento judicial, la abogacía, y otros.

171. Federalismo Cooperativo.

El Estado Federal ha debido adaptarse a los requerimientos de las políticas necesarias para permitir una mayor agilización y colaboración en las relaciones entre el Gobierno Central y el de los Estados Miembros.

Para la realización de determinadas actividades se han creado incentivos a los Estados Miembros, como es el caso de las *subvenciones federales* sujetas al cumplimiento de ciertas condiciones establecidas previamente en un programa y al cual pueden adherirse libremente los Estados.

También se pueden crear órganos comunes compuestos por miembros del Estado Federal y de los Estados Miembros de carácter consultivos y destinados a mejorar la cooperación mutua.

Pueden, además, suscribirse *acuerdos o convenios* sobre determinadas materias entre el Estado Federal y los Estados Miembros o Federados, relacionadas con el ejercicio de competencias concurrentes o relacionadas entre sí.

Estas mismas formas de cooperación pueden, generarse entre Estados Miembros entre sí, con el objeto de crear polos de atracción para el desarrollo de áreas de la economía, cultural, educación, etc. que les son comunes, y que les interesa desarrollar.

172. El Estado Regional.

El vocablo región se refiere a una porción de territorio determinada por caracteres étnicos o circunstancias especiales de clima, producción, topografía, administración, gobierno, etc., por lo cual el concepto de Estado Regional incide en un Estado estructurado en función de las características de una determinada región.

Estado Regional "es el Estado que se organiza a base de vastas circunscripciones configuradas por extensas secciones territoriales definidas de acuerdo con características geográficas, históricas, económicas y sociales, a las cuales se dota de órganos propios para hacer cierta una efectiva autarquía y poder mantener y afirmar sus peculiares rasgos colectivos."[147].

[147] Silva B. Alejandro. Derecho Político. Ob. cit. p. 85.

Se pueden señalar las siguientes características principales del Estado Regional:

a) Su *forma jurídica* es la de un Estado Unitario, con un grado muy amplio de descentralización administrativa territorial, teniendo un sistema de organización política que resulta intermedia entre la federal y la unitaria.
b) Las *bases esenciales* del régimen regionalista se encuentra establecido en la propia Constitución del Estado.
c) La región es considerada como *una corporación territorial* dotada de personalidad jurídica de Derecho Público interno, con patrimonio propio y autonomía financiera, constituido por impuestos propios, cedidos parcial o totalmente por el Estado y otros ingresos.
d) Se otorga *competencia legislativa* a la región para dictar las normas aplicables en su región sobre materias específicamente determinadas en la misma Constitución Política, a través de órganos estatales elegidos democráticamente en la región.
e) La región tiene un *gobierno regional propio* con atribuciones propias, sin perjuicio de la coordinación y subordinación al gobierno central.

En Italia, la Constitución Política de 1947 establece en su artículo 115 que "Las regiones estarán constituidas en entidades autónomas con poderes y funciones propias con arreglo a los principios establecidos en la Constitución." Se agrega en el artículo 121 que "Son órganos de las Regiones, el Consejo Regional, la Junta y su Presidente. El Consejo Regional ejercerá las potestades legislativas y reglamentarias, encomendadas a las regiones y las demás funciones que confieran a éstas la Constitución y las leyes. Podrá, asimismo, formular propuestas de ley a las Cámaras. La Junta Regional será el órgano ejecutivo en las Regiones. El Presidente de la Junta representa a la Región, promulga las leyes y los reglamentos regionales y dirige las funciones administrativas delegadas por el Estado a la Región, ajustándose a las instrucciones del Gobierno central".

En España, la Constitución Política de 1978 establece, en su artículo 2°, la autonomía de las regiones, las que son reguladas en el Capítulo tercero de la misma. En su artículo143 se establece que "En el ejercicio del derecho a la autonomía, las provincias limítrofes con características históricas, culturales y económicas comunes, los territorios insulares y las provincias con entidad regional histórica, podrán acceder a su autogobierno y constituirse en Comunidades Autónomas con arreglo a la Constitución y a sus Estatutos". Tienen una Asamblea Legislativa, elegida por sufragio, un Consejo de Gobierno, con funciones ejecutivas y administrativas y con responsabilidad política ante la Asamblea, un Presidente del Consejo, elegido por la Asamblea de entre sus miembros y nombrado por el Rey y también responsable políticamente ante la Asamblea.

Párrafo III.
De los Estados Compuestos no Paritarios.

Los Estados compuestos no paritarios están constituidos por la unión, permanente o transitoria de varios Estados en que en la estructura de su organización y funcionamiento, se establecen diferencias de poder, atribuciones y deberes, estableciendo subordinación o dependencia de un Estado en relación a otro Estado de dicha unión.

173. Estados Vasallos.

Estado Vasallo es la unión de Estados en que uno de ellos, junto con dar protección a otro Estado, exige la renuncia de éste al ejercicio de las funciones relacionadas con su política exterior y, además, debe pagar un tributo a su protector. Corresponden a situaciones históricas en que por causas muy diversas tal como asegurarse el amparo frente a posibles ataques, o de prevenirse contra revoluciones, aprovechamiento de fuerzas militares de otros e incluso por razones de divergencias religiosas o culturales, se produce esta situación en que un Estado requiere amparo de otro, a cambio de tributos o cesión de derechos.

El autor Ch. Rousseau señala que se trata de una concepción del derecho feudal que trasladada al orden internacional, tiene, en la época contemporánea carácter anacrónico, en que a lo sumo puede verse en ella una forma jurídica transitoria, intermedia entre la subordinación política y la completa independencia [148]. Así ocurrió con Servia, con Rumania y con Bulgaria entre 1856 a 1908.

174. Estados Protectorados.

Se entiende por Estado Protectorado la unión de Estados en que uno de ellos otorga protección a otros a cambio de la renuncia de éstos al ejercicio de las funciones relacionadas con la política exterior. La finalidad del Estado Protector, por regla general, es la de asegurarse un mercado para la colocación de sus productos manufacturados y obtener, al mismo

---

[148] Rousseau Charles. Ob. cit. p.142.

tiempo, las materias primas proveniente de ese mismo Estado. Es el caso de Gran Bretaña sobre Egipto (1914-1922) y de Alemania sobre Bohemia y Moravia (1939-1945).

175. Estados Mandatos.

Esta forma de estructuración de los Estados, tiene su origen en el Tratado de Versalles con el objeto de tutelar a países que aún no se encontraban en condiciones de tener una plena independencia política. Fueron Estados que quedaron sujetos a la administración de otros Estados, llamados mandatarios, así dispuesto por la Sociedad de las Naciones, como consecuencia de la pérdida de las colonias de Alemania en la Primera Guerra Mundial. En estos casos, dicha entidad internacional otorgó a determinados Estados, la labor de dirigir la administración de territorios o Estados, carentes de capacidad de autodeterminación y organización. Es el caso de Siria y Líbano que quedaron bajo la administración de Francia y de Palestina e Irak bajo Gran Bretaña.

Párrafo IV.
Otras Formas Jurídicas de Estados.

176. Estado de la Ciudad del Vaticano.

El Vaticano, sede de la Iglesia Católica Apostólica, es el Estado de menor extensión en el mundo ubicado dentro de la ciudad de Roma que surgió con motivo del Tratado de Letrán firmado en Roma el 11 febrero de 1929 entre la Iglesia Católica e Italia.

En el Tratado hay un explícito reconocimiento, por parte de Italia, de la soberanía de la Santa Sede en el orden internacional como atributo inherente a su naturaleza y en conformidad con su tradición y con las exigencias de su misión en el mundo. Se reconoce, además, la plena propiedad, la autoridad exclusiva, absoluta y la jurisdicción soberana de la Santa Sede sobre el Vaticano y crea el Estado de la Ciudad del Vaticano ajeno a toda injerencia del Gobierno italiano, y se consagra la inviolabilidad de la persona del Sumo Pontífice.

Con fecha 7 de junio de 1929 se promulgó por el Papa Pío XI la Constitución del Estado de la Ciudad del Vaticano cuyo preámbulo señala que "Por nuestra iniciativa y a ciencia cierta, en plenitud de Nuestra autoridad soberana, hemos ordenado y ordenamos que se observe como ley del Estado, lo siguiente."

En esa introducción se constata que la soberanía se presenta radicada en la persona del Papa, lo cual se ratifica en el artículo 1° en que se establece que el Soberano Pontífice, soberano del Estado Ciudad del Vaticano, tendrá la plenitud de los poderes legislativos, ejecutivo y judicial y en caso de ausencia, esos poderes corresponderán al Sacro Colegio Cardenalicio. En la Constitución se establecen los órganos a través de los cuales se ejercen las distintas funciones del Estado.

El territorio del Estado, con una superficie de cuatro hectáreas está delimitado en el Tratado de Letrán y respecto de su población se reconoce una nacionalidad vaticana, la cual tiene un carácter muy especial, pues es supletoria a la nacionalidad de origen de las personas, que subsiste, y además es de carácter temporal puesto que se pierde cuando la persona abandona la Ciudad del Vaticano. El Estado de la Ciudad del Vaticano mantiene relaciones internacionales con una gran cantidad de Estados y es integrante de la Organización de las Naciones Unidas. El texto actualmente vigente de la Constitución es de fecha 22 de febrero de 2001 promulgado por SS. Juan Pablo II.

177. La Commonwealth Británica.

Es la libre asociación de Estados independientes y libres que tienen en común la fidelidad a un soberano único representante de la Corona de Gran Bretaña, que es considerado Jefe de la Comunidad.Se encuentra regulado por el Estatuto de Westminster aprobado el ll de diciembre de 1931, constituido por diversos Estados independientes, por colonias autónomas, por colonias de la Corona, por protectorados y por territorios bajo fideicomiso.

Entre los Estados independientes, se encuentran Gran Bretaña, Canadá, Australia, Nueva Zelandia, India, Pakistán, Ceilán, Ghana, Malasia, Chipre, Nigeria, Sierra Leona, Islas Samoa, Jamaica, Trinidad Tobago, Uganda, Kenya, Tanzania, Malawi, Malta, Zambia y Gambia.

Las colonias autónomas dotadas de un cuerpo legislativo son Gibraltar, Aden, Guayana Británica, islas Fiji, y otras. Dentro de las colonias de la Corona, directamente administradas por el gobierno británico, son Honduras Británicas, islas Falkland, y otras. Entre los protectorados, se encuentran Somalía Británica, islas Salomon y Tonga. Los territorios bajo fideicomiso lo integran Nueva Guinea, isla Nauru, Samoa occidental y otros.

La fidelidad a la Corona por parte de los miembros de la Commonwealth genera varias consecuencias:

1. Existencia de una *nacionalidad común* a todos los miembros del Commonwealth actualmente regulado por el British Nationality Bill de 1948.

2. El Parlamento inglés no puede *deponer al monarca* y sustituirlo por otro sin el consentimiento de la Commonwealth. Ello ocurrió en el caso del Rey Eduardo VII en el año 1936 con motivo de la autorización solicitada a los Estados de los dominios para contraer matrimonio con Mrs. Simpson, permiso que le fue negado, por lo cual el Monarca abdicó al trono con la aprobación a la comunidad.

178. Estado Asociado.

Con motivo de la guerra entre España y EE.UU de N.A., éste ocupó e invadió la isla de Puerto Rico el 25 julio de 1898 y más tarde, mediante el Tratado de París de 10 diciembre de 1898, Puerto Rico fue cedido por España a los EE.UU. de N.A.

En el año 1900 se estableció un gobierno civil que reemplazó el gobierno militar de ocupación con un Gobernador nombrado por EE.UU. N.A. En 1917 se concedió a los portorriqueños la ciudadanía de los EE.UU. de N.A. y en 1947 el Congreso aprobó una Ley que permite a Puerto Rico nombrar el Gobernador mediante voto electoral.

Posteriormente se convino en la creación de una asociación jurídica y política de características muy sui generis y particular entre EE.UU. de Norteamérica y Puerto Rico, regulado por la Ley n°600 de 1950 aprobada por el Congreso norteamericano y por la Constitución de 1952 de Puerto Rico.

En virtud de tales convenios, Puerto Rico es un Estado Libre de carácter republicano, con soberanía propia, pero asociado a los EE.UU. de N.A., con ciudadanía de éste aun cuando no forman parte del Estado Federal, pero sí vinculado a toda la Unión y subordinado, en determinadas materias, según pacto suscrito.

179. La Unión Europea.

Al término de la Segunda Guerra Mundial, el Ministro de Asuntos Exteriores de Francia, Robert Schuman en un discurso del 9 mayo de 1950 propuso por primera vez, la creación de una Comunidad Europea del Carbón y Acero, entre los países europeos democráticos.Su creación y desarrollo se ha generado a través de diverso tratados, en que los objetivos económicos fueron ampliándose a otras áreas políticas, sociales, gubernamentales, judiciales, políticas y otros que han transformado a la Comunidad en una Unión Europea.

Las principales *fuentes jurídicas* son el Tratado de París de 1951, constitutivo de la Comunidad Europea del Carbón y del Acero; el Tratado de Roma de 1957, constitutivo de la Comunidad Económica Europea y de la Energía Atómica; el Tratado de Maastricht de 1992, el Tratado de Amsterdam de 1997, el Tratado de Niza de 2001 y otros.

La Unión Europea es una construcción nueva que no se asimila en ninguna de las categorías jurídicas clásicas y constituye un *sistema político original*, en permanente evolución desde hace cincuenta años.

Los Estados que han suscrito los Tratados de París y Roma, en los años 50, y los de Maastricht, Ámsterdam y Niza, en los 90, han consentido una *delegación de soberanía* en beneficio de las instituciones comunitarias representativas, a un mismo tiempo, de los intereses nacionales y del interés comunitario.

Los Tratados, que constituyen el *Derecho originario*, se encuentran en numerosos actos jurídicos que tienen una incidencia directa en la vida cotidiana de los ciudadanos europeos. Es el caso de los reglamentos, directivas y recomendaciones adoptados por las instituciones comunitarias.

Se encuentra dotada de cinco instituciones, cada una de ellas con una función específica:

1. *Parlamento Europeo*, elegido por los ciudadanos de los Estados miembros.

2. *Consejo de la Unión Europea*, que representa a los Gobiernos de las Estados miembros.

3. *Comisión Europea*, que tiene el carácter de un órgano ejecutivo.

4. *Tribunal de Justicia*, que garantiza el cumplimiento de los acuerdos.

5. *Tribunal de Cuentas*, que le corresponde controlar la legalidad y regularidad de la gestión del presupuesto de la Unión Europea.

La Unión Europea ha establecido normas económicas, laborales, educacionales, políticas, tributarias, civiles, penales y otras que deben ser adoptadas en las legislaciones internas, una moneda común, un *Banco Europeo*, una *ciudadanía común* y pretende la aprobación de una *Constitución Política* que regule las relaciones entre los Estados Miembros.

La Constitución Política elaborada define a la Unión Europea como una unión democrática y abierta de ciudadanos y de Estados iguales, y señala que la Unión Europea se basa primeramente en una serie de valores. Tanto el preámbulo como los artículos iniciales de la Constitución señalan la Unión se inspira en "en la herencia cultural, religiosa y humanista de Europa", defendiendo por tanto valores universales tales como derechos humanos, libertad, democracia, igualdad y Estado de Derecho.

Sin embargo, diversos Estados no se han pronunciado por la ratificación de la Constitución, e incluso, algunos como Francia y Holanda, la han rechazado.

Por su parte, el Reino Unido mediante referéndum efectuado el 23 de junio de 2016, resolvió retirarse de la Unión Europea, originando con ello una incertidumbre sobre el futuro de la Unión, frente a la posibilidad que otros Estados invocando asimismo problemas de limitaciones de soberanía, de emigraciones y otros, pudieren optar por esa misma vía de exclusión.

TITULO X
DE LAS FUNCIONES DEL ESTADO

180. Sistematización.

Las variadas funciones que ejecuta el Estado en ejercicio del poder soberano para el cumplimiento de sus fines y objetivos, suponen que las distintas actividades de éste se desarrollen en ámbitos de competencias determinadas y precisas, que impidan la duplicidad de las mismas, o las controversias en su ejercicio.

Para su logro, debe observarse el principio de la separación de los poderes públicos y la forma de generar los entes u órganos a través de los cuales puedan realizarse estas actividades así como el modo de seleccionar a las personas que realizarán materialmente esos cometidos.

La separación de poderes no es sino la forma clásica de expresar la necesidad de distribuir y controlar, respectivamente, el ejercicio del poder político, esto es, la distribución de determinadas funciones estatales a diferentes órganos del Estado [149].

181. Teoría de la División de los Poderes Públicos.

Las distintas actividades que el Estado debe realizar para el cumplimiento de sus fines son ejecutadas por órganos estatales, los cuales efectúan variadas funciones, según sea la materia y competencia que les son asignadas por el orden jurídico.

En las organizaciones políticas más primitivas, el poder político estaba centrado en una sola autoridad o jefe, y era éste el que ejercía el poder en todas sus manifestaciones como impartir órdenes, exigir su cumplimiento y administrar justicia. Sin embargo, desde el momento que la sociedad política se fue desarrollando, en lo social y económico y estructurándose en base a un orden jurídico, comenzó a surgir la necesidad que algunas funciones fueren realizadas por personas distintas a las del Jefe.

Durante la época del absolutismo monárquico, especialmente en Europa, todas las funciones del ejercicio de poder político se encontraban radicadas en el Rey, por lo cual éste hacía o acordaba la ley, la hacía ejecutar y resolvía los conflictos que se generaran.

John Locke en su obra "Ensayo del Gobierno Civil", observando la forma de operar el gobierno en Inglaterra, distingue la existencia del poder *legislativo,* destacándolo como el poder supremo de la comunidad, el poder *ejecutivo*, que tiene por función aplicar la ley y que se encuentra subordinado al legislativo, y el poder *federativo* encargado de cumplir las funciones exteriores del Estado, tales como alianzas, tratados, declaraciones de guerra.

Correspondió a Montesquieu presentar la teoría de la separación de poderes como un principio dogmático e institucional, en su obra El Espíritu de las Leyes (1748) inspirado principalmente en el sistema imperante en Inglaterra. Montesquieu sostiene que la única forma para lograr que un

---

149 Loewenstein Karl. Ob. cit. p.55.

Estado respete la libertad de los ciudadanos, especialmente la libertad política, es evitar que el ejercicio se encuentre concentrado en una sola autoridad, órgano o poder pues, al no existir un control en su ejercicio, se incurre en abusos.

Por ello, propicia la *división tripartita* del ejercicio del Poder Político, que es único, en un *Poder Legislativo, Ejecutivo y Judicial* los cuales, a través de la existencia de diversos órganos o magistraturas estatales, cumplan las respectivas funciones que son distintas, exclusivas e independientes, impidiendo que las funciones se interfieran entre ellas, pues el primero debe hacer la ley; el segundo, hacerla cumplir y el tercero, juzgar las controversias.

Estos supuestos constituyen la llamada *Doctrina de la Separación de Poderes* y constituye un principio dogmático del Estado constitucional liberal, ya que se considera indispensable para asegurar la libertad de los ciudadanos, en la medida que distribuye el ejercicio del poder político, pues impide que un individuo, grupo de personas o una asamblea, puedan, al mismo tiempo, dictar leyes y aplicarlas.

El principio de la separación de poderes se ha transformado en una exigencia institucional, a partir de la Constitución Norteamericana de 1787, ya que se ha incorporado en los regímenes constitucionales de diversos Estados para determinar la forma de estructurar el poder político, configurando la arquitectura institucional del Estado Liberal.[150]

La aplicación de los principios de la separación de poderes, ha dado margen a tres interpretaciones distintas:

a) *La interpretación presidencialista o estricta.*

Es la forma del ejercicio del poder político en los Estados Unidos de N.A., conforme a su Constitución de 1787, en que el poder ejecutivo está radicado en la figura del Presidente de la República, electo popularmente, con amplia facultad de designar y destituir a sus ministros, los cuales sólo tienen responsabilidad política ante el Presidente de la República, sin que tengan acceso a las salas de sesiones del Senado y de la Cámara de Representantes. El Presidente carece de la facultad de disolver las Cámaras, y participa ante el Parlamento, sugiriendo un programa legislativo mediante

---

150 Lucas V. Pablo. Ob. cit. T. II. p.133.

su mensaje anual, pudiendo el Congreso no acogerlo, e incluso, si se trata del presupuesto, rechazarlo.

b) *La interpretación parlamentaria o flexible.*

Se presenta en el sistema de gobierno parlamentario, en que el Gabinete depende de la confianza de la mayoría parlamentaria por lo cual la función ejecutiva está íntimamente ligada a la legislativa y, consecuencialmente, la separación de los poderes es reducida.

c) La interpretación directorial.

Corresponde a la forma de separación de poderes existente en Suiza en que el Consejo Federal, que es el órgano ejecutivo compuesto de siete miembros, es elegido por la Asamblea Federal, que es el órgano legislativo. El Consejo Federal concurre con las Cámaras en la iniciativa legal y sus miembros tienen acceso a las asambleas y pueden participar en sus debates.

La separación de poderes es mínima, pues la generación del órgano ejecutivo es obra del legislativo y por ello, si se produce desacuerdo entre el Ejecutivo y el Parlamento, el Consejo Federal no renuncia y tampoco puede disolverse el Parlamento, limitándose a armonizar su orientación política con la mayoría existentes en las Cámaras.

La concepción de la división tripartita de los poderes públicos se ha ido complementando con el reconocimiento de la existencia de otros poderes, a los cuales se les asignan roles de supervisión o control, tal como el llamado *Poder Contralor o Fiscalizador*.

Su antecedente lo constituyeron los Tribunales de Cuentas que surgieron como consecuencia de la necesidad de controlar el manejo de los fondos públicos ampliándose posteriormente sus facultades a otros ámbitos de la administración, con lo cual se transformaron en órganos autónomos de control y fiscalización.

Es el caso, en Chile, de la Contraloría General de la República que tiene por función ejercer el control de la legalidad de los actos de la Administración, así como los ingresos y la inversión de los fondos del Fisco, de las municipalidades y otros organismos y servicios públicos.

La doctrina de la separación de poderes ha sido objeto de *críticas*, pues ella induce a confusión al usar el término plural de poderes, en circunstancia que el poder público es uno, porque es el Poder del Estado, que es superior, originario, superior, independiente y autónomo.

Asimismo, se señala que es imposible la existencia y funcionamiento de órganos absolutamente separados, que realicen una determinada función con total prescindencia de los otros órganos que cumplen también otras funciones propias del poder público del Estado, por lo cual la práctica ha demostrado que más que una separación de poderes existe una coordinación y una subordinación entre ellos.

Como consecuencia de la doctrina de la separación de poderes y de su aplicación real y efectiva ha surgido el denominado *principio de la irrevocabilidad recíproca de los poderes,* en que se sostiene los postulados que se indican.

1. El titular de un Poder no puede ser depuesto por el titular de otro Poder.

Este principio permite aceptar la libre generación, mantención y ejercicio de los titulares de los poderes así como su independencia, pero admite excepciones, como es el caso de la deposición del titular del poder ejecutivo o del judicial mediante el llamado el juicio político.

En Chile, conforme a lo establecido en los artículos 52 y siguientes de la Constitución Política, el Senado puede destituir al Presidente de la República, Ministros de Estados, Magistrados de los Tribunales de Justicia, Contralor General de la República, Generales y Almirantes de las Fuerzas Armadas, Intendentes y Gobernadores por las causales y conforme a los procedimientos establecidos en la propia Constitución.

2. Las normas emanadas de un Poder no pueden ser revocadas por las normas de otros Poderes.

Una ley aprobada por el Poder Legislativo no puede ser dejada sin efecto por la sola resolución del Poder Ejecutivo, así como las sentencias emanados del Poder Judicial no pueden ser dejados sin efecto por los otros poderes.

Sin embargo, existen excepciones pues se admite que una condena impuesta por una sentencia judicial definitiva y ejecutoriada emanada del Poder Judicial, puede dejar de aplicarse por un acto del Poder Ejecutivo mediante el indulto, o por el Poder Legislativo a través de una Ley de Amnistía.

3. Cada Poder debe realizar una sola función.

Es en este sentido donde se puede apreciar, con mayor precisión, el principio de la separación de los poderes, pues éstos realizan sus actividades a través de los distintos órganos estatales.

No obstante, cabe señalar que no es un principio, absoluto, ya que existen excepciones. El Poder Ejecutivo puede, en determinadas circunstancias, ejercer funciones legislativas, como sucede con la legislación de emergencia o delegada o el ejercicio de la propia iniciativa legal. Asimismo, el Poder Ejecutivo puede cumplir funciones judiciales, como ocurre con los indultos, o los procesos de nombramiento o calificación del comportamiento de los jueces.

El artículo 64 de la Constitución Política de Chile establece que el Presidente de la República podrá solicitar autorización al Congreso Nacional para dictar disposiciones con fuerza de ley durante un plazo no superior a un año sobre materias que correspondan al dominio de la ley.

182. De los órganos del Estado.

El Estado tiene la calidad de una persona jurídica de derecho público, por lo cual sus actividades debe realizarlas a través de una organización estable y permanente que distribuya y ordene todos los elementos con que está dotado. Para su logro, el Estado crea entes u órganos que forman parte de su estructura y cuyo accionar y resultado es imputado al Estado mismo.

En términos generales, se entiende por órgano cualquiera de las partes del cuerpo animal o vegetal que ejerce una función, y según el Diccionario de la Lengua Española, considera por órgano, "toda persona o cosa que sirve para la ejecución de un acto o designio". Al igual que en el caso de las partes de un ser orgánico que tiene una integración total al cuerpo, el órgano estatal no tiene vida propia e independiente, sino que forma parte y participa de la vida del todo, que es el Estado, y se encuentra encargado sólo de cumplir una determinada función, esto es, una determinado tipo o forma de actividad del Estado.

183. Concepto de órganos del Estado.

Para que la actividad realizada por los órganos sea imputada al Estado, es necesario que exista una norma jurídica que haga posible que el acto de la persona que representa y actúa por el órgano estatal, sea imputado como acto realizado por el Estado. Por consiguiente, el concepto de órgano del Estado, puede considerarse desde dos puntos de vista.

1. Concepto formal.

Se considera órgano del Estado como el cuerpo o ente jurídico creador y ejecutor del orden estatal. Es la norma jurídica, la Constitución o la ley, la que crea el ente, y le asigna una determinada competencia y función.

Así, por ejemplo, en el artículo 24 de la Constitución Política de Chile se establece que el gobierno y la administración del Estado corresponden al Presidente de la República, quien es el Jefe del Estado. En esta disposición se crea un órgano y se le asigna una determinada actividad que, en este caso, es el Ejecutivo con la función asignada de gobernar y administrar el Estado.

2. Concepto material.

El órgano del Estado es la persona que desempeña una determinada función asignada por el orden jurídico. Se trata de la persona física que actúa en representación del ente u órgano estatal y cuyos actos se imputan al órgano. En el caso del Jefe del Estado, es la persona con nombre y apellidos que desempeña dicho cargo por voluntad popular por un determinado periodo.

Por lo expuesto, se entiende por órganos del Estado, los entes fictos a través de los cuales éste cumple sus funciones para el logro del bien común.

184. Requisitos de actuación.

Los órganos del Estado deben cumplir las respectivas funciones asignadas, sometiéndose al orden constitucional y legal y dentro de los marcos de la *competencia* que el propio orden jurídico asigna a cada uno de ellos, esto es, el ámbito de atribuciones y facultades otorgadas para el buen cometido de sus actividades.

Además, los órganos del Estado deben observar y acatar las *formalidades* establecidas legalmente, pues todo acto realizado por el órgano estatal que exceda sus atribuciones o no observe el cumplimiento de solemnidades, es ineficaz y adolece de nulidad.

Las personas que representan y actúan por el órgano estatal, para actuar válidamente por ellos, deben previamente haber sido *investidas* conforme a las exigencias establecidas por el mismo orden jurídico.

Los artículos 6° y 7° de la Constitución Política de Chile inciden en estas exigencias para la validez de la actuación de los órganos estatales. El primero establece que los órganos del Estado deben someter su acción a la Constitución y a las normas dictadas conforme a ella y garantizar el orden institucional de la República, y la infracción a dicha norma, genera las responsabilidades y sanciones legales. Por su parte, el segundo, dispone que los órganos del Estado actúan válidamente previa investidura regular de sus integrantes, dentro de su competencia y en la forma que prescriba la ley y que todo acto en contravención a ello, es nulo y origina las responsabilidades y sanciones que señale la ley.

185. Clasificación de los órganos estatales.

Los órganos estatales pueden clasificarse atendiendo a la forma de imputación de su actividad al Estado, a factores políticos, al número de sus componentes y a la competencia que les otorga el orden jurídico.

1. *Organos primarios, secundarios y supletorios.* Esta clasificación atiende a si la voluntad del órgano estatal puede ser imputada directamente al Estado o debe hacerse tal imputación por intermedio de la voluntad de otro órgano estatal intermedio.

Organos primarios son aquéllos cuya actividad es imputada directamente a la voluntad del Estado. Es el caso del cuerpo electoral en los casos que actúa directamente en la resolución de una materia sometida a su conocimiento, como es el caso de un plebiscito o referéndum, pues su resultado es la expresión de una voluntad definitiva que no requiere de la confirmación o aprobación de otro órgano.

Organos secundarios, son aquéllos cuya actividad, para que se entienda completa y total, requiere de la voluntad de otro órgano estatal. Un ejemplo, en Chile, es el Parlamento respecto del proceso de formación de la ley, pues para que un proyecto ya aprobado por él se transforme en ley, requiere que sea aprobado por otro órgano estatal, en este caso, el Presidente de la República. Sin embargo, hay casos en que el Parlamento puede tener el carácter de órgano primario tratándose de otras materias como, por ejemplo, el denominado juicio político.

Organos supletorios, son aquéllos cuya actividad puede ser realizada excepcionalmente sólo cuando sustituyen al titular de un determinado órgano estatal, como el caso, en Chile, del Vicepresidente de la República.

2. *Organos unipersonales y pluripersonales o colegiados.* En esta clasificación se atiende al número de personas que constituye el órgano estatal.

Son *órganos unipersonales* aquéllos cuyos titulares están constituidos por una sola persona, como es el caso del Jefe de Estado o Presidente de la República.

Son *órganos pluripersonales* o colegiados aquéllos que están constituidos por dos o más personas, como es el caso del Parlamento, los Tribunales Superiores de Justicia, y otros.

3. *Organos simples, complejos y parciales.* Esta clasificación atiende a la competencia que se otorga a los órganos del Estado.

Son *órganos simples* aquéllos que realizan por sí solos las actividades comprendidas dentro de la órbita de sus competencias y que tienen capacidad para dictar normas de carácter definitivas. Es el caso, en Chile del Tribunal Constitucional, que puede declarar inaplicable un precepto legal en un juicio o gestión judicial para un caso particular, pues en contra de su resolución no existe ningún otro órgano con competencia para modificarla o revisarla.

Son *órganos complejos* aquéllos que necesitan de la concurrencia de varios órganos estatales simples para realizar una determinada actividad o función estatal con eficacia jurídica. Se trata de una competencia concurrente, es decir, conferida a varios órganos estatales para que puedan generar un acto jurídico estatal.

En el proceso de formación de una ley en Chile, se presenta esta situación, en que para que la ley tenga valor jurídico, requiere de la concurrencia de ambas Cámaras del Parlamento y además, de la aprobación del Presidente de la República mediante el decreto promulgatorio. Incluso, puede ser necesaria la intervención de otro órgano estatal, como es el Tribunal Constitucional, en los casos de leyes interpretativas de la Constitución o leyes orgánicas constitucionales.

Son *órganos parciales* aquéllos que necesitan de otro órgano estatal para generar un acto jurídico propio. Se trata de una competencia excluyente, pues el orden jurídico asigna competencia sólo a un determinado ente para realizar una actividad, pero se dispone la concurrencia de otro órgano estatal para la eficacia de ese acto sin que ello signifique que éste tenga competencia para realizarlo. Es el caso, en Chile, de la facultad del Presidente de la República para decretar Estados de Excepción Constitucional, en que, según los casos, necesita del acuerdo del Congreso Nacional.

186. De las funciones de los órganos estatales.

Señala el profesor Mario Justo López, que la palabra "función" tiene un sentido "genérico" que lleva consigo la idea de dinamismo, de actividad. También posee un sentido "matemático" que evoca la idea de "correlación", es decir, de dependencia entre dos variables. Además, tiene un sentido "jurídico político" que implica la idea de "finalidad" y que menciona los actos necesarios para el cumplimiento de los "fines" del Estado, por lo cual tales funciones no son sino las distintas manifestaciones de la actividad de los órganos del Estado, consideradas como actividad estatal orientada hacia los fines propios o atribuidos al Estado"[151].

Conforme a la doctrina clásica, el Estado realiza actos destinados al logro de sus finalidades mediante la función de elaborar normas jurídicas, y de cuya actividad se genera el acto jurídico que es el resultado o producto de esta actividad. Dichas funciones del Estado, son realizadas y ejecutadas a través de los órganos estatales para cuyos efectos, el orden constitucional les entrega atribuciones o competencia.

Desde este punto de vista, la *función* es la potestad que las normas jurídicas asignan como válida a un determinado órgano estatal, para el cumplimiento de una determinada actividad. Las funciones realizadas por el Estado a través de sus órganos están constituidas por la función constituyente, legislativa, ejecutiva, administrativa, judicial y de fiscalización o control.

187. Función Constituyente.

Es la actividad realizada por el Estado destinada a crear o modificar la estructura de su organización y de su sistema jurídico, político y constitucional. Por tratarse de los fundamentos mismos de dicho sistema, esta función del Estado se cumple a través de un órgano especialmente establecido en la Constitución para dicho fin, que es llamado órgano constituyente.

---

[151] Justo L. Mario. Ob. cit. p.286.

El profesor Enrique Sayagués expresa que la función constituyente interesa analizarla desde un aspecto formal y otro material. Desde el primer punto de vista puede definirse como la actividad estatal de creación de las normas constitucionales. Señala que está justificado considerar esta función separado de la función legislativa por su distinta eficacia jurídica, ya que las normas constitucionales predominan siempre sobre las de origen legal. Desde el plano material, la función constituyente es la actividad estatal que tiene por objeto la formulación de las normas relativas a la creación y organización de las entidades estatales [152].

El Poder Constituyente debe actuar observando el cumplimiento de solemnidades y formalidades, destinadas a que dicha función que debe ser realizada con estricto apego a la normativa constitucional a fin de mantener la estabilidad institucional. En estos casos, la doctrina le atribuye la calidad de *Poder Constituyente derivado o constituido.*

Puede ocurrir que en un Estado por causas fácticas o de otra naturaleza, se encuentre quebrantado el orden constitucional y resulta necesario su restablecimiento. En estos casos, se recurre a la fuente originaria de la residencia de la soberanía, esto es, el pueblo que asume, mediante el plebiscito o referéndum el carácter de *órgano constituyente primario.*[153]

El Capítulo XV de la Constitución Política de Chile, en sus artículos 127 a 129, establece los requisitos, procedimientos y solemnidades a que debe someterse el órgano constituyente en la función de la creación de los preceptos constitucionales.

188. Función Legislativa.

En términos amplios, esta actividad legislativa tiene por finalidad la creación de las normas jurídicas con rango o categoría de ley y es cumplida por el órgano legislativo que detenta el Poder Legislativo.

El profesor Mario Verdugo señala que la función legislativa es la producción de normas generales y obligatorias tendientes a regular la conducta tanto de los ocupantes como de los no ocupantes de los cargos

---

[152] Sayagués L. Enrique. Tratado de Derecho Administrativo. Edit. Bianchi. Montevideo. 1959. T. I. p.35.

[153] Vivanco M. Angela. Curso Derecho Constitucional. Edit. U. Católica. 2002. Tomo I. p.258.

o roles de gobierno, y con respecto a todo tipo de relaciones que se establezcan entre ellos.[154]

Dentro de las normas jurídicas, al órgano legislativo le corresponde específicamente el estudio y aprobación de la ley como norma general obligatoria.

Se entiende por ley toda regla de conducta humana que se origina en el ejercicio de la autoridad del Estado y dictada para el bien común de la comunidad

En la ciencia política se entiende por ley sólo aquellas normas jurídicas emanadas y aprobadas por el órgano estatal competente que reúna las características de tener un sentido general, concebida en términos abstractos, con una vigencia permanente y predeterminadas, esto es, que rijan antes de la realización de la conducta considerada en la descripción hecha por el legislador.

El órgano legislativo encargado de la función legislativa es el Parlamento constituido por las Cámaras legislativas que, en Chile, son la Cámara de Diputados y el Senado, las cuales deben someterse a los procedimientos establecidos en los artículos 65 y siguientes de la Constitución y la Ley Orgánica Constitucional del Congreso Nacional n°18.918 de 1990.

La Constitución Política de Chile, en su artículo 63 n° 20 señala que es ley, "toda norma de carácter general y obligatoria que estatuya las bases esenciales de un ordenamiento jurídico". Por su parte, el art.1° del Código Civil, señala que "la ley es una declaración de la voluntad soberana que, manifestada en la forma prescrita en la Constitución, manda, prohibe o permite"

Según el artículo 66 de la indicada Constitución, las leyes pueden tener el carácter de **interpretativas** de la Constitución que son aquellas que para ser aprobadas, modificadas o derogadas requieren de las tres quintas partes de los diputados y senadores en ejercicio; **orgánicas constitucionales** respecto de aquellas materias expresamente señaladas por la Constitución y cuyo quórum de aprobación, modificación o enmienda es de las cuatro séptimas partes de los diputados y senadores en ejercicio; de **quórum calificado** respecto de materias también así indicadas en la Constitución y con un quórum de la mayoría absoluta de los diputados y senadores en

[154] Verdugo Mario y otro. Edit. Jurídica. Chile. 1974. T. I. p.294.

ejercicio y las demás leyes llamadas **simples u ordinarias** que son todas aquéllas que no quedan comprendidas en las anteriormente indicadas y que se aprueban, modifican o derogan de la mayoría de los miembros presentes de cada Cámara.

Asimismo, en Chile, queda comprendida dentro de la función legislativa, las normas sobre materia de ley que dicta el Presidente de la República, previa autorización del legislador, denominadas decretos con fuerza de ley, y los tratados internacionales que promulga el Presidente de la República en uso de sus atribuciones con la aprobación del Congreso Nacional.

Al respecto, el artículo 64 de la Constitución en su inciso primero, establece que el Presidente de la República podrá solicitar autorización al Congreso Nacional para dictar disposiciones con fuerza de ley durante un plazo no superior a un año sobre materias que corresponden al dominio de la ley.

189. Función Ejecutiva.

La función ejecutiva es aquélla que tiene por finalidad realizar el objetivo establecido en la ley, permitiendo concretar su aplicación, en forma efectiva y práctica, a los casos reales y ciertos a los cuales se aplican los supuestos generales contenidos en ella [155].

Esta función ejecutiva es realizada a través del órgano ejecutivo que en los sistemas de gobierno parlamentarios es cumplida por el Gobierno Ministerial y, en los casos de sistemas presidenciales, por el Presidente de la República.

En este último caso, se dota al Jefe de Estado de la denominada *potestad reglamentaria* que se expresa en la facultad para dictar *reglamentos*, que son los cuerpos de normas generales, ordenadas y sistemáticas relativa a una materia determinada a fin de facilitar su ejecución; *decretos,* que son las órdenes escritas del ejecutivo ordenadas a través de un Ministerio, y las *instrucciones* que se refieren a directivas generales dirigidas a los funcionarios subordinados de un determinado órgano estatal en que se indican la manera o forma del cumplimiento de una norma legal y que pueden tener el carácter de circulares u oficios.

---

[155] Fayt S. Carlos. Ob. cit. T. II. p.84.

190. Función Administrativa.

El órgano ejecutivo, para aplicar la ley, debe realizar una actividad de administración de los recursos humanos, materiales y económicos con los cuales puede prestar, a los gobernados, los diferentes servicios en beneficio de la colectividad, tales como la seguridad pública, la justicia, la educación, la salud.

El profesor Nicolás Pérez S. expresa que la función administrativa consiste en la actividad jurídica del Estado encaminada a la organización y sostenimiento de su estructura y al régimen de normal desenvolvimiento de los servicios públicos [156].

Esta administración puede ser realizada en *forma directa* por los órganos estatales creados específicamente para un fin determinado y dotado con funcionarios técnicos, tal como ocurre, por ejemplo, en Chile en el caso del Servicio de Impuestos Internos en la función de la determinación y liquidación de los impuestos a que se encuentra afecto a una persona.

También esta administración puede ser realizada en *forma indirecta*, en que el Estado, a través de sus órganos, comprueba la aplicación de las normas generales a los casos particulares, sancionando a los contraventores de leyes administrativas, como sucede con la obligación de los comerciantes de retener, en cada compraventa efectuada, el Impuesto al Valor Agregado y su reintegro a la Tesorería General de la República.

Según sea la forma jurídica del Estado, esto es, si se trata de una forma unitaria o federal, así como la mayor o menor concentración que pueda revestir la administración por parte del órgano ejecutivo, ella puede revestir *varias formas.*

1. Centralizada.

Es una forma de administración del Estado que se caracteriza porque el gobierno central se convierte en el cuerpo unificador de todas las funciones. En los casos en que se configura una sola estructura administrativa jerarquizada verticalmente en que los funcionarios subalternos deben actuar y cumplir íntegramente las directivas e instrucciones de sus superiores, la administración se llama *concentrada.* Un ejemplo es la Tesorería General de la República de Chile.

---

[156] Pérez S. Nicolás. Ob. cit. p.409.

Sin embargo, si la actividad administrativa se cumple a través de agentes locales del poder central, dentro de los límites señalados por el poder superior, pero disponiendo de cierta autonomía para resolver problemas concretos y específicos, la administración recibe el nombre de *desconcentrada.* En estos casos, los agentes subalternos tienen competencia para adoptar determinadas decisiones sobre asuntos regionales y locales, quedando siempre sujetos jerárquicamente a la autoridad superior, ya que sólo se produce un desplazamiento del centro de poder de decisión. El órgano desconcentrado carece de personalidad jurídica, pues no actúa por sí mismo, sino que con la personalidad jurídica del órgano central.

2. Descentralizada.

La descentralización es una forma de administración del Estado que se caracteriza porque las funciones administrativas están distribuidas y son ejercidas por órganos estatales específicamente creados para tales propósitos. Corresponde a formas modernas de administración del Estado que permiten enfrentar los problemas derivados de la congestión poblacional, comunicacional y económica donde el control, y la fiscalización rápida y ágil constituyen el pilar de una buena resolución administrativa.

Los órganos estatales, en estos casos, no están subordinados jerárquicamente a ningún otro órgano administrativo, pues son *creados por ley*, la cual le otorga directamente las atribuciones, así como una *personalidad jurídica*, *responsabilidad* y un *patrimonio propio*. Ello no impide, sin embargo, que la legalidad de sus actos administrativos, así como el control de sus ingresos y egresos contables estén sujetos a la fiscalización y control de un órgano contralor, como ocurre con la Contraloría General de la República de Chile.

La descentralización administrativa puede revestir la forma llamada *funcional,* que es aquélla que se efectúa a través de la creación de entes públicos con la finalidad de cumplir un determinado servicio técnicamente especializado en todo el territorio del Estado, como es el caso, en Chile, de la Corporación de Fomento.

También puede tener la forma llamada descentralización *territorial,* que es aquélla que se realiza por entes públicos para prestar servicios o realizar labores en un nivel regional o local de determinado territorio jurisdiccional, como son los casos de los Municipios.

191. Función Jurisdiccional.

El vocablo "jurisdicción" deriva de las voces latinas "juris" y "dictio" que significan "declarar el derecho" y, desde este punto de vista, corresponde a una facultad o atribución perteneciente tanto al Poder Legislativo como al Poder Judicial. Al primero le corresponde declarar el derecho en términos generales, sin relación a determinadas personas o cosas, mediante la dictación de la ley; en cambio, al segundo, le corresponde hacerlo respecto de casos particulares o concretos que se le presenten, mediante la dictación de la sentencia, para lo cual debe determinar previamente la situación fáctica real y precisar la norma jurídica aplicable en ese caso.

Por ello, en un sentido *restringido,* la jurisdicción es la facultad que tiene el Poder Judicial de administrar justicia. También es definida por algunos autores como aquel poder soberano estatal en cuya virtud se administra justicia; o bien, como la declaración del derecho controvertido o la reintegración del derecho violado.

El profesor A.Silva expresa que la función judicial consiste en determinar la norma jurídica aplicable y llevarla a su respeto y cumplimiento en relación a una controversia producida en una situación de hecho compleja [157].

La función jurisdiccional es una actividad compleja, pues importa desentrañar hechos en los cuales concurren criterios subjetivos en la interpretación por parte de sus actores y, además, puede suceder que, para la solución de la controversia, no exista norma legal o, por el contrario, concurran simultáneamente varias normas jurídicas aplicables, originándose la tarea para el tribunal de establecer su vigencia y grado de jerarquía de las mismas a fin de determinar el derecho aplicable.

En esta actividad, el Estado, a través de los órganos estatales establecidos para estos efectos, que son los Tribunales de Justicia, debe cumplir la función judicial sobre toda materia de controversia tanto civil como penal, incluida la voluntaria, y cualesquiera que sean las partes o sujetos involucrados, ya sean particulares o el propio Estado.

En Chile, la función jurisdiccional corresponde al Poder Judicial según las normas contenidas en el Capítulo VI de la Constitución Política. En efecto, el artículo 76 establece que la facultad de conocer de las causas civiles y criminales, de resolverlas y de hacer ejecutar lo juzgado, pertenece

157 Silva B. Alejandro. Derecho Político. Ob. cit. p.72.

exclusivamente a los tribunales establecidos por ley. Ni el Presidente de la República ni el Congreso pueden, en caso alguno, avocarse causas pendientes, revisar los fundamentos o contenidos de sus resoluciones o hacer revivir procesos fenecidos. Reclamada su intervención en forma legal y en negocios de su competencia, no podrán excusarse de ejercer su autoridad, ni aún por falta de ley que resuelva la contienda o asunto sometido a su decisión.

192. Función Fiscalizadora.

El vocablo "fiscalizar" significa "criticar y traer a juicio las acciones u obras de otro", y quien realiza una labor fiscalizadora ejecuta, además una función de control que, por su parte, significa "acto de comprobación, inspección, fiscalización, intervención".

Por consiguiente, la función de fiscalización es toda actividad que procura que los órganos estatales cumplan sus funciones dentro de las órbitas de sus respectivas competencias, ajustándose a los procedimientos y solemnidades establecidos.

No obstante que todo órgano estatal debe ejercer su propio autocontrol y fiscalización, existen entes públicos específicamente establecidos para cumplir este fin en las distintas tareas del Estado, los cuales han adquirido importancia debido a que sus actividades cada vez han ido abarcando mayores campos de la vida colectiva, ya sea en lo económico, cultural, educacional, sea por obras y actos de sus propios órganos, o bien, porque ha entregado esas actividades a los particulares, lo cual también requiere que estén sometidos a control.

En algunos Estados, como es el caso de Chile, dentro del campo del control y fiscalización de la actividad del Estado, se han creado órganos estatales con autonomía e independencia, como es el caso del Tribunal Constitucional respecto del control de la Constitución, y la Contraloría General de la República referente a la actividad administrativa. Sin perjuicio de ello, otros órganos estatales pueden ejercer funciones de control y de fiscalización, como es el caso en nuestro país, de la Cámara de Diputados respecto de los actos de Gobierno.

En los regímenes parlamentarios los actos del Ejecutivo son fiscalizados por el Parlamento el cual está dotado de instrumentos jurídicos para estos efectos, tales como la censura, votos de confianza y otros.

La Corte Suprema de Justicia de los EE.UU. de Norteamérica cumple la función del control de la constitucionalidad.

El artículo 52 de la Constitución Política de Chile señala que son atribuciones exclusivas de la Cámara de Diputados la de fiscalizar los actos de Gobierno. Respecto de la fiscalización y control administrativo, el artículo 98 de la Constitución establece que un organismo autónomo con el nombre de Contraloría General de la República ejercerá el control de la legalidad de los actos de la Administración, fiscalizará el ingreso y la inversión de los fondos del Fisco, de las municipalidades y de los demás organismos y servicios que determinen las leyes; examinará y juzgará las cuentas de las personas que tenga a su cargo bienes de esas entidades; llevará la contabilidad General de la Nación, y desempeñará las demás funciones que le encomiende la ley orgánica constitucional respectiva.

TITULO XI

DE LOS FINES DEL ESTADO

193. Concepto de fin del Estado.

La Teoría del Estado comprende el estudio de su teleología, es decir, la investigación y establecimiento de las causas finales que determinan la existencia y razón de ser del Estado.

Su determinación está muy íntimamente vinculada a concepciones filosóficas, jurídicas y políticas e, incluso, existen autores, como Hans Kelsen, que excluyen su estudio por considerarlo un problema metajurídico ajeno a la Teoría del Estado [158].

H. Heller señala que la cuestión del fin del Estado no sólo constituye un problema de importancia para la Teoría del Estado, sino el más fundamental de la misma, pues si bien es cierto que sólo los hombres son capaces de proponer conscientemente fines, no lo es menos que el Estado, como toda institución humana, tiene una función objetiva llena de sentido que no siempre concuerda con los fines subjetivos de los hombres que lo forman [159].

Nicolás Pérez S. expresa que si al Derecho Político le importa estudiar y definir el Estado, y para ello ha de centrarlo en la realidad social, y no

[158] Kelsen H. Ob. cit. p.35.
[159] Heller H. Ob. cit. p. 218.

olvidar ninguno de los aspectos o momentos dialécticos que permiten la unidad de su concepto, evidente parece que no se puede prescindir de cuestión tan esencial como la del fin[160].

Sobre el supuesto y afirmación que el Estado es una institución jurídica, pero creada por los hombres como necesaria para la convivencia social y la plena realización de cada persona, corresponde que como tal, se determine cuál es su fin a realizar. El fin del Estado debe entenderse como la finalidad perseguida por el Estado, esto es, el objetivo al que deben dirigirse las distintas actividades realizadas por los órganos estatales. En los fines del Estado, se debe distinguir entre los que revisten el carácter de objetivos y aquellos de naturaleza subjetiva.

194. Fines objetivos.

Son aquéllos que corresponden a la noción misma de la institución estatal y, por lo tanto, son de carácter absolutos, abstractos, necesarios y permanentes, cualquiera que sea su realidad, estructura o conducción y válido en cualquier tiempo en respecto de cualquier Estado.

Todo acto que realice un órgano estatal, por muy parcial y restringido que éste sea, se debe ejecutar no sólo dentro del ámbito de su competencia, sino que, además, estar inspirado en el objetivo general y universal que debe guiar, asimismo, los actos de todos los entes estatales y que permiten la acción coordinada y conjunta de ellos.

En la antigüedad, los fines objetivos del Estado en Roma y Grecia, por ejemplo, estaban constituidos por el desarrollo de todos los factores y elementos que permitieran el logro de una vida buena para toda la comunidad, es decir, proporcionar satisfacciones y bienestar a toda la sociedad, orientados a su sentido material.

Sin embargo, con el tiempo, esta finalidad se completó, incorporando elementos y factores que permitieren el desarrollo espiritual de cada persona generándose así, un concepto más amplio de bien común.

Correspondió a Santo Tomás de Aquino desarrollar y explicitar este concepto, señalando que el bien común "es el adecuado modo de relación, que le permite a todas y cada una de las personas que integran

---

[160] Pérez S. Nicolás. Ob. cit. p.193.

la sociedad respectiva, alcanzar su propio fin personal o individual en la mayor medida posible" [161].

En base a dicha concepción, se ha desarrollado su contenido en algunas Encíclicas Papales, como "Pacem in Terris", "Gaudium et Spes" y en "Mater est Magistra" en la cual el Papa Juan XXIII señala que "El bien común es el conjunto de condiciones sociales que permiten y favorecen en los hombres el desarrollo integral de su personalidad".

La ciencia política *define el bien común* expresando que es el conjunto de las condiciones sociales establecidas en un orden justo y pacífico, que permitan a todos y cada uno de los integrantes de la sociedad política, alcanzar su mayor perfección posible, tanto material como espiritual [162].

El vocablo "*bien*" está concebido como aquello que en sí mismo tiene el complemento de la perfección, y "*común*" porque está dirigido a posibilitar el perfeccionamiento de todos los miembros de la sociedad, por lo cual no es el bien de la mayoría ni el de la minoría.

El bien común es, por tanto, un bien distinto al bien particular de cada persona, como también es distinto de los bienes comunes de los distintos grupos intermedios. No está constituido por la suma de los de los bienes particulares existentes en la sociedad.

De ordinario el bien común supone *limitar* o sacrificar los bienes individuales o particulares, como sucede con el patrimonio de una persona cuando debe pagar tributos al Estado, o en el caso de una situación de confrontación bélica, en que los ciudadanos, al enrolarse en la milicia en defensa de la Patria, ofrendan su vida que, indudablemente, constituye el mayor bien de una persona.

Sin embargo, el bien común es un concepto cuya aplicación y realidad no se agota, porque representa una meta imposible de alcanzar en plenitud a causa de la imperfección humana. Por ello se señala que hay Estados en que el logro del bien común ha sido más completo que otros, porque se han creado las condiciones que favorecen su desarrollo, y en cambio, otros, su logro es más incipiente.

---

[161] Touchard Jean Ob. cit. p.155.

[162] Cea E. José L. Teoría del Estado. Ob. cit. T. II. p.218.

A través de una organización social justa y pacífica que deberá ser adecuada a cada realidad social, el Estado tiene la obligación de posibilitar que todas las personas, ya sea en formas individuales o integradas a grupos, puedan alcanzar sus fines propios logrando toda su perfección posible. Para ello, el Estado debe proporcionar medios institucionales, jurídicos, materiales y otros, que permitan, a todos y cada una de las personas, lograr su pleno desenvolvimiento humano, y espiritual.

Además, el Estado debe realizar diversas *actividades* destinadas a favorecer el logro del bien común, tal como una *acción tutelar*, con el objeto de proteger y amparar a las personas más necesitadas; de *coordinación*, destinada a que la dinámica social se desenvuelva en armonía y correspondencia, para evitar las confrontaciones o duplicidades de esfuerzos y energías; de *suplencia*, que implica que el Estado debe ser subsidiario de la actividad de los particulares y grupos intermedios por lo que no debe sustituir con su acción, las actividades de los particulares sino, por el contrario, favorecerlas y estimularlas e incluso complementarlas o suplirlas en caso de deficiencias de éstas; de *distribución*, por la cual el Estado debe distribuir los bienes y beneficios existentes a fin de participar de ellos a todas las personas y haciendo compartir, además, las cargas según las capacidades y posibilidades de cada cual; de *seguridad*, que pretende que el Estado asegure un régimen de paz y tranquilidad interna dentro del Estado para evitar o disminuir los riesgos de amenazas y peligros a las personas o sus bienes, creando cuerpos de policías, justicia, tribunales y otros, e incluso, para proteger eventuales amenazas o peligros externos, a través de la existencia de Fuerzas Armadas.

195. Fines subjetivos.

Son aquellos fines de un Estado que tienen el carácter de concretos, relativos, válidos para un Estado determinado, en un momento histórico determinado y, por lo cual son cambiantes y mutables tanto en consideración al mismo Estado o respecto de otros Estados. A través de estos fines se pretende concretar y lograr la obtención y aplicación de la idea del bien común, en cuanto fin objetivo, toda vez que éste es un concepto abstracto y cuyo logro total es ilusorio.

En la determinación de estos fines subjetivos, deben considerarse factores tan variados como las características culturales, raciales, lingüísticas, intelectuales, psicológicas, religiosas, las costumbres y hábitos de la población. También, las potencialidades materiales del Estado, su ubicación geográfica, su situación internacional, sus vías de comunicación, sus riquezas, la experiencia de su historia.

Los fines subjetivos se fundamentan en doctrinas políticas o ideologías relativas a la relación y vinculación que debe existir entre el Estado en cuanto ente jurídico político, y el hombre y la sociedad y, por lo cual pueden ser fines transpersonalistas o personalistas.

Se entiende que los fines subjetivos son *transpersonalistas* cuando se considera al Estado como un ser *substancial,* que puede buscar sus fines con prescindencia de la voluntad de cada persona por considerar que el Estado es superior a ésta, dando primacía a la nación, a la raza, a una clase social, a una religión, a una ideología, etc., pues se estima que la persona humana es sólo un medio que puede ser utilizada al servicio del Estado, sin que puedan invocarse derechos personales o individuales que limiten sus acción.

En cambio, los fines subjetivos son *personalistas* cuando se considera que el Estado es una realidad *accidental,* de modo que el Estado existe para servir a la persona humana y no ésta a aquél, reconociendo que lo substancial son los hombres dotados de derechos personales e individuales, y que se tienen por su calidad de tales, por lo cual el Estado debe reconocerlos y respetarlos, constituyendo un límite a la acción de éste.

La determinación del límite de la acción del Estado respecto de la persona humana, ha dado origen a diversas doctrinas que han surgido en el curso de la historia, diferenciándose en el mayor o menor énfasis que atribuyen a la intervención estatal, distinguiéndose entre muchas variantes, el *liberalismo* y el *socialismo.*

196. Liberalismo.

El liberalismo es un sistema de organización social, económico y político, basado en la libertad de acción y pensamiento del hombre, con prescindencia de la acción del Estado, el cual debe estar estructurado en la absoluta separación de los poderes.[163]

El pensamiento de los filósofos contractualistas del siglo XVIII, especialmente de John Locke, llamado el padre del individualismo, ha permitido

---

[163] Görlitz Axel. Ob. cit. p. 365.

el desarrollo de esta doctrina que se fundamenta en una concepción individualista de la persona humana, cuyo desarrollo y perfeccionamiento puede lograrlo, exclusivamente, a través de su capacidad racional, constituyendo la sociedad una mera agrupación de individuos, sin conciencia de solidaridad. Por ello propicia la libertad intelectual del hombre de todo dogma o creencia no sustentada en la razón, prescindiendo de la revelación divina, como se constata en el pensamiento de Hobbes, Locke, Grocio, Puffendorf y otros.

El liberalismo propicia que el Estado debe ser *laico*, y *neutral en materia religiosa* y concibe al Estado como *producto de la voluntad humana*, expresada en el contrato social, calificándolo como un mal necesario cuya autoridad es enemiga de la libertad del hombre de manera que su poder debe limitarse.

El Estado tiene como único fin, la seguridad de los derechos individuales, tales como a la vida, la propiedad privada y la libertad que la destaca como valor supremo y por sobre la igualdad, exalta la libertad política del hombre y los derechos inherentes para su ejercicio, como los derechos de reunión, asociación, libertad de opinión imprenta, etc. haciendo suyo los postulados de la separación de poderes de la doctrina de Montesquieu.

Propicia el liberalismo, especialmente a partir del pensamiento de Adam Smith, la libertad económica del hombre, aceptando que el desarrollo económico del Estado se determine por el libre juego de la oferta y de la demanda, dando origen, con ello, al denominado capitalismo económico [164].

197. Socialismo.

El socialismo "es un sistema de organización social y económico basado en la propiedad y administración colectiva o estatal de los medios de producción, en la regulación por el Estado de las actividades económicas y sociales, y en la distribución de los bienes"[165].

No debe confundirse "socialismo" con el concepto de "socialización" que es la promoción de las condiciones que, independientemente de las relaciones con el Estado, favorezcan en los seres humanos el desarrollo integral de su persona.

---

[164] Duverger Maurice. Ob. cit.1970.p. 95.
[165] Görlitz Axel. Ob. cit. p.592.

Históricamente, el socialismo se ha expresado como un movimiento social contra la injusticia social, identificado con los movimientos obreros de reivindicaciones sociales, adquiriendo un contenido doctrinario en el siglo XIX, en oposición a las doctrinas liberales.

El socialismo, en su concepción política de la sociedad y del individuo, hace prevalecer lo social sobre lo individual como condición para la realización de un orden que asegure la plenitud de la personalidad humana, para lo cual propicia la propiedad social de los medios de producción.

Dentro de la concepción socialista debe distinguirse el socialismo utópico o conceptual y el socialismo científico.

1. Socialismo utópico.

Esta denominación deriva su nombre de la obra de Tomás Moro denominada "Utopía", pues por las características de las ideas propiciadas, se transformó en un proyecto social irrealizable, ya que pretendieron e intentaron reformas en el campo económico, social y laboral sin lograr imponer soluciones reales que permitieran transformaciones radicales y permanentes, sino que tuvieron una efímera duración y sin ninguna trascendencia, no obstante el ímpetu y empeño de sus propiciadores.

Entre sus exponentes deben señalarse a Claude-Henry de Rouvrol, Conde Saint Simon (1760-1825) cuyo pensamiento está contenido en sus escritos "Cartas de un habitante de Ginebra" (1892), "Introducción a los trabajos científicos del siglo XIX" (l807-1808) "Esbozo de una nueva enciclopedia" (1810), "Memorias sobre la ciencia del hombre"(1813) y otros en los cuales propicia la propiedad colectiva; a Francois Marie Charles Fourie (1772-1837), cuyas principales obras son "Teoría de los Cuatro Movimientos" (1822), "La Unidad Universal" (1822), "El Nuevo Mundo Industrial y Societario" (1829), "La falsa industria" (1835) y cuyo pensamiento consiste en la creencia en las pequeñas comunidades como las únicas convenientes a la real satisfacción de las necesidades del hombre; a Robert Owen (1771-1858), quien escribió "Una nueva visión de la sociedad" (1813), "Informe dirigido al condado de Lanark" (1821), cuya preocupación era el mejoramiento de las condiciones sociales a través del fortalecimiento de los sistemas de cooperativas, que incluso lo llevó a establecer una comunidad socialista en Indiana, EE.UU. que significó un absoluto fracaso; a Luis Blanc (1811-1882) quien publicó, entre otros libros, "El socialismo: derecho al trabajo" (1849 , "Catecismo de los socialistas" (1849), en que sostenía la necesidad de desarrollar los talleres artesanales, la planificación económica, la nacionalización de los ferrocarriles y el desarrollo de los servicios sociales.

2. Socialismo científico.

Con la publicación de la obra "El Manifiesto Comunista" (1848), en que se señala que el factor económico es el determinante de la vida social y política, se inicia otra fase del pensamiento socialista llamado científico. Karl Marx (1818-1883) con su obra "El Capital" (1867) y Friedrich Engels (1820-1895), desarrollan una crítica de la sociedad y una nueva interpretación de la historia, propiciando una nueva forma social y económica sobre la base de la siguiente tesis [166]:

1. La clase de relación que el hombre tenga sobre la propiedad de los *medios de producción* determina tanto a la sociedad como al hombre mismo en cuanto a su naturaleza y características, por lo que toda relación humana es una relación económica. Así, una sociedad en que los dueños de los medios de producción sean muy pocas personas, determina una sociedad fuertemente dividida entre los dueños del capital y los trabajadores y los hombres se desenvolverán en un medio social cuyas expectativas de progreso estarán determinadas por aquéllos.

2. La *infraestructura económica* determina las superestructuras sociales y los valores superiores de la sociedad y de los hombres, tales como la cultura, la religión, la patria, etc.

3. La historia de la humanidad es la historia de la *lucha de clases,* en que frente a la realidad generada en un momento determinado (tesis), se genera, al mismo tiempo, un proceso de crítica a esa realidad (antítesis) y de su confrontación surgirá una nueva realidad (síntesis) que se convierte, a su vez, en una nueva tesis, repitiéndose el proceso de antítesis y síntesis, el cual sólo terminará, con la transformación revolucionaria de la sociedad o la común destrucción de las clases en lucha.

4. La sociedad contemporánea está dividida en dos grandes clases sociales antagónicas: *la burguesía y el proletariado.* Ambas clases sociales, se presentan como la tesis y la antítesis de este momento histórico actual, de manera que se debe propiciar el aceleramiento del proceso de lucha de clases y de rebelión de la clase proletariada oprimida. Con ello se busca desplazar y eliminar definitivamente a la burguesía y al capitalismo. El

---

[166] Lucas V.Pablo. Ob. cit. T.II. p.237 y ss.

triunfo del proletariado, se logrará previa "dictadura del proletariado" a través del Estado, no obstante que éste es concebido como un instrumento coactivo, al servicio del interés de la clase dominante.

5. La división internacional del trabajo y la interdependencia que ha convertido la economía en una economía mundial ha transformado la lucha del proletariado desde el plano nacional a uno internacional, que induce a propiciar la *unión internacional* de los trabajadores.

6. Una vez lograda la sociedad comunista, ésta *no necesitará del Estado* porque ya no existirán luchas de clases, lográndose, con ello, la igualdad de todas las personas y, consecuencialmente con ello, la libertad.

Dentro del socialismo histórico y materialista, han surgido variantes que ponen énfasis en diversos factores para la implantación de un sistema socialista, tal como la exacerbación de las luchas de clases, el empleo de las armas, la colectivización de las fuentes de la producción y otras.

CAPITULO V
TEORÍA DE GOBIERNO.

198. Objetivo.

La Teoría del Gobierno tiene por finalidad estudiar la historia y desarrollo de las distintas maneras creadas por los hombres para organizar la conducción de la sociedad política. Ello supone establecer el concepto de gobierno, el que se encuentra íntimamente vinculado a la forma de organización del Estado, por lo cual existen diversas clases de gobierno.

Esta institución política debe ser examinada en cuanto a los fines perseguidos, a sus elementos constitutivos, las formalidades y requisitos para que las autoridades que dirigen el Gobierno, actúen válidamente y los medios jurídicos y políticos para el control de su accionar. Del mismo modo, la Teoría de Gobierno estudia las instituciones establecidas para permitir la participación ciudadana y muy especialmente el contenido de la democracia.

199. Concepto de gobierno.

El vocablo "*gobierno*" es empleado en las más diversas actividades, teniendo varias acepciones, tales como "acción y efecto de gobernar o gobernarse", "conjunto de ministros superiores de un Estado", "orden de regir y gobernar una nación, provincia, plaza" y otras. Deriva del verbo "gobernar" que significa "mandar con autoridad o regir una cosa".

El Estado necesita de la existencia de órganos que ejerzan el poder político estableciendo la dirección global de la sociedad política, por lo cual algunos autores sostienen que ello se realiza, tanto a través de los órganos que crean normas jurídicas, como de aquéllos que las ejecutan y aplican.

Existen autores, en cambio, que sostienen que la acción de gobernar queda limitada solo a aquellos órganos que tienen por función aplicar la norma. En Europa, se llama gobierno solo al "órgano que ejerce el poder ejecutivo, tal como el Presidente, Gabinete, etc. y, en cambio, en América la misma palabra designa al conjunto de órganos con sus respectivos poderes [167].

---

[167] Ibañez L. José M. Síntesis crítica del Marxismo leninismo. Ed. A. Bello. Chile. 1981 p. 12 y ss.

En ciencia política, el término "gobierno" se refiere a estas situaciones: a) actividad superior del Estado; b) conjunto de órganos que forman la autoridad; c) personas que ejercen ésta, y d) función y órgano ejecutivo y titular de éste [168].

Rousseau sostiene que el Gobierno "es el cuerpo intermedio establecido entre los súbditos y el soberano para su mutua correspondencia encargada de la ejecución de las leyes y del mantenimiento de la libertad tanto civil como política."[169]

En un *sentido amplio*, se define al gobierno como "el conjunto de órganos estatales competentes para la creación y ejecución de las normas jurídicas" o "la dirección suprema y control de la administración del Estado, así como la conducción de la política global del Estado".

Un concepto más *restringido* señala que gobierno "es el conjunto de autoridades superiores del Estado encargados de su administración y de la ejecución y aplicación de las leyes", o "el conjunto de altos funcionarios comúnmente llamados Ministros colocados en el vértice del Poder Ejecutivo y normalmente al frente de sus diversos Departamentos Ministeriales" [170].

Las *formas de gobierno*, en cambio, son los modos en que es ejercido el poder del Estado por los distintos órganos y las relaciones que se establecen entre ellos. Según el autor C.Fayt "la forma de gobierno se refiere a la estructura del poder en el Estado, es decir, a la organización del poder de autoridad. La forma de gobierno en cuanto a su articulación funcional del poder, dependerá de las condiciones generales del Estado, de las circunstancias del medio y de las consecuencias que los dos elementos señalados produzcan en lo político, económico y social" [171].

200. Clasificaciones de Gobierno.

La regulación jurídica de los órganos encargados de cumplir las funciones de gobierno, así como la cantidad, la forma de su generación, sus atribuciones, limitaciones y responsabilidades que pueden originarse en el ejercicio de sus actividades, puede configurar diferentes formas de

---

168 Silva B. Alejandro. Tratado Derecho Constitucional. T.I. 1963 Ob. cit. p.229

169 Rousseau J.J. Ob. cit. p. 94.

170 Biscaretti Paolo. Derecho Constitucional. Edit. Tecnos. Madrid. 1973.p.453.

171 Fayt .C. Ob. cit. Vol. II.p.47.

gobierno. Puede citarse a los siguientes autores quienes distinguen variadas formas y clases de gobiernos.

1. *Aristóteles*, en su obra "La Política,"[172] y basado en el criterio del número de gobernantes y el adecuado uso del poder, distingue formas de gobierno *puras* e *impuras*.

Las primeras están constituidas por la *monarquía*, que es el gobierno de una sola persona; la *aristocracia*, constituida por el gobierno de pocos, algunos o de una clase determinada y *democracia*, que corresponde al gobierno de muchos, que gobierna para la utilidad pública.

Estas tres clases de gobierno pueden degenerar en formas *impuras*: así, la monarquía puede derivar en *tiranía*, que tiene lugar cuando el monarca sólo mira a su propio bien individual; la aristocracia en *oligarquía*, que se origina cuando los que gobiernan persiguen su propio bien o el de su grupo, y la democracia en *demagogia*, en que se persigue sólo la utilidad de los pobres.

Sin embargo, Aristóteles señala que las formas simples o puras no se encuentran siempre en la realidad, sino que en el hecho predominan los regímenes mixtos, compuestos de caracteres de unos y otros.

2. *Santo Tomás de Aquino*, en base a las concepciones de Aristóteles sobre las formas puras de gobierno, extrae elementos de cada una de ellas y se inclina por un sistema mixto, propiciando tres clases de gobierno: a) *Monarquía*, que es el gobierno de uno solo y que ofrece la ventaja de la unidad de mando y decisión; b) *Aristocracia*, que compensa el valor de los mejores y hace participar en el gobierno la deliberación de un grupo; y c) *Democracia*, que satisface o permite la libertad del pueblo y su participación en el gobierno o decisiones políticas.

3. *Montesquieu*, en su obra "El Espíritu de las Leyes" propicia, respecto de las formas de gobierno, una división tripartita: a) *República*, que es un sistema en que el pueblo, o una parte de él, tiene el poder soberano. Si es sólo una parte del pueblo, será una República *Aristocrática*, si es todo el pueblo, será una República D*emocrática*; b) *Monarquía*, que es un sistema en que sólo gobierna una sola persona, pero con sujeción a leyes establecidas; y c) *Despotismo*, que es el gobierno de una sola persona sin estar sujeta a ninguna ley o regla y que gobierna a su propia voluntad y capricho.

[172] Aristóteles. La Política. Ob. cit. Cap. IX.

Las clasificaciones mencionadas, y las derivadas de ellas en el curso de la historia, ha servido a la ciencia política para señalar la existencia de las siguientes formas de gobierno más comunes, con sus características propias: a) Monarquía; b) República; c) Aristocracia; d) Democracia Directa; e) Democracia Semidirecta; f) Democracia Representativa; g) Parlamentario; h) Presidencial; i) De Asamblea.

201. Monarquía.

Con motivo del desmembramiento del Imperio Romano ocurrido en el Siglo V, se produjo la pérdida de la unidad política de Europa y atendido el sistema feudal ya gestado, la sociedad política empezó a formarse en torno a los señores feudales quienes tenían el dominio de sus tierras con autoridad sobre todas las personas que trabajaban en ella asumiendo funciones paternalistas, reglamentaron las formas básicas de la convivencia social y económica e incluso, impartían justicia.

Cuando los feudos aumentaron de población y comenzó un desarrollo económico, surgió la necesidad de buscar medidas comunes de resguardo y protección en contra de los riesgos que podían sufrir los feudos, por lo cual, no sólo se fortalecieron las actividades productivas, sino que se buscó el resguardo de amenazas externas.

Las primeras teorías del absolutismo corresponden al deseo de constituir un Estado nacional independiente, frente a la autoridad del Papa y a la dispersión del poder político en el sistema feudal [173].

Los señores feudales más hábiles y poderosos lograron imponerse sobre los más débiles asumiendo la dirección y jefatura sobre los otros, quienes reconocían ese liderazgo, por lo cual éstos pasaron a denominarse "rey" o "monarca" o "jefe", arrogándose poderes y atribuciones para dar organización política y social, concediendo los títulos de nobleza, tales como condes, duques, marqueses, barones, y otros.

Surge así una forma de gobierno denominado *monarquía* basado, en el ejercicio total del poder por una sola persona, por tiempo indeterminado, en que en su elección no interviene el pueblo. Esta clase de gobierno se sustentó en valores paternalistas y religiosos con una clara ideología conservadora.

---

[173] Duverger Maurice. Ob. cit. p.490.

La monarquía es una forma de gobierno, en que el Jefe de Estado es de carácter vitalicio, en cuanto a su duración, hereditario, o excepcionalmente electivo, en cuanto a su legitimidad e irresponsable políticamente. La monarquía paulatinamente en el curso de la historia, fue adquiriendo otros caracteres distintivos ya sea en cuanto a la designación del monarca, o al ejercicio del poder.

Es así que atendido el grado de limitaciones que pueda afectar al soberano, se pueden distinguir diversas clases de sistemas de gobierno monárquico.

1. En consideración al *ejercicio de la soberanía*, la monarquía puede tener el carácter de absoluta o limitada.

1.1 *Monarquía absoluta.*

Es defendida por pensadores políticos como Maquiavelo, Hobbes, Bousset y otros, quienes sostienen que el monarca tiene total y amplia libertad para el ejercicio del poder, sin que exista restricción legal alguna, toda vez que en él se centra el ejercicio de todas las funciones del poder, esto es, hacer la ley a su voluntad, aplicarla o no aplicarla, según así lo estime e impartir justicia y solamente responde frente a su honor, o las leyes divinas.

Consiste en una reducción al máximo de las actividades y energías de los entes del Estado, que se concentran en el Rey, órgano único directo y primario, cuya potestad carece de todo límite objetivo y externo y cuya irresponsabilidad se extiende incluso a la esfera de sus relaciones personales y privadas.[174]

Esta concepción de la monarquía surgió durante el período del Renacimiento y la Reforma, y tuvo por causa la falta de unidad religiosa y política de Europa, por lo cual se propicia esta forma de monarquía para fortalecer la unidad del Estado.

1.2 *Monarquía limitada.*

Es una forma de gobierno en que el monarca debe someter el ejercicio del poder a determinadas restricciones o limitaciones impuestas o establecidas por los estamentos, por el Parlamento o por el orden jurídico.

---

[174] Pérez S Nicolás. Ob. cit. p. 286.

a) *Monarquía estamentaria.*

La monarquía es estamentaria en los casos en que el monarca debe someter su acción de gobierno a las exigencias o condiciones impuestas por los distintos estamentos de su reino, tales como la nobleza, el clero, señores feudales, etc. y que dicen relación con el reconocimiento de ciertas libertades, privilegios, fueros y garantías.[175] El monarca se obliga al acatamiento de dichas obligaciones mediante la suscripción de documentos solemnes, como es el caso de la Carta Magna en 1215 por el rey Juan Sin Tierra en Inglaterra.

b) *Monarquía parlamentaria.*

En esta variante de la monarquía, el monarca debe gobernar, respetando y aceptando las condiciones y exigencias del Parlamento. Su origen se encuentra en Inglaterra con la Declaración de Derechos, Bill of Rights de 1689 y por la cual el Rey Guillermo de Orange se obligó a no suspender la ejecución de las leyes ni dispensar a nadie de su cumplimiento, ni crear tribunales de excepción, ni restringir el uso de la palabra a los miembros del Parlamento, ni imponer contribuciones sin su autorización, a permitir elecciones libres, y otros.[176]

c) *Monarquía constitucional.*

En la monarquía constitucional, el monarca debe gobernar respetando y acatando en todo el orden jurídico establecido en la Constitución Política del Estado. [177]En esta clase de monarquía no hay incompatibilidad con la democracia, pues no se trata del gobierno de una sola persona, sino que el Jefe de Estado debe compartir el ejercicio de las funciones gubernamentales con representantes de la ciudadanía ante los Parlamentos, Cámaras o Asambleas, que son elegidos temporalmente y que están afectos a responsabilidad política ante el pueblo el cual incluso puede destituirlos de sus cargos.

Esta forma de monarquía se encuentra entre otros Estados, en España, con su Constitución Política de 1978, Dinamarca según Constitución de 1953, Bélgica por su Carta de 1831, Holanda por Constitución de 1972, Noruega por Constitución de 1814, Mónaco por Constitución de 1962.

---

175 Galaz U. Sergio. Ob. cit. p.309.

176 Jellinek Georg. Ob. cit. p..529.

177 MacIver M. Robert. Ob. cit. p. 146.

2. En consideración a la *forma de su generación*, la monarquía puede ser hereditaria o electiva.

2.1 *Monarquía hereditaria.*

En la monarquía hereditaria, el acceso al cargo por parte del monarca, tiene lugar en virtud de la transmisión del poder, según las reglas de sucesión del derecho común, como ocurre en Inglaterra. Las mujeres alcanzan esa categoría según su grado de parentesco con el monarca precedente. Es el caso de Isabel II, Reina de Inglaterra que ha accedido directamente a la Corona. La cónyuge del Rey es solamente reina consorte.

En España el artículo 57 de la Constitución Política establece que "la Corona de España es hereditaria en los sucesores de S.M. don Juan Carlos I de Borbón, legítimo heredero de la dinastía histórica. La sucesión en el trono seguirá el orden regular de primogenitura y representación, siendo preferida siempre la línea anterior a las posteriores; en la misma línea, el grado más próximo al más remoto; en el mismo grado, el varón a la mujer, y en el mismo sexo, la persona de más edad a la de menos".

Sin embargo, hay monarquías en que, además de la aplicación del derecho común, se establecen exigencias especiales para poder acceder, como ocurre en Inglaterra en que en virtud del "Act of Settlement" o Ley de Instauración, de 12 de Junio de 1701 se dispuso que los soberanos de Inglaterra debían ser, además, de religión protestante.

2.2 *Monarquía electiva.*

En esta clase de monarquía, el Rey es elegido mediante una elección, entre determinadas personas, como sucedió en el Sacro Imperio Romano, el Imperio de Etiopía hasta 1936. En la actualidad, la Federación de Malasia es una de las poquísimas monarquías electivas en el mundo. En este sistema de gobierno, la monarquía se rota entre los nueve Sultanes hereditarios-regentes que gobiernan los trece Estados de la Federación. Cada cinco años los nueve regentes se reúnen para elegir, por votación secreta, a quien, de entre ellos, ha de ser el próximo rey. Desde 1957, año de la independencia de Malasia, se han sucedido en el trono los sultanes elegidos en dicha forma.

202. República.

La determinación del significado del concepto "república" no ha resultado fácil para la ciencia política por las diversas aplicaciones que han hecho de ella los tratadistas y estudiosos en que, frecuentemente, se ha confundido este término con el de democracia, en oposición a monarquía. Ello ocurre en la obra "Política" de Aristóteles, en que señala que la república es el régimen en que la multitud gobierna para la utilidad pública. Asimismo en "El Espíritu de las Leyes", de Montesquieu, señala que la república es aquel gobierno en que el pueblo, todo o una parte de él, tiene el poder soberano.

Etimológicamente, el vocablo "*república*" deriva del latín "res" esto es, "cosa" y "pubis" es decir, público, y tiene varias *acepciones* como de a) cuerpo político de una nación; b) forma de gobierno representativo, y c) conjunto de personas que habitan un determinado lugar.

No obstante los diversos significados que puede darse al concepto de república, se puede *definir* la república, como "una forma de Gobierno en que el Jefe de Estado es temporal en su duración, elegido popularmente en cuanto a su legitimidad, y afecto a responsabilidad política."[178]

Para la ciencia política la república presenta las siguientes *características:*

1. La república es, esencialmente, una *forma de gobernar* una sociedad política, es decir, se refiere a la forma en que es ejercido el poder político por la autoridad.

2. Implica que su ejercicio sea de carácter *temporal*, por un lapso previamente determinado por el orden jurídico que permita el traspaso del poder al término de su período.

3. La determinación de los gobernantes es efectuada por los propios gobernados mediante *elecciones* que sean el resultado de procesos electorales establecidos y que permitan la libre expresión de la voluntad de éstos.

4. Los gobernantes por tener el carácter de representantes del pueblo, adquieren el carácter de mandatarios de éstos y como tales, deben asumir la *responsabilidad* por el cumplimiento de sus encargos; ello implica, por consiguiente, que estén afectos a la responsabilidad política frente a los gobernados, la cual pueden hacerla efectiva en forma tácita mediante la no reelección de los mismos, o bien a través de medios expresos y directamente establecidos para ello, como ocurre con la revocatoria o recall.

Las repúblicas pueden ser aristocráticas o democráticas.

---

[178] Silva B. Alejandro. Tratado Derecho Constitucional. Ob. cit. 1963. T. I. p.240.

El artículo 4 de la Constitución Política de 1980 establece que Chile es una república democrática.

203. República Aristocrática.

Es una forma de gobierno en que algunas personas, por pertenecer a determinados sectores sociales, o por poseer ciertas calidades determinadas por servicios prestados, riqueza adquirida o heredada, linaje de sangre, talentos o cualidades intelectuales o personales, tienen derecho a elegir a los gobernantes, o a integrar los órganos de poder del Estado, a través de los cuales éste cumple sus funciones propias.

Existe gobierno de república aristocrática cuando el grupo de hombres que se han impuesto por los talentos, virtudes o reconocimiento de la colectividad, en la guerra o en la paz, consolidan su prestigio y aseguran el uso y continuidad del poder político mediante el privilegio de ser ellos mismos o sus descendientes llamados por derecho a ejercer las funciones públicas.

Esta clase de gobierno es propia de tiempos pretéritos, como en las monarquías absolutas en que el Consejo del Rey lo integraban miembros de la aristocracia, o de gobiernos republicanos aristocráticos como en la Venecia de los Dux estructurado sobre una clase escogida compuesta de comerciantes, financieros con intereses marítimos importantísimos que afectaban a toda la cuenca mediterránea y al intercambio con países orientales[179].

Sin embargo, en las monarquías limitadas, como es el caso del reino de Gran Bretaña, no obstante el amplio desarrollo de la democracia, hay manifestaciones de esta forma de gobierno aristocrático por la existencia en el Parlamento de la Cámara de los Lores, formada, mayoritariamente, por miembros de la nobleza hereditaria.

Las repúblicas aristocráticas constituyen una forma histórica, que se funda en una situación privilegiada de ciertos sectores, encargados del gobierno respetados por el asentimiento que de su superioridad tienen los súbditos. Una parte de la población tiene derecho a gobernar a ésta, que queda así sometida a un grupo minoritario, cuyo lazo de coherencia interna puede variar según la clase de estructura que prevalezca en la comunidad [180].

[179] Fischbach George. Derecho Político General y Constitucional Comparado. Edit. Labor. Barcelona. 1934. p.236.

[180] Pérez S. Nicolás. Ob. cit. p.294.

204. República Democrática.

La voz "democracia" etimológicamente deriva del griego "pueblo" y "autoridad" y refiere tanto "la doctrina política favorable a la intervención del pueblo en el gobierno" como "el predominio del pueblo en el gobierno político de un Estado " [181].

Dar una definición del concepto de democracia que genere una unánime aceptación presenta la dificultad originada en el cambio que ha experimentado la actitud frente a ella, así como la determinación de su naturaleza y los elementos concurrentes en ella.

La democracia ciudadana de los griegos bajo Pericles en el Siglo V. A. de C., difiere de la aplicada en Inglaterra a partir del Gobierno de Cromwell, así como la de Francia a partir de la Revolución Francesa de 1789, a la de EE.UU. de Norteamérica concebida en su Constitución Política de 1797, a la que existía en la Unión de la Repúblicas Socialistas Soviéticas, especialmente en su Constitución Política de la Gran Rusia de 10 de julio de 1918.

En esos textos políticos, así como en los estudios de los ideólogos y analistas políticos, en lo referente a la democracia, se emplean términos tales como "democracia liberal", "democracia social", "democracia popular", democracia cristiana", "democracia constitucional" y otros, todo lo cual induce a confusión en la determinación del concepto.

Georg Jellineck señala que la democracia moderna vuelve a tomar su punto de partida en el Derecho Político del moderno Derecho Natural, o sea en el principio de que el poder del Estado deriva originariamente de la voluntad soberana pura, de los hombres que han pasado del estado de naturaleza al estado político. Por esto, el derecho político, de participar en el poder del Estado, es un derecho general que nace de la misma naturaleza humana y que necesita ser atribuido a todo individuo que vive en la asociación estatista, quien por este hecho es elevado a la categoría de ciudadano [182].

El artículo 4 de la Constitución Política de 1980 establece que Chile es una república democrática.

---

[181] Real Academia Española. Diccionario. Madrid. 1984.

[182] Jellineck G. Ob. cit. p. 545.

205. Concepto de democracia.

Se ha estructurado un concepto de democracia, que no ha sido objeto de mayores impugnaciones, y que se encuentra contenido en el discurso pronunciado por el Presidente Abraham Lincoln el 19 de noviembre de 1863 en el Cementerio Nacional de Gettysburg y quien la definió como "el gobierno del pueblo, para el pueblo y por el pueblo". Esa concepción ha sido recogida, textualmente, entre otros, por el artículo 2° de la Constitución Política de Francia de 4 de octubre de1958.

Gobierno del pueblo significa que éste actúa como titular y depositario del poder siendo factible admitir diversas formas de gobierno, pero cualquiera que sean éstas, deben tener su generación en la voluntad popular y considerar la participación del mismo, en la acción gubernativa, ya sea a través de procesos electorales, nombramiento de representantes, mecanismos de consultas u otros.

Por el pueblo implica que el pueblo actúa como órgano estatal efectivo del mismo, no admitiendo que nadie lo haga en su nombre o atribuyéndose esa facultad, o sin que responda de su gestión ante él.

Para el pueblo, da a entender que el pueblo es el beneficiario y destinatario de su acción, que no es sino que el bien común temporal de la comunidad.

En la ciencia política hay autores para quienes la democracia es una forma de gobierno o régimen político y para otros, la democracia es una forma o estilo de vida.[183]

Un concepto de democracia referente a forma de gobierno es formulado por el profesor Pablo Lucas V. quien manifiesta que "entendemos por democracia un régimen político que institucionaliza la participación de todo el pueblo, en la organización y ejercicio del poder político mediante la intercomunicación y diálogo permanente entre gobernantes y gobernados y el respeto de los derechos y libertades fundamentales dentro de una justa estructura socioeconómica" [184].

Para C. Fayt, en cambio, la democracia no es sólo una forma de organización del poder basada en el autogobierno del pueblo, sino un orden social destinado a realizar la plena personalidad del ser humano [185].

---

[183] Verdugo M. Mario y otro. Ob.cit. T. II. p.170.

[184] Lucas V. Pablo. Ob. cit. Vol. II. p.242.

[185] Fayt C. Ob. cit. T. I. p.369.

Puede *conceptualizarse* la democracia como una forma de gobierno en que el pueblo tiene derecho a gobernarse por medio de autoridades temporales, elegidas mediante elección popular, las cuales deben actuar dentro de un orden jurídico y sometidas a responsabilidad política.

206. Elementos constitutivos de la democracia.

Se señalan diversos elementos constitutivos que son comunes a todos los conceptos de democracia y, respecto de los cuales, no existen controversias[186].

1. *El principio de la soberanía popular.*

Aunque los contenidos y las formas de realización de este principio son discutidos, comprende, por lo menos, una exigencia fundamental relativa a que el poder político debe encontrarse radicado en el pueblo o en la nación. No debe existir ninguna otra instancia política, aparte de la legitimada por el pueblo, que detente la decisión última sobre las leyes bajo las que la sociedad ha de vivir.

2. *El concepto de pueblo.*

El concepto de pueblo comprende a todos los ciudadanos que residan permanentemente en un territorio y que disfrutan de la mayoría de edad. Cualquier discriminación de categorías de grupos de población en virtud de la raza, la religión, el sexo o la situación económica, contradice el concepto democrático de pueblo o bien lo reduce, como por ejemplo, en la democracia ateniense bajo Pericles.

3. *El principio de la igualdad.*

La participación del pueblo en el proceso de formación de la voluntad política, debe estar centrada en la igualdad entre los miembros de la sociedad política, excepto en los casos en que como consecuencia de la comisión de hechos delictuosos, sea necesario aplicar a los infractores penas privativas del ejercicio de esos derechos políticos sea en forma temporal o definitiva.

4. *Existencia de instituciones que permitan expresar la voluntad del pueblo y participar en el proceso de formación de la voluntad política.*

---

186 Görlitz. Alex. Ob. cit. p.126.

El ordenamiento jurídico debe contemplar instituciones que favorezcan la existencia de instituciones a través de las cuales se facilite la participación de los ciudadanos en la formación y ejercicio del poder político. Así ocurre respecto de un jurado judicial sobre decisiones en el campo judicial; los sistemas electorales que aseguren una efectiva y real participación ciudadana en la elección de los representantes; los sistemas o mecanismos de participación directa, tal como la iniciativa legal o el veto popular; los sistemas de consultas, como el referéndum o plebiscito y los mecanismos de control para hacer efectiva las responsabilidades políticas, como la censura, la destitución o no reelección del representante.

5. *Protección de los derechos fundamentales para la libre formación de la voluntad política.*

Los derechos individuales vinculados con el proceso de la libre formación de la opinión y de asociación, entre otros, en lo concerniente a las decisiones políticas, deben encontrarse protegidos y garantizados en su ejercicio, desterrando las posibilidades que, actos o hechos, los limiten o restrinjan en la práctica de los mismos. Comprende, además, la seguridad jurídica que ellos no serán desnaturalizados por el orden jurídico, ni mucho menos, que podrán ser privados por medio de la ilegalidad, del terror o la arbitrariedad en la aplicación de las leyes.

Se requiere, además, la adecuada división de los poderes públicos a fin que, cada uno de ellos, actúe dentro del marco constitucional, destacando, al respecto, la independencia del poder judicial que constituye un elemento esencial dentro de una democracia.

6. *La igualdad social.*

Debe procurarse la igualdad social para que los ciudadanos se percaten de las posibilidades de realización de sus propios intereses, lo cual exige lograr el alfabetismo de la población, el derecho al trabajo, a una remuneración justa y a la libre contratación; vivienda digna y reconocimiento y protección del derecho de asociación que permita el establecimiento de entidades intermedias de participación, tales como los partidos políticos, centros culturales, académicos, etc., y el derecho a la información oportuna y veraz.

7. *Existencia de un consenso mínimo.*

La democracia supone que exista acuerdo en la población de respetar y acatar la voluntad de la mayoría libre e informada, expresada a través de procesos eleccionarios establecidos y periódicos, así como respetar los derechos de la minoría, por lo cual debe admitirse el disenso.

8. *Responsabilidad política.*

El ejercicio de los cargos y las funciones desarrolladas por quienes asumen la dirección política del Estado, debe ir acompañada de la obligación de responder por su adecuado y eficiente desempeño, permitiendo que el pueblo, a través de los mecanismos de control, pueda reprobar desempeños ineficientes o negligentes.

207. Clasificación de la democracia.

Constituyendo la democracia una forma de gobierno en la cual tiene acceso el pueblo, atendida las distintas formas que puede presentar esta participación, los autores la clasifican en democracia constitucional, gobernada, gobernante, popular, social, directa, representativa y semirepresentativa.

208. Democracia Constitucional.

La forma y manera de integración del pueblo en la gestión de gobierno, sea eligiendo a sus representantes o interviniendo a través de mecanismos de participación, ha dado origen a que a la democracia se le atribuyan exigencias o cualidades especiales, generando con ello tendencias políticas y regímenes políticos en que a la democracia se le agregan adjetivos para destacar una determinada particularidad, tales como democracia social, popular, gobernante y otros.

Lo anterior ha inducido a los autores a precisar el calificativo de democracia a la luz del orden constitucional y concebir la democracia constitucional en cuanto a la doctrina y a los regímenes instaurados .de acuerdo con ella.

En el decir de Mario Justo López, "la denominación de democracia constitucional designa, a la vez, una doctrina política y cada uno de los regímenes que, de acuerdo con ella, se han implantado durante los siglos XIX y XX. Dicha doctrina es el resultado de la democratización del constitucionalismo y los regímenes instaurados en base a ella son democracias consubstancialmente unidas a la vigencia de una Constitución de especial contenido. Por consiguiente en la doctrina de la democracia constitucional, se encuentran inseparablemente unidas la democracia y la Constitución."[187].

La democracia constitucional comprende no sólo un sistema que permita el libre acceso a la participación de toda la ciudadanía en la gestión gubernativa, con mecanismos y recursos que garanticen el acatamiento a la voluntad popular, sino además, que en la sociedad, las personas tengan un sentido y estilo de vida de respeto a los valores, fines y medios que permiten el libre e igualitario desarrollo de la comunidad.

209. Democracia gobernada.

Es una forma de gobierno en que la participación del pueblo se limita a elegir a sus representantes pero sin tener participación en la dirección del gobierno.

Corresponde a la concepción que la soberanía se encuentra radicada en la voluntad de la nación, por lo cual los representantes elegidos por la ciudadanía no representan a ésta, sino que a la voluntad misma de la nación.

Por ello, los representantes gozan de amplia libertad para dirigir los negocios políticos, sin tener que acatar las instrucciones de sus electores o de los partidos políticos a que pertenecieren. Es una democracia propia desarrollada en los Estados liberales [188].

210. Democracia gobernante.

Es una forma de gobierno en que la participación del pueblo se ejerce ampliamente eligiendo a sus representantes y controlando la acción política de éstos.

Esta clase de democracia se sustenta en el principio que la soberanía radica en el pueblo que, bajo la concepción de Rousseau, pertenece a cada individuo en particular. Por consiguiente, los representantes elegidos por el pueblo representan al pueblo mismo y a los electores que los eligieron y no son representantes de la voluntad de la nación.

Lo anterior permite que el pueblo pueda participar directamente en la gestión gubernativa cuando la acción de los representantes políticos

---

[187] Justo L. Mario. Ob. cit. p.413.

[188] Silva B. Alejandro. Derecho Político. Ob. cit. p.123.

no guarda correspondencia con sus intereses. Así, pueden tener iniciativa legal, esto es, solicitar que se legisle sobre una determinada materia, o gozar del veto popular para oponerse a un proyecto de ley, exigir que se consulte su opinión sobre materias determinadas, como es el caso del referéndum e incluso puede recurrir a la destitución de los representantes, como es el caso del recall.

Este sistema de democracia es propia de los gobiernos semirepresentativos y va unida a la concepción socialista e intervencionista de la función del poder, es decir, un poder estatal a la medida de los imperativos populares [189].

211. Democracia popular.

Es una forma de gobierno en que los poderes públicos tienen por finalidad asegurar una estructura de igualdad social basada en una clase social determinada.

Se trata de un concepto empleado en los antiguos países socialistas de Europa Oriental y en que se pretendía destacar que el poder era ejercido por la mayoría del pueblo o la clase trabajadora, en oposición a la democracia burguesa de los países liberales en que, según la concepción marxista leninista, es la gran burguesía minoritaria la que decide por sobre la mayoría popular.

Como características más importantes de la democracia popular, se encuentran la socialización de los medios de producción; el monopolio del poder por un partido político único que es el partido comunista, y la planificación económica de dirección central, entre otros.

El profesor Mario Justo L. sostiene que las democracias populares no son democracias en ningún sentido, ya que el pueblo no gobierna por sí mismo (democracia directa) ni mediante intermediarios libremente elegidos (democracia indirecta) ni existen tampoco las técnicas que surgieron con las democracias contemporáneas y la realización de elecciones y la aplicación de algunas formas semidirectas no contradicen lo dicho, ya que los ciudadanos no están en condiciones de optar y decidir de acuerdo con su propia voluntad y se ven obligados a dar conformidades sin alternativas [190].

[189] Fayt C. Ob. cit. T.I. p.378.

[190] Justo L. Mario. Ob. cit. p.411.

212. Democracia social.

Es una forma de gobierno cuyo contenido jurídico y económico, se fundamenta en la regulación de la vida colectiva con directa intervención del Estado a través de sus órganos estatales y la organización comunitaria de la sociedad.

Burdeau expresa que la democracia social sustituye a la democracia política, pues mientras ésta sólo tenía como objeto la eliminación de la opresión política, y para ello atribuía a los ciudadanos el control de los gobernantes, la democracia social se propone la liberación del individuo de todas las formas de opresión, y especialmente de la opresión económica [191].

Con posterioridad a la Segunda Guerra Mundial diversos Estados, especialmente en Europa Occidental, y algunos países asiáticos y africanos, buscaron dar respuesta a los problemas sociales a través de la mayor injerencia del Estado, expresada por un régimen jurídico que otorga mayores facultades a los órganos estatales para participar en la regulación de la actividad económica, sin llegar a la supresión de las libertades.

213. Democracia directa.

Es forma de gobierno en que el pueblo crea por sí mismo las normas jurídicas que los han de regir y con capacidad, además, para resolver los asuntos de interés general del mismo.

Se trata de una forma de gobierno muy primitiva, en que el gobierno tenía un ámbito territorial restringido y en que el número de personas era reducido, tal como sucedía con las polis en Grecia. En todo caso, no era toda la población la que tenía derecho a participar en la resolución de los problemas comunes, pues debían excluirse a los esclavos, a los menores, a los interdictos, a los que carecían de derechos políticos y otros, por lo cual el concepto de pueblo era limitado.

La complejidad de la vida contemporánea, con la alta densidad poblacional, la división del trabajo, y extensión territorial, entre otros factores, dificultan la aplicación de esta forma de democracia directa.

Sin embargo, en la actualidad, algunos cantones de la Federación Suiza ejercen, en determinadas circunstancias, una forma de democracia directa, conforme a lo dispuestos en las Constituciones de algunos Cantones,

[191] Burdeau George. Ob. cit. p. 257.

tales como Appensill, Glacis, Obwalden y Nidwalden según lo autoriza la Constitución Federal de Suiza en su artículo 6 letra c). Así, el pueblo se reúne directamente y mediante sufragio público proceden a elegir un Consejo Consultivo, los miembros de los tribunales y los funcionarios públicos y, además, proceden a aprobar las normas relativas a la reforma de su Constitución, aprobación de ley de presupuesto y creación de cargos.

214. Democracia representativa.

La democracia representativa es una forma de gobierno en que la participación del pueblo se efectúa mediante su concurrencia en elecciones populares y periódicas de sus representantes, los cuales están afectos a responsabilidad política. El pueblo no gobierna ni delibera, sino por medio de sus representantes.

Esta forma de gobierno, mediante la nominación de representantes del pueblo, tiene sus primeras manifestaciones en Grecia y Roma, pero sin las características básicas de la concepción contemporánea.

En la Edad Media, las monarquías empezaron a integrar su acción gubernativa con representantes de los señores feudales y de los burgos, como resultado de las exigencias impuestas por éstos a condición del apoyo económico requerido por los monarcas, originándose, de esta forma, una manera de participación representativa de gobierno.

La representación política adquiere importancia en el Parlamento de Inglaterra en virtud del "Bill of Rigths" de 13 de febrero de 1689 en que se estatuyen principios de participación popular. En España, con motivo de las luchas de expulsión de los moros, se otorgaban privilegios o fueros a las ciudades, creándose las "Cortes" integrada por representantes con facultades legislativas. Con el triunfo de la Revolución Francesa de 1789 y la aplicación del principio de la soberanía nacional, la forma de representación política adquiere contornos propios de la representación moderna.

Sin embargo, esta forma de gobierno ha evolucionado en el sentido de la debilitación de la vinculación representativa entre el elector y el representante, por la acción de intermediación de los partidos políticos, los cuales han procurado monopolizar la nómina de los candidatos a representantes y, además, el comportamiento de ellos en la acción parlamentaria, mediante la adopción de acuerdos emanados, ya sea de las bases de los partidos políticos o de las directivas de los mismos, por lo cual los representantes, en virtud de la disciplina partidaria, se ven obligados a acatar dichas órdenes. Por ello, el representante, no obstante su elección por el pueblo, su accionar lo ajusta a las instrucciones de la directiva de su militancia.

Debe señalarse que J.J. Rousseau no aceptaba la representación política por implicar un factor que alejaba al pueblo de la posibilidad real de participar en las acciones de gobierno, rechazando toda intermediación, incluidos los partidos políticos.

Carré de Malberg sostiene que la representación se fundamenta en la concepción de la soberanía nacional, pues es el pueblo el titular de toda la soberanía y ningún individuo o grupo de individuos puede atribuirse su ejercicio, por lo cual los poderes sólo pueden ejercerse en virtud de una delegación [192].

Para L. Duguit la representación política no es otra cosa que la situación en que uno o varios individuos ejercen las funciones del Estado en nombre de uno o varios individuos que detentan de hecho la fuerza gubernamental [193].

215. Características de la democracia representativa.

La democracia representativa, también denominada democracia indirecta, es una forma de gobierno que tiene una gran aplicación en nuestra era contemporánea, pero presentando variadas facetas o modalidades conforme a las particularidades geopolíticas, poblacionales, culturales potencialidades económicas de los Estados en los cuales rigen esta forma de gobierno. Sin embargo, en términos generales, presenta características con rasgos comunes en determinados aspectos.

1. Periodicidad en las elecciones.

La periodicidad en las elecciones facilita un contacto relativamente permanente entre el representante y sus electores, permitiendo con ello que éstos puedan calificar el desempeño de los representantes, sancionarlos si lo amerita, mediante la no reelección en caso de disconformidad. Para evitar estas situaciones, los representantes enfrentan la obligación de tomar contacto permanente con sus electores, realizando visitas personales y otorgándoles información de su quehacer político. La periodicidad de

[192] Carré de Malberg. Ob. cit. p. 196.

[193] Duguit L. Ob. cit. p. 120.

las elecciones permite renovar los cuerpos representativos con el ingreso de personas portadoras de nuevas ideas, facilitando la adaptación y renovación de las instituciones.

2. Dependencia de los representantes de los electores.

Debido a que a los electores les corresponde elegir representantes para la acción gubernativa, éstos asumen las obligaciones propias de un mandatario debiendo, por consiguiente, ser consecuentes en su accionar con el programa político ofrecido. Sin embargo, esta vinculación directa entre el electorado y sus representantes, se ha debilitado por la acción de los partidos políticos por las permanentes instrucciones que imparten a los parlamentarios que militan en ellos y que, muchas veces, no corresponden al real querer de los ciudadanos.

3. Responsabilidad de los representantes.

En el ejercicio de sus funciones, los representantes deben asumir la responsabilidad por los actos ejecutados, la cual puede expresarse en el campo político propiamente tal, la cual se hace efectiva a través de sanciones de esa naturaleza, como sucede con la no reelección por parte del electorado, o mecanismos de destitución. También puede incidir en hechos delictuosos de derecho común, así como la responsabilidad civil que puedan asimismo incurrir.

216. Fundamento jurídico de la representación política.

La democracia representativa plantea un importante problema relacionado con la naturaleza de la vinculación que se genera entre los electores y sus representantes pues, según sea el carácter que se otorgue a ella, los efectos y consecuencias pueden ser muy distintos.

En la búsqueda de una respuesta, los tratadistas han tenido en consideración la realidad de que el Estado, así como sus órganos, carecen de voluntad propia para actuar y cumplir las funciones que le son asignadas en el orden jurídico, por lo cual las tareas estatales se expresan por medio de la actividad humana de quienes lo integran, mediante formas y procedimientos previamente establecidos y, al respecto, se han propuesto diversas doctrinas para explicar y justificar el señalado nexo.

1. Doctrina de la representación por mandato.

La representación es una figura jurídica por lo cual una persona, en cumplimiento de un encargo recibido, ejecuta un determinado acto en nombre de otra, radicándose en ésta los efectos de dicho acto. Representante es la persona que obra por cuenta de otro y representado, es la persona por cuya cuenta un tercero celebra un acto.

En el derecho privado la representación supone la existencia de una disposición legal que faculta a determinadas personas para representar a otras, y que se denominan *representantes legales*. Es el caso de lo establecido en el artículo 43 del Código Civil de Chile que dispone que son representantes legales de una persona, el padre o la madre, el adoptante y su tutor o curador.

También puede surgir la representación por un acuerdo de voluntades, entre dos o más partes, que se expresa en un convenio o contrato. Así, se dispone en el artículo 1448 del citado Código que lo que una persona ejecuta a nombre de otra, estando facultada por ella o por la ley para representarla, produce, respecto del representado, iguales efectos que si hubiese contrato él mismo.

La forma contractual de mayor recurrencia para establecer la representación es el mandato, que es un contrato en que una persona, llamada mandante, confía la gestión de uno o más negocios a otra, llamada mandatario, que se hace cargo de ellos por cuenta y riesgos de la primera.

Según sea la naturaleza de las facultades otorgadas, el mandato puede tener el carácter de *libre* si la forma y manera de cumplir el encargo queda entregada al arbitrio o voluntad del mandatario, o bien, el carácter de *imperativo*, en el caso que el mandante establezca condiciones precisas y determinantes para el mandatario, el cual debe someterse, en forma estricta y absoluta, al cumplimiento del encargo en esos términos, no pudiendo actuar fuera de las instrucciones recibidas.

Estos principios de la representación, propios del Derecho Privado, han sido traspasados al campo del Derecho Público, según algunos autores, para explicar y justificar las características a que debe quedar sujeto la representación y el mandato de la autoridad elegida para el ejercicio de los cargos públicos, señalándose dos variantes.

a) Mandato libre.

La teoría del mandato libre tiene por fundamento la concepción que la soberanía reside en la Nación y, por lo tanto, los representantes elegidos por ésta representan al conjunto de la Nación, a la voluntad de la Nación, de manera que no están ligados por un mandato preciso recibido de sus electores, ya que los verdaderos mandantes no son éstos, sino la Nación que, al ser un ente colectivo incapaz de expresarse, no puede dar instrucciones a sus mandantes y solamente les torga el mandato de representarla, es decir, de actuar en su nombre [194].

Los representantes, por consiguiente, son libres en cuanto a determinar sus actos y decisiones, pues son la expresión de la Nación, y su accionar no puede quedar limitado, ni siquiera por los partidos políticos en los cuales estuvieren afiliados. Los electores, es decir, los mandantes, se limitan a la elección de sus representantes pasando a tomar una actitud pasiva pues son sus mandatarios, esto es, los parlamentarios, Presidente de la República, etc. quienes asumen la dirección de las funciones de gobierno.

Este tipo de representación genera una forma de gobierno denominada *democracia gobernada,* pues los representantes asumen la dirección de los órganos estatales y los electores son espectadores de la acción de sus representantes, sin que existan mecanismos que les permitan intervenir en la gestión de éstos.

La Constitución de Alemania de 1949 en su artículo 38 establece que: "Los diputados representarán al pueblo entero, no estarán ligados por mandato ni instrucción y sólo estarán sujetos a su propia conciencia". La Constitución de España de 1978 en sus artículos 66 y 67 señalan que "Las Cortes Generales representan al pueblo español y sus miembros no estarán ligados por mandato imperativo". La Constitución de Italia de 1947 en su artículo 67 dispone que todo miembro del Parlamento representa a la Nación y ejerce sus funciones sin estar ligado a mandato alguno.

La Constitución Política de Chile de 1980 en su artículo 5 establece que la soberanía reside en la Nación y que su ejercicio se realiza por el pueblo a través del plebiscito y de elecciones periódicas y, también, por las autoridades que la Constitución establece. Esta disposición debe complementarse con la Ley n° 18.603 sobre Organización de Partidos Políticos, cuyo artículo 32 dispone que en ningún caso podrán los partidos políticos

[194] Justo L. Mario. Ob. cit. p.438.

dar órdenes de votación a sus Senadores y Diputados ni realizar recomendaciones en los casos en que el Senado esté llamado a obrar como jurado.

b) Mandato imperativo.

La teoría del mandato imperativo se sustenta en la idea de la soberanía del pueblo, popular, o fraccionada, radicada en cada una de las personas que constituyen el pueblo electoral, por lo cual trasladan exactamente al derecho público el concepto del mandato de derecho privado.

Esta clase de representación implica un mandato dado por los electores a las personas elegidas para actuar en sus respectivos nombres debiendo el mandatario adaptarse estrictamente a las instrucciones de sus electores, ya que representa a éstos en forma individual y no colectiva como se supone en el caso de la representación de la nación.

Los programas, las plataformas o declaraciones de acciones presentadas por los candidatos a los electores, deben ser acatadas y cumplidas, posteriormente, por los parlamentarios en el ejercicio de los cargos de representación.

Esta forma de representación genera una forma de gobierno llamada *democracia gobernante,* ya que permite una mayor participación del electorado en la fiscalización de los actos de sus mandatarios.

El mandato imperativo supone, además, que los electores dispongan, además, de una sanción para el evento que el representante no cumpla su mandato. Es el principio llamado *revocabilidad* de los elegidos. Ello permite que, un cierto número de electores pueda, por vía de petición, obligar al elegido a presentarse de nuevo a elección popular cuyo resultado decide su permanencia en el cargo.

El mandato imperativo se aplicó en Francia en las elecciones para los Estados Generales de 1789 en que, previamente, se establecieron instrucciones a las cuales debían sujetarse los electos. Esta forma de representación se encuentra establecida en muchos sistemas de gobierno de partidos únicos en que los representantes del pueblo deben sujetarse a las instrucciones emanadas de las directivas partidarias.Es el caso de la Constitución de 1936 de la ex URSS en cuyo artículo 142 se establecía que cada diputado estaba obligado a dar cuenta a los electores de su trabajo, así como del trabajo del Soviet de los diputados y de los trabajadores, pudiendo ser revocado en todo momento por decisión de la mayoría de los electores, según el procedimiento establecido por la ley.

Las legislaciones contemporáneas han tratado de proscribir la rigidez representativa, pero la permanente intervención e influencia de los partidos políticos en la lucha por el poder ha ido dando un matiz imperativo a la acción del representante.

Son muy escasas las personas independientes que se presentan a un proceso electoral por la falta de apoyo estructural y económico que exige una elección. Lo normal es que los candidatos sean miembros de partidos políticos, y son sus directivas las que designan los candidatos, establecen los programas de acción gubernativa, imponen a los representantes la obligación de sufragar como partido, se ordena la forma de votación debiendo el representante votar conforme a dichas órdenes, aún cuando sea contrario a su conciencia y criterio, ya que si no vota en la forma ordenada, queda sujeto a las sanciones de las destituciones o expulsiones del partido perdiendo, con ello, en la práctica, toda posibilidad de ser reelegido.

2. Doctrina de la representación virtual.

Esta teoría considera que el parlamentario electo representa, al mismo tiempo, a la nación y a los electores y ha sido enunciada por Edmund Burke (1729-1797).[195]

Se sostiene que no existe un mandato exclusivo otorgado por la nación o por los electores quienes no han trasmitido poder alguno al representante, ni otorgado mandato ni delegado poder alguno, pero éste ejerce la representación virtual de sus aspiraciones, anhelos y opiniones, en la medida que sean compatibles con su condición de representante de la nación y del interés general.

Se señala que existe una representación virtual del mandatario respecto de sus electores, pues no ha recibido mandato real y concreto alguno de éstos, no obstante ser el depositario de su confianza.

3. Teoría de los órganos de representación.

Los partidarios de esta teoría sostienen que las diversas personas electas o cuerpos encargados de la actividad funcional del poder del Estado, son jurídicamente *órganos* y que el pueblo expresado como cuerpo electoral, es el órgano *originario,* pues no deriva de ningún otro órgano y porque, además ,ejercen en forma directa e *inmediata* su función sin necesidad

[195] Fayt. C. Obra cit. T. II. p.255.

de la acción complementaria de ningún otro órgano; en cambio, todos los otros órganos son *secundarios,* porque emanan de la voluntad de un órgano primario, es decir, lo representan y ejercen una función *mediata.*

G. Jellinek[196] señala que pueblo y representación del mismo, forman jurídicamente una unidad y que el pueblo, en cuanto unidad de expresión electoral, es órgano del Estado. Luego, el pueblo es órgano originario e inmediato del Estado y las personas elegidas por éste, son órganos secundarios emanados de él, que ejercen una determinada actividad del Estado.

Algunos autores franceses, incluidos Carré de Malberg[197], entienden por órgano, al individuo o grupo de individuos a quienes la Constitución habilita para querer y actuar por la colectividad organizada de modo que no existe ninguna voluntad preexistente, sino que su origen se encuentra en la Constitución y la competencia del órgano no emana ni está sujeta a la voluntad de los electores.

4. Teoría de la investidura.

Esta teoría desarrollada por Maurice Hauriou,[198] sostiene que en la esencia del poder está la representación y, en consecuencia, es ésta la base de la representación jurídica del pueblo y el fundamento de la autonomía de los representantes. Ni la representación mandato ni la de los representantes considerados como órganos del Estado explican suficientemente la relación jurídica entre gobernantes y gobernados.

La idea de representación encuentra su explicación en la investidura, toda vez que lo que los electores hacen, mediante la elección, es investir de poder a los gobernantes quienes lo ejercen con carácter autónomo o dentro de los límites de su competencia.

Los electores no trasmiten a los elegidos poderes de dominación, pues estos poderes están conferidos y establecidos en un orden jurídico. La elección no implica ningún mandato ni el elector trasmite al gobernante ningún poder. El elector se limita a designar al que habrá de desempeñar una función con autonomía y dentro de la competencia.

196 Jellinek G. Ob. cit. p.428.
197 Carré de Malberg. Ob. cit. p. 942.
198 Hauriou Maurice. Ob. cit. p. 226.

5. Teoría de la ficción.

El jurista Hans Kelsen[199] y otros autores, señalan que el pueblo, como cuerpo electoral, es el órgano de creación de la norma y sólo se limita a designar a las personas que conforman el Parlamento, pero no por eso éste ha de ejecutar la voluntad de aquél, tanto más cuanto que el pueblo no puede expresar otra voluntad que la que se manifiesta en el acto de elección.

No es el pueblo, sino el Parlamento quien legisla y con independencia del primero. Ni el poder legislativo permanece en el pueblo ni el pueblo transfiere poder al Parlamento. El cuerpo electoral es simplemente un órgano de creación, no existiendo relación de representación entre el Parlamento y el pueblo.

La independencia real del Parlamento, respecto de la voluntad popular, se disimula, según Kelsen, diciendo que cada diputado es representante del pueblo, pero ello es sólo una *ficción*, es decir, una mera invención destinada a ocultar esa realidad.

217. Democracia semirepresentativa.

Los gobiernos de democracia representativa han sido objeto de muchas críticas orientadas, principalmente, a señalar sus debilidades derivadas de la difusión del poder entre los numerosos representantes populares, cuyas responsabilidades se diluyen entre los mecanismos de control.

Se ha señalado además, que la democracia representativa no es el fiel reflejo de la voluntad de la ciudadanía por cuanto las desigualdades económicas y sociales entre los hombres, conduce a que aquellos que detenten el poder, en esas áreas, tengan un mayor grado de decisión e influencia en la determinación y adopción de las acciones de gobierno, por lo cual ellas son representativas de los intereses de los grupos más poderosos.

Asimismo, la intervención cada vez mayor de los partidos políticos ha afectado la fiel representación de los parlamentarios de sus electores, ya que son ellos los que a través de sus cuerpos directivos, determinan e imponen los candidatos sobre los cuales debe pronunciarse el cuerpo electoral, les fijan un programa político de acción gubernativa, impartiendo órdenes imperativas sobre la forma y manera de votar y tomar decisiones. Estas instrucciones, muchas veces, pueden violentar la libre voluntad del

[199] Kelsen Hans. Ob.cit.p.400.

parlamentario sobre la forma de actuar o decidir, pues si no acata las órdenes de su partido recibidas, puede ser objeto de sanciones.

Estas circunstancias han afectado principalmente al prestigio del Parlamento y a la acción de los parlamentarios, pues todas las críticas que se formulan en relación con el actuar particular de éstos, sea por sus propias deficiencias o como consecuencia de la intermediación de los partidos políticos, se imputa como deficiencias del cuerpo legislativo.

Frente a lo expuesto, se han buscado formas y maneras para aminorar dichas deficiencias y, entre ellas, se han establecido limitaciones a la representación política, creando mecanismos y procedimientos de fiscalización de su acción, tales como la publicidad de sus actos, obligatoriedad de contactos con sus bases electorales y otros.

Además, se han creado sistemas jurídicos políticos que permiten que el pueblo, en determinadas circunstancias, pueda tener una intervención directa e inmediata en la acción de gobierno.

Es así, que el sistema de gobierno de democracia representativa tradicional, ha derivado en una variante del mismo denominado gobierno semirepresentativo o semi directo, conceptualizado como "el sistema de gobierno en que el pueblo participa mediante la elección periódica de sus representantes y, además, en el ejercicio directo de instituciones jurídicas con expresión política".

Los medios y mecanismo de participación del cuerpo electoral en la democracia semirepresentativa son, fundamentalmente, la iniciativa popular, el veto popular, el referéndum y la revocatoria.

218. Iniciativa Popular.

La iniciativa popular "es la transmisión de la potestad de iniciar el procedimiento de revisión constitucional o de formación de la ley formal a una determinada fracción del cuerpo electoral" [200].

C. Fayt expresa, al respecto, que es el derecho de una parte del cuerpo electoral a presentar un proyecto de ley para su necesario tratamiento por las asambleas legislativas o bien a exigir la consulta popular sobre

---

[200] Biscaretti. Paolo. Ob. cit. p.421.

cuestiones legislativas determinadas. Agrega que en el primero de los casos se llama iniciativa formulada, y en el segundo, iniciativa simple [201].

M. García P. manifiesta que la iniciativa popular es el derecho de una fracción del cuerpo electoral a exigir la consulta popular sobre una determinada acción legislativa [202].

Se trata de un derecho que puede ejercer todo o parte del pueblo, a fin que el Parlamento estudie y se pronuncie sobre materias legales de interés para la comunidad. Ello no significa que el cuerpo legislativo deba necesariamente aprobar la iniciativa del pueblo, sino sólo se encuentra obligado a su análisis y pronunciamiento.

La condición básica de este sistema es el necesario apoyo de una parte del cuerpo electoral a la iniciativa popular la cual puede ser de *carácter general*, es decir, se señala sólo la idea u objetivo de la legislación, dejando al legislador la tarea de redactar el proyecto de ley, o bien, de *carácter articulado*, en que el proyecto se presenta afinado y precisado para su estudio.

Existen legislaciones que permiten la iniciativa sobre todo tipo de materia legal, inclusive, respecto de materias contenidas en la propia Constitución, y otras que excluyen determinadas materias.

La Constitución Española de 1978 contempla la iniciativa popular, en su artículo 87 que establece que "una ley orgánica regulará las formas de ejercicio de la iniciativa popular para la presentación de proposiciones de ley. En todo caso, se exigirá no menos de quinientas mil firmas acreditadas. No procederá dicha iniciativa en materias propias de ley orgánica, tributarias o de carácter internacional ni en lo relativo a la prerrogativa de gracia".

La Constitución de Suiza de 1874, por su parte, dispone en su artículo 120, que "cuando cien mil ciudadanos suizos con derecho de sufragio pidan la reforma total de la Constitución Federal, la cuestión de si ella debe ser reformada, será sometida a la votación del pueblo suizo, que se pronunciará por sí o por no".

---

201 Fayt C. Ob. cit. T. I.p.376

202 García P. Manuel. Derecho Constitucional Comparado. Rev. Occidente. Madrid. 1957 p. 184

La Constitución Política de Italia de 1947 en su artículo 71, establece que "el pueblo ejercerá la iniciativa de las leyes mediante la proposición por cincuenta mil electores como mínimo de un proyecto articulado".

219. El veto popular.

El veto popular es el derecho de los electores de oponerse, dentro de cierto plazo, a una ley ya aprobada, la cual comienza a regir si ninguna oposición se formula a su respecto dentro de dicho plazo.[203]

Por medio del veto, los electores, tienen el derecho para oponerse a una ley que ha sido aprobada por el Parlamento, la cual comienza a regir, sólo si no es formulada la oposición a ella por medio del veto. Manifestado el veto, se somete a votación popular y la ley no entra en vigencia si resulta contraria a ella la mayoría absoluta de los electores.

Los principios y formalidades del veto popular, por regla general, son los mismos que los correspondientes a la iniciativa popular. Es el caso de lo dispuesto en el art.89 de la Constitución Suiza, que dispone que "las leyes federales y los decretos federales de alcance general, deberán someterse a su adopción o rechazo por el pueblo cuando lo soliciten cincuenta mil ciudadanos activos u ocho cantones".

220. El plebiscito.

En doctrina se le denomina asimismo referéndum, atribuyéndole un significado como sinónimos, pero semánticamente existen diferencias. Según el Diccionario de la Real Academia Española, plebiscito es "toda resolución tomada por todo un pueblo a pluralidad de votos" o "consulta que los poderes públicos someten al voto popular directo, para que apruebe o rechace una determinada propuesta sobre soberanía, ciudadanía, poderes excepcionales, etc". Generalmente se reserva el vocablo de plebiscito en los casos en que la consulta al pueblo tiene por finalidad legitimar una situación de hecho.

El plebiscito tiene su origen en la sociedad romana, surgido de las decisiones tomadas por el pueblo sobre propuestas de un tribuno, en sus reuniones públicas o asambleas llamadas "concilia plebis". Primitivamente el plebiscito obligaba sólo a la plebe, pero a partir de la Ley Hortesia en

---

203 Silva B. Alejandro. Tratado Derecho Constitucional. Ob. cit. 1963. T. I. p.257.

el año 468, también se extendió a los patricios. Por ello, estas decisiones o plebiscitos pasaron a constituir verdaderas leyes.

Durante los últimos siglos de la República en Roma, fueron empleados numerosos plebiscitos que dieron origen a leyes como la ley Cincia, año 550 sobre donaciones, la ley Falcidia, año714 sobre legados, la ley Aquilia sobre donaciones y otras [204].

Posteriormente, con la despersonalización del poder y el surgimiento del concepto de Estado, se comenzó a utilizar el plebiscito como medio de intervención del pueblo en situaciones de interés general para la sociedad y no necesariamente, de carácter jurídico. En Francia, durante los gobiernos napoleónicos, tuvieron lugar varios plebiscitos. Así en el año 1802 se consagró a Napoleón cónsul vitalicio y en el año 1804 se aprobó, mediante plebiscito, el establecimiento de un imperio hereditario. En Alemania se utilizó el plebiscito en noviembre de 1933 para ratificar su retiro de la Sociedad de las Naciones y, posteriormente, con motivo de la ocupación militar de la Renania o la anexión con Austria, entre otros.

Se *define* el plebiscito como el derecho reconocido al cuerpo electoral para intervenir en la ratificación o aprobación de un acto esencialmente político, de naturaleza constitucional o gubernamental.

Algunos autores señalan que plebiscito y referéndum son instancias y procedimientos similares porque tienen el mismo carácter esencial de consulta al pueblo, por lo cual se pueden emplear indistintamente ambos términos. Sin embargo, se puede constatar la existencia de elementos y circunstancias que diferencian claramente esas instituciones.

En efecto, en ambos vocablos existe un elemento común, constituido por la intervención de la voluntad popular para pronunciarse sobre una proposición de la autoridad referida a asuntos de interés general de la comunidad, pero difieren en cuanto a la naturaleza del contenido de la consulta, pues mientras respecto del plebiscito ella incide en materias vinculadas fundamentalmente con la actividad política del Estado, en el referéndum, en cambio, la consulta recae esencialmente en materias jurídicas.

No obstante, la intervención del pueblo es esencialmente diferente en uno y otro caso, como quiera que, en el plebiscito, tiene un rol esencialmente

---

[204] Petit Eugene. Tratado Elemental de Derecho Romano. Edit. Albatros. B. Aires.1980. p.55.

pasivo, limitándose a aceptar o rechazar en block, mientras que, en el referéndum, su participación es activa [205].

Para el profesor K. Loewenstein el plebiscito significa una votación popular sobre una cuestión territorial, tal como la modificación de las fronteras internas o externas del Estado o el cambio de la soberanía de todo un territorio y que fuere usado para legalizar las conquistas de anexiones de territorios extranjeros y también para el ejercicio del derecho de autodeterminación nacional [206].

El jurista L. Duguit sostiene que, en el plebiscito el pueblo inviste al representante del poder necesario para dictar la ley que expresa la voluntad del pueblo y, en el referéndum, la ley va al órgano de representación al pueblo, cuyo voto es indispensable para su eficacia [207].

Es así que se atribuye al plebiscito una función de hacer representativo un gobierno que no es democrático, mediante la consulta directa a la ciudadanía, para delegar la representación en una determinada persona; en otros términos, para legalizar una situación de hecho o fáctica.

En Francia, tanto en la doctrina como en el derecho, se introdujo la práctica y costumbre de emplear el término de plebiscito en los casos de consultas al pueblo, especialmente cuando incidía en materias de resolución política, práctica que se traspasó a otras legislaciones, como Chile.

Para quienes conciben el plebiscito como una instancia destinada a legalizar situaciones de hecho, como cuando se pretende dar licitud a una autoridad que ha asumido un cargo por vías extralegales, o establecer un orden jurídico originario, situaciones que no se encuentran reguladas en el sistema legal, el plebiscito debe encontrarse revestido de determinadas exigencias que otorguen garantías de veracidad y transparencia en los resultados expresados por el pueblo.

Así, se señala que deben concurrir las siguientes condiciones mínimas [208].

---

205 Galaz U. Sergio. Ob. cit. p.310.

206 Loewenstein Karl. Ob. cit. p.331.

207 Duguit L. Ob. cit.. p.142.

208 Wood L. Guillermo. El Plebiscito Constitucional de 1925. Edit. Jurídica. Chile. 1953. p.81.

1. Disyuntiva entre dos soluciones opuestas.

Debe someterse al electorado una disyuntiva precisa y clara entre dos soluciones contrarias, pues el cuerpo electoral no es deliberante como ocurre en una asamblea. La cuestión debatida debe ser presentada en forma tal que los electores se limiten solamente a aceptar o rechazar la propuesta, en términos a contestar "sí" o "no".

2. Información imparcial.

Debe proporcionarse a la ciudadanía una completa y amplia información en forma imparcial relativa a la materia sometida a veredicto popular, que permita a los votantes conocer todas las variantes y consecuencias del resultado.

Por ello, el plebiscito, debe estar acompañado del mayor número posible de antecedentes imparciales para su utilización por los electores.

3. Funcionamiento de un gobierno normal.

Debe existir un gobierno perfectamente normal y constitucional en el que participe la oposición en los términos habituales del régimen representativo. Toda situación política anormal puede conducir a un falseamiento del proceso y de su resultado, ya que la falta de mecanismos y procedimientos de control, no permitirán establecer la certeza de la voluntad electoral.

4. Interpretación de los resultados.

Para garantizar la esencia democrática del plebiscito, debe encontrarse previamente establecida la interpretación de los resultados, especialmente en cuanto a los quórum para dar por establecido la voluntad electoral.

En los casos en que el plebiscito se sustenta en una Constitución vigente, los requisitos de validez de los resultados se encuentran contenidos en dicha norma, pero el problema se suscita cuando se lleva a cabo a margen de toda ley anterior, como es el caso de un gobierno de facto y ausencia de Carta Fundamental.

5. Existencia de condiciones de expresión democrática.

Todo plebiscito debe desarrollarse dentro del marco jurídico establecido para la libre expresión ciudadana, tal como la existencia de un cuerpo electoral vigente, sistema electoral transparente y regular, partidos políticos libres, medios de comunicación social independientes, libre expresión tanto de individuos como de asociaciones, garantías de seguridad personal, sufragio personal y secreto, instancias de reclamaciones, Tribunales Electorales y demás exigencias propias de un sistema democrático.

La Constitución Política de Chile de 1980, ha establecido el plebiscito en diversas materias constitucionales. Así, en lo referente al ejercicio de la soberanía (art.5); sistema electoral público (arts.15, 18); atribuciones especiales del Presidente de la república (32 n°4, 64); atribuciones del Tribunal Constitucional (art.93 n°5 e incisos 8,9 y 10); competencia del Tribunal Calificador de Elecciones (art.95); administración comunal (art.118 inc.5); reforma constitucional (art. 128 inc.4 y 129). Además, en el texto primitivo de la Constitución Política, se contemplaron normas especiales transitorias respecto del plebiscito en los artículos 18, 21, 23, 27, 28 y 29, sin perjuicio del artículo final del texto constitucional que señalaba que la Constitución entraría en vigencia seis meses después de ser aprobada mediante plebiscito y que un decreto ley determinaría la oportunidad en la cual se efectuaría el señalado plebiscito, así como las normas a que él se debía sujetar.

No obstante el carácter de gobierno representativo establecido en nuestro ordenamiento constitucional, el Texto Fundamental contempla tres instancias de participación directa del electorado frente a materias jurídicas, políticas o administrativas, constituidas por a) la consulta municipal no vinculante, b) el plebiscito municipal, y c) el plebiscito sobre reforma constitucional.

a) Consulta Municipal.

La Consulta Municipal no vinculante fue incorporada al artículo 118 de la Constitución Política por reforma contenida en la Ley n°19.526 de 1997, y constituye una expresión de la contribución directa ciudadana en el gobierno comunal.

El vocablo "*consulta*" deriva del verbo "consultar" que, conforme al Diccionario de la Real Academia Española tiene las siguientes acepciones: a) Conferir, tratar y discurrir con una o varias personas sobre lo que se debe hacer en un negocio, b) Pedir parecer, dictamen o consejo; c) Dar los consejos, tribunales u otros cuerpos, al rey o a otra autoridad, dictamen por escrito sobre un asunto, o proponerle sujetos para un empleo; d) Someter una duda, caso o asunto a la consideración de otra persona.

Por consiguiente, la consulta municipal importa un acto cívico por el cual los ciudadanos que pertenecen a un determinado Municipio, emiten su opinión o parecer a la autoridad municipal, sobre la forma o manera en que se debe resolver una materia concreta sometida a su conocimiento.

La consulta municipal se encuentra inserta dentro del mandato constitucional del artículo 118 de la Carta Fundamental que dispone que deben establecerse las modalidades y formas que deberá asumir la participación de la comunidad local en las actividades municipales.

La consulta municipal tiene el carácter de no vinculante, esto es, su resultado no genera obligación de acatamiento para la autoridad, teniendo, por tanto, un carácter meramente ilustrativo del querer de la ciudadanía, lo cual ha privado a la consulta de la estimación y valoración sobre la efectividad de su uso.

No obstante que la norma constitucional dispone que corresponderá a la ley orgánica constitucional sobre Municipalidades, establecer las materias y exigencias para la procedencia de la consulta, ésta no se encuentra regulada en la ley respectiva.

Lo anterior ha inducido que, en casos de consultas efectuadas por Municipios a la ciudadanía, se hayan dictado decretos y resoluciones directamente por los Municipios, estableciendo los procedimientos y requisitos para que los habitantes emitan las opiniones que se les requiere.

b) Plebiscito Municipal.

El plebiscito municipal fue incorporado a la Constitución Política, mediante reforma por Ley n°18.825 de 1989, como mecanismo de participación ciudadana, y se encuentra regulado en el artículo 118 de la Carta Fundamental y en la Ley Orgánica Constitucional de Municipalidades n°18.695.

Conforme a las indicadas normas jurídicas, pueden ser objeto de plebiscito las materias de administración local relativas a inversiones específicas de desarrollo comunal, a la aprobación o modificación del plan comunal de desarrollo, a la modificación del plan regulador u otras de interés para la comunidad local, siempre que sean propias de la esfera de competencia municipal.

El plebiscito puede ser de iniciativa: a) del Alcalde, con acuerdo del Concejo Municipal; b) a requerimiento de los dos tercios de los miembros del Concejo Municipal; y c) a requerimiento de la ciudadanía.

En este último caso, la ciudadanía deberá concurrir con su firma, ante notario público u oficial del Registro Civil, al menos el diez por ciento de los ciudadanos inscritos en los registros electorales de la comuna al 31 de diciembre del año anterior, debiendo acreditarse dicho porcentaje mediante certificación que expida el Director Regional del Servicio Electoral.

Es obligación del Alcalde de convocar a plebiscito dentro de los diez días siguientes a la recepción del requerimiento del Concejo o de los ciudadanos, mediante decreto que debe contener las cuestiones debatidas a plebiscito, decreto que debe publicarse tanto en el Diario Oficial como en un periódico de la mayor circulación de la comuna.

El plebiscito debe tener lugar no antes de sesenta ni después de noventa días contados desde la publicación en el Diario Oficial y, en lo que sea aplicable, se regula por las normas establecidas en la Ley nº18.700, Orgánica Constitucional sobre Votaciones Populares y Escrutinios.

Los resultados del plebiscito comunal son vinculantes para la autoridad municipal, siempre que voten más del cincuenta por ciento de los ciudadanos inscritos en los registros electorales.

Corresponde al Tribunal Calificador de Elecciones conocer de las reclamaciones y de la calificación del plebiscito, debiendo informar al Director del Servicio Electoral el término del proceso de calificación del mismo.

Esta forma de participación de los ciudadanos en el requerimiento del proceso plebiscitario, ha sido alabada por algunos autores, e incluso se ha señalado que ello importa un acto de verdadera iniciativa popular [209].

c) Plebiscito Reforma Constitucional.

La Junta de Gobierno de Chile, en el año 1980, invocando el ejercicio de la potestad constituyente, mediante el D.L.nº3.464 de 8 agosto de 1980, acordó aprobar una nueva Constitución Política, pero sujeta a ratificación por la ciudadanía.

---

[209] Noguera A. Humberto. Sistema Electoral y Plebiscitos Comunales. En Chile. Revista Chilena de Derecho. Pontificia U. Católica de Chile. Año 1993 Vol.20. p. 614.

En el artículo final del señalado DL.nº3.464, se estableció que la Constitución entraría en vigencia seis meses después de ser aprobada mediante plebiscito, con excepción de las disposiciones transitorias novena, y vigésima tercera que tendrían vigor desde la fecha de esa aprobación.

Para el cumplimiento de lo anterior, el señalado artículo final estableció que un decreto ley determinaría la oportunidad en la cual se efectuaría el señalado plebiscito, así como las reglas que aseguraren el sufragio personal, igualitario y secreto y, para los nacionales, obligatorio.

Como consecuencia de lo anterior, se dictó el Decreto Ley nº 3.465 de 8 agosto de 1980, por el cual se convocó a plebiscito para el día 11 de septiembre de 1980 destinado a pronunciarse sobre la nueva Constitución Política, incluida sus disposiciones transitorias, habiéndose establecido: a) que debían votar los chilenos mayores de 18 años edad, incluso analfabetos y no videntes y que podían votar los extranjeros que tuvieren residencia legal en Chile: b) que para el ejercicio del sufragio debía estarse en posesión de la cédula de identidad, cualquiera fuere la fecha de su funcionamiento; c) que el sufragio debía emitirse mediante cédulas con las expresiones "SI" y "NO" en forma separada; d) la constitución, instalación y funcionamiento de las mesas receptoras; e) los escrutinios por mesa, comunal, provincial; f) Colegio Escrutador Regional constituido por el Intendente Regional, un Ministro de Corte de Apelaciones y Conservador de Bienes Raíces; g) Colegio Escrutador Nacional integrado por el Contralor General de la República, un Ministro de Corte de Apelaciones de Santiago y el Secretario de la Corte Suprema.

El plebiscito nacional efectuado el 11 septiembre de 1980, arrojó un resultado de 4.202.879 (67,04%) de votos favorables a la aprobación; de 1.893.420 (30,19%) contrarios y 173.569 (2,77%) de votos nulos. Total de sufragantes fue de 6.271.868, con abstención estimada del 6%. [210]

El texto primitivo de la Constitución de 1980 regulaba el plebiscito constitucional en los artículos 117, 118 y 119 que permitía al Presidente de la República recurrir al mismo en dos situaciones: a) En caso que el Presidente de la República rechazare totalmente un proyecto de reforma aprobado por el Congreso y éste insistiere en su totalidad por las tres

---

210 Carrasco D. Sergio. Génesis de la Constitución Política de 1980. Revista Derecho Publico. U.de Chile. 1981. p.65

cuartas partes de los miembros en ejercicio de cada Cámara; y b) En caso que las Cámaras no aprobaren todas o algunas de las observaciones del Presidente e insistieren por los dos tercios de sus miembros en ejercicio en la parte aprobada por ellas.

Sin embargo, las reformas que hubieren tenido por objeto modificar las normas constitucionales sobre plebiscito señaladas en el artículo 117 de la Constitución, así como disminuir las facultades del Presidente de la República, otorgar mayores atribuciones al Congreso o nuevas prerrogativas a los parlamentarios requerían la concurrencia de voluntades del Presidente de la República y de los dos tercios de los miembros en ejercicio de cada Cámara y no era procedente el plebiscito.

Además, constituía una situación muy excepcional los proyectos de reformas que recayeren sobre los Capítulos I, VII, X y XI de la Constitución que, sin perjuicio de requerir el concurso de voluntades del Presidente de la República y quórum antes señalado de ambas Cámaras, su aprobación, no debía promulgarse, sino guardarse hasta la próxima renovación conjunta de dichas Cámaras y, en la primera sesión que éstas celebraren, debían deliberar y votar sobre el texto que hubieren aprobado, sin modificación alguna y ratificarla por los dos tercios de los miembros en ejercicio de cada rama del nuevo Congreso, y en caso que el Presidente de la República estuviere en desacuerdo, podía consultar a la ciudadanía para que se pronunciare mediante un plebiscito.

Estas disposiciones constitucionales fueron modificadas por la ley n°18.825 de 17 enero de 1989, previo al plebiscito convocado por el Gobierno Militar realizado el día 30 de Julio de 1989, conforme a lo establecido en el artículo 17 letra A transitorio de la Constitución.

Las reformas constitucionales introducidas por la señalada ley constituyen un precedente inédito en nuestro régimen constitucional, pues por primera vez participa directamente la ciudadanía en una modificación constitucional.

Conforme al Capítulo XV de la Constitución, el plebiscito en materia de reforma constitucional, se encuentra sometido a los siguientes casos de procedencia, entidades participantes y procedimientos.

1. *Situaciones de procedencia.*

En texto vigente permite la convocatoria a plebiscito respecto de reformas constitucionales, en dos casos:

1) Si el Presidente de la República rechaza totalmente un proyecto de reforma aprobado por ambas Cámaras y éstas insistieren en su totalidad por las dos terceras partes de los miembros en ejercicio de cada Cámara, debe promulgar dicho proyecto, o consultar a la ciudadanía mediante plebiscito. (artículo 128 inc.2).
2) Si el Presidente de la República observare parcialmente un proyecto de reforma aprobado por ambas Cámaras y éstas no aprueban todas o algunas de las observaciones del Presidente de la República e insistieren por los dos tercios de sus miembros en ejercicio en la parte del proyecto aprobada por ellas, el Presidente de la República debe promulgar dicho proyecto, o consultar a la ciudadanía mediante un plebiscito, respecto de las cuestiones en desacuerdo.(artículo 128 inc.4).

2. *Convocatoria.*

La convocatoria a plebiscito es una atribución constitucional especial del Presidente de la República (artículo 32 n°4) que realiza mediante la dictación de un Decreto Supremo dentro del plazo de 30 días siguientes a aquél en que ambas Cámaras insistan en el proyecto aprobado por ellas.

El Decreto Supremo de convocatoria debe fijar la fecha de la votación plebiscitaria que no podrá tener lugar antes de 30 días ni después de 60 contados desde la fecha de publicación de dicho decreto. Además, deberá contener el proyecto aprobado en ambas Cámaras y vetado totalmente por el Presidente de la República, o bien, las cuestiones del proyecto en las cuales el Congreso haya insistido ante este último, situación en que cada una de las cuestiones en desacuerdo, deberá ser votada separadamente en el plebiscito.

3. *Cuestiones de Constitucionalidad.*

Si se suscitare algún cuestionamiento de constitucional en relación al Decreto de convocatoria, el Senado o la Cámara puede requerir al Tribunal Constitucional la resolución del cuestionamiento dentro del plazo de 10 días a contar de la fecha de publicación del Decreto.(artículo 93 n°5 e inc.8).

Según el artículo 47 de la Ley n°17.799, el requerimiento debe ser firmado por el Presidente de la respectiva Cámara y autorizado por el Secretario y deberá contener una exposición clara de los hechos y fundamentos de derecho que le sirven de apoyo e indicar si la cuestión se refiere a la procedencia de la consulta plebiscitaria, a su oportunidad o a los términos de la misma, precisando los aspectos específicos de la impugnación y su fundamento, y si ello no se cumpliere, el Tribunal Constitucional puede no admitirlo a tramitación, sin perjuicio del derecho de los interesados de subsanar los defectos dentro de tercero día.

El plazo para dictar sentencia es de 30 días contados desde que el Tribunal Constitucional reciba el requerimiento o desde que se hubieren subsanado los defectos, caso que el requerimiento hubiere sido incompleto y, en dicha sentencia, el Tribual debe fijar el texto definitivo de la consulta publicitaria, fallo que deberá publicarse en el Diario Oficial dentro de tres días

Si al tiempo de dictarse la sentencia faltare menos de 30 días para la realización del plebiscito, el Tribunal Constitucional fijará en ella una nueva fecha comprendida entre los 30 y 60 días siguientes al fallo.

4. *Organización.*

Conforme a lo establecido en el artículo 18 de la Constitución, corresponde al Servicio Electoral regular la forma en que se deben realizar los procesos plebiscitarios, por lo cual resultan aplicables las disposiciones de la Ley n°18.556 Orgánica Constitucional sobre Sistema de Inscripciones Electorales y Servicio Electoral.

5. *Procedimiento.*

El procedimiento de la consulta plebiscitaria se rige por las normas de la ley n°18.700 sobre Votaciones Populares y Escrutinios, según lo establecido en el artículo 1° de dicha ley. Por consiguiente, se aplican sus normas, sobre los actos preparatorios de los plebiscitos, tales como las cédulas electorales, locales de votación, vocales y constitución e instalación de mesas receptoras, la votación misma, escrutinios por mesas y de Colegios Escrutadores, propaganda y mantenimiento del orden público.

6. *Partidos Políticos.*

A los partidos políticos se les reconoce un amplio derecho de participar en el proceso plebiscitario, de acuerdo a lo establecido en el artículo 2 de la Ley Orgánica Constitucional sobre Partidos Políticos n° 18.603.

7. *Tribunal Calificador de Elecciones.*

Corresponde al Tribunal Calificador de Elecciones conocer y calificar el proceso plebiscitario en los términos señalados en los artículos 95 y 129 de la Constitución y 9° de la Ley n°18.460 Orgánica Constitucional de dicho Tribunal.

El Tribunal Calificador debe comunicar al Presidente de la República el resultado del plebiscito y debe especificar el texto del proyecto aprobado por la ciudadanía.

8. *Promulgación.*

El Presidente de la República, mediante un Decreto Supremo, debe promulgar el texto del proyecto probado en el plebiscito, como reforma constitucional dentro de los cinco días siguientes a dicha comunicación.

9. *Publicación.*

Una vez promulgado debe efectuarse su respectiva publicación en el Diario Oficial y desde la fecha de su vigencia, sus disposiciones entran a formar parte de la Constitución y se tienen por incorporadas a ésta.

221. El referéndum.

Una instancia similar al plebiscito es el referéndum, cuyo origen se encuentra en las antiguas Dietas de la Confederación Germánica Helvética, en que los representantes de los Estados Confederados sólo decidían y tomaban resoluciones "ad referéndum", es decir, bajo la condición y reserva de las respectivas confirmaciones de esas decisiones, por parte de los respectivos gobiernos.

En Suiza el referéndum ha tenido un gran desarrollo entre los diversos cantones que constituyeron primitivamente la Confederación y, posteriormente, la Federación.

En EE.UU. de N.A. los colonos norteamericanos se inspiraron en esta institución para aprobar las Constituciones de Connecticut, Rhode Island y Massachusetts entre los años 1776 y 1780. Durante el siglo XIX, el referéndum fue incorporado en diversos textos constitucionales, como la Constitución de Austria de 1920, España de 1931, Italia 1947, y otros.

Se *define* el referéndum, como "el procedimiento mediante el cual el cuerpo electoral a través del sufragio de sus integrantes ratifica o desaprueba, con carácter definitivo, decisiones de carácter normativo adoptadas por órganos representativos."[211]

A.Silva B. expresa que el referéndum es el conjunto de formas institucionales de participación del electorado en el establecimiento de las leyes o en la decisión de determinados problemas.[212]

El referéndum, se refiere a las diversas formas de asociación del pueblo a la elaboración de la norma jurídica y a otras decisiones de la vida institucional.[213]Este término es el que se encuentra incorporado mayoritariamente en las distintas legislaciones del derecho comparado.

En un Estado de Derecho, el referéndum, así como el plebiscito, deben encontrarse debidamente regulados en el orden jurídico constitucional, en términos que todo el proceso del requerimiento de la autoridad a la voluntad popular, constituya un elemento transparente en la generación y validez de la norma o materia sometida al veredicto popular.

El referéndum, se puede *clasificar* atendiendo a: a) las causas que le pueden dar origen; b) la obligatoriedad; c) las materias a las puede comprender; d) la oportunidad y e) los efectos.

1. *Atendiendo a la causa que origina el referéndum.*

El referéndum puede tener el carácter de referéndum de *iniciativa*, de *veto* o de *ratificación*, según sea la causa o razón que ha dado motivo para recurrir a esta instancia de intervención popular.

El referéndum de *iniciativa* se presenta como una variante de la iniciativa popular por su semejanza en que el pueblo puede solicitar que se someta a referéndum un proyecto aprobado o rechazado por la Asamblea

---

[211] Justo L. Mario. Ob. cit. p.469.
[212] Silva B. Alejandro. Derecho Político. Ob. cit. 101.
[213] Silva B. Alejandro. Tratado de Derecho Constitucional..Ob. cit. T.I. 1963. p.258.

Legislativa, o decidir la derogación total o parcial de una norma jurídica vigente. Es el caso de la Constitución de Italia de 1947 que en su artículo 75 dispone que "cuando lo soliciten quinientos mil electores o cinco consejos regionales, se celebrará referéndum popular para decidir sobre la derogación total o parcial de una ley o de un acto con fuerza de ley".

El referéndum de *veto* consiste en la participación del pueblo, mediante actos y procedimientos públicos establecidos, por el cual el pueblo impide la aprobación de un proyecto de ley. Puede ser un veto absoluto si impide la promulgación y vigencia de la ley, o veto suspensivo si sólo lo retarda.

El referéndum de *ratificación* es la aprobación efectuada por el pueblo del proyecto de ley aprobado por la asamblea legislativa.

2. *Según la necesidad jurídica de realizarlo.*

Esta clasificación considera el orden jurídico establecido en cuanto a la obligación o no de recurrir al referéndum en cuyo caso puede ser *facultativo* u *obligatorio*.

El referéndum es *facultativo* en los casos que puede o no someterse a referéndum según lo resuelva el órgano autorizado para convocar la consulta. Es muy similar al veto, en que la norma jurídica entra en vigor en caso de no objetarse dentro de cierto tiempo.

Es el caso del procedimiento de modificación de la Constitución Italiana de 1947 pues el artículo 138 de la misma, establece que "dichas leyes reformatorias deberán ser sometidas a referéndum popular cuando, dentro de los tres meses siguientes a su publicación, lo solicite una quinta parte de los miembros de una Cámara o quinientos mil electores o cinco Consejos Regionales. La ley sometida a referéndum no se promulgará si no fuere aprobada por la mayoría de los votos válidos".

En Chile el referéndum, que es llamado plebiscito, es facultativo pues, conforme al artículo 128 de la Constitución, constituye una facultad del Presidente de la República recurrir a la consulta ciudadana en caso de su desacuerdo con los proyectos de reforma constitucional aprobadas por la Cámara de Diputados y el Senado.

El Referéndum *obligatorio* es aquel que procede cuando, aprobada una ley, debe necesariamente someterse a la consulta del electorado.

El proyecto de Constitución Política de Chile de 1980, fue aprobado por D.L. n°3.464 de 11 agosto 1980 en cuyo artículo final se dispuso que ella entraría envigencia seis meses después de ser aprobada mediante plebiscito el cual fue convocado por D.L.n°3.465 de 12 de agosto 1980.

3. *Atendida la amplitud de las materias que pueden ser objeto de referéndum.*

Existen regímenes jurídicos que limita los asuntos que pueden ser sometidos a la resolución popular, y por lo cual se les clasifica de referéndum *general* o *restringido*.

El referéndum es *general* cuando cualquier materia constitucional o legal puede ser objeto de la consulta ciudadana. La Constitución de Suiza en sus artículos 89 y 120 permiten el referéndum tanto de la Constitución como de las leyes federales y decretos federales.

En cambio, es *restringido* cuando sólo ciertas materias pueden ser objeto de referéndum o plebiscito. Es el caso de la Constitución de Chile que en su artículo 128, solo lo admite tratándose de reforma constitucional, o bien respecto de determinadas materias de administración municipal, conforme al artículo 118 de la misma.

4. *Según la oportunidad en su formalización.*

El plebiscito puede ser *preventivo* o anterior y de *ratificación* o aprobatorio según sea el momento en que se formula la consulta popular.

Referéndum *preventivo* o anterior es aquél en que el cuerpo electoral es consultado para resolver una determinada materia. Es el caso contemplado en la Constitución de Chile respecto de las reformas constitucionales.

Referéndum de *ratificación* o aprobatorio es aquél en que el cuerpo electoral participa para aprobar un proyecto y darle así validez. En Chile, por medio de suscripción popular se aprobaron las Constituciones de 1812 y de 1818.

5. *Según los efectos que puede generar el referéndum.*

Según las consecuencias que se le atribuyan a la consulta, el referéndum puede ser *consultivo*, *decisorio* o de *opción*.

Referéndum *consultivo* es aquél en que el cuerpo electoral proporciona un criterio para la actuación posterior de la autoridad gobernante, constituyendo una facultad para éste formular la consulta al pueblo.

En Chile, mediante D.S. 1.308 de 27 diciembre 1977, el Gobierno convocó a una consulta al pueblo en relación con su aprobación o rechazo a la gestión de Gobierno con motivo de la Resolución de la Asamblea de las Naciones Unidas condenatoria por violación a los derechos humanos.

La Constitución de Suecia de 1974 en el artículo 4 del Capítulo VIII dispone que por ley se establecerán las disposiciones referentes a referéndum consultivo en todo el Reino.

Referéndum *decisorio,* es aquél en que la autoridad debe consultar la opinión del pueblo y posteriormente debe actuar conforme a la voluntad mayoritaria de éste.

El referéndum de *opción* es aquél en que el pueblo mediante el voto popular, opta entre varias alternativas que se someten a su resolución. La Constitución de Chile de 1925 fue aprobada por consulta que sometió a resolución de la voluntad popular tres alternativas constitucionales, habiendo obtenido mayoría la que contenía el texto de dicha Constitución.

222. La revocatoria.

La revocatoria es el derecho de una parte del cuerpo electoral para pedir la destitución o separación de aquellos representantes electos que no han cumplido su mandato o que, por mal desempeño de sus funciones, han dejado de merecer la confianza depositada en ellos por el cuerpo electoral [214].

La revocatoria tiene por objeto hacer efectiva la responsabilidad de los representantes ante sus electores y corresponde a la clase de representación del mandato imperativo, pues el representante debe condicionar su acción gubernativa conforme a las instrucciones de sus electores. Constituye un derecho o facultad de una fracción del cuerpo electoral para obtener que se llame a elecciones especiales, a fin de determinar si el ocupante de un cargo electivo debe permanecer o no en él.

Con el nombre de *recall* se aplica en los Estados Unidos de N.A. en el ámbito de la administración local o municipal respecto de representantes

---

[214] Fayt Carlos. Ob. cit. T.I. p.377.

legislativos, así como funcionarios judiciales. La Constitución de Hungría de 1949, con su modificación de 1975 establecía en su artículo 71 n°3 que los diputados de la Asamblea Nacional y los concejales, podían ser revocados por los electores [215].

223. Gobierno Parlamentario.

El sistema de gobierno parlamentario tuvo su origen y desarrollo en Inglaterra y las diversas formas de aplicación del mismo, en otros países, se presentan como variantes de éste, por lo cual muchos autores, al referirse al parlamentarismo, se abocan a analizar el sistema de gobierno inglés.

En el siglo XII el monarca en Inglaterra, similar a lo que acontecía en otros Estados, gobernaba asesorado por un Magnun Consilium, Curia Regis o Consejo Privado, constituido por personas que nombraba de su exclusiva confianza y que pertenecían al clero o a la alta nobleza cortesana, sin que en esa designación tuviera participación alguno los otros estamentos sociales. En el año 1254, gobernaba el rey Enrique III quien enfrentaba una grave crisis económica, por lo cual requirió a cada sheriff que enviaran dos caballeros de su condado que decidiese los auxilios que debían proporcionar al rey.

Como consecuencia de ello, se aprobó por el Monarca en 1258 un instrumento denominado "Los Estatutos de Oxford" por el cual se ratifican los principios de la Carta Magna y, además, se establece que en el Consejo del Rey se debían integrar un determinado número de señores feudales, reuniéndose, consecuencialmente en dicho Consejo, los tres estamentos del reino, es decir, el clero, la nobleza y los señores feudales.

En el año 1264 cada ciudad empezó a elegir dos ciudadanos *comunes* y cada condado a dos caballeros *lores* hereditarios para integrarse al Consejo del Rey o Parlamento. Se reunían y sesionaban juntos en una misma habitación o Cámara, esto es, en forma *unicameral,* donde se "parlamentaba" entre sus miembros, por lo cual éstos comenzaron a llamarse *parlamentarios*. En 1295, con Eduardo I, pasa a llamarse *Parlamento*.

En el año 1340, los miembros del Parlamento acordaron sesionar en forma separada, esto es, en dos Cámaras, originándose con ello un sistema parlamentario *bicameral,* constituido por la Cámara de los Comunes la cual la integraban los ciudadanos comunes de duración temporal y la Cámara

---

[215] Daranas Mariano. Ob. cit. T. I. p.1127.

de los Lores formada por los dignatarios eclesiásticos y de la nobleza, de naturaleza hereditaria.

En 1689, por la Declaración de Derechos (Bill of Rigths), el Monarca se obligó a no restringir el uso de la palabra a los miembros del Parlamento, ni imponer contribuciones sin su autorización, ni mantener un ejército sin su permiso.

En 1701, previendo que a la muerte de Guillermo la corona debía pasar a la familia Hannover, de origen alemán, el Parlamento aprobó la Ley de Instauración (Act of Settlement) en la cual se estableció que el Monarca de Inglaterra debía ser de religión protestante, que ninguna guerra podía ser declarada por los dominios personales del Rey sin consentimiento del Parlamento, y que ningún extranjero podía formar parte del Consejo o Gabinete del Rey.

Ello trajo como consecuencia que al asumir el rey Jorge I y debido a que éste no hablaba el idioma inglés, el Gabinete comenzó a sesionar sin su presencia de modo que el Monarca no participaba en sus deliberaciones siendo informado de lo actuado por un miembro del Gabinete denominado el *Primer Ministro*, es decir, sin tener injerencia directa en la conducción del gobierno, surgiendo así una de las características del sistema parlamentario.

El gobierno parlamentario constituido por la Cámara de los Comunes y la Cámara de los Lores, sufrió una importante modificación en el año 1911 con la aprobación de la Ley Orgánica del Parlamento (Parliament Act) que significó la decadencia de la Cámara de los Lores al establecerse que todo proyecto de ley de carácter financiero aprobada por la Cámara de los Comunes, aunque fuere rechazado por los Lores o no considerado dentro de un mes, se debía presentar a la Corona para su sanción real y, respecto de las demás leyes, en caso que la Cámara de los Comunes las hubiere aprobado en dos legislaturas sucesivas, en el plazo de dos años, debían ser aprobadas por la Corona, aunque hubieren sido rechazada por la Cámara de los Lores. En consecuencia, el sistema parlamentario inglés de un sistema bicameral, en la práctica, se transformó en un sistema unicameral.

224. Concepto de Gobierno Parlamentario.

Georges Burdeau señala que el gobierno parlamentario "es aquél sistema de gobierno en el cual la dirección de los negocios públicos pertenece al Parlamento y a un Jefe de Estado por intermedio de un Gabinete responsable ante el Parlamento" [216].

André Hauriou indica que el parlamentarismo "es un sistema político que realiza una separación flexible de poderes, o sea, que establece una colaboración constante entre el Jefe de Estado y el Parlamento, por intermedio de un Gabinete ministerial el cual, por un lado, comparte la dirección del Gobierno con el Jefe de Estado y, por otro, es políticamente responsable ante el Parlamento" [217].

225. Clasificación del Gobierno Parlamentario.

El gobierno parlamentario puede clasificarse atendiendo al grado de dependencia entre el Gabinete y el Jefe del Estado, así como a la importancia de las Cámaras legislativas.

1. *Gobierno parlamentario dualista.*

Corresponde a la concepción clásica de parlamentarismo, en que se presenta como un sistema que establece una colaboración constante entre el Jefe de Estado y el Parlamento a través de un Gabinete Ministerial el cual comparte la dirección del Gobierno con el Jefe de Estado, pero es políticamente responsable ante el Parlamento. El Gabinete tiene la doble necesidad de poseer la confianza del Parlamento y del Jefe de Estado, y es un sistema el imperante en el siglo XVIII y XIX.

El Gobierno británico es de estructura dualista. Se compone de un lado, del Gabinete, o Gobierno en sentido estricto, formado por el Primer Ministro y unos ministros y, por otro lado, de la Corona, es decir, el Jefe de Estado. Sin embargo, se sostiene que este dualismo es aparente pues la Corona tiene muy escaso poder y, en cambio, el Gabinete es actualmente el elemento esencial de las instituciones políticas británicas.[218]

2. *Gobierno parlamentario monista.*

Es el sistema en actual aplicación en casi todos los Estados que se rigen por este sistema de gobierno, y en el cual el Gabinete Ministerial solamente

[216] Burdeau G. Ob. cit. p.201.

[217] Hauriou André. Ob. cit. p. 242

[218] Duverger Maurice. Ob. cit. p.249.

tiene necesidad de obtener y mantener la confianza del Parlamento, correspondiendo al Jefe de Estado la mera ratificación de su nominación.

Es el caso actualmente de Francia, especialmente en este último con la denominada "cohabitación" en que el Gabinete es impuesto al Jefe de Estado, aún en contra su opinión, por el Parlamento.

3. *Gobierno parlamentario bicameral.*

Es aquel sistema en que el Parlamento está constituido por dos Cámaras cuyas funciones tienen una equivalencia en la importancia legislativa, pero cuya composición es de naturaleza diversa.

Es así que una de ellas denominada Cámara Baja o de representantes o diputados, la constituyen miembros jóvenes electos popularmente y la otra, constituida por ciudadanos en los cuales se supone que poseen una mayor experiencia, ya sea por razón de edad, de cargos o funciones desarrolladas, o incluso, por factor social como ocurre, en Inglaterra respecto de la Cámara de los Lores, que es una de las últimas Cámaras altas aristocráticas existentes todavía en el mundo.

4. *Gobierno parlamentario unicameral.*

Es aquel sistema en que el Parlamento está constituido por una sola Cámara, o bien, por dos Cámaras, pero una de ellas goza de mayores atribuciones legislativas y resolutivas, como ocurre actualmente en Inglaterra con la Cámara de los Comunes en relación a la Cámara de los Lores.

5. *Gobierno parlamentario monárquico.*

Tiene aplicación en los sistemas políticos en que el Jefe del Estado es un monarca o rey, como sucede en Inglaterra y en España, entre otros.

6. *Gobierno parlamentario republicano.*

Corresponde a Estados en que el Jefe de Estado tiene su origen en una elección popular, pero debe gobernar con acuerdo del Parlamento, como es el caso en Francia.

226. Características del Gobierno Parlamentario.

Los gobiernos de naturaleza parlamentaria presentan características muy definidas y que se deducen, fundamentalmente, del régimen de Gran Bretaña.

1. *El Jefe de Estado es políticamente irresponsable.*

En los países en que el gobierno es de carácter parlamentario, el Jefe de Estado es solamente la primera autoridad del país, pero no es el Jefe de Gobierno, ya que esta jefatura le corresponde al Jefe del Gabinete, por lo que carece de responsabilidad política, ya que no le afectan los conflictos entre el Gabinete y el Parlamento.[219]

En España su Constitución Política de 1978 dispone que la persona del Rey es inviolable y no está sujeta a responsabilidad, y que de los actos del Rey serán responsables las personas que los refrenden.

Tratándose de gobiernos republicanos, en que el Jefe de Estado tiene su origen en una elección popular, el pueblo puede, sin embargo expresar su rechazo a su gestión política mediante la no reelección, en los casos que ella procediere, lo cual importa asignar una responsabilidad política.

En todo caso, el Jefe de Estado está afecto a la responsabilidad criminal que pudiere surgir de sus propios actos, como es el caso en Italia en que el Presidente de la República es responsable de alta traición o violación de la Constitución.

2. *Gabinete Ministerial responsable ante el Parlamento.*

El Gabinete Ministerial constituye el elemento esencial del régimen parlamentario, por cuanto éste establece la colaboración en la actuación conjunta entre el poder ejecutivo y el poder legislativo.

El Gabinete Ministerial está constituido y formado por la voluntad de la mayoría de los miembros del Parlamento, específicamente en el caso de Inglaterra, de la Cámara de los Comunes. Se genera con motivo de la elección del Parlamento, oportunidad en la cual el Jefe del Partido, que logra la mayoría política del mismo, asume la jefatura del Gobierno en que el Jefe del Estado lo designa Primer Ministro, facultándolo para que proceda a la designación de las demás miembros del Gabinete.

Normalmente los ministros proceden del Parlamento, esto es, son parlamentarios, pero a veces se designan ministros no parlamentarios, sino a técnicos procedentes del ejército, la marina, las universidades,

219 Urzúa V. Germán. Ob. cit. p.197.

empresarios, trabajadores etc. los cuales, sin embargo, carecen de acceso al Parlamento. [220]

Los Ministros son solidariamente responsables ante el Parlamento por su gestión política de modo que si pierden la confianza de la mayoría parlamentaria, deben renunciar. Esta responsabilidad puede ponerse en juego en cualquier acto que ejecute el ministro en el ejercicio de sus atribuciones, aunque el acto sea perfectamente legal.[221] Además, la permanencia de los mismos en el Gabinete está sujeta a la mantención de esa mayoría con cuya confianza fueron designados.

3. *Facultad fiscalizadora del Parlamento.*

El Parlamento no puede actuar ejerciendo funciones propias del gobierno, pero puede y debe fiscalizar la actuación de éste a través de la acción del Gabinete, con el objeto que no se aparte de la línea política adoptada por el país y expresada en la elección de las Cámaras.

Esta fiscalización puede ser realizada por el Parlamento a través de la facultad *inquisitoria*, que es un derecho de la Cámara de hacer preguntas u observaciones al Gobierno, o de la *interpelación* que es la facultad que tiene la Cámara para inspeccionar los actos del Gobierno.

Estas atribuciones se ejercitan a través de las *Comisiones Investigadoras* que pueden nombrar las Cámaras en relación a determinados actos del Gobierno, o bien, mediante el *rechazo o no aprobación* de los proyectos de ley que pueda presentar el Gobierno.

Hay oportunidades en que el Gabinete o un Ministro, frente a un determinado cuestionamiento de la gestión de gobierno, solicita al Parlamento una reiteración de la confianza de éste en la gestión mediante el *voto de confianza* lo que permite a la Cámara evaluar lo solicitado y ejercer una fiscalización mediante la aceptación o rechazo a ello.

Asimismo, el Parlamento puede ejercer una acción fiscalizadora directa mediante el mecanismo de la *censura* ya sea a un Ministro determinado o a todo el Gabinete, por lo cual importa emitir un juicio de corrección

220 Lucas V. Pablo. Ob. cit. T. III . p.314.

221 Burdeau George. Ob. cit. p.207.

o reprobación a la gestión de éste, pues en caso de que sea acogida la censura, el o los afectados deben renunciar al cargo [222].

4. *Facultad del Jefe de Estado para disolver la Cámara.*

Esta facultad constituye un contrapeso a la acción del Parlamento, especialmente en cuanto a la injerencia en la constitución del Gabinete y su derecho de fiscalización.

El Gabinete Ministerial debe contar con la confianza y apoyo de la mayoría parlamentaria, pero suele ocurrir que estas mayorías se modifiquen como consecuencia de un nuevo cuadro político de reagrupamientos de partidos o tendencias políticas, por lo cual, este respaldo al Gabinete puede desaparecer e incluso resultar hostil y contrario a su acción no quedando otra alternativa que la renuncia del mismo.

Sin embargo, el Jefe de Gabinete o Primer Ministro puede solicitar al Jefe de Estado, tomar la iniciativa, para que se *disuelva* el Parlamento o la Cámara Popular y que se convoque a nuevas elecciones.

Mediante la elección, el pueblo tiene oportunidad de participar en el diferendo y pronunciarse eligiendo los integrantes del Parlamento que permitan organizar y mantener una nueva mayoría política generadora de un Gabinete estable. Por ello, esta elección reviste el carácter de un verdadero referéndum de consulta popular.

La *disolución* de la Cámara es un medio de acción del Jefe de Estado que es propio del sistema parlamentario y considerado como un elemento imprescindible y esencial del mismo [223] .

Sin embargo la Constitución Política de Chile de 1980, no obstante establecer un sistema presidencial de gobierno, primitivamente contemplaba en el artículo 32 n°5 la facultad del Presidente de la República para disolver la Cámara de Diputados por una sola vez durante su período presidencial, sin que pudiere ejercer esa atribución en el último año de funcionamiento de ella. Esta disposición, ajena a la concepción de un sistema presidencial, y lejos de constituir un contrapeso a la acción del parlamento, tenía por objeto robustecer, aún más, las atribuciones del Jefe de Estado, facultad que, posteriormente, fue derogada por Ley n°18.825.

---

[222] Loewenstein Karl. Ob. cit. p.107.
[223] Galaz U. Sergio. Ob. cit. p.319.

227. Gobierno Presidencial.

El gobierno presidencial presenta características totalmente distintas al parlamentario, pues las funciones que corresponden desempeñar al órgano ejecutivo, se realizan con independencia y separación del órgano legislativo, de modo que el área de responsabilidades de sus titulares se encuentran totalmente desvinculadas.

El régimen presidencial de gobierno, aparece consagrado por primera vez en la Constitución Política de los Estados Unidos de Norteamérica, inspirada en los principios de separación del poder a través de diversos órganos con funciones distintas y separadas.

En su estructuración han tenido importancia la influencia de los filósofos contractualistas del siglo XVIII, especialmente John Locke quien en su obra "Tratado sobre el Gobierno Civil", señala que el poder ejecutivo y el poder legislativo no deben estar reunidos en las mismas manos siendo el poder legislativo superior al ejecutivo encontrándose limitado por los derechos naturales [224].

Por su parte, J.J.Rousseau distingue entre el soberano, que es el pueblo que establece las leyes colectivamente, y el gobierno, grupo de hombres particulares que las ejecutan, constituyéndose en un mero agente de ejecución de las leyes, por lo cual propicia la separación de poderes [225].

Montesquieu en su doctrina, inspirada en el sistema político inglés sobre la separación de poderes, señala que los poderes legislativo, ejecutivo y judicial no deben estar en unas mismas personas, pero ello no significa, sin embargo, que preconice una rigurosa separación entre ellos, sino más bien una coordinación.

A través del sistema presidencial se buscó como forma de gobierno no sólo la independencia del poder ejecutivo en relación al legislativo, sino además, asignarle a aquél un rol y función gravitante en la dirección del Estado permitiendo con ello una mayor individualización de las distintas autoridades gubernamentales, así como las responsabilidades políticas que deben asumir, pero tratando de mantener un equilibrio entre los poderes.

Sin embargo, en el transcurso del tiempo, se han ido introduciendo diversas innovaciones a esta concepción de gobierno, a través de las

---

[224] Touchard Jean. Ob. cit. p. 295.

[225] Rousseau J.J. Ob. cit. p.94.

cuales se ha roto el equilibrio de poderes al otorgarse mayores facultades y atribuciones al ejecutivo robusteciendo sus funciones, lo cual ha llevado a algunos autores a señalar una nueva forma de gobierno llamado neo presidencialismo o presidencialismo reforzado, es decir, de carácter autoritario [226].

228. Concepto de Gobierno Presidencial.

El gobierno presidencial es un sistema de gobierno caracterizado por una separación rígida entre el poder legislativo y el poder ejecutivo, el cual goza de independencia para el nombramiento de su Gabinete Ministerial, sin responsabilidad política ante el Parlamento y careciendo éste de facultades fiscalizadoras.

R. Raveau señala que es aquél sistema político que tiene un gobierno sin sujeción al poder legislativo, al que se le asigna el rol de legislar, pero no de gobernar.[227]

G. Burdeau expresa que el gobierno presidencial es el que, asegurando al máximo la independencia de los poderes, realiza su separación más completa, caracterizándose por la elección del Jefe del Estado por la nación, la ausencia de medios de presión de cada uno de los poderes sobre otro, ausencia de facultad de disolución del Parlamento y un adecuado reparto de tareas de manera que la legislación está reservada a las Cámaras y la ejecución al Parlamento[228].

229. Características del Gobierno Presidencial.

El sistema presidencial de gobierno clásico o tradicional, sustentado en la separación de poderes, presenta características o elementos comunes, no obstante las diversas variantes que han surgido como consecuencia de las particularidades propias de cada Estado en que este sistema de gobierno se ha implantado.

1. *Responsabilidad política del Jefe de Estado.*

Respecto de la responsabilidad política debe señalarse que en los regímenes políticos de monarquías absolutas, el monarca detentaba la totalidad del poder y no asumía responsabilidad política por cuanto su

---

[226] Bernaschina G. Mario. Derecho Constitucional. Edit. Jurídica. Chile. 1958. T.I. p.342

[227] Raveau Rafael. Tratado Elemental de Derecho Constitucional Chileno y Comparado. Edit. Nascimento Santiago 1939 p.48.

[228] Burdeau G. Ob. cit. p.219.

autoridad derivaba de circunstancias hereditarias y con carácter de vitalicio, sin intervención alguna de los gobernados. El Estado era el Monarca.

Posteriormente, cuando se produce la despersonalización del poder, y el Estado pasa a tener su propia identidad jurídica y personalidad y sus autoridades asumen el poder por voluntad popular, su gestión y forma de gobierno entra a ser valorada y calificada por los ciudadanos, ante los cuales los gobernantes deben responder por la responsabilidad de sus actos.

Es así que la responsabilidad política deriva de la forma y dirección que los gobernantes establecen en sus gestiones de conducción del Estado, tales como las relativas a las económicas, relaciones exteriores, educacionales, judiciales, laborales, tributarias, sociales y otras del sistema político. No se trata de la infracción de una norma, sino que de la apreciación que hace el que juzga, esto es, la ciudadanía en que relaciona su criterio y valoración con el accionar del gobernante. A esta responsabilidad están afectos todas las autoridades gubernativas, y según sea el sistema político, el ente u órgano encargado de hacer efectiva la responsabilidad puede variar.

En un sistema presidencial en que el Jefe de Estado es elegido por los ciudadanos y dicha autoridad ejerce sus funciones en forma independiente de la voluntad parlamentaria, no obstante su responsabilidad política, no existen medios para reprobar o rechazar la acción del gobernante, salvo la de no reelección al término de su período, en caso que sea posible la reelección. Como señala un autor, "la responsabilidad política como responsabilidad moral o indirecta se produce con la no reelección"[229].

El Presidente de la República tiene responsabilidad política, generada por el desempeño de sus funciones como gobernante, cuya evaluación corresponde al país y específicamente a la ciudadanía. Los mecanismos para hacer efectiva esta responsabilidad política, sin embargo, son limitados y, uno de ellos, es la manifestación del pueblo al término del mandato del Presidente, mediante la no reelección, en los casos que ello fuere permitido por el ordenamiento constitucional, pues en caso contrario, sólo cabe el rechazo público a su gestión.

El Parlamento carece de facultades para hacer efectivas responsabilidades políticas al Presidente de la República, pero puede ser destituido por otra clase de responsabilidades como la penal, mediante el *juicio político*

---

[229] Zuñiga U. Francisco. Acusación en juicio político. Notas sobre la justicia política. Rev. Chilena de Derecho. P.U. Católica de Chile .1993. T. II. p.718.

o *"impeachement"* que tiene por finalidad establecer la responsabilidad penal por determinados delitos que pudiere cometer en el desempeño de sus funciones y específicamente establecidos en el orden constitucional.

En Chile, el Presidente de la República sólo puede ser objeto de un juicio por parte del Parlamento, por su responsabilidad en el quebrantamiento de sus deberes constitucionales referentes a "actos de su administración que hayan comprometido gravemente el honor o la seguridad de la Nación, o infringido abiertamente la Constitución o las leyes", según lo establece el artículo 52 n° 2 letra a) de la Constitución.

2. *Gabinete de exclusiva confianza del Presidente de la República.*

Los Ministros de Estados son verdaderos secretarios del Presidente de la República, designados por éste de entre personas de su exclusiva confianza y sin que tenga intervención alguna el Parlamento. Normalmente no tienen calidad de parlamentarios e incluso, en algunas legislaciones existe expresa inhabilidad para que los parlamentarios sean Ministros de Estado y su desempeño debe ajustarse a la voluntad del Presidente de la República. En la mayoría de los regímenes presidenciales a los Ministros no les está permitido tener acceso a la sala de sesiones del Parlamento.

En Chile, sin embargo, la Constitución Política establece en su artículo 37 que los Ministros podrán, cuando lo estimaren conveniente, asistir a las sesiones de la Cámara de Diputados o del Senado, y tomar parte en sus debates, con preferencia para hacer uso de la palabra, pero sin derecho a voto.

Los Ministros por ser los colaboradores directos e inmediatos del Presidente de la República en el gobierno y administración del Estado, están afectos a responsabilidad política conforme la calificación y determinación del propio Jefe del Estado, por lo cual cumplen sus funciones mientras tengan la confianza de éste. Sin embargo, el Parlamento puede hacer efectiva la responsabilidad penal de los Ministros con motivo de la ejecución de determinados delitos originados en el desempeño de sus funciones.

La Constitución de Chile en su artículo 52 n°2 letra b) faculta a la Cámara de Diputados iniciar una acusación en contra de los Ministros de Estado en los casos que hayan comprometido gravemente el honor o la seguridad de la Nación, por infringir la Constitución o las leyes o haber dejado éstas sin ejecución y por los delitos de traición, concusión, malversación de fondos públicos y soborno.

3. *El Parlamento carece de derecho de fiscalización política.*

Consecuente con el principio de la separación de poderes, el Parlamento es independiente y ajeno al Ejecutivo y no puede fiscalizar la política general del gobierno, pues su función es solamente de carácter legislativo. Sin embargo, ello no impide que el Parlamento pueda fiscalizar determinados actos de gobierno, como sucede en Chile con la Cámara de Diputados, pero ello no puede en caso alguno generar responsabilidad política.

El artículo 52 n°1 de la Constitución Política señala que son atribuciones exclusivas de la Cámara de Diputados fiscalizar los actos de Gobierno y que para ejercer esta atribución la Cámara puede a) Adoptar acuerdos o sugerir observaciones, con el voto de la mayoría de los diputados presentes, los que se transmitirán por escrito al Presidente de la República, quien deberá dar respuesta fundada por medio del Ministro de Estado que corresponda, dentro de treinta días. Sin perjuicio de lo anterior, cualquier diputado, con el voto favorable de un tercio de los miembros presentes de la Cámara, podrá solicitar determinados antecedentes al Gobierno. El Presidente de la República contestará fundadamente por intermedio del Ministro de Estado que corresponda, dentro de treinta días. En ningún caso los acuerdos, observaciones o solicitudes de antecedentes, afectarán la responsabilidad política de los Ministros de Estado. b) Citar a un Ministro de Estado, a petición de a lo menos un tercio de los diputados en ejercicio, a fin de formularle preguntas en relación con materias vinculadas al ejercicio de su cargo. Con todo, un mismo Ministro no podrá ser citado para este efecto más de tres veces dentro de un año calendario, sin previo acuerdo de la mayoría absoluta de los diputados en ejercicio. La asistencia del Ministro será obligatoria y deberá responder a las preguntas y consultas que motiven su citación, y c) Crear comisiones especiales investigadoras a petición de a lo menos dos quintos de los diputados en ejercicio, con el objeto de reunir informaciones relativas a determinados actos del Gobierno. Las comisiones investigadoras, a petición de un tercio de sus miembros, podrán despachar citaciones y solicitar antecedentes. Los Ministros de Estado, los demás funcionarios de la Administración y el personal de las empresas del Estado o de aquéllas en que éste tenga participación mayoritaria, que sean citados por estas comisiones, estarán obligados a comparecer y a suministrar los antecedentes y las informaciones que se les soliciten.

4. *Los Poderes del Estado son orgánica y funcionalmente independientes.*

Cada función asignada a los órganos que ejercen el poder actúan en forma autónoma y libre dentro del orden jurídico, lo cual garantiza la independencia de sus actuaciones. Pero no se trata de cuerpos orgánicos aislados y separados, sino que, necesariamente, existe entre ellos una interconexión y jerarquización que permite dar sentido y contenido de unidad a la acción del Estado.

La Constitución norteamericana sustenta el principio de la rígida división de poderes de manera que el Gobierno carece de relación con el legislativo. Sin embargo, en opinión de A. Hauriou, "esta separación total se ha visto fuertemente atenuada en la práctica, de dos maneras. En primer lugar porque, al haberse incrementado mucho el papel del Presidente de Estados Unidos, la Presidencia desempeña en gran medida el papel de motor de la vida política del país y a menudo arrastra al Congreso a seguir sus puntos de vista cuando éstos son aprobados por la opinión pública. Seguidamente, por haberse establecido un cierto "parlamentarismo de pasillo", los diversos secretarios o ministros toman contactos oficiosos pero eficaces con el Congreso. Por lo demás, sin estos atenuantes, el régimen no hubiera podido funcionar" [230].

230. Otras formas de Gobierno Presidencial.

La forma de gobierno presidencial surgida en EE.UU. de N.A. ha sido adoptada por numerosos Estados, introduciendo variantes según sus propias realidades, lo cual ha originado diversos matices de esta clase de gobierno, relacionadas con las atribuciones otorgadas al ejecutivo y a su vinculación con el órgano legislativo y, entre los cuales ,se puede destacar el presidencialismo y el semipresidencialismo.

231. Presidencialismo.

En algunos países, especialmente subdesarrollados social, económica y culturalmente, para enfrentar los problemas de orden político y social que ello origina, han robustecido la autoridad del Presidente de la República, otorgándole mayores atribuciones con el objeto de centralizar la acción del ejercicio del poder político, denominándose *presidencialismo o sistema presidencial reforzado* [231].

---

[230] Hauriou A. Ob. cit. p.241.

[231] Hauriou A. Ob. cit. p.842.

Para ello, se ha vulnerado el principio de equilibrio de poderes y se ha otorgado facultades de colegislador al Presidente, mediante el derecho para que tenga iniciativa legislativa e incluso, en ciertas materias, una iniciativa exclusiva; se permite la participación de los Ministros de Estado en los debates de las Cámaras con derecho a voz, pero sin derecho a voto; se le faculta para legislar por la vía de la legislación delegada que autoriza el Parlamento; se ha ampliado el derecho a veto admitiendo el veto parcial y veto aditivo que le permite oponerse a una parte de la ley o introducir ideas nuevas; se le faculta para convocar a referéndum constituyente o legislativo; se refuerzan sus atribuciones en los casos de estados de excepción constitucional y otros, a través de los cuales la autoridad y poder del Presidente rompe el equilibrio entre éste poder y el legislativo.

En Chile, la Constitución Política de 1980, ha configurado un sistema fuertemente presidencialista, pues el Presidente de la República tiene amplias atribuciones en el campo de la legislación, tanto en la iniciativa general como exclusiva en materia legal, derecho a imponer urgencia en la tramitación legislativa, vetarla e incluso recibir del Congreso el derecho a la legislación delegada. Se agregan otras atribuciones exclusivas en otros ámbitos tales como declarar los Estados de Excepción Constitucional, convocar a plebiscito, intervenir en el nombramiento de los miembros del Poder Judicial, Fuerzas Armadas, Contralor General de la República, Ministros del Tribunal Constitucional, Ministerio Público, Director Servicio Electoral y otros. Todo ello hace de la figura del Presidente de la República, una autoridad desequilibrante del poder estatal.

232. Semipresidencial.

Los gobiernos semipresidenciales se caracterizan por el hecho de que el Jefe de Estado es elegido por sufragio universal directo y posee ciertos poderes que exceden a los de un Jefe de Estado parlamentario normal.

Sin embargo, el Gobierno sigue confiado a un Gabinete formado por un Primer Ministro y unos ministros que pueden ser derribados por un voto del Parlamento, por lo cual las atribuciones del Presidente de la República se han debilitado en beneficio de las atribuciones del Parlamento.[232]

---

[232] Duverger Maurice. Ob. cit. p.294.

En algunos países, como Austria, Finlandia, Alemania, hasta 1933, Francia desde 1962 y otros, se han implantado este clase de gobierno semipresidencial.

Esta modalidad del sistema presidencial presenta al Poder Ejecutivo compuesto por el Presidente de la República, el Consejo de Ministros y su Primer Ministro.

El Presidente de la República es elegido democráticamente, por sufragio universal en elecciones libres y populares, con una duración determinada, siendo irresponsable políticamente ante el Parlamento. Le corresponde, como Jefe de Estado, la función de representarlo, teniendo ciertas funciones de gobierno con competencia o facultad propia, tal como nombrar el Primer Ministro, disolver la Cámara política, facultades en los estados de excepción constitucional, y otras atribuciones compartidas con el Gobierno tal como dirigir la política internacional, nombramiento de los funcionarios superiores civiles y militares, convocar a referéndum y otros.

En cambio, al Consejo de Ministros y al Primer Ministro les corresponde determinar y conducir la política de la Nación, por lo cual son responsables políticamente ante la Cámara, pero sin que ello afecte al Presidente de la República. Es el Primer Ministro quien propone al Presidente de la República el nombramiento de los demás Ministros que forman el Consejo, y el cual permanece en funciones mientras cuente con la confianza y el respaldo político del Parlamento, específicamente, de la Cámara de representantes.

En Francia, este sistema de relación entre las funciones del Presidente de la República y el Primer Ministro, cuyo nombramiento le es impuesto por la mayoría parlamentaria, que puede generar la situación que existan diferencias doctrinarias y políticas entre ambos, recibe el nombre en el lenguaje político y periodístico de "cohabitación".

233. Gobierno de Asamblea.

El Gobierno de Asamblea, que también se denomina "*Convencional*", se encuentra estructurado en la desigualdad de facultades y atribuciones entre el Poder Legislativo y el Poder Ejecutivo, el cual queda sometido a aquél pues no es más que su simple delegado o agente de la Asamblea, es decir, es la negación del principio de la separación de poderes. La Asamblea se genera democráticamente la cual nombra o renueva, cuando les parece conveniente al Ejecutivo.

Esta expresión de gobierno convencional o de *Asamblea* surgió de la Constitución de Francia de 1793 que establecía una sola Asamblea Legislativa que se mantenía en funciones durante todo el año. Se contemplaba un Consejo Ejecutivo de 24 miembros, nombrados todos por la Asamblea, correspondiéndole a dicho Consejo, la dirección y supervigilancia de la administración y ejecución de las leyes.

El gobierno de Suiza es una forma de gobierno de Asamblea conocido como gobierno de *Asamblea Directorial*, establecido en la Constitución de 1874 en que se dispone que el Poder Legislativo está radicado en la Asamblea Federal, que es el órgano supremo del Estado, y constituido por el Consejo Nacional formado por los representantes o diputados elegidos popularmente en proporción a la población, y por el Consejo de Estados compuesto por dos representantes de cada cantón. La Asamblea Federal designa al Órgano Ejecutivo denominado Consejo Federal compuesto de siete miembros de carácter colegiado, directorial y rotatorio que duran cuatro años en sus cargos presidido por un Presidente que carece de poder y atribuciones y denominado Presidente de la Confederación. Esta rotación hace que propiamente no exista un Jefe de Estado. Además, la Asamblea Federal elige a un Canciller Federal encargado de las relaciones exteriores, y a los veinticuatro jueces que componen el Tribunal Federal con duración de seis años en sus cargos con competencia en los conflictos y cuestiones de constitucionalidad y de competencia entre los cantones.

CAPITULO VI
TEORÍA DE LA CONSTITUCIÓN.

TÍTULO I
DE LA NATURALEZA DE LA CONSTITUCIÓN.

234. Concepto de Constitución.

Etimológicamente la palabra "constitución" proviene del latín "statuere", "statutum" que significa "deliberar, establecer, ordenar, regular" y de ella se ha derivado el término de "constitutio" como expresión de un ordenamiento, una prescripción.

El Diccionario de la Lengua Española le asigna las acepciones de "esencia y calidades de una cosa que la constituyen tal y la diferencian de las demás"; "forma o sistema de gobierno que tiene cada Estado"; "ley fundamental de la organización de un Estado".

Históricamente diversas organizaciones sociales se han organizado y desarrollado bajo un determinado orden establecido por las practicas o costumbres y respetado por la comunidad, tal como lo ocurrido con los hebreos, los griegos y los romanos, entre otros, pero la organización sustentada en normas escritas, comenzó a desarrollarse lentamente en Inglaterra.

Jurídicamente se le considera una norma, ley o derecho fundamental de organización. Se trata de un conjunto de normas jurídicas referidas a la organización del Estado y que tiene el carácter de fundamental, porque no deviene de otra norma y porque es fuente de donde nace todo el orden jurídico del Estado.

La ciencia política ofrece una amplia gama de concepciones referidas a Constitución, cuyo contenido se encuentra vinculado a los puntos de vista de las consideraciones desde donde se analiza la Constitución, ya sean éstos históricos, sociológicos, jurídicos, políticos o de otra naturaleza.

Para Aristóteles, la Constitución es la organización, el orden establecido entre los habitantes de la ciudad. Pablo Lucas expresa que la Constitución "es el conjunto de normas e instituciones jurídicas fundamentales reguladoras de la organización y ejercicio del poder, garantizadoras de los derechos y libertades de las personas y de sus grupos" [233].

Georges Burdeau señala que "la Constitución es la regla por la cual el soberano legitima el poder adhiriéndose a la idea de derecho que representa y que determina, en consecuencia, las condiciones de su ejercicio" [234].

A. Silva B. indica que la Constitución Política es el estatuto del poder del Estado y se refiere a la ley fundamental que rige su organización y actividad [235].

235. Perceptiva de la Constitución.

La Constitución puede ser estudiada desde un punto de vista formal o material.

En sentido formal, se refiere a la conformación que ella puede revestir, y que normalmente corresponde a un documento escrito que se ha generado por la voluntad de un órgano expresamente investido de la facultad de ejercer el Poder Constituyente.

Desde este ángulo, se distingue una *parte dogmática,* donde se establecen los principios doctrinarios filosóficos y políticos en torno a los cuales se estructura el sistema jurídico, político y social y, en especial, derechos individuales en que se asegura su ejercicio y se regulan los medios jurídicos de protección, y una *parte orgánica*, en que se regula la separación del poder público, se organiza el gobierno, se establecen los órganos del Estado, se determina sus competencias, los procesos de creación y aplicación de las normas jurídicas.

En *sentido material,* se considera la constitución en cuanto a su contenido, a su naturaleza y a su substancia, presentándose como la expresión de un orden real y cierto, querido y buscado por los hombres predominando los aspectos sociológicos y políticos y dentro del cual actúan las fuerzas de la dinámica social, por lo cual se le denomina la constitución real y viviente.

236. Teorías sobre la naturaleza de la Constitución.

Existe una variedad de doctrinas que buscan establecer y precisar la naturaleza de la Constitución, esto es, lo que es ella en sí misma, para lo

---

[233] Lucas V. Pablo. Ob. cit. T. II. p.422.

[234] Georges Burdeau. Ob. cit. p.235.

[235] Silva B. Alejandro. Derecho Político. Ob. cit. p.159.

cual se toman en consideración diversos factores o elementos tanto sociológicos, políticos, jurídicos, históricos. Pueden distinguirse las siguientes teorías: a) racional normativa; b) histórico tradicional; c) sociológica; d) normativa; e) decisionista; f) institución y g) dualidad.

237. Teoría racional normativa.

Los sostenedores de esta teoría, señalan que la Constitución es la expresión de la voluntad humana en que, actuando racionalmente, se establece un sistema de normas que regulan las funciones fundamentales del poder del Estado, sus órganos, competencias y relaciones, por lo cual la Constitución es la concreta manera de ser resultante de cualquier unidad política existente.

Manuel García Pelayo expresa que la Constitución es un "complejo normativo establecido de una sola vez y en el que de una manera total, exhaustiva y sistemática se establecen las funciones fundamentales del Estado y se regulan los órganos, el ámbito de sus competencias y las relaciones entre ellos"[236].

Se señala que esta manera de ser, hace que la Constitución sea la verdadera alma del Estado, pues según sea la forma de su ordenación, así será la forma o modo de ser del Estado, de modo que si el orden es de características monárquicas, republicanas, aristocráticas o democráticas, la Constitución será asimismo monárquica, republicana, aristocrática o democrática.

Por consiguiente, la Constitución se expresa en el ordenamiento legal fundamental existente en el Estado y sobre cuya base se estructura todo el orden jurídico, pues ella es la forjadora del orden estatal existente.

Corresponde a una concepción desarrollada especialmente en los siglos XVIII y XIX, sustentada en el pensamiento racional y positivista en que se atribuía a la ley la virtud de ser la expresión de la sabiduría del legislador a través de la cual se podía lograr el orden social.Por ello, se atribuye a la Constitución el carácter de norma soberana, superior y base de la validez y eficacia de todas las demás normas jurídicas, las cuales derivan la existencia de la Constitución.

[236] García P. Manuel. Ob. cit. p.32.

238. Teoría histórico tradicional.

Existen autores que sostienen que la Constitución es el resultado de la lenta transformación del proceso histórico en el cual intervienen motivos racionales, irracionales y fortuitos que reflejan situaciones, usos y costumbres formados lentamente según la manera de ser del pueblo.

La Constitución no es la creación de un acto único y total, sino de actos parciales, reflejos de situaciones concretas y habitualmente de usos y costumbres generados lentamente.

Dentro de esta concepción, son características fundamentales de la Constitución, las costumbres, que tiene un papel preponderante en la vida del Estado y la no existencia de la distinción formal entre la ley constitucional y la ley ordinaria.

Entre los autores que propician esta doctrina, cabe distinguir una corriente de carácter *conservadora*, para quienes la Constitución es el resultado de una situación meramente histórica, en la cual el hombre asume un rol pasivo, pues no puede moldear la realidad histórica, y otra de carácter *liberal,* que señala que el hombre puede influir e incluso determinar el curso de la historia, con lo cual puede moldear y planificar el futuro.

239. Teoría sociológica.

Esta teoría sostiene que la Constitución es la expresión de una infraestructura social determinada, de una manera de ser de la sociedad, y establecida por las propias costumbres, usos, hábitos, prácticas etc. las cuales surgen y se generan en forma independiente, por lo cual tiene su vida propia y separada de la legalidad existente.

Se pueden distinguir dos variantes dentro de esta doctrina.

Una de ellas, señala que la constitución es la *simple sistematización jurídica de los poderes fácticos*, y cuyo representante es Fernando Lasalle (1825-1864), quien expresa que "se cogen estos factores reales de poder, se extienden en una hoja escrita, y a partir de ese momento, incorporados a un papel, ya no son simples factores reales de poder, sino que se han erigido en derecho, en instituciones jurídicas y quien atente contra ellos atenta contra la ley, y es castigado" [237].

---

[237] Laisalle Fernando. ¿Qué es una Constitución? Editorial Ariel. Barcelona. Año 1976. Pág.70.

Otra variante de esta doctrina está representada por Joseph De Maistre (1753-1821) quien señala que la constitución *es el resultado de un conjunto de circunstancias ambientales* tales como la nación, las riquezas, buenas y malas cualidades de hábitos y costumbres y una vez que se hayan determinado estos factores es fácil encontrar las leyes que convienen.[238]

240. Teoría normativa.

El jurista Hans Kelsen considera a la Constitución como una norma fundamental del derecho positivo formal. Señala que los tres poderes o funciones distintas que la teoría tradicional asigna al Estado, esto es, la legislativa, ejecutiva y judicial, no son más que la forma jurídica positiva de ciertos actos relativos al proceso de creación jurídica.

Sostiene que no existe una yuxtaposición de funciones más o menos inconexas y aún esencialmente distintas, sino una jerarquía de los distintos grados del proceso creador del Derecho. Así, el acto administrativo del funcionario estatal o la sentencia dictada por un Tribunal se encuentran subordinados a lo establecido en un orden jurídico superior, que es la norma legal; a su vez, ésta se haya, asimismo, subordinada a una norma superior que es la Constitución.

De esta forma, sostiene Kelsen, toda la estructura jerárquica del Estado, desemboca en una "norma fundamental" en la que se basa la unidad del orden jurídico.

Esta norma constituye la Constitución en sentido *lógico-jurídico*, cuando instituye un órgano creador del Derecho.

Señala H.Helsen que la Constitución en sentido *jurídico-positivo* surge como grado inmediatamente inferior en el momento en que dicho legislador establece normas que regulan la legislación misma.

Sin embargo "la Constitución", esto es, el hecho de constituir un orden jurídico estatal fundamentando su unidad, consiste en la norma fundamental hipotética no positiva, llamada Constitución en sentido lógico jurídico pues, sobre dicha norma, se basa el primer acto legislativo no determinado por ninguna otra norma superior de Derecho positivo" [239].

---

[238] De Maistre. Considérations sur la France.1796.Cap.IV.p.90. Cit. por C. Fayt. Ob. cit. T. II. p.25.

[239] Hans Kelsen. Ob. cit. Teoría General del Estado. p.325.

241. Teoría decisionista.

El jurista Carl Schmitt sostiene que la Constitución no es una cosa absoluta, por cuanto ella no surge de sí misma, sino que es dada por una unidad política concreta.

La Constitución tiene valor por virtud de la voluntad política existente en un momento determinado y que le asigna eficacia y coercibilidad. Toda Constitución, como toda ley necesita, para su validez, en último término, de una *decisión política* previa adoptada por un poder o autoridad políticamente existente [240].

242. Teoría de la institución.

Maurice Hauriou sostiene que la Constitución es el conjunto de reglas relativas al gobierno y a la vida de la comunidad estatal, consideradas desde el punto de vista de la existencia fundamental de éste. La Constitución tiene por fin establecer en el Estado un equilibrio fundamental que sea favorable a la libertad, y que se determina por las fuerzas de acción, que son el poder y la libertad y las fuerzas de resistencia constituida por el orden.

Para obtener ese equilibrio, sostiene Hauriou, el Estado posee los medios de acción consistentes en la organización de un orden constitucional, cuyos tres elementos lo constituyen las ideas morales, políticas y sociales fundamentales, el derecho de la Constitución y una organización constitucional.

Para Hauriou, lo más importante y trascendente en el orden constitucional, son las ideas morales, políticas y sociales, que lo sustentan pues, cuando ellas han sido aceptadas por la comunidad, pasan a ser el alma de las instituciones que son la forma visible del orden constitucional.

Es necesario, por consiguiente, que exista un orden en las ideas el cual se traduce en un *orden moral* el cual debe prevalecer sobre *el orden material.*

El orden constitucional supone que este orden moral deba guiar la acción de las autoridades públicas, primando su importancia por sobre el orden material, por lo cual puede concluirse que el orden espiritual y moral es, en el Estado, la forma más elevada del orden [241].

---

[240] Schmitt Carl. Teoría de la Constitución. Alianza Editorial. Madrid. 1982. p. 47.

[241] Hauriou Maurice. Ob. cit. p.295.

243. Teoría de la dualidad.

El tratadista Georges Burdeau[242] sostiene que la Constitución no es el producto de una elaboración jurídica ausente de toda consideración social, sino que, al contrario, es la expresión de las aspiraciones humanas cuya satisfacción se pretende con la Constitución.

Sostiene que en toda comunidad política existe una *Constitución consuetudinaria* y una *Constitución escrita*.

La primera precede a la escrita y, eventualmente, le sirve, y emana del carácter propio de una sociedad, de su actividad, de sus aptitudes, sus costumbres, tradiciones, usos morales, sociales y económicos, su energía, sus ambiciones, ideales y anhelos.

De la combinación de estos diversos factores, de la preponderancia de unos u otros, resulta una manera de ser de la sociedad que la distingue de otras sociedades. Esta Constitución consuetudinaria o social se caracteriza por su espontaneidad.

En cambio, la *constitución escrita o política,* comprende sólo normas jurídicas que han emanado de la voluntad estatal y que está destinada a fundamentar la organización y ejercicio del poder.

Para G. Burdeau no existe primacía alguna entre ambas Constituciones, pues ambas se encuentran en planos distintos, aún cuando entre ellas existen innegables y constantes relaciones, pues la Constitución política contiene el estatuto del poder y tal poder no es inexistente, sino por el contrario, corresponde a un poder vigente en una sociedad dada.

TITULO II.
CLASIFICACIÓN DE LAS CONSTITUCIONES.

La clasificación de las Constituciones tiene una evidente ventaja didáctica y política, pues ayuda a comprender mejor la realidad constitucional y plantea la cuestión de determinar cual de ellas resulta de mayor conveniencia para una sociedad determinada.

No obstante las semejanzas notorias que se constatan en las Constituciones, existen diferencias que surgen de su materialidad, forma, origen

---

[242] Burdeau Georges. Ob. cit. p.80.

y extensión, por lo cual la doctrina clásica las clasifica atendiendo a los siguientes puntos de vista: a) a su materialidad o forma; b) a su proceso modificatorio; c) a su contenido; d) a su origen; y e) a su concordancia con la realidad social y política.

244. Clasificación según su materialidad o forma.

Una de las clasificaciones más antigua dice relación con la diferenciación entre constituciones escritas y consuetudinarias. Consuetudinarias o no escritas, son aquéllas que la costumbre ha sancionado e impuesto. Constituciones escritas son aquellas que han sido elaboradas expresa y solemnemente, aprobadas y promulgadas por órganos competentes y constan de un documento.

Sin embargo, el profesor español Adolfo Posada[243] señala que es más adecuado distinguir entre dos tipos:

1. *Predominantemente consuetudinario*, como ocurre con Inglaterra en que el Derecho Constitucional se encuentra establecido por la costumbre o práctica y, además, por diversos textos jurídicos, como la Carta Magna de 1215, la Petición de Derechos de 1626, el Bill del Habeas Corpus de 1679, el Bill de Derechos de 1689, el Acta de Sucesión o Establecimiento de 1701, el Acta de Unión de los reinos de Inglaterra y Escocia de 12 Mayo de 1707, el Acta de Unión entre Gran Bretaña e Irlanda de 9 Julio de 1800, el Parliament Act de 1911 y su reforma de 1949.

2. *Predominantemente legislado*, como ocurre en la generalidad de los países en que el orden constitucional se encuentra contenido en cuerpos jurídicos escritos.

Pueden revestir la variante de *codificadas* en un solo texto, como ocurre en Estados Unidos de N.A., Chile y otros países, y de contenido en *leyes diversas*, como ocurrió en Francia en que diversas normas legales, dictadas en 1875, regularon el régimen constitucional.

La Constitución de Austria de 1920 establece en su artículo 149, que además de las disposiciones contenidas en ella regirán como Leyes Constitucionales, con rango constitucional, ocho leyes que singularizan la misma disposición.

---

[243] Posada Adolfo. Tratado de Derecho Político. Edit. Nac. Madrid .1935. p. 105.

La doctrina clásica ha propiciado la adopción de las Constituciones escritas, basadas en la creencia, generalmente admitida, de la superioridad de la ley escrita sobre la costumbre y, además, porque la adopción de una Constitución, obra de la soberanía nacional, implicaba una renovación del contrato social.

Las Constituciones escritas presentan la ventaja de sintetizar y sistematizar los principios rectores de la convivencia de la sociedad, por lo cual constituyen un buen medio de educación política, especialmente en los Estados cuya población se encuentra en etapa de formación cívica.

245. Clasificación según su proceso modificatorio.

Esta clasificación atiende al mayor o menor grado de exigencias del proceso modificatorio de una Constitución y guarda una directa relación con las leyes ordinarias y con la autoridad de quien las dicta. Conforme a ello cabe distinguir entre Constituciones: a) flexibles o cambiantes; b) rígidas o estáticas; c) pétreas o inmodificables; y d) semirígidas o semiflexibles.

246. Constituciones flexibles o cambiantes.

Constituciones *flexibles* son aquéllas cuyo proceso modificatorio se efectúa a través de los mismos procedimientos, solemnidades y requisitos que respecto de las leyes comunes u ordinarias.

Se caracterizan estas Constituciones porque para ser modificadas no se requieren de trámites especiales, ya que formalmente tienen el mismo valor y jerarquía que la ley ordinaria, pues ambas son creadas por la legislatura ordinaria. Es el caso de Inglaterra, en que el Parlamento británico puede modificar el sistema constitucional mediante una ley común.

Estas Constituciones tienen la ventaja de transformarse conjuntamente con el desarrollo expresivo de las necesidades, inquietudes, problemas y soluciones que se presentan en las sociedades adaptándose a dichos requerimientos. Sin embargo, presentan el inconveniente de crear una incertidumbre e imprecisión sobre la normativa constitucional vigente, especialmente grave en países con población que carezca de una cultura cívica sólida. [244]

---

[244] Galaz U. Sergio. Ob. cit. p.77

Asimismo, puede ocurrir que mayorías políticas transitorias generen un profundo cambio constitucional que trastorne el desarrollo social de un Estado, como ocurrió en 1933 en Alemania en que una mayoría muy pequeña de diputados nacionalsocialistas abusó de su poder legislativo para excluir al Reichstag a una parte de la oposición, procediendo a reformar la Constitución dando al gobierno poder absoluto para modificarla.

247. Constituciones rígidas o estáticas.

Constituciones *rígidas* son aquellas cuyo proceso de modificación o revisión se encuentra sujeto al cumplimiento de requisitos y formalidades que evitan que los preceptos constitucionales se reformen fácilmente, permitiendo su continuidad y estabilidad.

El profesor Pablo Lucas V. señala que "entendemos por rigidez constitucional, aquel sistema formal propio de las Constituciones escritas, que establece, reflexivamente, un modo distinto del seguido por la legislación ordinaria para producir, modificar y derogar las normas constitucionales, lo cual se traduce, precisamente, en la existencia de determinados obstáculos técnicos que evitan que los preceptos constitucionales se reformen fácilmente consiguiendo, de este modo, su continuidad" [245].

Estos requisitos y formalidades pueden consistir en diversas modalidades.

1. Establecer un *procedimiento* más lento y riguroso que puede estar constituido por alguna de las siguientes alternativas:

a) Llamar a una convocatoria de una Asamblea Nacional, como ocurrió con las leyes constitucionales francesas de 1875.

b) Sometimiento de la propuesta de la nueva disposición o de la reforma a referéndum o plebiscito, como es el caso de la Constitución Suiza en sus artículos 118 y siguientes.

c) Oír la opinión de órganos consultivos, como ocurrió en Italia bajo el régimen fascista, a partir de 1928, en que debía escucharse al Gran Consejo del Fascismo para modificar ciertas leyes.

d) Adopción de quórum o mayorías calificadas o de unanimidad, como es el caso de la Constitución Política de Chile de 1980 que requiere quorums de tres quintos o dos tercios de los diputados y Senadores en ejercicio, según la naturaleza de la materia constitucional.

---

[245] Lucas V. Pablo. Ob. cit. T. II. p.592.

2. Prohibición de revisar la Constitución durante *un plazo*, como la Constitución de Chile de 1828 que en su artículo 133 señalaba que ella no podía modificarse antes del año 1836.

3. Prohibición de revisar la Constitución en determinadas *circunstancias*. La Constitución de Francia de 1958 en su artículo 89 dispone que no podrá iniciarse ni tramitarse ningún procedimiento de enmienda mientras sufra menoscabo la integridad del territorio.

4. Establecimiento de un órgano especialmente establecido por el orden constitucional para conocer del proceso reformatorio, que puede estar constituido por un Consejo o Asamblea, el Congreso Nacional u otro.

Estas exigencias han permitido establecer la diferenciación entre el Poder Constituyente y el Poder Constituido. En efecto, la Constitución, obra del Poder Constituyente, es considerada la superlegalidad, la normativa superior que se encuentra por sobre las normas legales y que usualmente tiene su origen en el Poder Legislativo, el cual cumpliendo los requisitos constitucionales, pasa a desempeñar y cumplir las funciones de Poder Constituyente.

Diversos Estados tienen Constituciones cuyo proceso modificatorio es exigente y riguroso que impide que sean modificadas con facilidad.

Un caso de Constitución rígida es la de Estados Unidos de N.A. que desde 1787, ha sido objeto de sólo veintisiete enmiendas, expresión del respeto del pueblo norteamericano a la estabilidad y continuidad jurídica y, además, a su sistema modificatorio establecido. Según el artículo 5° de la Constitución, “toda vez que las dos terceras partes de ambas Cámaras lo juzguen necesario, el Congreso propondrá enmiendas a esta Constitución o, a solicitud de las legislaturas de dos tercios de los diversos Estados, convocará una Convención para que se propongan las enmiendas; en cualquiera de los casos, dichas enmiendas serán válidas por todos conceptos como parte de esta Constitución, cuando sean ratificadas por las legislaturas de las tres cuartas partes de los distintos Estados o por Convenciones en las tres cuartas partes de los mismos, de conformidad con uno u otro modo de ratificación que sea propuesto por el Congreso”. Por consiguiente, no es expedito su proceso modificatorio por los altos quórum que se exigen, así como por las ratificaciones establecidas.

La Constitución de Chile de 25 de mayo de 1833 antes de su modificación de 1882, constituye otro caso de Constitución rígida, según señala el profesor Fernando Campos H.[246], pues en sus artículos 165 y siguientes establecía su procedimiento modificatorio en que la moción de reforma de uno o más artículos de la Constitución, para ser admitida, debía ser apoyada, a lo menos, por la cuarta parte de los miembros presentes de la Cámara en que se proponía. Admitida a tramitación la moción o discusión, a la Cámara le correspondía deliberar si exigían o no la reforma al artículo o artículos requeridos de revisión. Si ambas Cámaras resolvían por las dos terceras partes de sufragios, en cada una, que el artículo o artículos propuestos exigían reforma, dicha resolución debía pasar al Presidente de la República para los efectos de su sanción o veto. Establecida por ley la necesidad de la reforma, debía esperarse la próxima renovación de la Cámara de Diputados y después de esta renovación, se discutía y se deliberaba sobre la reforma, debiendo tener origen en el Senado.

248. Constituciones semirígidas o semiflexibles.

Constituciones *semirígidas son aquellas* cuyo procedimiento modificatorio tienen el carácter de relativa flexibilidad, pues admiten ser modificadas, pero con mayores exigencias y requisitos que los requeridos para las leyes ordinarias.

Como su nombre lo indica, estas Constituciones se encuentran ubicadas entre los dos extremos de rigidez y flexibilidad, como lo son las Constituciones de Estados Unidos de Norteamérica e Inglaterra, respectivamente.

La Constitución Política de Chile de 1980, primitivamente, revestía el carácter de una Constitución rígida por los quórum altos y procedimientos establecidos,[247] pero después de la modificación de 1989, ha pasado a tener un carácter de semirigida, pues requiere de un quórum de las tres quintas partes de los diputados y senadores en ejercicio de cada Cámara para la aprobación del proyecto de reforma, pero si recayere sobre los Capítulos I, III, VIII, XI, XII o XV dicho quórum es de las dos terceras partes de los diputados y senadores en ejercicio, y aprobado el proyecto de reforma constitucional por ambas Cámaras, debe pasar al Presidente de la República quien puede rechazar total o parcialmente un proyecto

[246] Campos H. Fernando. Historia Constitucional de Chile. Edit. Jurídica. Chile.1977. p. 364.

[247] Cea E. José. L. Derecho Constitucional Chileno. Edic. P.U. Católica de Chile. 2002. p.99.

y en caso que las Cámaras insistieren, puede consultar a la ciudadanía mediante plebiscito.

249. Constituciones pétreas o inmodificables.

Constituciones *pétreas* son aquellas que contienen algunas disposiciones inmodificables por expresa disposición del mismo texto constitucional. Ello no obsta a que otras materias de la Constitución puedan ser revisadas o modificadas, y por lo cual se señala que más bien son Constituciones con disposiciones pétreas.

Se explica esta absoluta rigidez en el establecimiento de principios de carácter político, filosófico o doctrinario con el fin de mantener una absoluta estabilidad en determinadas materias, debido a experiencias o sucesos históricos generadores de conflictos políticos y evitar su repetición .

Entre las Constituciones que contienen estas disposiciones pétreas, puede señalarse la Ley Fundamental de Alemania de 1949 en cuyo artículo 79 n°3 se establece que será ilícita toda modificación de dicha ley en virtud de la cual se afecte a la división de la Federación en Estados, a los fundamentos de la cooperación de los Estados en la potestad legislativa o a los principios establecidos en los artículos 1° y 20.

La Constitución de Francia de 1958 en su artículo 89 inciso final, dispone que no podrá ser objeto de reforma la forma republicana de gobierno. La Constitución de EE.UU. de N.A. dispone en su artículo 5° que ninguna enmienda constitucional puede privar a un Estado, sin su consentimiento, de su igualdad de sufragio en el Senado.

250. Clasificación según su contenido.

Desde este punto de vista, las Constituciones pueden clasificarse en *breves,* básicas o sumarias, y en *amplias,* desarrolladas, reglamentadas o pormenorizadas.

Esta clasificación atiende a los distintos criterios empleados por el poder constituyente al crear la norma constitucional.

Existen Constituciones en las cuales se busca regular sólo lo más breve y mínimo de la organización y funcionamiento del Estado, y otras, en que el constituyente pretende regular el máximo de dicha organización y funcionamiento, incluso respecto de materias que podrían ser propias del poder legislativo.

251. Constituciones básicas o breves.

Constituciones *básicas* o breves, son aquéllas que se limitan a formular los principios fundamentales de organización y funcionamiento de los diversos órganos del Estado, dejando a la ley la tarea de reglamentar y particularizar sus preceptos.

Algunos autores, como M. García Pelayo[248], se inclinan por esta clase de Constituciones, porque pueden acomodarse, sin dificultad, a las nuevas realidades sociales.

En efecto, la Constitución tiene la calidad de una superlegalidad, por lo que toda modificación que pueda afectarle, se encuentra sujeta a procedimientos y requisitos que restringen su revisión.

Por ello debe limitarse a mantener los principios básicos del consenso nacional, dejando la tarea al legislador de ir dictando las leyes de acuerdos a los nuevos requerimientos sociales, dentro del marco general de una estabilidad jurídica dada por la Constitución. Es el caso de la Constitución de los Estados Unidos de N.A. de contenido breve, pero referida a los principios básicos fundamentales de la organización del Estado.

252. Constituciones amplias o desarrolladas.

Constituciones *amplias* o desarrolladas que incluyen, en su texto, junto con los principios básicos de la organización del Estado, materias propias de la ley, tales como las relativas a la forma y procedimientos tributarios, judiciales, electorales y otros.

Esta clase de Constituciones corresponden, normalmente, a la desconfianza en el accionar del Poder Legislativo por las fluctuaciones a que puede quedar sujeto debido a los distintos cambios ocasionados por las mayorías parlamentarias que pueda inducir a modificaciones legales, lo cual se evita si ellas están entregadas a conocimiento del Poder Constituyente. Se puede citar el caso de la Constitución Política de Brasil de 1969, que contempla en su Título V el sistema tributario en forma muy pormenorizada en que incluso se establecen las tasas impositivas.

---

[248] García P. Manuel. Ob. cit. p.123.

R. Carré de Malberg sostiene que "el gran inconveniente de las Constituciones demasiado detalladas, al menos en aquellos países que separan los poderes constituyente y legislativo, es que, para modificar el menor detalle, hay que recurrir a un procedimiento completo de revisión. Ahora bien, si para tratar debidamente la libertad de la nación soberana, es necesario que las revisiones no sean imposibles ni tampoco demasiado difíciles de emprender, importa igualmente que no lleguen a ser demasiado frecuentes y esto, especialmente, a causa de que una revisión llega a ser causa de agitación política para el país. A este respecto, las leyes orgánicas presentan la ventaja de que, hallándose colocadas en manos del legislador ordinario, pueden modificarse en cualquier instante en la forma legislativa corriente, sin que para dicho efecto sea necesario poner en movimiento todo el aparato constituyente" [249] .

Sin embargo, tanto las Constituciones breves o básicas, como las Constituciones desarrolladas o amplias, constan de una parte dogmática y otra orgánica.

253. Clasificación según su origen o establecimiento.

Esta clasificación atiende a la forma o procedimiento a través del cual puede surgir y establecerse una Constitución en un Estado observando, especialmente, la intervención que la población, el pueblo o la ciudadanía puedan tener en ello, pues hay casos que esta participación es mínima o nula.

Al respecto, C. Schmitt expresa que una Constitución nace, o mediante decisión política unilateral del sujeto del Poder Constituyente, o mediante convención plurilateral de varios de tales sujetos.[250]

Por ello, desde este punto de vista se admite que las constituciones pueden clasificarse en otorgadas, pactadas o democráticas.

254. Constituciones otorgadas.

Son constituciones *otorgadas,* aquellas que son emitidas mediante una decisión política unilateral del Monarca, detentador del Poder Constituyente.

Normalmente son circunstancias derivadas de conflictos políticos las que inducen al Soberano a otorgar al pueblo un estatuto jurídico, como forma de aminorar los problemas y reducir la presión social, y no

---

[249] Carré de Malberg. Ob. cit. p.1237.

[250] Schmitt C. Ob. cit. p.66.

corresponde a un mera liberalidad propiamente tal el consentir en la propia restricción del ejercicio del poder.

La Constitución de Francia de 1814 tiene este origen, pues el Senado declaró que el pueblo francés llamaba libremente al trono a Luis Estanislao Xavier de Francia y quien sería proclamado rey cuando hubiera aceptado la Constitución. Pero Luis XVIII rehusó renunciar al principio de legitimidad real, manifestando la voluntad de hacer el mismo la Constitución, exponiendo los principios sobre los cuales reposaría las libertades esenciales. Por ello, en dicha Constitución, se establece y expresa: "Nosotros hemos voluntariamente y por el libre ejercicio de nuestra autoridad real acordado y acordamos, hacer concesión y otorgar a nuestros súbditos la Carta constitucional siguiente ".

Esta forma de surgimiento de Constituciones no existe actualmente debido a los principios democráticos imperantes en las naciones, pudiendo señalarse, excepcionalmente, el caso de la Constitución del Estado de la Ciudad del Vaticano, otorgada por el Papa Pío XI el 7 junio de 1929 cuyo texto actual es de fecha 22 de febrero de 2001 de SS. Juan Pablo II, que expresa en su preámbulo: "Por nuestra iniciativa y a ciencia cierta, en plenitud de Nuestra autoridad soberana, hemos ordenado y ordenamos que se observe como ley del Estado lo siguiente."

Asimismo, puede citarse la Constitución del Principado de Mónaco, otorgada por el Monarca Rainero III el 24 de diciembre de 1962, en cuya introducción, asimismo invoca su sola voluntad: "Hemos acordado dotar al Estado de una nueva Constitución, la cual por ser esta Nuestra Voluntad Soberana, será considerada en lo sucesivo como ley fundamental del Estado y sólo podrá ser modificada en las formas que nos hemos decretado."

255. Constituciones pactadas.

Son constituciones *pactadas* aquellas que tienen su origen en un pacto o acuerdo entre el Monarca y sus estamentos. Corresponden a acuerdos que se generan como respuesta a problemas derivados de una alteración o convulsión política y como forma de solución para evitar quiebres de la regularidad institucional.

Georges Burdeau cita el caso de la Constitución de Francia de 4 agosto de 1830 y señala que: "En su forma exterior no es más que una nueva edición corregida de la Carta de 1814. Pero su espíritu es muy diferente.

Para obtenerla, el pueblo ha hecho una revolución de la que lleva huella. En primer lugar, no se trata de una Carta otorgada. Ha sido votada por las Cámaras y Luis Felipe tuvo que aceptarla y jurar fidelidad antes de recibir el título de Rey. Por otra parte, aunque mantiene la monarquía, no se trata ya de una monarquía de derecho divino, sino de una monarquía contractual, es decir, fundamentada en un pacto del Rey y los representantes de la nación. Al intitularse rey de los franceses, Luis Felipe acepta considerarse llamado al trono por éstos, es decir, que reaparece la idea de soberanía nacional" [251].

La Constitución del Estado Libre y Asociado de Puerto Rico de 1952 corresponde a una Constitución pactada con los Estados Unidos de N.A. En efecto, por Ley n°600 de 3 de julio de 1950 de este país, se dispuso lo siguiente: "Artículo 1°. Reconociendo plenamente el principio de gobierno por consentimiento se adopta la presente ley con carácter de pacto a fin de que el pueblo de Puerto Rico pueda organizar un gobierno en concordancia con una Constitución de su propia adopción. Artículo 2°. La presente ley será sometida a los votantes hábiles de Puerto Rico para su aceptación o rechazo mediante un plebiscito en toda la isla, a efectuarse de acuerdo con las leyes de Puerto Rico. Aprobada la presente ley por mayoría de los votantes que intervengan en tal plebiscito, la legislatura de Puerto Rico queda autorizada para convocar a una convención constituyente para que proyecte una Constitución para la citada isla de Puerto Rico. Dicha Constitución establecerá una forma republicana de Gobierno y comprenderá una Declaración de Derechos. Artículo 3°. Adoptada la Constitución por el pueblo de Puerto Rico, el Presidente de los Estados Unidos queda autorizado para someter dicha Constitución al Congreso de los Estados Unidos si encuentra que tal Constitución se ajusta a las aplicables estipulaciones de la presente ley y de la Constitución de los Estados Unidos. Aprobada por el Congreso, la Constitución entrará en vigencia de acuerdo a sus términos".

La Constitución de Puerto Rico en su Título I deja constancia de su naturaleza pactada, pues establece que "Se constituye el Estado Libre y Asociado de Puerto Rico. Su poder político emana del pueblo y se ejercerá con arreglo a su voluntad dentro de los términos del convenio acordado entre el pueblo de Puerto Rico y los Estados Unidos de Norteamérica."

---

251 Burdeau. Georges. Ob. cit. p.399.

250. Constituciones democráticas.

Constituciones *democráticas* son aquellas que establecen, en su propia normativa, los principios democráticos como fundamento de su organización y, además, emanan de la voluntad del pueblo en quien reside la soberanía.

Resulta indispensable para calificar a una Constitución como democrática, que ella establezca como forma de convivencia social y de participación del pueblo en el gobierno los principios filosóficos y políticos que emanan del concepto mismo de democracia, es decir, que desde el punto de vista de fondo o substancial pueda calificarse como tal.

Asimismo, se requiere que, en el proceso de aprobación del texto constitucional, participe el pueblo, ya sea eligiendo a los ciudadanos encargados de estudiar y redactar la constitución o bien, participando en el proceso de su aprobación.

Desde el punto de vista formal, la participación del pueblo en la elaboración y aprobación de las constituciones democráticas puede revestir diversas formas, pero las más usuales son *la Convención Constituyente, el Referéndum y el Plebiscito.*

257. Convención Constituyente.

Se llama *Convención Constituyente* o Asamblea Constituyente, al órgano estatal constituido por un conjunto de ciudadanos que ha sido elegido por el cuerpo electoral con el fin específico de estudiar y elaborar una Constitución o de modificar una Constitución vigente.

Se señala que esta es la forma más genuina y representativa de una Constitución democrática, toda vez que las personas encargadas de estudiar y elaborar el Texto Constitucional no sólo han sido elegidas por la voluntad del pueblo, sino que, además, éstas actúan conforme al sentir de la voluntad mayoritaria.

Esta modalidad no excluye la posibilidad que una vez elaborado el texto constitucional o su reforma, se sometan a un referéndum a fin de darle mayor fuerza y valor. Es el caso de la Constitución de Puerto Rico que una vez aprobada por la Convención Constituyente se sometió a referéndum del pueblo.

La Constitución de Estados Unidos de Norteamérica de 1787 fue elaborada por Convenciones Constituyentes, así como las Constituciones de Francia de 1791, 1848 y 1875. En Chile, se empleó este sistema en las Constituciones de 1828 y de 1833.

258. Referéndum Constituyente.

El *Referéndum Constituyente* es la participación del pueblo mediante un proceso de elección, libre e informado, relativo a la aprobación o rechazo, total o parcial, de un texto constitucional aprobado por la Convención o Asamblea Constituyente.

La participación del pueblo tiene su fundamento en su carácter de depositario de la soberanía por lo cual, la elaboración del Texto Constitucional efectuada por la Convención o Asamblea Constituyente, es realizada por mandatarios de éstos cuyo obrar queda sujeto a la ratificación por parte de los electores.

Es el caso de la Constitución de Francia de 27 octubre de 1946 que fue elaborada por la Asamblea Nacional Constituyente el 29 de septiembre de 1946 y aprobada por referéndum constituyente el 13 de octubre de 1946.

Asimismo, la Constitución de Turquía aprobada por la Asamblea Constituyente el 27 Mayo 1961 y ratificada por referéndum popular el 29 Julio de ese mismo año.

259. Plebiscito.

El *plebiscito* es la consulta que, mediante un proceso establecido, se formula al pueblo con el objetivo que emita su opinión o resuelva respecto de una determinada materia sometida a su conocimiento. Cuando la participación del pueblo es requerida para aprobar o modificar un texto constitucional, el plebiscito es de naturaleza constituyente.

A diferencia del referéndum constituyente, en el plebiscito se somete a la voluntad popular un Texto Constitucional que ha sido elaborado por personas que no han tenido su origen en un nombramiento popular o que no corresponden a órganos preestablecidos en el orden jurídico.

La soberanía del pueblo asume un rol pasivo, pues no es la generadora del proceso constituyente sino que, generalmente, se limita a aceptar las condiciones establecidas, pues es frecuente que no se le ofrezca otras alternativas.

Carré de Malberg señala que el plebiscito tiene un inconveniente general, que resulta que de dicha forma de consulta se induce a solicitar del pueblo un voto afirmativo o negativo, y ello en bloque, de un modo invisible, sin enmienda posible. En estas condiciones el voto popular ya no es suficientemente libre, porque el pueblo se encuentra en la alternativa de rechazar totalmente una Constitución si le desagrada en un punto cualquiera o de adoptarla por entero, a pesar, tal vez, de graves defectos [252].

Este procedimiento plebiscitario constituye una forma corriente de establecer constituciones de carácter autoritario, ya que es empleado por gobiernos de facto que, con el objeto de restablecer un quebrantamiento constitucional o jurídico, crean una nueva institucionalidad, o modifican la existente.

La Constitución Política de Chile de 1925, así como la actual de 1980, fueron elaboradas por Comisiones constituidas por personas designadas por quien ejercía el Poder Ejecutivo a la época, y posteriormente, sometidas a plebiscito popular.

260. Clasificación según su concordancia con la realidad social y política.

El profesor Karl Loewenstein,[253] formula una clasificación de Constituciones desde el punto de vista ontológico o existencial, teniendo en cuenta el cambio fundamental que ha sufrido el papel de la Constitución escrita en la realidad sociopolítica. Sostiene que la naturaleza de una Constitución corresponde aquello que los detentadores y destinatarios del poder hacen de ella en la práctica, del espíritu de su real aplicación, del sentido de interpretación y ejecución de las disposiciones constitucionales, por lo cual las distingue Constituciones de carácter *normativo, nominal y semántico.*

261. Constituciones Normativas.

Para que la Constitución desempeñe un rol real y efectivo de ser el cauce jurídico normal para el desarrollo de las aspiraciones ideales y objetivos de la comunidad política, es necesario que exista una coherencia y armonía entre lo establecido en el Texto Político y los fines reales de la

---

[252] Carré de Malberg. R. Ob. cit. p.1175.

[253] Loewenstein. K. Obra cit. p. 216.

sociedad, pues no basta con implantar o imponer una Constitución para que ésta se arraigue en el pueblo.

Es necesario que exista un ambiente y condiciones jurídicas, políticas y sociales que permitan que la Constitución sea observada y acatada por todos los integrantes de la sociedad. Citando a Loewenstein, "para usar una expresión de la vida diaria, la Constitución normativa es como un traje que sienta bien y que se lleva bien".[254]

Por ello, una *Constitución es normativa* cuando existe armonía, concordancia e integración entre la realidad social y el texto constitucional y éste es observado y acatado por gobernantes y gobernados. Pueden señalarse como Constituciones de carácter normativa, las actuales de Estados Unidos de Norteamérica, Francia, Italia, y España, entre otros.

262. Constituciones Nominales.

Constitución nominal es aquella que, no obstante ser jurídicamente válida, carece de realidad existencial porque la dinámica del proceso político no se adapta a sus normas.

K. Loewenstein señala que "las Constituciones no cambian tan sólo a través de enmiendas constitucionales formales, sino que están sometidas, quizás en mayor grado, a la metamorfosis imperceptible que sufre toda norma establecida por efecto del ambiente político y de las costumbres. Lo que la Constitución nominal implica es que los presupuestos sociales y económicos existentes, por ejemplo, la ausencia de educación en general y, en particular de educación política, la inexistencia de una clase media independiente y otros factores, en el momento actual operan contra una concordancia absoluta entre las normas constitucionales y las exigencias del proceso del poder. La situación, de hecho, impide o no permite por ahora, la completa integración de las normas constitucionales en la dinámica de la vida política. Probablemente, la decisión política que condujo a promulgar la Constitución, fue prematura. Para continuar con nuestro símil: el traje cuelga durante cierto tiempo en el armario y será puesto cuando el cuerpo nacional haya crecido" [255].

Puede señalarse como casos de Constituciones de esta naturaleza, las de Bolivia, Venezuela y de algunos países africanos, entre otros.

---

[254] Loewenstein K. Ob. cit. p.217.

[255] Ob.cit. p.218.

263. Constituciones Semánticas.

La *Constitución semántica* es la Constitución plenamente aplicada, pero su realidad ontológica, esto es su naturaleza, no es sino la formalización de la existente situación del poder político en beneficio exclusivo de los detentadores del poder fáctico que disponen del aparato colectivo.

La Constitución es establecida por quienes detentan el poder político y tiene por finalidad ser usada como instrumento para justificar situaciones de hecho y legalizar su permanencia en el ejercicio del poder y su objetivo, por consiguiente, no es la de limitar y organizar el ejercicio del poder. Al respecto, Loewenstein expresa: "Y para continuar con el símil anterior, el traje no es en absoluto un traje, sino un disfraz".[256]

Se citan como ejemplo de Constituciones semánticas la Constitución de Cuba de 1952 proclamada por Fulgencio Batista y la del año 1976 bajo el régimen dirigido por Fidel Castro.

264. Contenido de las Constituciones.

Tanto las Constituciones breves o básicas, como las Constituciones desarrolladas o amplias, constan de una parte dogmática y otra orgánica.

a) Una *parte dogmática*, en que se formula, una declaración de derechos, de principios doctrinarios, filosóficos, jurídicos, políticos, sociales, económicos, etc. que constituyen las bases y fundamentos del orden estatal y en razón de ellos deben actuar los distintos órganos estatales. En algunas Constituciones esta parte orgánica se encuentra contenida en un apartado especial de ella y, en otras, se hace referencias a otros instrumentos jurídicos políticos existentes o bien ellos están dispersos a través de las disposiciones de la Carta fundamental.

En Chile, la Constitución Política de 1980 destina su Capítulo 1° a establecer las Bases de la Institucionalidad que constituyen la piedra angular en torno a la cual se genera la actividad del Estado.

b) Una *parte orgánica* destinada a la organización del Estado, de sus órganos y competencias, la forma de generación de las autoridades y creación de la norma. Existen Constituciones que en su mismo texto explicitan su contenido, y otras, en cambio, se limitan a establecerlos encargando su desarrollo a la ley posterior.

---

256 Ob.cit. p.219.

TITULO III

DEL PODER CONSTITUYENTE.

265. Origen.

La existencia de una Constitución como norma de legalidad superior a la cual debe someterse todo el ordenamiento jurídico del Estado, origina la distinción entre leyes fundamentales y leyes ordinarias y plantea, además, la forma de la determinación de las características de unas y otras en cuanto a la forma de su generación y primacía, así como a los elementos constitutivos de ellas.

Esta jerarquización ha sido desarrollada especialmente a partir del pensamiento de los juristas y filósofos políticos de los siglos XVII y XVIII, en que la organización que se daba la comunidad, por su propia determinación, correspondía al ejercicio de la soberanía de ésta, concretado en una convención, en que las distintas manifestaciones del ejercicio del poder político, esto es, ejecutivo, legislativo y judicial, eran creados y establecidos por esa voluntad o poder supremo con suficiente capacidad para organizar y constituir el Estado, es decir, por el llamado Poder Constituyente.

La doctrina del Poder Constituyente procede de la organización eclesiástica inglesa y escocesa de la iglesia presbiteriana, en que por el pacto eclesiástico, se obligan los creyentes a mantener sus convicciones y ese pacto eclesiástico es el origen y fundamento de su organización. En el Agreement of the People, de Cromwell, se mantiene la tesis que este pacto del pueblo está por sobre el Parlamento puesto que fue acordado formalmente por el mismo pueblo, ideas que se aplicaron, posteriormente, en las constituciones de los colonos de Norteamérica.

266. Concepto.

El Poder Constituyente es la voluntad originaria, extraordinaria y soberana de una comunidad que dicta las normas fundamentales para la organización y funcionamiento de su convivencia política.

El profesor Alejandro Silva expresa que "se denomina Poder Constituyente la facultad que tiene todo cuerpo político de establecer su propia ley fundamental, de fijar, por lo tanto, todo lo que se refiere a lo esencial de la estructura de las instituciones llamadas a regir los intereses generales de la colectividad y a resguardar los derechos de los gobernados"[257].

Pablo Lucas V. sostiene que el "poder constituyente es la voluntad originaria, extraordinaria y soberana de una comunidad que dicta las normas fundamentales para la organización y funcionamiento de su convivencia política" [258].

267. Características.

El Poder Constituyente, en cuanto poder político con capacidad y atribuciones para organizar al Estado, fijar sus órganos, competencias, derechos de las personas, procesos eleccionarios y otros presenta características que lo distinguen de otras formas de poder.

a) Es un poder *originario e inmanente* a la voluntad popular, pues existe en la misma comunidad política capaz de su propia autodeterminación, expresión de su propia soberanía la cual la manifiesta dándose una organización política conforme a sus ideales y aspiraciones.

La circunstancia que existan oportunidades en que el pueblo no actúe por sí mismo sino a través de representantes o delegados, no obsta a la originalidad e inmanencia porque siempre subsiste su derecho a cambiar la Constitución y, además, porque la ratifica con su tácito consentimiento, o bien, en forma expresa en los casos de los referéndum plebiscitarios.

b) Es un poder *extraordinario*, por cuanto se exterioriza sólo con motivo de la creación de la Constitución o de su modificación. Se trata de un poder existente potencialmente pero que actúa en forma intermitente y discontinua a diferencia de las actuaciones continuas de los poderes constituidos llamados legislativo, ejecutivo y judicial.

c) Es un poder *soberano*, ya que es un poder superior sobre el cual sólo se encuentran las normas del Derecho Natural y muy especialmente las relativas a los derechos individuales de las personas. Hay situaciones que puede verse constreñidos por la obligatoriedad de respetar y acatar deberes contraídos bajo las normas del Derecho Internacional.

d) Es un poder que actúa a través de un órgano especial y propio denominado *constituyente* y que está constituido por miembros especialmente

[257] Silva .B. Alejandro. Tratado Derecho Constitucional. Ob. cit. T. I. p.69.
[258] Lucas V. Pablo. Ob. cit. T.I. p.583.

facultados para cumplir la función constituyente, y que es distinto y diferente del órgano legislativo, cuya labor se limita a la función legislativa.

e) Es un poder *generador* de otros poderes, pues el Poder Constituyente es el que da nacimiento a los Poderes Legislativo, Ejecutivo y Judicial que tienen el carácter de poderes constituidos.

f) Lo anterior permite establecer que las normas que emanan del Poder Constituyente, esto es las constitucionales, *son anteriores y superiores* a las normas que emanen de los otros poderes, por lo cual éstas deben someterse a aquéllas ya que, en caso contrario, adolecerían del vicio de la ineficacia por su inconstitucionalidad.

g) Asimismo, las normas constitucionales están afectas al principio de la *inmutabilidad* destinada a dar estabilidad jurídica, toda vez que ellas inciden en materias básicas y trascendentes de la organización del Estado, sin que ello signifique que se trate de un principio absoluto, pues deben observar las adaptaciones que los requerimientos sociales exijan. En cambio, las demás normas están sujetas a la inmediata respuesta que deben dar a la solución de las situaciones y realidades concretas del común diario vivir.

h) Esta diferencia, además, se expresa en el hecho que las normas constitucionales se encuentran sometidas a *procedimientos y solemnidades especiales* tanto en su creación como en su modificación, ya sea en cuanto al órgano especial que cumple la función constituyente, como a los requisitos de quórum o, incluso en ciertos casos, de intervención directa del pueblo como ocurre con los referéndums constituyentes.

268. Clases de Poder Constituyente.

El Poder Constituyente, cuya función es la de hacer o modificar la Constitución, cumple su labor mediante órganos especialmente establecidos y previstos en el propio ordenamiento constitucional, en el cual se le señalan los procedimientos y formalidades a que se encuentra sujeto, en cuyo caso se trata de un Poder Constituyente llamado *Constituido, Instituido o Derivado,* como se le denomina por algunos tratadistas.

Sin embargo, hay situaciones en que falta de dicho órgano, sea porque la Constitución que lo contemplada ha perdido su eficacia y vigencia, como ocurre en caso de una revolución en que se altera todo el régimen jurídico del Estado, o bien, porque nunca ha existido una Constitución como un Estado recién independizado, casos en los cuales se señala que el Poder Constituyente se denomina *Originario*.

269. Poder Constituyente Originario.

El Poder Constituyente originario corresponde al ejercicio de la soberanía realizada sin sujeción a norma preconstituída alguna y con el objeto de establecer la organización política del Estado por medio de una Constitución. Tiene lugar cuando no existe un órgano preestablecido para servir la función constituyente o cuando no existe una Constitución, y ello puede originarse en el caso de un Estado que inicia su etapa de independencia o bien, en los casos de una ruptura del orden constitucional del Estado como consecuencia de un proceso revolucionario.

La circunstancia de no existir una normativa reguladora previa, que determine el órgano, institución o procedimiento para crear el nuevo orden constitucional, plantea un importante problema a la ciencia política de determinar a quien pertenece el poder constituyente originario, es decir, quien es el *titular* y, además, de justificar la *juridicidad* de su obra constitucional.

G. Burdeau sostiene que "el poder constituyente es el poder creador del Estado; es el que incorpora una idea de Derecho a un aparato de vías y medios capaces de procurar su realización. Como crea el Estado, es exterior a éste y no puede estar limitado por las normas constitutivas del orden jurídico establecido. Desde el punto de vista del Estado, el poder constituyente *originario* es un poder primario, incondicionado y completamente dueño de las formas sobre las que actúa. Pero esta independencia cesa respecto a la idea de derecho, pues como todas las formas de poder, el Poder Constituyente es tributario de una idea de Derecho que expresa y que lo legitima. No existe, pues, un Poder Constituyente abstracto válido, cualquiera que sea la sociedad considerada. Cada idea de Derecho implica un Poder Constituyente que sólo vale con respecto a ella, y que deja de ser eficaz cuando la idea de Derecho es ya la dominante en el grupo. Resulta entonces que el Poder Constituyente pertenece al individuo o al grupo en el que se encarna en un momento dado la idea de Derecho. El titular del Poder Constituyente originario puede ser pues, el pueblo, cuando es éste quien, en ausencia de algún jefe reconocido y consentido, es el portador directo de la idea de Derecho. Pero este titular puede ser también un individuo, el jefe, a quien se incorpora toda la energía de la idea de Derecho.

Entonces es él quien dispone del poder de autoorganización, en tanto que a la vez, detentador del poder político y expresión de la idea de derecho válida en la colectividad" [259].

En cuanto a la justificación de la *juridicidad* de lo obrado por el titular del Poder Constituyente originario, se encuentra en el hecho que el nuevo orden establecido tiene el carácter de revolucionario en cuanto ha significado una sustitución del orden existente, y este nuevo orden tiene una sustentación en la idea de Derecho del constituyente originario.

En Chile, el Tribunal Constitucional ha señalado que "el Poder Constituyente es la facultad inherente a toda comunidad política soberana a darse su ordenamiento jurídico político originario por medio de una Constitución y a reformar a ésta total o parcialmente cuando sea necesario. De esta manera, el Poder Constituyente puede ser de dos clases: "originario" y "derivado o instituido". El primero es aquel que inicialmente dicta una Constitución o crea una posterior, desligada de su predecesora, a consecuencia de una ruptura institucional. El segundo se expresa cuando, en virtud de una disposición constitucional que lo autoriza, se reforma, revisa o enmienda la Carta Fundamental. De los conceptos anteriores, fluye que el Poder Constituyente originario es la expresión máxima del Poder del Estado, ya que crea el ordenamiento jurídico fundamental, estableciendo los "poderes constituidos" fijando sus atribuciones, encausando sus actuaciones y, en fin, imponiéndoles limitaciones para asegurar, recíprocamente su independencia y dar debida protección a los derechos de las personas que la misma Constitución reconoce. La Carta Fundamental de 1980 constituye una manifestación del Poder Constituyente originario, ya que ella surge como consecuencia del quiebre institucional ocurrido en septiembre de 1973 y al margen de las normas establecidas en la Constitución de 1925 para su reforma" [260].

270. Poder Constituyente Derivado.

El Poder Constituyente derivado o instituido, es el la facultad de ejercer la soberanía del pueblo a través de las instituciones, órganos o mecanismos sujetos a los procedimientos y formalidades establecidos en la propia Constitución, que permite, modificar, enmendar y aún alterar totalmente la Constitución vigente.

---

259 Burdeau Georges. Ob. cit. p.109.

260 Sentencia de 18 marzo 1998 recaída en causa rol n°272 del Tribunal Constitucional.

El Poder Constituyente derivado actúa conforme a la preceptiva constitucional de modo que permite que, dentro de la continuidad jurídica, la Constitución pueda ser revisada y adaptada a las nuevas exigencias sociales.

Para los efectos anteriores, las Constituciones normalmente destinan capítulos o secciones especiales para establecer la forma de su revisión o modificación. La Constitución de los EE.UU. de Norteamérica destina al efecto, su art. V; la de Francia, el Titulo XIV, la de Chile, el Capítulo XV.

El Poder Constituyente derivado se encuentra sujeto a límites de carácter *formal* por cuanto debe atenerse a los procedimientos y exigencias establecidas en la Constitución, y además, sujeto a limitaciones de naturaleza *substancial,* como es el caso de las denominadas disposiciones pétreas o inmodificables.

Además, aún cuando se resolviere modificar totalmente la Constitución, debe observarse y respetarse la esencia y el contenido doctrinario y filosófico que tiene una Constitución producto de su sentido histórico y que se expresa en los principios y valores humanos, jurídicos, de justicia e ideales de la sociedad.

En oportunidades, invocándose el ejercicio del Poder Constituyente derivado o instituido, se introducen reformas a la Constitución que, desde el punto de vista formal se enmarcan dentro de la constitucionalidad pero que, en el fondo, importan una violación a la esencia de los valores y principios contenidos en la Constitución. Es lo que se denomina como "*el fraude constitucional*", como ocurrió bajo el régimen nacionalsocialista en Alemania en que por Ley de 24 marzo 1933 el Gobierno fue autorizado para modificar la Constitución, lo cual permitió a éste, por ley de 31 enero 1934, dictar normas constitucionales bajo la concepción del régimen político imperante. Situación similar ocurrió en Italia bajo el Gobierno Fascista, pues por ley de 21 abril 1927 se creó el Estado Corporativo [261].

En los señalados casos, a través de la normativa vigente, se modificaron o crearon instituciones políticas y jurídicas inspiradas en principios y valores ajenos a los contenidos en la propia Constitución, incurriendo en un engaño o fraude.

---

[261] Biscaretti D. P. Ob. cit. p.273.

TITULO IV
DE LA SUPREMACÍA CONSTITUCIONAL

271. Concepto de Supremacía Constitucional.

Varios pueden ser los motivos que dan nacimiento a una Constitución pero, en cualquier caso, ella es concebida para establecer los fundamentos de la organización del Estado, los órganos estatales, sus competencias así como los derechos y deberes de las personas, de modo que necesariamente tiene que gozar de preeminencia sobre todo el orden jurídico que se genera como consecuencia de ella.

Esta superioridad legal de la Constitución, le otorga a ésta el carácter de norma que tiene la calidad de la *superlegalidad constitucional,* término empleado por la doctrina europea, y que puede entenderse en el sentido que existen un conjunto de principios inherentes al orden social y político que son anteriores a la Constitución escrita, como son los derechos individuales, que constituyen límites al Poder Constituyente, pues no pueden ser objetos de modificación o revisión.

En cambio, la doctrina americana, a la superlegalidad de la Constitución, le otorgan el sentido de *supremacía constitucional*, es decir, que la Constitución es el fundamento de la organización del Estado por lo cual es superior y se encuentra por sobre todas las demás leyes las cuales quedan subordinadas a ella, de modo que los órganos y procedimientos para formularla o modificarla, son especiales y exclusivos para dicho fin y distintos a los establecidos para las leyes ordinarias.[262]

Se puede *conceptualizar* la supremacía constitucional, señalando que es la jerarquización en virtud de la cual todo el orden jurídico estatal emana de la Constitución y se encuentra subordinado a ella, la cual sólo puede ser modificada a través de los órganos y procedimientos establecidos en la misma.

La doctrina de la supremacía constitucional constituye una de los elementos que permiten configurar un Estado Derecho moderno y se señalan determinados principios que la conforman.

1. Distinción entre el Poder Constituyente y los poderes constituidos.

---

[262] Justo L. Mario. Ob. cit. p.382.

2. La Constitución es la ley fundamental y todo el ordenamiento jurídico le está subordinado jerárquicamente.

Kelsen, a través de su concepción de la pirámide jurídica, grafica esta subordinación, y al respecto, expresa: "Se reconoce este grado superior recordando que la característica del Derecho es la de regular su propia creación, que es la vía legislativa, esto es, el procedimiento de creación de las normas generales, que puede estar determinado, a su vez, por una norma positiva general. Esta norma recibe el nombre de norma "constitucional"; y la Constitución representa, con relación a la ley, un grado superior del orden jurídico. La Constitución es "aplicada" por la ley, en el sentido de que el procedimiento legislativo se halla determinado en los preceptos constitucionales, del mismo modo que la ley determina la sentencia judicial que la aplica".[263]

3. Los órganos ejecutivo, legislativo y judicial se encuentran organizados con sus competencias y funciones establecidas en la Constitución, por lo cual deben someterse a ella bajo sanción de nulidad de los actos jurídicos que realicen fuera de sus jurisdicciones, así como de las responsabilidades personales de sus agentes.

4. En caso de conflicto o discrepancia entre la ley y la norma constitucional, debe ello ser resuelto por los Tribunales de Justicia o por un órgano especialmente creado para ese fin, como es el Tribunal Constitucional.

La supremacía constitucional, por consiguiente, es un principio básico de la democracia constitucional, pues constituye una garantía real y efectiva de la legalidad y de la estabilidad jurídica, subordinando la acción de los gobernantes y de los gobernados al orden jurídico.

272. Clases de Supremacía.

La fuerza atribuida a las disposiciones establecidas en la Constitución que permite que todo el orden jurídico se subordine a ellas, emana de la naturaleza del contenido de sus disposiciones, que es valedera para todas las Constituciones cualquiera que sea la forma de éstas, lo cual se denomina *supremacía material.*

Pero además, la supremacía de la Constitución, en el caso de Constituciones escritas y de carácter rígido o semirigido, emana de la circunstancia

[263] Kelsen. Hans. Ob. cit. p.306.

que tanto su proceso de creación como el de revisión o modificación, se encuentra sujeto a procedimientos especiales observados por órganos creados para dicha función, contemplado en el mismo texto constitucional, lo cual se denomina *supremacía forma.*[264]

273. Supremacía Formal.

La supremacía formal es la preeminencia y superioridad que se le asigna a la Constitución, dentro del ordenamiento jurídico estatal, y en virtud de la cual ésta sólo puede ser modificada, revisada o derogada por órganos y procedimientos especiales, previamente establecidos en la misma Constitución.

Existe una clara diferenciación entre los procedimientos y órganos con competencia para crear, modificar y derogar las leyes ordinarias y demás normativa jurídica, y los establecidos para el texto constitucional

Para ello es necesario que la Constitución se encuentre contenida en un documento escrito y, además, que sea calificada de rígida o semirígida, pues tratándose de Constituciones flexibles, no se presenta esta supremacía ya que en estos casos éstas pueden ser modificadas en la misma forma y por los mismos órganos generadores de la ley ordinaria, ya que tienen el mismo valor y jerarquía.

Esta supremacía formal presenta caracteres propios y distintos según sean las exigencias y solemnidades establecidas en cada Constitución, lo cual ha inducido a algunos tratadistas a sostener que la noción de Constitución es, en sí misma, exclusivamente formal.

Los procesos reformatorios de la Constitución obedecen a que ésta no es una obra perfecta del hombre, no sólo por los errores que pueda haberse incurrido en su creación, sino además, porque los supuestos sobre los cuales se fundó una institucionalidad, pueden haber cambiado en el transcurso del tiempo.

Además, el progreso y desarrollo de los Estados hacen surgir nuevas necesidades que obligan al cuerpo jurídico a dar respuestas a ellas adaptándose a las nuevas realidades, ya que en caso que así no ocurra, se produce un desfase entre el texto jurídico y comunidad por lo cual la sociedad entra en crisis.

---

[264] Burdeau G. Ob. cit. p. 103.

Los procesos reformatorios deben efectuarse dentro de la estabilidad institucional que permite una continuidad jurídica para evitar interrupciones de la institucionalidad. El profesor Mario Justo López expresa que: "La estabilidad institucional no excluye el cambio, pero requiere que éste se realice dentro y no contra, ni al margen de las cauces institucionales. De este modo, ni el cambio obsta a la continuidad ni la continuidad al cambio. La continuidad jurídica, columna vertebral de la institucionalidad, implica simplemente que la creación del orden normativo, y consecuentemente su cambio, se produce de conformidad a las normas jurídicas existentes de tal modo que la validez de las nuevas se funda en las anteriores" [265].

Los procedimientos de reforma varían según los Estados, empleándose diversos criterios y sistemas que pueden hacer que el proceso de modificación sea más rígido en algunos casos que en otros, como se señalan a continuación.

a) Exigencias de quórum especiales.

En los casos en que el Poder Constituyente actúe a través de los miembros del Parlamento, y como forma de marcar la diferenciación entre el órgano legislativo y el constituyente, se establecen quórum de concurrencia y de aceptación superiores a las de simple mayoría, tales como mayoría absoluta, tres cuartas partes, dos tercios, etc. Así, por ejemplo, la Constitución de Holanda, en su artículo 211 exige un quórum de dos tercios de los votos emitidos; la de España, en su artículo 167, tres quintos de cada una de las Cámaras; la de Chile establece en su artículo 127, tres quintas partes o dos tercios, según la materia que se trate.

b) Lapso de tiempo.

Existen Constituciones que disponen que el proceso de reforma no puede efectuarse sino después de transcurrido un determinado plazo, como ocurre en la Constitución de Grecia de 1975 en cuyo artículo 110 se establece que no se admitirá revisión alguna de la Constitución, antes de haber expirado el lapso de cinco años desde el final de la revisión anterior. La Constitución de Chile de 1828, establecía en su articulo133, que dicho texto no podía ser objeto de modificación sino hasta el año 1836 en que debía convocarse por el Congreso, a una gran Convención con el único objeto de reformar o adicionar la Constitución.

---

[265] Justo L. Mario. Introducción a los Estudios Políticos. Ed. Kapeluz. Buenos Aires. T. I. 1969 p.29.

c) Parlamentos distintos.

Con el objeto de obtener una mayor maduración en el proceso reformatorio, hay Constituciones que establecen que ellas deben ser estudiadas y votadas por un Parlamento que posteriormente sea renovado, para permitir con ello la participación del cuerpo electoral en el proceso de reformas ya que los electores tienen la oportunidad de favorecer a los candidatos proclives a la reforma o bien, a aquéllos que tienen una posición de rechazo a ellas.

Es el caso de la indicada Constitución de Grecia que establece que, acordada la revisión de la Constitución, la Cámara de Diputados siguiente se pronunciará en su primer período de sesiones, sobre los preceptos revisables por mayoría absoluta del total de sus componentes.

En un sentido similar, la Constitución de Chile de 1833, en su texto primitivo disponía en su artículo 168 que establecida por ley la necesidad de la reforma, debía guardarse la próxima renovación de la Cámara de Diputados y después de esta renovación, se discutiría y deliberaría sobre la reforma.

d) Referéndum.

Esta exigencia está destinada a permitir la participación directa del pueblo en la aprobación de las reformas acordadas por la autoridad pertinente, constituyendo un requisito indispensable para su aprobación. La Constitución de Francia de 1958 en su artículo 89 dispone que el proyecto, o la proposición de reforma, debe ser votado por las dos Cámaras y la reforma será definitiva, después de aprobada por referéndum.

e) Ratificación.

Existen Constituciones que exigen la ratificación de las modificaciones aprobadas por las Cámaras por determinados órganos estatales. Es el caso de la Constitución de EE.UU. de N.A. que en su artículo 5° dispone que aprobadas las reformas Constitucionales por las Cámaras o por la Convención, serán válidas y formaran parte de la Constitución, cuando las ratifiquen las legislaturas de las tres cuartas partes de todos los Estados o por Convenciones celebradas en las tres cuartas partes de los mismos.

Asimismo, la Constitución de Chile de 1980 en su artículo 117 primitivo establecía que, aprobadas las reformas por las dos Cámaras, éstas reunidas en Congreso Pleno y en sesión pública, sesenta días después de aprobado un proyecto de reforma, debían tomar conocimiento de él y procederían a votarlo, sin debate.

Los procesos de reformas constitucionales, como lo hemos señalado, tienen por finalidad adaptar la normativa jurídica fundamental del Estado a los nuevos requerimientos de la sociedad, y no debemos confundir estas situaciones con los procesos de *mutación constitucional* que corresponden al desuso en que pueden caer determinadas normas constitucionales y que se genera al margen de la decisión de cambio inherente a la reforma constitucional. Implica una insuficiencia de voluntad política para responder a los requerimientos de las fuerzas sociales o bien para dictar la legislación complementaria que da vida a una institución, por lo cual se incurre en la no aplicación de la preceptiva constitucional terminando esta en una disposición obsoleta [266].

Además, la Constitución puede ser objeto de modificaciones de sus preceptos por la vía de la *ley interpretativa*, en que a través del análisis y estudio de las consideraciones, intenciones y objetivos pretendidos por los constituyentes se busca adaptarla a las nuevas realidades generadas en torno a dicho contexto, o para salvar vacíos o lagunas constitucionales.

274. Supremacía Material.

La supremacía material es la preeminencia y superioridad que se le asigna a la Constitución dentro del ordenamiento jurídico estatal, y que emana de su contenido determinado igualmente por su objeto.

Esta supremacía material obedece al carácter que tiene la Constitución de norma fundamental del Estado, en la cual se consagran las ideas del Derecho que sustentan todo el ordenamiento político jurídico y social y que deben someterse todas las otras normas creadas para concretar y aplicar las disposiciones constitucionales, de modo que éstas deben someterse a aquéllas, ya que de no hacerlo, escaparían al Derecho concebido en la Constitución.

Asimismo, la Constitución tiene por finalidad regular la acción del Estado para lo cual crea sus órganos y le fija sus competencias de modo que éstos tienen su fundamentación jurídica primaria en la voluntad del Poder Constituyente al cual deben someterse los otros poderes del Estado.

---

[266] Jiménez L. Fernando. Los factores modificatorios de la Constitución. Rev. Derecho. Univ. Católica SS. Concepción. 1999.p.142.

H. Kelsen sostiene que la norma inferior es válida si se ajusta al margen que le fija la superior, que el Estado es sólo jerarquía de normas y que la más elevada o fundamental es la Constitución [267].

275. Manifestaciones de la Supremacía Material.

La supremacía material de la Constitución determina que a ésta debe someterse todo el orden jurídico del Estado y cuyas jerarquía y priorización está constituida por diversas fuentes legales que, en el caso de Chile, los autores señalan como tales a la Constitución y sus leyes interpretativas, las leyes orgánica constitucionales, a las leyes de quórum calificado, a las leyes ordinarias, a los reglamentos de las Cámaras, y la potestad reglamentaria. Ellas constituyen las denominadas fuentes positivas del Derecho Constitucional para diferenciarlas de las fuentes doctrinales constituidas por la costumbre y prácticas, la jurisprudencia, los dictámenes y las opiniones de los autores.

276. La Constitución y sus leyes interpretativas.

La Constitución es elaborada en base a los principios generales y fundamentales de organización de la vida estatal, muy vinculados a las ideas jurídicas, políticas, morales, religiosas, económicas y sociales imperantes en un momento determinado. Sin embargo, por tratarse de una actividad realizada por el hombre, no es una obra perfecta y completa ya que siempre suelen quedar situaciones cuyas soluciones no son contempladas en su texto, produciéndose así, las denominadas lagunas o vacíos constitucionales.

Además, los preceptos de la Constitución expresan una voluntad e intención determinada que corresponde a la realidad social existente al momento de su promulgación, la cual, con el transcurso del tiempo, puede experimentar cambios por lo que la Constitución debe participar en dicho proceso de mutación, ya que de lo contrario, se originaría una obsolescencia constitucional.

Asimismo, suelen producirse situaciones en preceptos que, por sí son claros en su texto, pero pueden ser ambiguos u obscuros en cuanto al fin que se propone, o que un precepto que no generó nunca cuestionamiento, puede ser transformarse, más tarde, en dudoso como efecto del incesante surgir de nuevas relaciones las cuales producen incertidumbres en cuanto a si son regidos o no por la norma hasta entonces aplicada invariablemente.

[267] Hans Kelsen .Ob. cit.p.325

Una forma de solucionar estos vacíos es por la vía de interpretar el sentido y alcance querido y buscado por el constituyente, recurriéndose a la *hermenéutica*, que "es el conjunto de principios que regulan y orientan la interpretación de las normas jurídicas"[268].

Interpretar es explicar o declarar el sentido y alcance de una cosa, y principalmente, el de textos que presentan una de falta de claridad. La interpretación legal consiste, por consiguiente, en buscar el sentido y valor de la norma para medir su extensión precisa y evaluar su eficiencia en cuanto a las relaciones jurídicas.

Esta interpretación puede hacerse por un órgano judicial, en cuyo caso, esa interpretación tiene el valor de afectar sólo a quienes son partes en el conflicto causante de la interpretación, denominándose *interpretación judicial* o particular y que afecta solo a éstos, o bien, a través de los órganos legislativos mediante leyes que interpretan el sentido y alcance de una disposición constitucional, que tiene la particularidad de producir efectos de general aplicación, denominándose *interpretación legislativa* o general.

Tratándose de la interpretación de la Constitución, las leyes interpretativas son aquellas cuyo objeto explícito e intencionado es esclarecer o precisar la auténtica significación de un determinado precepto constitucional vigente que pudiera prestarse a comprensiones diversas.

En opinión profesor Alejandro Silva, tratándose de leyes que interpretan preceptos constitucionales, éstas quedan en una posición superior a la de cualquiera otra ley e intelectual y substancialmente confundida y sumida en la misma Carta Fundamental [269].

En Chile el artículo 66 de la Constitución, dispone que las normas legales que interpreten preceptos constitucionales necesitarán para su aprobación, modificación o derogación de las tres quintas partes de los diputados y senadores en ejercicio. Además, ellas quedan sujetas al control previo y obligatorio del Tribunal Constitucional, conforme al artículo 93 n° 1 de dicha Carta.

En el ordenamiento constitucional chileno, las leyes interpretativas de la Constitución no han sido muy frecuentes, pero pueden citarse algunos casos:

---

268 Tapia V. Jorge. Hermenéutica Constitucional. Edit. Jurídica. Chile.1973. p.15.

269 Silva B. Alejandro. Tratado Derecho Constitucional. T. VII .Edit. Jurídica. Chile. 2000. p.56.

a) La Ley de 27 julio de 1865 que interpretó el artículo 5° de la Constitución de 1833. Esta disposición establecía que "la religión de la República de Chile, es la Católica, Apostólica y Romana, con exclusión del ejercicio público de cualquiera otra". La ley interpretativa estableció lo siguiente: "Artículo 1°. Se declara que por el artículo 5° de la Constitución se permite a los que no profesan la religión católica, apostólica, romana, el culto que practiquen dentro del recinto de edificios de propiedad particular. Artículo 2°. Es permitido a los disidentes fundar y sostener escuelas privadas para la enseñanza de sus propios hijos en la doctrina de sus religiones".

b) La ley de 13 agosto de 1874 que interpretó el artículo 8° de la Constitución de 1833. Esta normativa establecía que eran ciudadanos con derecho a sufragio, los chilenos que habiendo cumplido 25 años si son solteros y 21 si son casados, y sabiendo leer y escribir, tengan alguno de los siguientes requisitos: a) Una propiedad inmueble, o un capital invertido en alguna especie de giro o industria. El valor de la propiedad inmueble o del capital, se fijará en cada provincia de diez en diez años por una ley especial. b) El ejercicio de una industria o arte, o el goce de un empleo, renta o usufructo cuyos emolumentos o productos guarden proporción con la propiedad inmueble o capital de que se habla en el número anterior. La ley interpretativa dispuso que "se presumía de derecho que el que sabía leer y escribir tenía la renta que requería la ley para ser ciudadano".

c) La Ley n°6.922 de 21 mayo 1941 que interpretó los artículos 29 y 30 de la Constitución de 1925. Estas disposiciones establecían que los cargos de diputados y senadores eran incompatibles entre sí y con los de representantes y municipales y también con todo empleo público retribuido con fondos fiscales o municipales y con toda función o comisión de la misma naturaleza. La Ley n°6.922 interpretó que las incompatibilidades derivadas de esta última frase, afectaba a los que se desempeñaren como consejeros, directores o empleados en las instituciones semifiscales, empresas o entidades en las que tenga intervención el Fisco por aportes de capital, designación de miembros de los Directorios o Consejos o participación de utilidades".

d) Ley n°18.152 de 2 agosto 1982 sobre derecho propiedad contemplado en el artículo 19 n° 24 de la Constitución 1980 en relación a reajustabilidad de pensiones.

e) La ley n°19.174 de 11 noviembre 1992 que aclaró la forma de contar el plazo referido en el artículo 33 transitorio inciso segundo de la Constitución de 1980 referente a la elección de los miembros de los consejos regionales.

277. Leyes Orgánicas Constitucionales.

En Chile, la Constitución de 1980 introdujo en nuestro sistema jurídico las denominadas leyes orgánicas constitucionales, y se refiere a ella en casos específicos y concretos precisando los requisitos a que se encuentran sujetas. Su origen se encuentra en la Constitución de Francia de 1958 y la Comisión de Estudios de la Nueva Constitución de Chile debatió esta materia especialmente en la Sesión n°386.

Leyes orgánicas constitucionales son aquellas que están previstas y establecidas como tales en la propia Constitución y para cuya aprobación, modificación y derogación requieren del voto conforme de las cuatro séptimas partes de los diputados y senadores en ejercicio, sometidas al control previo obligatorio del Tribunal Constitucional, antes de su promulgación, y sus materias no pueden ser objeto de legislación delegada.

Esta clase de leyes se encuentran en una jerarquía intermedia entre la Constitución y las restantes leyes, pues gozan de una superlegalidad de forma derivada de la circunstancia de existir por expresa voluntad del constituyente y, además, por las mayores exigencias de quórum en el proceso de su aprobación, modificación o derogación. Sin embargo, sus preceptos tienen el mismo valor que emanan de cualquier otra ley.

Se puede señalar como leyes de esta clase, la Ley Orgánica Constitucional del Tribunal Constitucional n°17.997 de 19 mayo 1981, la ley n°18.097 de 21 enero 1982 de Concesiones Mineras, la ley n°18.415 de 14 junio 1985 sobre Estados de Excepción Constitucional, la ley n°18.460 de 15 noviembre 1985 del Tribunal Calificador de Elecciones, la ley n° 18.556 de 1 octubre 1986 de Sistema de Inscripciones Electorales y Servicio Electoral, la ley n°18.575 de 5 diciembre1986 de Bases Generales de la Administración del Estado, la ley n°18.603 de 23 marzo 1987 de Partidos Políticos, la ley n° 18.695 de Municipalidades, la ley n°18.700 de 6 mayo 1988 sobre Votaciones Populares y Escrutinios, la ley n°18.840 de 10 septiembre de 1989 sobre Banco Central, la n°18.918 de 5 febrero 1990 de Fuaerzas Armadas, la ley n°18.948 de 27 febrero 1990, la ley n°18.961

de 7 marzo 1990 de Carabineros, la ley n° 20.370 de 12 septiembre 2009, de Educación.

282. Leyes de Quórum Calificado.

Las leyes de quórum calificado son aquéllas que están previstas y establecidas en la propia Constitución, y para cuya aprobación, modificación y derogación, requieren del voto conforme de la mayoría absoluta de los diputados y senadores en ejercicio.

Estas clases de leyes gozan de una superlegalidad de forma, porque se requiere de requisitos especiales de quórum para su formación y respecto al fondo, su competencia está determinada por el constituyente. Sin embargo, sus preceptos legales no gozan de un estatus preferencial frente a lo establecido en otras leyes.

Puede señalarse como ley de esta naturaleza, a la ley n°18.314 de 17 mayo 1984 sobre conductas terroristas; ley n°19.733 sobre información.

279. Leyes Complementarias.

En Chile, las leyes complementarias son aquéllas leyes que han sido promulgadas con el objeto de desarrollar, y hacer aplicable los preceptos establecidos en la Constitución y para cuya aprobación, modificación y derogación requieren del voto conforme de la mayoría de los miembros presentes en cada Cámara.

Estas leyes deben guardar perfecta armonía y subordinación con los principios básicos que se establecen en la Carta Fundamental conforme al principio de la superlegalidad de ésta, y pueden versar sobre todas aquellas materias que no son de dominio de las leyes orgánicas constitucionales o de las leyes de quórum calificado.

Las leyes complementarias, también llamadas leyes comunes, constituyen la base de la labor legislativa del Parlamento, pues son indispensables para la dinámica social debido a que la Constitución sólo puede establecer los principios generales y básicos del ordenamiento estatal, correspondiendo a la visión e iniciativa de los gobernantes dictar las normas destinadas a posibilitar la aplicación de los preceptos constitucionales.

Hay casos, sin embargo, en que la propia Carta Fundamental se remite expresamente a la ley complementaria usando diversas expresiones tales como "una ley contemplará....", "corresponde a la ley determinar..." etc., tal como ocurre en el artículo 6° de la Constitución al disponer que "La infracción de esta norma generará las responsabilidades y sanciones que determine la ley"; en el artículo 7° de la misma al disponer que "Todo acto en contravención a este artículo es nulo y originará las responsabilidades y sanciones que la ley señale".

Estas leyes adquieren especial importancia para hacer aplicable la Constitución, pues puede producirse casos en que no obstante la existencia del mandato constitucional para que determinadas materias sean reguladas por el legislador, ellas no se dictan, haciendo que queden sin aplicación dichos preceptos constitucionales transformándose en una norma incumplida.

Es el caso de lo sucedido con el artículo 20 de la Constitución de 1925 que establecía el derecho de todo individuo en favor de quien se dictare sentencia absolutoria o se sobreseyere definitivamente a obtener indemnización en la forma que determine la ley, por los perjuicios efectivos o meramente morales que hubiere sufrido injustamente. Como dicha ley no se dictó, no fue posible aplicar el precepto constitucional, constituyéndose en una mera disposición programática.

Pueden señalarse como leyes de esta naturaleza la ley n°18.101 de 29 enero 1982 sobre Arriendo de Predios Urbanos, la ley n°19.039 de 25 enero 1991 sobre Privilegios y Protección Propiedad Industrial, la leyn°19.300 de 9 marzo 1994 sobre Bases Generales del Medio Ambiente.

280. Decretos con Fuerza de Ley.

Los Decretos con Fuerza de Ley son decretos que, por expresa autorización del Congreso mediante una ley, dicta el Presidente de la República sobre asuntos que son propios de materia de ley.

Estas normas jurídicas importan una alteración al principio de separación de poderes pues el ejecutivo, por la vía de los decretos, realiza una función que es propia del órgano legislativo.

En Chile, constituyó una práctica constitucional el otorgamiento por el Congreso Nacional, en determinadas circunstancias, facultades extraordinarias al Presidente de la República para legislar por la vía delegatoria.

Por tal razón, con motivo del estudio del proyecto de la Constitución Política de 1925, expresamente se dejó constancia del rechazo a la petición de autorización delegatoria efectuada por el Presidente A. Alessandri.

No obstante ello, diversos gobiernos obtuvieron esa delegación a título de facultades extraordinarias, tales como la ley n°4.113 al Presidente de la República Emiliano Figueroa Larraín; n°4.156, n°4.659 y n°4.795 a Carlos Ibáñez del Campo; n°7.200 a Juan Antonio Ríos; n°8.837 a Gabriel González Videla: n°11.151 a Carlos Ibáñez del Campo; n°13.305 a Jorge Alessandri, entre otras.

Esta costumbre constitucional, cesó con motivo de la reforma al artículo 44 de la Constitución Política de 1925 por Ley n°17.284 de 23 enero 1970 en que se facultó al Congreso Nacional para autorizar al Presidente de la República para dictar decretos con fuerza de ley sobre materias específicas y conforme a procedimientos indicados.

Los Decretos con Fuerza de Ley tienen el mismo valor que una ley y se encuentran jerárquicamente en un mismo nivel, sometidos en cuanto a su publicación, vigencia y efectos a las mismas normas que rigen para la ley y sujetos al control de la Contraloría General de la República, pudiendo sus disposiciones, ser objetos de los recursos de inconstitucionalidad o de inaplicabilidad ante el Tribunal Constitucional. Una vez dictado un Decreto con Fuerza de Ley, éste no puede ser modificado o derogado por un simple decreto, sino por una ley o otro Decreto con Fuerza de Ley.

La Constitución Política de Chile en su artículo 64 dispone que "El Presidente de la República podrá solicitar autorización al Congreso Nacional para dictar disposiciones con fuerza de ley durante un plazo no superior a un año sobre materias que corresponden al dominio de la ley. Esta autorización no podrá extenderse a la nacionalidad, la ciudadanía, las elecciones ni al plebiscito, como tampoco a materias comprendidas en las garantías constitucionales o que deban ser objeto de leyes orgánicas constitucionales o de quórum calificado. La autorización no podrá comprender facultades que afecten a la organización, atribuciones y régimen de los funcionarios del Poder Judicial, del Congreso Nacional, del Tribunal Constitucional ni de la Contraloría General de la República. La ley que otorgue la referida autorización señalará las materias precisas sobre las que recaerá la delegación y podrá establecer o determinar las limitaciones, restricciones y formalidades que se estimen convenientes. Sin perjuicio de lo dispuesto en los incisos anteriores, el Presidente de la República queda autorizado para fijar el texto refundido, coordinado y sistematizado de las leyes cuando sea conveniente para su mejor ejecución. En ejercicio de esta facultad, podrá introducirle los cambios de forma que sean indispensables, sin alterar, en caso alguno, su verdadero sentido y alcance. A la Contraloría

General de la República corresponderá tomar razón de estos decretos con fuerza de ley, debiendo rechazarlos cuando ellos excedan o contravengan la autorización referida. Los decretos con fuerza de ley estarán sometidos en cuanto a su publicación, vigencia y efectos, a las mismas normas que rigen para la ley.

281. Decretos Leyes.

Los Decretos Leyes son decretos que dicta el Ejecutivo sobre materias propias de ley sin tener autorización del Congreso. Se trata de situaciones en que el Presidente de la República se arroga una facultad que carece.

Corresponden a períodos de anormalidad constitucional en que falta el Parlamento. Frente al trastorno político y a la necesidad de evitar una paralización de las actividades nacionales, el ejecutivo emplea esta medio de legislación.

También puede ocurrir que un Gobierno, constitucionalmente establecido, dicte un Decreto Ley por error de interpretación, cuando el Ejecutivo cree que una materia determinada no es de dominio legal.

En Chile, en períodos de alteraciones constitucionales, se han dictados Decretos Leyes como sucedió entre septiembre de 1924 a diciembre de 1925 en que se dictaron 816 Decretos Leyes; desde junio a septiembre de 1932, con 669 Decretos Leyes, y desde septiembre de 1973 a marzo de 1981 en que se dictaron 3.660 Decretos Leyes.

Estos decretos leyes producen pleno efecto mientras el gobierno de facto se mantiene vigente, y obligan con motivo de la fuerza material que respalda a la autoridad. Sin embargo, surge el cuestionamiento sobre la validez y eficacia jurídica de los mismos, una vez que se ha vuelto a la normalidad constitucional, pues es incuestionable la inconstitucionalidad de los Decretos Leyes.

La jurisprudencia chilena, sin embargo, ha aceptado la juridicidad y validez de estos Decretos Leyes basada en las circunstancias extraordinarias que debió enfrentar el país durante esas etapas de anormalidad constitucional y además, porque el propio Congreso Nacional les ha reconocido valor mediante leyes modificatorias o derogatorias de los mismos. Es así que la Corte Suprema ha resuelto que "Los decretos leyes de gobierno de hecho han sido reconocidos con fuerza obligatoria en todos los países en que han imperado tales gobiernos y en el nuestro el propio Poder Legislativo así lo ha declarado implícitamente al dictar leyes derogatorias de algunos decretos leyes, dejando en vigencia los demás, al negarse a prestar su aprobación a proyectos de ley encaminados a dejar sin efectos otros y al reformar decretos leyes por medio de otras leyes" [270].

282. Potestad Reglamentaria.

La potestad reglamentaria es la facultad que tienen ciertas autoridades administrativas de dictar reglas de obligatoriedad, más o menos generales, para el cumplimiento de una ley, de una disposición administrativa y para la satisfacción de necesidades públicas [271].

Estas autoridades generalmente están constituidas por el Jefe de Estado y autoridades superiores, como es el caso, en Chile, del Presidente de la República, Ministros de Estados, Intendentes Regionales, Gobernadores, Jefes de Servicios Públicos, Alcaldes y otros.

La potestad se denomina *discrecional* o autónoma cuando la ejerce la autoridad en ejercicio de una atribución general otorgada y regulada por la ley respecto de todas aquellas materias que no sean propias del dominio legal, como ocurre en Chile respecto del Presidente de la República en virtud de la atribución del artículo 32 n° 6 de la Constitución.

La señalada disposición dispone que son atribuciones especiales del Presidente de la República "ejercer la potestad reglamentaria en todas aquellas materias que no sean propias del dominio legal, sin perjuicio de la facultad de dictar los demás reglamentos, decretos e instrucciones que crea convenientes para la ejecución de las leyes".

La potestad se denomina *normada e imperativa* respecto de aquélla que debe ejercer la autoridad por un imperativo jurídico y como requisito o condición para la aplicación de la ley, como es el caso del art. 695 del Código Civil en que se establece que un reglamento especial determinara los deberes y funciones del Conservador de Bienes Raíces y la forma y solemnidades de las inscripciones y, por lo cual, se dictó el Reglamento respectivo con fecha 24 junio 1857.

---

270 Corte Suprema. Sentencia 11.10.1933. Revista Derecho y Jurisprudencia. Tomo XXXI, 2ª.Parte. Sec.1°. p.85.

271 Galaz U. Sergio Ob. cit. p. 128.

La potestad reglamentaria se puede ejercer a través de los decretos, reglamentos, ordenanzas e instrucciones.

283. Decreto.

Conforme al Diccionario de la Real Academia de la Lengua Española, decreto es "resolución, decisión o determinación del Jefe de Estado, de su gobierno, de un tribunal o juez sobre cualquier materia o negocio".

Los Decretos tuvieron su origen en la magistratura judicial en Roma desde donde se generalizó su aplicación a otros campos jurídicos.

Nuestro ordenamiento procesal civil contempla esta clase de resoluciones en el artículo 158 del Código de Procedimiento Civil, en que se establece que se llama decreto, providencia o proveído la resolución judicial que, sin fallar sobre incidentes o sobre trámites que sirvan de base para el pronunciamiento de una sentencia, tiene sólo por objeto determinar o arreglar la substanciación del proceso.

Sin embargo, en el ámbito del Derecho Constitucional, la concepción de Decreto está referida a la atribución propia de las autoridades ejecutivas del país.

El Decreto "es todo mandato u orden escrita expedido por un Ministerio y tramitado por la Contraloría General de la República, en virtud del cual el Presidente de la República cumple con la misión de administrar y Gobernar el estado que le ha sido confiada por la Constitución" [272].

Los Decretos que emanan del Presidente de la República reciben el nombre de Decreto Supremo y para que tengan validez y eficacia jurídica, deben cumplir determinados requisitos de fondo y de forma.

Los requisitos de *fondo* dicen relación con la materia tratada en el Decreto que debe ajustarse a lo establecido tanto en la Constitución como en la ley, pues si así no ocurriere, el Decreto tendrá el carácter de inconstitucional o ilegal, según el caso.

Respecto de los requisitos *formales*, el Decreto debe constar en un instrumento escrito, llevar la firma del Presidente de la República y del Ministro de Estado respectivo y sometido al control de la Contraloría General de la República.

---

[272] Amunátegui J. Gabriel Derecho Constitucional. Edit. Jurídica. Chile.1950.p.102.

Existen ciertos casos expresamente determinados por la ley, como es la situación de la ley n°13.329, en que puede omitirse la firma del Presidente de la República, en que el Decreto contiene sólo la firma del Ministro, empleándose la fórmula "Por orden del Presidente de la República".

Los Decretos que se relacionan con materias propias del gobierno del Estado se denominan *decretos políticos,* a diferencia de aquellos que tratan de materias relacionadas con la administración del Estado, llamados *decretos administrativos.*

Cuando los Decretos inciden en situaciones particulares, como el nombramiento de una autoridad o concesión de una personalidad jurídica, estamos en presencia de un *decreto simple*, y en cambio, cuando se refiere a normas de general aplicación, como cuando se debe aplicar y ejecutar la ley, se denomina *decreto reglamentario.*

Existen Decretos en que se requiere la firma de todos los Ministros de Estado, como sucede con los *decretos de emergencia constitucional*, expresamente regulados en el artículo 32 n° 20 de la Constitución para atender pagos no autorizados por ley en casos de necesidades impostergables derivadas de calamidades públicas, de agresión exterior y otras situaciones señaladas en dicha disposición, y *los decretos de insistencia* que tienen lugar en los casos que la Contraloría objete o repare un decreto durante el trámite de toma de razón y, a pesar de ello, el Presidente de la República insiste en que la Contraloría proceda a dar curso a dicho trámite.

284. Reglamento.

El Reglamento es un decreto que contiene una colección metódica de disposiciones o conjunto de normas dictadas por el Presidente de la República para la aplicación y ejecución de las leyes.

Por tratarse de una atribución del Ejecutivo, los reglamentos son actos administrativos y que están destinados a permitir la aplicación de la ley particularizada de la ley, ya que ésta está concebida para su aplicación general y abstracta.

La naturaleza del Reglamento está determinada por su condición de incidir en un decreto y, por lo tanto, se encuentra sometido a las mismas exigencias formales y substanciales para su validez y eficacia jurídica.

Los Reglamentos se caracterizan por su generalidad, ya que se refiere a un número indeterminado de personas o situaciones a quienes se aplican, así como su obligatoriedad y su permanencia junto a la ley, mientras no haya sido derogado o modificado por otro decreto. Un ejemplo es el D. n°110. de 17 enero 1979 de Reglamento sobre Concesión de Personalidad Jurídica a Corporaciones y fundaciones.

285. Las Ordenanzas.

La palabra ordenanza en el Diccionario Real Academia Española, tiene un significado muy amplio y está referido a todo método, orden y concierto en las cosas que se ejecutan.

En el ordenamiento jurídico chileno se entiende por ordenanza un conjunto de normas reglamentarias sobre determinadas materias que se aplican en todo el territorio de la República o en una sección administrativa del mismo y cuya infracción está sancionada con multas u otras penas, entre ellas el comiso [273].

Las ordenanza contienen, entre sus disposiciones, algunas que son materia de ley y que se caracterizan por contener sanciones de penas o multas y cuya derogación o enmienda sólo puede hacerse por ley, como ejemplo, la Ordenanza General de Urbanismo y Construcciones contenida en el Decreto n° 47 de 16 abril 1992.

La Constitución Política en su artículo 19 n°6 inciso 2° señala al respecto, que "Las confesiones religiosas podrán erigir y conservar templos y sus dependencias bajo las condiciones de seguridad e higiene fijadas por las leyes y ordenanzas".

286. Las Instrucciones.

Las Instrucciones son órdenes que imparte el Ejecutivo a sus agentes naturales e inmediatos y a los funcionarios de la Administración Pública para la mejor aplicación de una ley, señalando normas de conducta e inteligencia que deben ser observadas.

Las instrucciones se caracterizan por tener un valor sólo dentro de la administración y no están sujetas al control preventivo de la Contraloría General de la República, y no pueden alterar los derechos de los particulares.

---

[273] Alessandri, Somarriva y Vodanovic. Ob. cit.. Edit. Jurídica. Chile. 2005. p.127.

Las instrucciones que emanan del Presidente de la República, pueden ser expedidas con la sola firma del Ministro Respectivo, por orden del Presidente de la República, en conformidad a las normas que al efecto establezca la ley.

Las instrucciones pueden denominarse *circulares* cuando son dirigidas a un gran número de funcionarios y *oficios*, cuando se imparte a un sólo funcionario o a un grupo reducido de ellos.

En Chile, su consagración constitucional se encuentra en el artículo 32 n°6 de la Carta Fundamental en que se establece la potestad reglamentaria del Presidente de la República, "sin perjuicio de la facultad de dictar los demás reglamentos, decretos e instrucciones que crea conveniente para la ejecución de las leyes".

TITULO V.

DEL CONTROL DE LA CONSTITUCIONALIDAD.

287. Concepto.

El principio de la supremacía de la Constitución, obliga a establecer sistemas de supervigilancia o de control que aseguren su vigencia y que vigile que ella no sea quebrantada o violada y, para lograr ese objetivo, se establecen mecanismos, procedimientos, sistemas o garantías de protección, que inciden tanto en el aspecto formal como material de la supremacía.

Por consiguiente, el control de la Constitución es el conjunto de órganos, facultades y procedimientos establecidos en defensa y protección de la Constitución, con el objeto de asegurar no solo su permanencia, sino su primacía, como ley fundamental de la organización política [274].

288. Sistemas de control.

Los sistemas de control de constitucionalidad tienen por objeto determinar los órganos encargados de juzgar y establecer si la Constitución ha sido infringida y señalar la sanción a dicha infracción.

Entre los variados sistemas de control propuestos, la doctrina política destaca fundamentalmente tres órganos que cumplen directamente dicha

[274] Fayt Carlos. Ob. cit. T. II .p.36

función, y constituidos por un ente de naturaleza político, otro de carácter jurisdiccional y otro de carácter mixto o político jurisdiccional.

289. Órgano político.

El control se efectúa a través de un órgano estatal cuya composición es de naturaleza política pues sus integrantes son de elección popular y el ejercicio de sus funciones son esencialmente políticas, tal como sucede con el Parlamento.

Los partidarios de esta clase control de la constitucionalidad, sostienen que aún cuando el acto de control de la Constitución es de carácter jurídico, sus efectos son de naturaleza política, y por ello nada mejor que sea un órgano de esa naturaleza la que efectúe el control ya que éste representa la voluntad soberana del pueblo.

Sin embargo, se sostiene que el órgano político, por su propia naturaleza, carece de imparcialidad e independencia pues actuará y juzgará conforme a un criterio político y no sobre la base de los fundamentos del orden jurídico.

En la Constitución de Francia del 22 de Frimario del año VIII (13 diciembre 1799) se estableció que al Senado le incumbía la misión de "conservar" la Constitución, lo cual fracasó pues el Senado no anuló ninguno de los actos de Napoleón, no obstante que muchos de ellos eran abiertamente inconstitucionales. Este fracaso se debió a la falta de independencia del Senado.

En Chile la Constitución de 1833, establecía en su artículo 57, que un día antes de cerrar el Congreso sus sesiones, debía elegir el Senado a siete senadores que, hasta la siguiente reunión ordinaria del Congreso, constituyera la Comisión Conservadora, entre cuyos deberes, se encontraba el de velar sobre la observancia de la Constitución y las leyes.

290. Órgano jurisdiccional.

Este sistema de control constitucional consiste en atribuir al Poder Judicial, es decir, a los jueces, la misión de controlar la supremacía constitucional, estableciéndose fórmulas y sistemas diversos.

El origen de este sistema se encuentra en los Estados Unidos de Norteamérica, surgido con motivo de la sentencia dictada en el año 1803 por el Presidente de la Corte Suprema Sr. John Marshall en un juicio denominado "Marbury con Madison". Los hechos tuvieron lugar a fines del mandato del Presidente Adams quien efectuó el nombramiento, entre otros, del juez Marbury, pero que el nuevo Ministro de Justicia James Madinson, se negó a dar curso a su designación. Por ello el juez Marbury se presentó ante la Corte Suprema solicitando que se dictara una orden en contra del Ministro a fin de obligar a éste hacer efectiva la designación.

En su sentencia, el Juez Marshall formuló la siguiente argumentación:

> "Los poderes legislativos son definidos y limitados; y para que esos limites no puedan confundirse u olvidarse, la Constitución es una Constitución escrita. ¿Con qué finalidad los poderes y con qué propósito se habrían puesto esas limitaciones por escrito si esos limites pudieran, en cualquier ocasión, ser sobrepasados por las personas mismas a quienes la Constitución intenta constreñir? Es demasiado claro que se puede discutir que o la Constitución está por encima de cualquiera norma legislativa que no está de acuerdo con ella o el legislativo puede modificar la Constitución por una ley ordinaria. Entre esas dos alternativas no hay término medio. O la Constitución es una norma superior y suprema y no puede ser alterada por los medios ordinarios, o está al mismo nivel que las disposiciones legislativas ordinarias y, como ellas, puede ser alterada cuando al legislativo le plazca alterarla. Si una ley aprobada por el legislativo contraría a la Constitución, es nula, ¿podrá, no obstante su invalidez, obligar a los Tribunales, forzándolos, a ponerla en práctica? La obligación y deber del departamento judicial es, sin ningún género de dudas, declarar el derecho. Así, pues, si una ley está en pugna con la Constitución, si tanto esa ley como la Constitución son aplicables a un caso particular, de tal modo que la Corte deba decidir el caso con arreglo a la ley, la Corte debe determinar cual de estas dos normas contradictorias en conflicto es aplicable al caso. Esto es de la propia esencia del deber de los jueces."[275].

Por consiguiente, toda ley contraria a la Constitución es nula, ineficaz, no produce efecto alguno, correspondiendo a los tribunales de justicia decidir sobre el conflicto entre una ley ordinaria y la Constitución.

Se señalan como ventajas para entregar el control de la Constitución, a los tribunales de Justicia, la circunstancia que la Constitución, no obstante su superioridad jurídica, no deja de ser una norma jurídica y es propio de

---

275 Evans H. Charles. La Suprema Corte de Estados Unidos. Fondo Cultura Económica. México.1946.p.93.

la naturaleza de las labores de los jueces interpretar y aplicar la norma jurídica, por lo cual el control de la constitucionalidad aparece como una labor más extensiva. Además, la imparcialidad e independencia que se supone en el accionar de los tribunales, constituye una garantía de un adecuado control de la Constitución.

Sin embargo, los detractores de este sistema señalan que es inaceptable que los tribunales de justicia, que constituyen el Poder Judicial, tengan una labor de control de la norma constitucional a la cual precisamente ese Poder se encuentra sometido y sujeto, surgiendo el peligro que esa labor pueda llegar a traducirse en una verdadera supremacía política por parte de los Tribunales.

Para evitar estos inconvenientes, la doctrina ha señalado los siguientes principios que debe observar un sistema de control jurisdiccional:

a) Que su función se limite a un litigio presente y actual;
b) Que su resolución tenga valor únicamente entre las partes litigantes, lo cual excluye la posibilidad de abrogación o derogación de la ley;
c) Que el Tribunal tenga la facultad para cambiar de criterio en la resolución de otros casos.

Este sistema de control de la Constitución, así como los supuestos indicados se encontraban contemplados en el artículo 80 de la Constitución de Chile de 1980, en su texto primitivo, en cuya virtud la Corte Suprema, de oficio o a petición de parte, en las materias que conociere, o que le fueren sometidas en recurso interpuesto en cualquier gestión que se siguiere ante otro tribunal, podía declarar inaplicable, para esos casos particulares, todo precepto legal contrario a la Constitución.

La reforma constitucional del año 2005, privó a la Corte Suprema de esa facultad y la transfirió al Tribunal Constitucional.

291. Órgano político jurisdiccional.

En estos casos el control de la constitucionalidad se realiza mediante la creación de un poder sancionador que, mediante un órgano con independencia judicial y política, es encargado de velar por la supremacía constitucional y resolver los conflictos de inconstitucionalidad.

Se trata de un órgano cuyos miembros están constituidos por juristas o políticos cuyo nombramiento se genera por voluntad de órganos políticos, tales como el Congreso, Senado, Cámara de Representantes, Presidente de la República, Asamblea Legislativa, u otros de similar naturaleza.

Los partidarios de este sistema sostienen que los conflictos derivados de normas inconstitucionales encierran siempre principios o criterios de gran importancia política, por lo cual no sólo debe estarse al criterio estricto del pensamiento jurídico propio de los jueces pero que por su especialidad generalmente están ajenos a las contingencias de la realidad social, sino que, además, debe observarse las consideraciones políticas necesarias para la adecuada marcha del Estado, lo cual se logra a través de personas cuya actividad se exprese íntimamente con la realidad política.

Este sistema se instauró por primera vez con motivo de la aprobación de la Constitución de Austria en 1920, en cuya redacción tuvo participación Hans Kelsen, creándose un tribunal especial, llamado actualmente Tribunal Constitucional, que conforme al artículo 147 está compuesto por un Presidente, un Vicepresidente otros doce miembros y seis suplentes nombrados por el Presidente de la República a propuesta del Gobierno federal, y escogidos entre magistrados, funcionarios administrativos, catedráticos de las Facultades universitarias de Derecho y Ciencias Políticas.

Entre la competencia del Tribunal Constitucional se encuentra la de conocer acerca de la inconstitucionalidad de una ley federal o regional a instancias del Tribunal Administrativo, del Tribunal Supremo o de cualquier tribunal llamado a resolver en segunda instancia, si bien conocerá de oficio cuando el propio Tribunal Constitucional tenga que aplicar la ley a un litigio pendiente.

La Constitución de España de 1978 consagra el Tribunal Constitucional en su Título IX estableciendo que se compone de doce miembros nombrados por el Rey; de ellos, cuatro a propuestas del Congreso; cuatro a propuesta del Senado, dos a propuesta del Gobierno, y dos a propuesta del Consejo General del Poder Judicial. Los miembros del Tribunal Constitucional deberán ser nombrados entre Magistrados y Fiscales, Profesores de Universidad, funcionarios públicos y abogados, todos ellos juristas de reconocida competencia con más de quince años de ejercicio profesional.

En Italia, el Tribunal Constitucional se presenta como órgano constitucional dotado de total y plena independencia e irresponsabilidad que desarrolla funciones materialmente jurisdiccionales, pero no está comprendido en el Poder Judicial; queda fuera de los tres poderes clásicos, junto al Presidente de la República, en cuanto garantía suprema de las normas constitucionales" [276].

En Chile se creó el Tribunal Constitucional en virtud de la reforma a la Constitución de 1925 mediante Ley n°17.284 de 23 enero 1970, y se encuentra regulado en la actual Constitución de 1980 en el Capítulo VIII.

Por ley n°20.050 de 26 de Agosto de 2005 se introdujeron importantes innovaciones en cuanto a su composición estableciéndose que se encuentra integrado por diez miembros designados en la siguiente forma: a) Tres, elegidos por el Presidente de la República. b) Cuatro elegidos por el Congreso Nacional. Dos serán nombrados directamente por el Senado y dos serán previamente propuestos por la Cámara de Diputados para su aprobación o rechazo por el Senado. c) Tres elegidos por la Corte Suprema. Además se ampliaron sus atribuciones en cuanto a las materias sometidas a su conocimiento y otorgándole la facultad de conocer de los recursos de inaplicabilidad y de inconstitucionalidad.

En el artículo 93 de la Constitución Política se señalan las siguientes atribuciones del Tribunal Constitucional:

1°. Ejercer el control de constitucionalidad de las leyes que interpreten algún precepto de la Constitución, de las leyes orgánicas constitucionales y de las normas de un tratado que versen sobre materias propias de estas últimas, antes de su promulgación.

2°. Resolver sobre las cuestiones de constitucionalidad de los autos acordados dictados por la Corte Suprema, las Cortes de Apelaciones y el Tribunal Calificador de Elecciones.

3°. Resolver las cuestiones sobre constitucionalidad que se susciten durante la tramitación de los proyectos de ley o de reforma constitucional y de los tratados sometidos a la aprobación del Congreso.

4°. Resolver las cuestiones que se susciten sobre la constitucionalidad de un decreto con fuerza de ley.

5°. Resolver las cuestiones que se susciten sobre constitucionalidad con relación a la convocatoria a plebiscito, sin perjuicio de las atribuciones que correspondan al Tribunal Calificador de Elecciones.

---

[276] Biscaretti Paolo. Ob. cit. p.557.

6°. Resolver, por la mayoría de sus miembros en ejercicio, la inaplicabilidad de un precepto legal cuya aplicación en cualquier gestión que se siga ante un tribunal ordinario o especial, resulte contraria a la Constitución.

7°. Resolver por la mayoría de los cuatro quintos de sus integrantes en ejercicio, la inconstitucionalidad de un precepto legal declarado inaplicable, en conformidad a lo dispuesto en el numeral anterior.

8°. Resolver los reclamos en caso de que el Presidente de la República no promulgue una ley cuando deba hacerlo o promulgue un texto diverso del que constitucionalmente corresponda.

9°. Resolver sobre la constitucionalidad de un decreto o resolución del Presidente de la República que la Contraloría General de la República haya representado por estimarlo inconstitucional, cuando sea requerido por el Presidente en conformidad al artículo 99.

10°. Declarar la inconstitucionalidad de las organizaciones y de los movimientos o partidos políticos, como asimismo la responsabilidad de las personas que hubieran tenido participación en los hechos que motivaron la declaración de inconstitucionalidad de conformidad a lo dispuesto en los párrafos sexto, séptimo y octavo del n°15 del artículo 19 de esta Constitución. Sin embargo, si la persona afectada fuera el Presidente de la República o el Presidente electo, la referida declaración requerirá, además, el acuerdo del Senado adoptado por la mayoría de sus miembros en ejercicio.

11°. Informar al Senado en los casos a que se refiere el artículo 53 número 7) de esta Constitución.

12°. Resolver las contiendas de competencia que se susciten entre las autoridades políticas o administrativas y los tribunales de justicia, que no corresponda al Senado.

13°. Resolver sobre las inhabilidades constitucionales o legales que afecten a una persona para ser designada Ministro de Estado, permanecer en dicho cargo o desempeñar simultáneamente otras funciones.

14°. Pronunciarse sobre las inhabilidades, incompatibilidades y causales de cesación en el cargo de los parlamentarios.

15°. Calificar la inhabilidad invocada por un parlamentario en los términos del inciso final del artículo 60 y pronunciarse sobre su renuncia al cargo.

16°. Resolver sobre la constitucionalidad de los decretos supremos, cualquiera sea el vicio invocado, incluyendo aquéllos que fueren dictados en el ejercicio de la potestad reglamentaria autónoma del Presidente de la República cuando se refieran a materias que pudieran estar reservadas a la ley por mandato del articulo 63.

TÍTULO VI.
SITUACIONES DE ANORMALIDAD CONSTITUCIONAL

292. Introducción.

En un Estado de Derecho, constituye una característica de sus instituciones políticas, su estabilidad y permanencia en el tiempo, pues ellas se conciben no sólo para responder a los requerimientos inmediatos de la sociedad, sino que también deben proyectarse para el futuro.

La *estabilidad institucional* se expresa en la continuidad jurídica de las mismas. Sin embargo, ello no excluye el cambio necesario que debe realizarse a fin de evitar su inmovilidad y fosilización que podría significar que la institución quede desfasada de la realidad social, por lo cual éstas deben adaptarse a las nuevas exigencias impuestas por la actividad estatal.

La *continuidad constitucional* significa que las instituciones creadas y establecidas por la Constitución, así como el orden jurídico emanado de ella, deben ser objeto de los cambios y modificaciones, sólo conforme a los procedimientos legales previamente establecidos para dichos fines.

Asimismo, supone la existencia de mecanismos y procedimientos para enfrentar la ocurrencia de hechos o circunstancias de carácter político, o fenómenos de la naturaleza o acciones del hombre, que puedan afectar la estabilidad y permanencia de las instituciones, con el objeto de proteger, resguardar y garantizar que el orden jurídico establecido.

Frente a situaciones de esa naturaleza, que crean situaciones de emergencia al orden constitucional, la Constitución dota a la autoridad de facultades especiales de carácter temporal y excepcional destinadas a enfrentarlas, o bien, a paliar sus efectos. La adopción y aplicación de estas medidas, que importan restricción al ejercicio de determinados derechos tales como la libertad personal, de información, reunión, de asociación, el derecho de propiedad y otros, pueden alterar el sistema de la actividad normal de la comunidad. Sin embargo no significa una alteración del régimen jurídico, pues dichas medidas se encuentran contempladas en el ordenamiento institucional, por lo que no hay alteración o interrupción alguna a dicho ordenamiento.

Entre las medidas concebidas por los regímenes constitucionales para enfrentar las situaciones de emergencia, se encuentran las normas jurídicas relativas al estado de sitio, de emergencia, al estado de necesidad, de calamidad, entre otros.

En Chile, la Constitución de 1980 ha establecido en su artículo 39 que el ejercicio de los derechos y garantías que la Constitución asegura a todas las personas sólo puede ser afectado bajo las siguientes situaciones de excepción: guerra externa o interna, conmoción interior, emergencia y calamidad pública, cuando afecten gravemente el normal desenvolvimiento de las instituciones del Estado.

293. Los casos críticos.

La continuidad y estabilidad constitucional pueden verse afectadas por situaciones que exceden de las medidas de solución contempladas en el orden constitucional y que se pueden generar por la acción directa y deliberada de la autoridad al actuar al margen de la ley o con violación de ella, sin que exista un mecanismo para reprimir esos comportamientos, o bien, por la actitud del gobernante de no aplicar las normas existentes, careciendo de procedimientos y herramientas jurídicas para forzarlo a hacerlo.

Se trata de situaciones originadas por la *acción* de la autoridad que se traduce en abusos en el ejercicio del poder político, como no hacer una reforma legal requerida, o bien, por la *omisión,* mediante prácticas o usos alejados de la realidad, como son los casos de recurrir a los resquicios legales, es decir, usar cualquier coyuntura legal para no aplicar o aplicar una disposición.

Hechos de esa naturaleza generan los denominados *casos críticos*, que son situaciones en que el orden constitucional se ve alterado sin que exista un remedio o reparación jurídica pues las autoridades no aplican las normas jurídicas, o bien, simplemente, porque existen vacíos o lagunas jurídicas absolutas, esto es, no existen soluciones legales.

Estos casos críticos son esencialmente graves en el caso particular de un Estado de Derecho, pues sus principios y postulados exigen la estricta aplicación del imperio de la ley y el absoluto respecto de los derechos esenciales de la persona humana, que pueden ser desconocidos al no existir recursos jurídicos para reclamar su protección.

Frente a estas realidades cuya solución escapa a los medios jurídicos y que, por consiguiente, se expresan en situaciones de facto, tales como la revolución, golpe de estado, gobierno de hecho, etc, la doctrina constitucional ha elaborado proposiciones de vías de solución o *remedios extrajurídicos* tendientes a otorgarles, a esos actos, justificación jurídica y darle validez.

Así, se señala que, en una primera etapa, frente a los abusos y prácticas del gobernante y cerrada la vía jurídica, surge para el pueblo el *derecho de resistencia a la opresión* de la autoridad y, posteriormente, en una segunda etapa, cuando han sido depuesto los titulares del poder político, los actos de los nuevos titulares son investidos de validez jurídica, pese a no tenerlos en su origen, en mérito al *estado de necesidad*, esto es, el imperativo de la existencia de un orden que permita la continuación de las actividades de la sociedad.

294. Derecho de Resistencia a la opresión.

El profesor Carlos Sánchez V. considera que el derecho de resistencia a la opresión "es el derecho que tiene toda sociedad de hombres dignos y libres para defenderse contra el despotismo, e incluso destruirlo" [277].

La doctrina del Derecho Natural, consagra como uno de los derechos inherentes al hombre, la facultad de éste para oponerse ante la opresión injusta y arbitraria de la autoridad y como un medio para obtener el restablecimiento del respeto a sus derechos. Sostiene que su justificación está en la legítima defensa de la población, y que es la expresión de la reacción necesaria para impedir o repeler una agresión injusta, actual y no provocada contra la persona o los derechos de las personas.

Santo Tomás de Aquino en su obra Suma Teológica, admite el derecho a la resistencia a la opresión, fundándola en la noción de bien de bien común y la considera procedente sólo cuando el tirano es insoportable, que el daño que se cause sea menor que el daño causado y la insurrección

---

[277] Sánchez V Carlos. Revolución y doctrina de facto. Cit. por C.Fayt. Ob. cit. T. II. p.123.

tenga probabilidades de triunfar, pues, en caso contrario, al fortalecerse al tirano resulta mayormente perjudicado el bien común y, además, que el daño que se cause sea menor que el evitado [278].

La posición de los teólogos que propiciaban que la deposición de los tiranos estuviere subordinada a que ella fuera realizada por la autoridad eclesiástica, paulatinamente comienza a desaparecer por un proceso de laicización, pues diversas comunidades cívicas, eclesiásticas, profesionales, universitarias, etc., buscaban fundamentar su oposición en el poder real, sosteniendo que la comunidad tenía el derecho a la insurrección nacida del pacto o contrato político y que podía ser ejercido en caso de violación del mismo. Entre sus principales exponentes se encuentra a Marsiglio de Padua (1275-1321) quien lo fundamentaba en el principio de la soberanía del pueblo.

En el siglo XVI defendieron este derecho, entre otros, el teólogo español Francisco Suárez (1548-1617) pero lo combatieron M. Lutero (1483-1546) y J. Calvino (1509-1564)

El derecho de resistencia a la opresión aparece en distintos documentos de la Edad Media, tal como el Acta de Alfonso III en España que concedía a los aragoneses el derecho de alzarse contra el rey cuando cometiese desafuero contra alguno de los confederados, o de deponerle, desterrarle o substituirle por otro, si castigase a cualquiera de ellos sin sentencia de justicia

Asimismo, la Carta Magna de Inglaterra, otorgaba a los barones el derecho de resistencia contra las transgresiones reales. Posteriormente, el derecho de resistencia a la opresión aparece institucionalizado en la Declaración de Independencia de los EE.UU. de N.A., de 4 Julio de 1776, y en Francia en la Declaración de Derechos del Hombre y del Ciudadano de 1789 y en la Declaración de Derechos de 1793.

Algunos textos Constitucionales, consagran este derecho, como es el caso del artículo 20 de la Ley Fundamental de Alemania que dispone que todo alemán tendrá derecho de resistencia cuando no exista otro remedio, contra quienquiera que se proponga eliminar el orden constitucional.

El profesor José Luis Cea E. sostiene que el derecho de resistencia a la opresión cumple ante todo, la función de justificar ciertos actos de los

---

[278] Touchard Jean. Ob. cit. p.155.

gobernados frente a determinadas situaciones de casos críticos que implican la falta de respeto o de reconocimiento de los derechos de la persona, y que ofrece distintas manifestaciones [279] .

El ejercicio de este derecho, normalmente, se manifiesta en dos etapas. La primera es de carácter *pasiva,* en que el pueblo formula su rechazo a la autoridad mediante comportamientos destinados a negar obediencia a los gobernantes y se expresa en propaganda adversa, demora en pagar los tributos, trabajos lentos, paralización parcial de actividades etc.

En una segunda etapa, y en caso que se mantenga la actitud opresiva de la autoridad, la resistencia se transforma en *activa*. El pueblo se organiza en contra del abuso del poder a través del liderazgo que toman los partidos o fuerzas políticas, gremiales, económicas, o personalidades de influencia social. Para ello se recurre a la movilización de la opinión pública, paralización de las actividades sean tanto públicas como privadas, transportes, servicios, educación, comercio, etc., todo cual generan confrontaciones de hecho y una espiral de violencia que termina usualmente con una revolución, en la cual hay empleo de fuerza física y armada, y cuyo objetivo es inducir al gobierno y autoridades al acatamiento del orden constitucional, o bien a la sustitución de los gobernantes.

295. Estado de Necesidad.

El Estado de necesidad es aquella situación de peligro actual de los intereses protegidos por el Derecho en la cual, para protegerlos, no queda otro remedio que la violación de los derechos de otros jurídicamente protegidos.

Se trata de una institución jurídica propia del Derecho Penal que ante una situación de peligro para el bien jurídico, solo puede éste salvarse mediante la violación de otro bien jurídico, como es el caso que frente a un incendio de un inmueble, se ingrese a otra propiedad aún contra la voluntad de su dueño para atacar el siniestro. Se genera una exención de responsabilidad para el autor de la violación del bien jurídico, principio que es consagrado en casi todos los Códigos Penales.

Mario Justo López expresa que "consideramos útil reservar la expresión estado de necesidad para designar la situación que sirve para justificar los

---

[279] Cea E. José. Teoría Política y Constitucional. Instituto Docencia e Investigación Jurídica. Santiago.1972.p.314.

actos que realizan los ocupantes de los cargos de gobierno que han accedido a ello en contra o al margen de las instituciones normas existentes"[280]. Para Kelsen, se trata de una situación en que el Estado, para sobrevivir puede hacer uso de una especie de derecho natural propio, derivado del mero hecho de su existencia contraponiéndolo a los demás derechos naturales propios de los súbditos, asegurando con ello la continuidad del Estado[281].

Por consiguiente, se señala que frente a los actos de autoridad que realizan las personas que asumen la dirección del gobierno por las vías de facto, incluida la normativa constitucional ya sea por la modificación de la Constitución vigente o por la nueva dictada, debe reconocérseles validez y ser aceptados y acatados por el principio del estado de necesidad, esto es, por el imperativo de que exista siempre un gobierno para evitar el caos y desorden, aunque no se haya constituido de acuerdo con las normas jurídicas.

Muchos autores impugnan esta justificación, entre los que se pueden citar, al profesor Francisco Cumplido quien sostiene que "estimamos que es un error buscar un fundamento jurídico a estos actos. Ellos son hechos políticos. A nuestro juicio, las normas jurídicas no están ni para reglamentar ni para justificar los golpes de Estado o revoluciones. Estos actos de violencia se oponen al Derecho. A los constitucionalistas sólo les cabe, en estas circunstancias, anotar que una nueva Constitución ha nacido la que, tal vez, sea el inicio de otra etapa en el desenvolvimiento político del Estado"[282].

296. Desenlace de los casos críticos.

Frente a situaciones generadas por la falta de voluntad política o por la inexistencia de normas jurídicas para la solución de los casos críticos, surgen situaciones de facto, cuya génesis, desarrollo y secuelas presentan rasgos y características diferentes, tales como la insurrección, el golpe de fuerza, el golpe de Estado y la revolución, entre otras.

---

280 Justo L. Mario. Ob. cit. p.326

281 Hans Kelsen. Ob. cit. p.206.

282 Cumplido Francisco y Nogueira. Teoría de la Constitución. Inst. Chileno Estudios Humanísticos.1985.Santiago. p.90.

297. La Insurrección.

La insurrección es un levantamiento popular en contra del régimen político establecido que se caracteriza por su carácter espontáneo frente a los actos de opresión de la autoridad, careciendo, en una primera instancia, de un líder o jefe que conduzca a las masas, pero, posteriormente, éstos surgen por sus audacias o poder de hecho lo que hace obtener un mayor apoyo popular.

La naturaleza espontánea de la insurrección, genera comportamientos irracionales y confrontacionales entre los grupos que participan en el proceso de agitación, el cual es de duración indefinida y que se transforman en hostiles después de la obtención del triunfo.

298. El Golpe de Fuerza.

Se le denomina también "*putsch*" por su aplicación en Alemania. Se trata de una reacción que se origina y se desarrolla en el mayor sigilo y secreto por la acción de unos pocos líderes unidos por una homogeneidad intelectual que, en forma minuciosa y detallada, elaboran un plan de acción en contra de la autoridad destinado a su deposición.

Para ello se estructuran bajo una disciplina férrea y jerarquizada en que la figura del líder se destaca desde el comienzo. Cuando se estima que las circunstancias y condiciones son apropiadas para la rebelión, actúan en forma rápida, eficaz, enérgica y brutal impidiendo una adecuada reacción del adversario, para lo cual sus primeras acciones las destinan a controlar o paralizar los centros vitales del país, tales como centrales radiales, eléctricas, medios de comunicación etc., aislando con ello a las autoridades, las que son detenidas o expulsadas del país.

299. El Golpe de Estado.

Se trata de una reacción muy parecida al golpe de fuerza, pero el generador e impulsor de ello es un poder u órgano del Estado. Generalmente corresponde a la acción de las Fuerzas Armadas las que apoyadas en su poder militar, actúan violentamente en contra de una fracción del poder público con el fin de defender o sustituir la autoridad, según sea el caso, arrogándose o usurpando atribuciones de otra autoridad.

300. La Revolución.

Es frecuente que el uso del término "revolución" sea empleado en términos amplios destinados a señalar cualquier acción colectiva destinada a destituir a la autoridad gobernante.

Sin embargo, el término es más concreto y es necesario que concurran circunstancias específicas que permitan establecer que, la ruptura del orden constitucional, tiene por causa la inexistencia de mecanismos jurídicos para la solución de los problemas generados, así como la concurrencia de una voluntad popular en el alzamiento contra la autoridad y el propósito inequívoco de cambiar las instituciones fundamentales del Estado.

El Diccionario de la Academia de la Lengua Española, define la revolución como "cambio violento de las instituciones políticas de una nación".

Hay autores[283] que señalan que la revolución, desde el punto de vista jurídico, lo constituye la caducidad, abrogación o destrucción de un orden constitucional por actos no normados en el mismo.

La revolución es un cambio rápido, fundamental y violento en los valores y mitos dominantes de una sociedad, en sus instituciones políticas, su estructura social, su liderazgo y la actividad y normas de su gobierno.

Los casos de revoluciones, en el sentido señalado, no son frecuentes en la historia, pues como señala el profesor José L.Cea, "la revolución es un aspecto de la modernización. No es algo que pueda ocurrir en cualquier tipo de sociedad, en cualquier período de su historia. No es una categoría universal, sino más bien un fenómeno históricamente limitado. No se da en sociedades muy tradicionales, con niveles de complejidad social y económica. Ni se produce en sociedades muy modernas. Como otras formas de violencia e inestabilidad, lo mas probable es que ocurra en sociedades que han experimentado cierto desarrollo social y económico, y donde los procesos de modernización y desarrollo político se encuentran retrasados respecto de los de cambio social y económico" [284].

---

283 Justo L. Mario. Ob. cit. p.328.

284 Cea E. José Luis .Ob. cit. p.329.

CAPITULO VII
LAS FUERZAS POLÍTICAS

301. Concepto.

El Estado debe realizar diversas actividades para el logro de sus objetivos los cuales los cumple a través de sus órganos estatales quienes deben actuar dentro del orden legal y de la competencia que el orden constitucional les señala a cada uno y que están encaminadas al fin último, permanente, general y abstracto del Estado, que es el bien común.

Además, el Estado debe realizar otras funciones encaminadas a fines específicos y determinados y, aunque deben estar supeditados al bien común, son establecidos por cada Estado atendiendo particulares circunstancias en un momento histórico determinado, conforme sea la voluntad popular y que se expresa en la ideología, valores, principios y el programa de gobierno propuesto por los grupos que acceden a la dirección del Estado.

Estas actividades de los órganos estatales se complementan y se vinculan con la realizada por todos los factores y elementos generadores de la movilidad de la sociedad y que constituyen la dinámica social.

El desarrollo de las respectivas tareas de unos y otros, suelen crear conflictos y controversias de intereses, interpretaciones diferentes sobre la manera y forma de buscar soluciones a los problemas o de incentivar las actividades vinculadas al progreso común. Para ello tratan de influir en las decisiones de las medidas que deben adoptar la autoridad que signifiquen protección a sus particulares intereses, o bien, buscan derogar o cambiar una normativa legal, un sistema político o económico.

En esta dinámica política se generan fuerzas y movimientos que luchan por la obtención de poder o por la influencia que pueden ejercerse sobre el mismo, para lo cual los distintos actores y protagonistas, fijan formas de comportamientos y proponen la adopción de decisiones encaminadas al logro de sus objetivos. Los distintos elementos que, ajenos al poder público del Estado, actúan sobre éste, constituyen las denominadas *fuerzas políticas*.

Mario Justo López señala que la expresión de fuerzas políticas es empleada en una triple acepción: "Con tal nombre se alude, por una parte, a los protagonistas de la vida, dinámica o actividad política, tales como partidos políticos, grupos de presión, etc. aunque a veces el concepto se amplía hasta abarcar también los factores culturales de la actividad política, como las ideologías, mitos etc. Por otra parte, el lenguaje común y a veces también científico, se mencionan como diferentes, y hasta opuestas, además de las "fuerzas del movimiento", las "fuerzas del orden". En tercer lugar, aunque algunos, ampliando el concepto en otro sentido, incluyen también al "poder político estatal" prevalece la tendencia de limitar su alcance al "poder político no estatal" y a la "influencia" [285].

A.Silva B., expresa que "tienen el carácter de fuerzas políticas todas las energías, individuales o colectivas, que pueden ser aplicadas a una decisión del poder estatal" [286] .

Pablo Lucas V. señala que "fuerza política es toda formación social que intenta establecer, mantener o transformar el orden jurídico fundamental relativo a la organización y ejercicio del poder, según una interpretación ideológica de la sociedad" [287].

302. Clasificación de las fuerzas políticas.

Las fuerzas políticas son de distinta naturaleza y han sido clasificadas de diversas maneras por los autores, ya sea atendiendo a la forma de su constitución, a la existencia de órganos propios, a la forma y manera de exteriorizar su actuación y otras.

Mario Justo López[288] las clasifica en *fuerzas inorgánicas*, por carecer de órganos propios, y constituidas por la opinión pública y *fuerzas orgánicas* que actúan con órganos propios y que pueden ser *políticas propiamente tales* como los partidos políticos y *politizadas* las cuales, a su vez, están constituidas por fuerzas *sociales* representadas por los grupos de presión y la prensa, y por fuerzas *estatales* no específicamente políticas, como son la tecno burocracia y las fuerzas armadas.

Marcel Prelot hace una clasificación entre fuerzas políticas *individuales* que son aquellas que están expresadas por la actuación o pensamiento exteriorizado de una persona, y *colectivas*, que son las constituidas por un grupo de personas, las cuales pueden estar formadas por *grupos no*

---

[285] Justo L. Mario. Ob. cit. p.161

[286] Silva B. Alejandro. Derecho Político. Ob. cit. p.128.

[287] Lucas V. Pablo. Ob. cit. T. I. p.428.

[288] Justo L. Mario. Ob. cit. p. 162

organizados o *difusas* caracterizadas por una cohesión espontánea, pero sin vínculos fuertes por lo cual son esencialmente cambiantes y variables, y que están integradas por la opinión pública, las clases sociales, las ideologías, y los *grupos organizados*, que poseen estructuras objetivos y finalidades precisas tales como los partidos políticos, el cuerpo electoral, los gremios, los grupos de presión, la Iglesia y las Fuerzas Armadas [289].

Nos atendremos a esta última clasificación en el análisis de la naturaleza y características de las distintas fuerzas políticas.

303. Las fuerzas políticas individuales.

En cualquier ámbito de las distintas actividades desarrolladas en la sociedad, existen personas que gravitan e influyen en el medio debido a su propia personalidad o debido a determinadas circunstancias que las rodean, tales como el desempeño de una actividad intelectual, profesional, empresarial, económica, financiera, religiosa o bien, por el desempeño de una magistratura, función o cargo de naturaleza estatal, política o militar o de otra naturaleza.

A estas personas se les reconoce el mérito y autoridad que surgen de su propia capacidad y preparación intelectual o espiritual que, a través de su respectiva actividad, han logrado demostrar a la sociedad sus competencias y conocimientos que permiten orientar y guiar el accionar de las demás personas. Es el caso de intelectuales como Thomas Hobbes, Juan J.Rousseau, K. Marx., cuyos pensamientos han influido en la historia al generarse, en torno a ellos, concepciones de organización política social y económica.

Personas que han tenido una destacada actuación en las actividades militares, tales como Charles De Gaulle y D. Einsenhower, han tenido ascendiente en la política de sus respectivos países que incluso les permitió acceder a los cargos de Jefe de Estado.

La autoridad moral del Jefe de la Iglesia Católica se ha extendido a ámbitos sociales, económicos y políticos, expresados en Encíclicas Papales tales como Rerun Novarum, Mater et Magistra, y otras, en que tanto el pensamiento como la acción misma del Sumo Pontífice han tenido una importante influencia en la dirección política de los Estados. Es lo que ha ocurrido con SS.Juan Pablo II respecto del retorno de la democracia en

[289] Prelot Marcel. La Ciencia Política. Editorial Eudeba. Buenos Aires. Año 1964. p.93.

Polonia y otros países que se encontraban bajo la influencia de la antigua Unión de las Repúblicas Socialistas Soviéticas.

304. La opinión pública.

El Diccionario de la Real Academia de la Lengua Española señala que opinión es un el dictamen, juicio o parecer que se forma de una cosa cuestionable, o fama o concepto en que se tiene a una persona o cosa; y tiene el carácter de pública, respecto del sentir o estimación en que coincide la generalidad de las personas acerca de asuntos determinados.

El concepto de opinión pública tiene como antecedentes, entre otros, en Heródoto, Isócrates, Aristóteles, Cicerón, Tito Livio, Maquiavello, y los filósofos contractualistas.

El uso de la expresión se generalizó a fines del siglo XVIII, especialmente en Francia, con motivo del desarrollo del liberalismo y del racionalismo, en que se atribuía al poder absoluto de la razón y de la libertad como los caminos más adecuados para alcanzar la verdad tanto en el plano político, como en otros órdenes.

C. Fayt expresa que las actitudes humanas se traducen en opiniones y creencias que se refieren a uno mismo, a otras personas, al hogar, a la familia, el gobierno, etc. Por consiguiente, la opinión es una determinada clase de actitud humana y equivale a un juicio. Cuando este juicio se exterioriza, esa opinión se hace pública. La opinión pública, por consiguiente, en tanto actitud humana, es un juicio que se exterioriza.[290].

Atendido a que en la formación y estructuración de la opinión publica intervienen factores de muy diversas naturaleza, ésta puede ser estudiada desde diversas perspectivas, entrelazándose aspectos de la sociología, la psicología y la ciencia política, por cuya razón los autores que se ocupan de su estudio no están concordes en emitir un concepto unánime al respecto.

Dentro de los muchos *conceptos*, Mario Justo L. señala que la opinión pública "es un estado de conciencia colectivo acerca de cuestiones de interés público, que se caracteriza por ser racional e irracional a la vez, calificada, móvil, socialmente condicionada y sujeta a estímulos externos" [291].

---

[290] Fayt Carlos. Ob. cit. T. II. p.333.

[291] Justo L. Mario. Ob. cit. 187.

305. Elementos constitutivos de la opinión pública.

La opinión pública se encuentra estructurada sobre la base de la existencia de diversos elementos que concurren en su formación.

a) El sujeto de la opinión pública.

El sujeto de la opinión pública está constituido por un conjunto de seres humanos con capacidad de razonar, de transmitir y comunicar sus pensamientos y que a través de sus relaciones interindividuales, generan reacciones colectivas de naturaleza inorgánicas, en las que intervienen procesos de apreciaciones y valoraciones sujetos a cambios y modificaciones por la versatilidad de sus actores.

Se trata de una multiplicidad de personas anónimas e indeterminadas que, según sea los hechos o circunstancias objeto del interés colectivo, estas personas pueden estar reducidas al ámbito vecinal, nacional e incluso mundial, siendo necesario que entre ellas exista un determinado grado de homogeneidad.

b) El objeto de la opinión pública.

El objeto o contenido de la opinión pública está constituido por las materias y asuntos de interés general y de carácter público, de fácil comprensión y que interese o preocupe a muchas personas. No inciden en materias especializadas, que son de interés particular y propio del dominio de los técnicos, pues usualmente resulta inaccesible para la mayoría de las personas de modo que no es difícil la formación de una opinión pública.

Pueden recaer en hechos de naturaleza artística, deportiva, policial, militar, política, etc. pero es necesario que tengan el carácter de *controvertibles,* capaces de generar actitudes y apreciaciones opuestas o polémicas que mueva a adoptar actitudes de aceptación o rechazo, ya que si se trata de hechos de natural y común opinión como el rechazo a los incestos o terremotos, no se genera opinión pública.

Es necesario que las materias o cuestiones revistan el carácter de *coetáneos* y de *actualidad* cuyas consecuencias o resultados se encuentren pendientes, ya que si se trata de hechos pasados, ya realizados, carecen de interés en la consideración de las opciones relativo a sus consecuencias, salvo que se manifiesten en acontecimientos históricos.

306. Características de opinión pública.

Las consideraciones críticas acerca de un determinado asunto sólo pueden ser expresadas por medio de la actividad intelectual, de razonamientos, de análisis acerca de los aspectos positivos o negativos que puede revestir la materia en examen, por lo cual la opinión pública es de carácter *racional.*

Sin embargo, tiene, al mismo tiempo, el carácter de *no racional* pues debido a la naturaleza controvertible de los hechos cuestionables que puede generar apreciaciones valóricas, en su formación gravitan factores subconscientes y emocionales.

La opinión pública no está constituida por el parecer de una élite ni de una mayoría, ni del vulgo, sino que es el resultado de un proceso de formación en que intervienen quienes prestan más intensamente atención a los hechos, esto es, el estrato más atento o enterado, por lo cual se señala que la opinión pública es *calificada.*

La *inestabilidad* y *movilidad* constituyen otras de las características de la opinión pública pues ella es esencialmente fluctuante y cambiante debido a que la dinámica incesante de las variaciones que se presentan durante el proceso de su formación, e incluso después de estructurada, pueden cambiar totalmente su contenido frente a hechos gravitantes que la modifican.

No obstante el carácter de *espontánea* de la opinión pública, ella se encuentra condicionada a *estímulos externos* tales como la propaganda, los partidos políticos, grupos de intereses que procuran crear ambientes favorables para inducir a las personas a tomar partido conforme a una determinada posición.

Tiene el carácter de *imperativa,* porque una vez estructurada se manifiesta como una fuerza y energía de la cual no se puede prescindir, especialmente cuando ella incide directamente en aspectos de la política social, imponiendo a la autoridad criterios de acción.

Finalmente, otro de los caracteres de la opinión pública es el de estar *condicionada socialmente*, pues según sea la estructura social, serán las condiciones que harán posible y darán carácter distinto a la opinión pública.

307. Formación de la opinión pública.

No existe un proceso único de formación de la opinión pública, pues por sus características, ésta se puede generar de maneras muy variadas según sea la estructura social o política donde ella se geste.

Sin embargo, la ciencia política destaca el modelo clásico propiciado por Bryce[292], expuesto en su obra "The American Commonwealth" y que en síntesis se expresa en las siguientes etapas: se tiene conocimiento de un hecho lo cual ocurre, generalmente, en las primeras horas de la mañana debido a la información dada por la prensa originando, en el lector, los primeros sentimientos de aprobación o rechazo, pero normalmente de carácter vagos e imprecisos por la falta de mayores elementos para avanzar en un juicio critico. Sin embargo, durante el curso del día, las personas van alimentando la noticia con nuevas informaciones, comentarios o criterios escuchados, lo cual permite que se comiencen a perfilar las primeras posiciones contradictorias lo cual genera la discusión y controversia. De ello surgen las posiciones concretas que adoptan las personas y que, mayoritariamente, proyectan el juicio crítico que el caso o materia merece y las acciones que deberían adoptarse.

308. De la propagación de la opinión pública.

Diversos son los *promotores* que contribuyen a la propagación de la opinión pública, debiendo destacarse a todos los grupos organizados que tienen interés en participar en su desarrollo, como son los partidos políticos, los grupos de presión e intereses, la prensa, así como las acciones individuales de personalidades o autoridades, y muy especialmente, la propaganda por los medios de comunicación social.

Los ámbitos de *propagación* pueden ser muy variados y pueden comprender el círculo familiar, las reuniones informales surgidas en torno a las conversaciones en los cafés, supermercados, librerías, sitios públicos o en las sedes de los grupos intermedios tales como clubes, academias, partidos políticos, universidades y, en general, en las asociaciones.[293]

Los *medios* a través de los cuales se propaga la opinión pública, pueden revestir el carácter de *materiales* cuando se realizan a través de carteles, rayados, avisos, prensa, radio, cine, televisión, medios computacionales,

---

[292] Justo L. Mario. Ob. cit. p.191.

[293] Pérez S. Nicolás. Ob. cit. p.315

etc. o *jurídicos*, cuando surgen como consecuencia del ejercicio de los derechos constitucionales, tales como el derecho de opinión, de reunión y de asociación entre otros.

Existen diversos *factores* que pueden contribuir, ayudar y facilitar el proceso de la formación y desarrollo de la opinión pública, o bien, que pueden entorpecer u obstaculizar.

Dentro de los *factores favorables*, tiene importancia el hecho que las informaciones emitidas tengan el carácter de prontas, oportunas y veraces, a fin que sus receptores puedan captar de inmediato sus reales contenidos, sin interferencias de terceros; se requiere que las decisiones de la autoridad sean exteriorizadas con una adecuada publicidad y una vinculación fluida con la población que permita su conocimiento por los más vastos sectores sociales, evitando con ello las murmuraciones y suposiciones que pueden crearse en base a antecedentes ficticios o irreales, por lo cual el nivel de cultura y educación tienen una gran incidencia en un buen desarrollo y formación de la opinión pública.

En cambio, constituyen *factores desfavorables*, todos los comportamientos, actos o conductas que pretendan revestir de privacidad, reserva o de carácter secretos los actos de la autoridad, así como el empleo de la censura u otros medios de restricción, tanto respecto de la noticia en sí misma, como de los análisis y observaciones que pueden generarse en su entorno.

En torno a la publicidad de los actos de la autoridad, debe señalarse que el artículo 8° de la Constitución de Chile dispone que son públicos los actos y resoluciones de los órganos del Estado, así como sus fundamentos y los procedimientos que utilicen. Sin embargo, sólo una ley de quórum calificado podrá establecer la reserva o secreto de aquéllos o de éstos, cuando la publicidad afectare el debido cumplimiento de las funciones de dichos órganos, los derechos de las personas, la seguridad de la Nación o el interés nacional.

309. El diagnóstico de la opinión pública.

Para conocer y constatar el contenido y extensión de la opinión pública, se emplean métodos consistentes en entrevistas, encuestas, test, sondajes, y otros, a través de los cuales pueden obtenerse conclusiones que permitan adoptar las acciones consecuentes apropiadas.

Sin embargo, es muy frecuente que estos medios de conocimiento y de medición de la opinión pública, sean empleados como vías de formación o propagación de ella, presentando falsamente resultados mayoritarios a fin de estimular e inducir al público en torno de una determinada posición.

310. La opinión pública como fuerza política.

Desde tiempos remotos, la mayor parte de los autores reconocen, en la opinión pública, una fuerza gravitante en la dinámica política, toda vez que ella ha demostrado su capacidad para inducir al gobernante en la adopción de medidas de creación, rectificación o derogación de normas de incidencia social.

Naturalmente que ella es gravitante en un régimen político sustentado en los principios de la democracia representativa, pues supone que el gobierno y los representantes de los electores, deben actuar conforme al querer y deseos del pueblo, por lo que deben sujetarse al sentir de ellos, siempre que estén comprendidos dentro de los fines del bien común.

En cambio, si la opinión pública formada fuere ajena o distinta a dichos fines o a los principios básicos que constituyen los fundamentos del orden institucional, corresponderá a la autoridad convencer a la comunidad de su equivocación en la apreciación y estimación de los hechos y, en definitiva, abstenerse de acogerla manteniendo y aplicando el imperio de la ley.

En cuanto a expresiones de esta fuerza política, se suele citar a título de ejemplo el intento del Presidente Roosevelt, en 1937, de aumentar el número de miembros de la Corte Suprema de Justicia norteamericana; la supresión de la pena de muerte aprobada por la Cámara de los Comunes de Inglaterra en 1948, en que poderosos movimientos de opinión publica en los respectivos países frustraron la adopción de decisiones por parte de los poderes políticos estatales.

311. Las clases sociales.

El hombre, por su naturaleza, es un ser sociable que necesita de la existencia de los demás seres para poder vivir y realizar su propia vida. Aristóteles enseñaba que el hombre que llevara una vida sola y aislada era inconcebible, salvo que fuere un ermitaño o un bruto, por lo que la sociedad dentro de la cual el ser humano desarrolle su existencia, surge como un resultado natural de la sociabilidad humana.

La sociedad aparece formada por personas que se unen en torno a actividades muy variadas y que tienen su origen en gustos, aptitudes, influencias del medio familiar, intereses económicos, intelectuales o espirituales, o por vocación.

El desarrollo de estas actividades crean entre las personas vínculos que propenden a agrupamientos más o menos conscientes y que se *fundan* en sentimientos análogos, en problemas de común tratamiento, reacciones similares de índole psicológicas, aspiraciones iguales, etc. pasando a transformarse, estos *vínculos*, en lazos relativamente permanentes llamados clases sociales con una clara distinción dentro de la estructura de la sociedad y una estratificación de la misma.

Las clases sociales constituyen una *realidad social e histórica* pues siempre han existido aun cuando su grado de gravitación social hayan sido distinta, generando planos de desigualdades entre los hombres en cuanto a los derechos y obligaciones para unos y otros, como sucedía en las sociedades donde la esclavitud se encontraba institucionalizada. Fue necesario que transcurrieran muchas centurias y que se generaran históricas luchas sociales y políticas para que la esclavitud fuere abolida.

Asimismo, la desigualdad en el goce y ejercicio de los derechos políticos constituyó una clara nota de diferenciación dentro de la sociedad, ya que sólo un sector de ella podía tener derecho en la participación de los negocios públicos.

Con la abolición de la monarquía surgió el ideal de igualdad política y el desarrollo de las ideas de la soberanía nacional, así como la representatividad electoral, el sufragio universal y, muy especialmente, el ideal de un Estado sustentado en los principios de la democracia, todo lo cual contribuyó a generar mejores condiciones de igualdad política.

Sin embargo, los logros políticos no tuvieron el alcance de conseguir una disminución en las diferencias sociales expresadas en los planos económicos y culturales pues, junto a los progresos anteriores, el desarrollo de la economía y las nuevas estrategias de producción, surgieron condiciones de una división permanente del trabajo en que el mejor nivel educacional, conocimientos y preparación de unos pocos, resultaron favorecidos con los beneficios de la producción, permaneciendo en posiciones postradas las masas laborales, carentes de preparación y educación por falta de recursos económicos para lograrlo.

La aplicación de las ideas laborales sustentadas en los principios de la economía liberal absoluta, influyó aun más en la formación de una masa laboral de difícil acceso a una mejor educación y cultura, camino a través del cual se logra la equidad y justicia. Los esfuerzos en la conquista y aplicación de nuevos modelos de protección laboral no han sido suficientes para evitar la existencia de muchos privilegios injusto en el reparto de los beneficios de la economía.

Precisar un *concepto* de clases sociales es una tarea controvertida pues son diversas las disciplinas del saber que, desde sus particulares perspectivas, se preocupan de su naturaleza.

Sin embargo, para la ciencia política, se puede *definir* las clases sociales como grupo de personas de una sociedad determinada unida por reales o aparentes aspiraciones materiales, espirituales intelectuales o sociales, que se sienten formando parte integrante de un determinado grado de la estratificación social.

Las clases sociales tienden a buscar prerrogativas y derechos exclusivos para lo cual ejercen presión sobre el poder político estatal a través de todos los medios en que los miembros de una clase social tienen acceso o se desenvuelven.

Alex Görlitz, Doctor en Derecho en la Universidad Goethe de Frankfurt, expresa que el concepto de clase social es, junto con el de democracia, el de mayores repercusiones político-ideológicas y, a un tiempo, el más discutido actualmente en las ciencias sociales. Aunque se trata de un concepto que ya se empleaba con anterioridad a Marx (Ferguson, Smith, Ricardo, Babeuf, Millas, Saint Simon, y otros) , fue sólo Marx quien lo convirtió en el concepto clave de una teoría social que reunía la economía, la historia y la sociología, y que tenía como objeto la transformación social [294].

En la concepción de Karl Marx, el tipo de relación que el hombre tenga sobre la propiedad de los medios de producción determina tanto a la sociedad como al hombre mismo pues, sostiene, toda relación humana es una relación económica y las clases sociales se forman como consecuencia de la posición de ellas en dichas las relaciones. La historia humana, agrega, obedece a los cambios que experimenta el proceso de producción de bienes por lo que la historia del hombre, es la historia de la lucha de

[294] Görlitz Alex. Ob. cit. p.81.

clases. Así, existe en primer lugar una clase proletariada que está formada por los trabajadores que entregan su fuerza de trabajo a cambio de una remuneración, y existe, además, una clase capitalista que está constituida por los propietarios de los medios de producción. La pugna de intereses entre estas clases sociales se expresa en una lucha que terminará con el triunfo del proletariado sobre la burguesía capitalista por lo cual se debe exacerbar esta lucha a fin de apurar dicho triunfo el cual, previa dictadura política del proletariado, permitirá el establecimiento de una sociedad comunista que no necesitará el Estado ni el derecho porque ya no habrá luchas de clases pues no existirán clases sociales debido a que todos los hombres vivirán en total igualdad [295].

Los sistemas políticos democráticos contemplan normas jurídicas destinadas a generar sociedades sustentadas en los principios de la igualdad de las personas, procurando crear condiciones laborales, educacionales y sociales que permitan ofrecer oportunidades de desarrollo y progreso personal que, en definitiva, constituya una sociedad más igualitaria.

En Chile, su historia constitucional permite constatar que ha sido una permanente preocupación generar las condiciones que favorezcan la igualdad social.

La Constitución de 1980 en su artículo 19 n° 2 asegura a todas las personas la igualdad ante la ley y que en Chile no hay persona ni grupo privilegiados. En Chile no hay esclavos y el que pise su territorio queda libre. Hombres y mujeres son iguales ante la ley.

312. Las ideologías.

En un sentido restringido, la ideología es una doctrina filosófica cuyo principal representante fue Destutt de Tracy (1754-1836), centrada en el estudio del origen de las ideas.

Sin embargo, para los cientistas políticos, las ideologías son visiones parciales, truncas, deducidas especulativamente o con un examen superficial incompleto o equivocado de la realidad individual y social. Se sostiene que partiendo de algunos valores ciertos y determinados, pero rescatando solo algunos aspectos de ellos, se deducen secuencias falaces de general aplicación.

---

[295] Touchard Jean. Ob. cit. p. 475 y ss.

El profesor A.Silva señala que "por ideologías entendemos aquí, entretanto, una filosofía política simplificada y vulgarizada, una construcción conceptual sistematizada, abstracta y deductiva, que parte de cierta noción del hombre y de la sociedad con algún fundamento real, pero que, exagerando determinadas realidades, que deforma y desfigura, se cierra tercamente al reconocimiento de otras necesidades indiscutibles y a toda ponderada, equilibrada y jerarquizada apreciación de la universalidad de valores que deben tomarse en cuenta en la dirección de la vida colectiva. Así, el liberalismo exagera la posición del individuo; el socialismo, la de la sociedad; el comunismo, la de la economía; el nacionalismo, la idea de patria, etc."[296].

Mario Justo López, por su parte, expresa que "las ideologías son complejas estructuras de pensamiento, con una alta dosis de ingredientes irracionales, sustentados por grupos sociales determinados a cuyos fines se encuentran vinculadas, que obran como fuerzas políticas y que constituyen tomas de conciencia de la realidad, ni totalmente falsas ni totalmente verdaderas, pero que ofrecen subjetivamente a los ideólogos y a los partidos, como generales y objetivas totales y autónomamente verdaderas y objetivamente a los politólogos y a sociólogos como parciales, perspectivistas y relacionales" [297].

Maurice Duverger, señala que se entiende por ideologías "un sistema de explicación de una sociedad que tiende a justificarla o a criticarla y sirve de base a una acción para mantenerla, transformarla o destruirla" [298].

Las ideologías constituyen una fuerza política por cuanto sus ideas y pensamientos son propagados en todos los medios de influencia social transformándose en una constante potencia de acción destinada a hacer prevalecer sus aspiraciones ante la autoridad gobernante o ante la sociedad cuanto ellas han accedido al poder.

313. Las religiones y creencias.

Las religiones y creencias han estado siempre muy vinculadas al ejercicio del poder político e incluso, primitivamente, constituían una sola unidad, pues al rey se le reconocía un carácter de divino y por consiguiente,

---

[296] Silva B. Alejandro. Ob. cit. p.131.

[297] Justo L. Mario. Ob. cit. p.336.

[298] Duverger Maurice. Sociología de la Política. Editorial Ariel. Barcelona. Año 1976.p.22.

máxima autoridad religiosa, tal como aconteció en Israel y en Egipto, así como en América, en los imperios de los mayas y de los incas.

La doctrina cristiana proporcionó importantes principios de gobernabilidad, tales como la igualdad y la libertad de las personas, la separación entre la autoridad política y la religiosa, que, posteriormente unido al pensamiento de los Padres de la Iglesia, se transformaron en anhelos y aspiraciones por las cuales se iniciaron lentas luchas sociales para conquistarlas, expresándose en movimientos sociales y políticos. Similar importancia han tenido religiones como el confusionismo, y especialmente en el Oriente con el islamismo y el hebraísmo.

314. Los grupos de presión.

Los grupos de presión son expresiones del ejercicio del derecho de libertad de las personas para formular peticiones a la autoridad, así como para asociarse entre quienes tienen intereses comunes en las actividades económicas, con el objeto de formar fuerzas convincentes en defensa de sus derechos y expectativas.

Los sistemas de economías que paulatinamente han permitido una mayor intervención del Estado, han inducido y desarrollado, entre los particulares, la voluntad de estructurar grupos de personas que procuren la protección jurídica de sus actividades propias a fin de no ser absorbidas por la acción estatal.

Los grupos de presión son cualesquier formación social, permanente y organizada, que intentan obtener de los poderes públicos, la adopción, derogación o simplemente no adopción de medidas legislativas, administrativas o judiciales, que favorezcan, o al menos no perjudiquen, sus ideas e intereses, sin que su intento suponga, en principio, una responsabilidad política del grupo presionante en caso de lograr su pretensión.

Se *caracterizan* porque el sujeto titular de su accionar es de carácter plural pues lo constituyen agrupamientos o conglomerados de personas que se encuentran vinculadas y entrelazadas por un interés común creando una organización permanente, con órganos propios que los dirigen y representan.

Los grupos de presión no buscan asumir la titularidad del poder, es decir, su objetivo está fuera de la motivación política propiamente tal, pues solamente buscan ejercer influencia en ésta. Ello explica que se desentiendan de la responsabilidad política que puede producirse con motivo de las decisiones adoptadas por el poder oficial.

Algunos autores señalan diferenciaciones que existen entre los grupos de presión y los grupos de intereses y para otros, en cambio, son de una misma especie, variando en cuanto a que los primeros sólo buscan defender los intereses particulares del grupos y los segundo, ejercer, además, presión sobre la autoridad, los partidos políticos o la opinión pública.

Se pueden clasificar los grupos de presión, en tres clases:

a) Grupos de interés.

Son grupos sociales formados en torno a intereses particulares comunes y sin ser parte de la estructura política del Estado, tratan de influir sobre una decisión gubernativa, como ocurre con una confederación sindical, o una asociación empresarial.

b) Grupos de presión propiamente tal.

Son grupos sociales que, para imponer una pretensión, coaccionan, desde dentro de la legalidad formal del Estado, sobre los ocupantes de los cargos de gobierno, de los partidos políticos, de sus candidatos o de la opinión pública ejerciendo fundamentalmente su poder económico.

Se les denomina los "poderes fácticos" por su accionar anónimo pero de decisiva intervención, como suele ocurrir con las Cámaras de Comercio, Cámaras de Producción etc.

c) Grupos de tensión.

Son grupos sociales que, para imponer una pretensión, crean relaciones de fuerza frente a la legalidad formal existente en el Estado, mediante el uso y empleo del poder social enfrentando al poder político estatal, como ocurre con las huelgas ilegales, paralizaciones de actividades del comercio, del transporte, de la locomoción, servicios de salud, profesores, etc.

Son diversas las formas y maneras a través de los cuales los grupos de presión actúan en el logro de sus objetivos, tales como la concientización a través de publicaciones de folletos, revistas, estadísticas a favor de sus propios intereses, libros, conferencias, exposiciones. Asimismo, es frecuente el uso de campañas minuciosa y especialmente dirigida por medio de la prensa, radio, televisión, cartas etc.

No se excluyen, dentro de los medios de acción, aquéllos constitutivos de falta de ética e incluso de legalidad, como los regalos, banquetes, fiestas party-girls, visitas industriales, dádivas, comisiones, cohechos, huelgas ilegales, paralización de actividades.

315. El cuerpo electoral.

El cuerpo electoral constituye la fuerza política más gravitante dentro de la dinámica política y su importancia se ha acrecentado en la medida que la democracia se ha ido desarrollando y perfeccionando como forma de gobierno.

La facultad de la autodeterminación que tiene la nación o el pueblo para organizarse y darse sus propias autoridades, no es ejercida a través de la voluntad de todos los miembros de la sociedad política, sino sólo por parte de ellos que, por reunir requisitos de idoneidad, capacidad y dignidad, se encuentran en condiciones jurídicas especiales que les permiten participar en los procesos de elección, decisión o consulta y que, por tales circunstancias, son denominados ciudadanos.

Por consiguiente, ciudadanos son personas que gozan de derechos políticos y que les permiten elegir o ser elegidos. El conjunto de éstos, forman la nación legal o el cuerpo electoral.

Existen autores para quienes el cuerpo electoral no es sino una *mera agrupación* de electores, una yuxtaposición de ciudadanos que no constituyen una entidad permanente en el tiempo y en el accionar, pues sólo tendrían expresión en la realización misma del acto electoral de cada ciudadano, sin prolongar su actividad más allá de dicha ocasión.

Sin embargo, otros autores sostienen que el cuerpo electoral se ha configurado, con el tiempo, en un órgano estatal con una clara identidad y función cumpliendo un rol y actividad específica, tal como le corresponde a los demás órganos del Estado. Es así, se señala, que tiene un *sujeto* constituido por el conjunto de ciudadanos a través del cual el cuerpo electoral se expresa, y con la *función* específica de opinar, elegir o decidir, según la naturaleza de la convocatoria, y para lo cual se le otorga o reconoce, como medio de acción, el *sufragio* a través del cual se logra un resultado unificado con un contenido político que es la expresión de la voluntad y querer de la ciudadanía.

La función de este órgano electoral es, a través del sufragio, elegir a los representantes de la nación en quienes se delega el ejercicio de la soberanía y, además, decidir sobre normas que deben adoptarse como es el caso de los referéndum, plebiscitos, iniciativa popular o revocatoria.

La organización, composición, atribuciones y forma de ejercer las funciones del cuerpo electoral, exige la regulación jurídica del sufragio y de los sistemas y servicios electorales, incluyendo la justicia y procedimientos procesales, lo cual ha inducido a algunos tratadistas a compilar sus normas en un denominado Derecho Electoral. Sin pretender dichos alcances, examinaremos sólo lo referente al sufragio y a los sistemas electorales.

316. El sufragio.

El sufragio ha ido adquiriendo importancia en la medida que las formas de democracia representativa se han ido perfeccionando e imponiéndose como forma de gobierno.

Primitivamente, en las ciudades estados, como el caso de Grecia, el pueblo determinaba a sus autoridades y adoptaba los acuerdos recurriendo al sorteo pues se consideraba que éste era representativo de un sentimiento igualitario en cuanto a que todos los miembros de la sociedad estaban en condiciones de desempeñar las magistraturas y, además, porque el resultado del sorteo, era concebido como manifestación de la voluntad de los dioses.

En Roma el sufragio comenzó paulatinamente a adquirir importancia en la vida cívica pues desde la "comitia curiata" que comprendía a los miembros de las treinta curias, patricios y clientes, sus decisiones se adoptaban por sufragio directo de los individuos, considerándose a la curia como la unidad de voto [299] .

Un fuerte impulso adquiere el sufragio con la aparición del cristianismo, pues su primitiva organización se estructuraba sobre la elección de su jerarquía, especialmente a los obispos a través de la asamblea de los fieles.

En la Edad Media, como consecuencia del sistema político y social basado en el feudalismo, la participación del pueblo se restringe tanto en el proceso de la elección de las autoridades como en la dictación de las leyes, ya que la estructura política y social, fuertemente jerarquizada y vertical, hacía innecesario dicha intervención.

---

[299] Petit Eugene. Ob. cit. p.43.

A fines de la Edad Media, en Inglaterra comienza a emplearse el sufragio con motivo de la elección de los representantes de los burgos y condados ante el Parlamento lo cual indujo al Monarca Enrique VIII a dictar un reglamento electoral por el cual se concedía el derecho a sufragio a los propietarios que acreditaran tener una renta mínima de cuarenta chelines al año.

En el siglo XVIII con las doctrinas del Derecho Natural y muy especialmente con el aporte de los filósofos contractualistas, se extiende la idea que entre los derechos que naturalmente tiene cada persona, se encuentra el de intervenir en el gobierno de la comunidad a través de la elección de sus gobernantes.

En el siglo XIX, el desarrollo y aceptación de los sistemas democráticos de gobierno, va unida a la concepción del sufragio universal a fin de permitir una mayor participación ciudadana en los procesos eleccionarios o de adopción de resoluciones generales.

317. Concepto de sufragio.

El Diccionario de la Real Academia de la Lengua Española asigna varias *acepciones* al término de "sufragio", tales como ayuda, socorro, u obra buena que se aplica por las almas del purgatorio, o voto, parecer, manifestación de la voluntad de uno, o sistema electoral para la provisión de cargos o, finalmente, voto de quien tiene capacidad para elegir.

En el campo del Derecho, el sufragio, en términos generales, importa un acto deliberado, racional, libre y exteriorizado, de una persona destinado a manifestar su parecer frente a alternativas de resolución de una determinada materia.

Esta manifestación, dentro del Derecho Privado, se regula por procedimientos y formalidades que los propios interesados pactan o acuerdan y que, generalmente, se establecen en los propios estatutos o normas de organización que los agrupa o une, como sucede en las sociedades, corporaciones, clubes y demás cuerpos intermedios.

En cambio, el ejercicio del sufragio en el Derecho Público, se encuentra determinado previamente por cuerpos legales que tienen por objeto establecer la igualdad y reserva del sufragio.

Suele confundirse el concepto de sufragio con el de voto, pero este último está referido a la forma práctica de sufragar. Un ciudadano puede sufragar y cumple con la ley, aunque el voto sea nulo o vote en blanco, es decir, sufragó pero no votó.

Carlos S. Faytt, define el sufragio como "el derecho que tienen los ciudadanos de elegir y ser elegidos, y participar en la organización y actividad del poder del Estado"[300].

Jorge Quinzio señala que el sufragio "es el medio de expresión de la voluntad del pueblo en la creación de normas o en la integración de los órganos encargados de dictarlas y en la facultad de elegir y ser elegidos"[301].

Nicolás Pérez S., indica que el sufragio "es una operación administrativa por su forma y procedimiento, mediante la cual se designa a quienes hayan de ocupar determinados cargos públicos en que se manifiesta el criterio del cuerpo electoral con respecto a una medida propuesta, o se expresa la opinión de los ciudadanos con voto en un cierto momento con respecto a la política nacional"[302].

318. Requisitos para el ejercicio del sufragio.

Solamente un determinado segmento de la población es la que participa en los procesos eleccionarios debido a que existen impedimentos ya sean físicos, morales o intelectuales que impiden un ejercicio masivo. Ello obliga aceptar la existencia de condiciones o requisitos básicos que permitan determinar la calidad de ciudadanos, y dentro de los cuales deben señalarse los que se indican a continuación.

a) Nacionalidad.

Resulta evidente que sean las personas que se encuentran jurídicamente unidas al Estado por el vínculo de la nacionalidad, las más interesadas en participar en la determinación de las autoridades para un buen gobierno del Estado.

Por excepción, y concurriendo determinadas condiciones, a los extranjeros residentes en un determinado país se les reconoce el derecho a sufragar, como ocurre en Chile.

---

[300] Fayt Carlos. Ob. cit. T. II. p.153.
[301] Quinzio Jorge M.. Derecho Constitucional. Edit. Jurídica.Chile. Año 1969.p.120.
[302] Pérez S Nicolás. Ob. cit. p.337.

Al respecto, el artículo 14 de la Constitución de 1980 señala que los extranjeros avecindados en Chile por más de cinco años, y que cumplan con los requisitos señalados en el inciso primero del artículo 13, podrán ejercer el derecho de sufragio en los casos y formas que determine la ley.

b) Domicilio e inscripción.

Con el objeto de facilitar la composición y organización del cuerpo electoral, es necesario que la persona tenga un domicilio o cierto tiempo de residencia en el lugar en el cual exprese su interés de participación cívica y que además manifieste y exteriorice esa voluntad mediante la inscripción en un registro electoral en el cual se individualicen a todos los electores.

Sin embargo, esta última exigencia ha sido suprimida en muchos Estados, con el objeto de favorecer una mayor participación ciudadana, como es el caso en Chile en virtud de la reforma constitucional contenida en la ley n°20.337 de 4 de abril de 2009.

c) Instrucción mínima.

Primitivamente el ejercicio del derecho a sufragio estaba reservado a aquellas personas que tuvieren capacidad de leer y escribir, pues ello permitía constituir un cuerpo electoral de ciudadanos capaces de comprender y analizar los programas y proposiciones de los partidos políticos y de los candidatos facilitando un buen proceso electivo.

Sin embargo, el desarrollo cuantitativo de la democracia y la ampliación del sufragio universal, han revertido dicha situación y las legislaciones modernas han extendido la facultad de ejercer el sufragio a personas analfabetas, estableciéndose procedimientos especiales que a éstos les permita manifestar su voluntad, como es el caso de Chile a partir del año 1970.

e) Edad.

La edad de la persona en el ejercicio de los derechos políticos se ha ido paulatinamente rebajando para ampliar la base electoral como ha ocurrido en Chile que desde una edad de 30 años para los solteros, exigida por la Constitución Política de 1833, se ha disminuido a la de sólo 18 años como lo establece el artículo 13 del actual texto Constitucional.

f) Capacidad.

El sufragio está concedido únicamente para aquellas personas que tienen libre capacidad de razonar y de autodeterminarse, por lo cual, quedan excluidas los que sufran de locura o demencia.

En Chile el artículo 16 de la Constitución de 1980 establece que el derecho de sufragio se suspende por interdicción en caso de demencia.

g) Dignidad social.

El derecho de sufragio está vedado para aquellas personas que por sus actos o conductas han ofendido al cuerpo social y así ha sido establecido a través de los órganos jurisdiccionales pertinentes, como son las personas procesadas o condenadas por graves delitos o crímenes.

En Chile, el artículo 17 de la Constitución establece en que el derecho de sufragio se pierde por condena a pena aflictiva y por condena por delitos que la ley califica como de conducta terroristas y los relativos al tráfico de estupefacientes y que hubiere merecido, además, pena aflictiva.

319. Características del sufragio.

El sufragio presenta numerosas características determinadas por su extensión, participación, voluntariedad, ponderación, publicidad del mismo y otras consideraciones.

a) Universal.

Como se ha señalado, la facultad de sufragar pertenece a todas las personas, sin distinción de sexo y sin que existan más exigencias que aquéllas relativas a la nacionalidad, edad, dignidad mínima y, en algunos casos a la inscripción en el Registro Electoral.

El desarrollo de las ideas democráticas ha eliminado restricciones derivadas de factores económicos o culturales, procurándose que el sufragio pueda ser ejercido por el máximo de personas.

b) Personal.

El sufragio es un acto personal pues requiere la presencia física del ciudadano por lo cual sólo puede ser emitido por el propio elector y, además, en un determinado lugar, usualmente, conforme a la inscripción en el registro electoral.

En Chile el artículo 61 de la Ley n°18.700, establece que el elector, sólo pueda votar en la mesa electoral correspondiente a su inscripción y, además, debe acreditar su identidad con el respectivo carnet que debía presentar al Presidente de la Mesa.

Sin embargo, existen países como es el caso de Inglaterra que desde 1949, se permite el sufragio por correspondencia en el caso de los enfermos, marineros, empleados de ferrocarriles, etc.

c) Obligatoriedad.

Como una forma de obtener una mayor participación electoral, las legislaciones establecen la obligatoriedad de sufragar para los ciudadanos considerándose que ello es el cumplimiento de un deber derivado de la función que le corresponden al cuerpo electoral. Es el caso, de Bélgica, Dinamarca, Italia entre otros. En Francia, en cambio, es de carácter facultativo considerándose la obligación de votar un deber moral según lo establecido en la ley electoral del 9 mayo de 1951.

En Chile el artículo 15 de la Constitución Política establecía que el sufragio tenia el carácter de obligatorio para los ciudadanos. Sin embargo, en virtud de la reforma constitucional de la ley n°20.337 de 2009 se ha dispuesto que en las votaciones populares, el sufragio será personal, igualitario, secreto y voluntario.

d) Igualitario.

Significa que todos los electores tienen una misma cantidad de votos, normalmente un solo voto para cada elección, por lo cual se señala que el sufragio es singular.

En Chile, como en la mayor parte de los países, se establece el voto igualitario. En otras legislaciones se contemplan votos desiguales, en que los electores tienen cantidad de votos dependiendo de determinadas circunstancias tales como familiares, sociales, gremiales generándose los votos plurales, múltiples, familiares, corporativos y otros.

e) Secreto.

Tiene por finalidad otorgar la mayor libertad posible al elector a fin de emitir su opinión o resolución libre de toda influencia o intervención de terceros. Para ello se han implementado diversos sistemas tales como la cédula electoral única, la cámara secreta, la comparecencia personal.

320. Clasificaciones del sufragio.

El sufragio puede ser clasificado atendiendo diversos puntos de vistas.

1. Según los requisitos exigidos.

El sufragio puede ser universal o restringido atendido las mayores exigencias establecidas por la ley para que una persona pueda votar.

a) Sufragio restringido.

Sufragio restringido es aquél que es concedido sólo a determinadas personas en razón de la concurrencia de circunstancias determinadas, tales como la instrucción, capacidad económica, religión, raza, u otras causas, y puede revestir las formas de *capacitario* y de *censitario*.

El primero establece exigencias de grado de cultura, profesión o instrucción especiales que excluye a un segmento importante de la población del ejercicio de dicho derecho. El segundo, en cambio, exige la posesión de bienes o rentas para poder ejercer el sufragio.

La Constitución de Chile de 1833 establecía esta última clase de sufragio, pues se requería tener el dominio de una propiedad inmueble o capital invertido en una industria, o ejercer alguna una industria o arte, o goce de un empleo, renta o usufructo cuyos emolumentos productos guarden proporción con la propiedad inmueble o capital antes señalado.

b) El sufragio universal.

El sufragio universal es aquél que es concedido a toda persona a quien sólo se le exige requisitos mínimos de nacionalidad, edad y dignidad. Corresponde a las tendencias modernas de facilitar el ejercicio del sufragio a la mayor parte de la población y por lo cual se extiende incluso a los analfabetos y a los que tengan algún impedimento físico, como el caso de las personas que sufren de ceguera.

La Constitución de 1980 en su artículo 13 establece que son ciudadanos los chilenos que hayan cumplido dieciocho años de edad y que no hayan sido condenados a pena aflictiva.

2. Según la cantidad de votos.

Existen Estados en que la cantidad de votos que se asigna a cada elector tiene una ponderación igualitaria a diferencias de otros en que se le atribuye una ponderación mayor o menor, para lo cual se consideran determinadas circunstancias, previamente establecidas, por lo cual el sufragio, puede ser igual o desigual.

a) Sufragio igualitario.

Sufragio igualitario es aquél que tiene el mismo grado de ponderación valórica, esto es, otorga a cada elector el mismo número de votos que, generalmente es uno, es decir, singular. Esta clase de sufragio es el empleado por la casi totalidad de las legislaciones de las democracias modernas.

b) Sufragio desigual.

Sufragio desigual es aquél que no tiene el mismo grado de ponderación valórica, pues no todos los electores tienen igual cantidad de votos, por lo cual el sufragio de algunos electores, cuantitativamente, tienen mayor gravitación en el escrutinio final.

Dentro del sufragio desigual se distinguen *tres clases*:

I. Sufragio Múltiple.

Sufragio *múltiple* es el sufragio que permite al elector emitir un solo voto, pero puede sufragar en varias circunscripciones al mismo tiempo.

En Inglaterra, hasta el año 1918, existía esta clase de sufragio que permitía al ciudadano que sufragara en la mesa electoral de su domicilio, en la mesa electoral en que se encontrase su comercio y en la mesa electoral de la Universidad en la cual se había titulado, a condición, lógicamente, que pudiere efectuar los desplazamientos durante el acto electoral.

II. Sufragio Plural.

Sufragio *plural* es el sufragio en que al elector, además del voto que le corresponde como tal, se le otorgan votos adicionales por razones de fortuna, instrucción u otras condiciones preferentes.

En Bélgica existió esta clase de sufragio pues se otorgaba a cada elector, un voto por sí, otro por su familia (cabeza de familia, casado o viudo con hijos, mayor de 35 años y que pagase más de cinco francos de impuestos), otro voto por su propiedad (dueños de fincas o valores similares) y otro voto por su capacidad, ya sea por poseer títulos de estudios superiores o desempeñar determinadas funciones. En todo caso, ningún elector podía poseer más de tres votos.

III. Sufragio Familiar.

Sufragio *familiar* es el sufragio que es otorgado en atención a la calidad de jefe de familia del elector. Se justifica por la necesidad de vigorizar la familia, concebida como núcleo fundamental de la sociedad, para evitar el descenso de la natalidad, fortalecer la participación del jefe de familia quien tiene una mayor responsabilidad como tal y negar la gravitación del voto del individuo solitario o socialmente secundario.

Esta clase de sufragio puede admitir la forma de sufragio *familiar integral* en el que se atribuye al jefe de familia, además del voto personal, tantos otros votos como hijos menores tenga habitando en su casa y sufragio *familiar mitigado* en que se atribuye al jefe de familia, junto al voto por sí, un solo voto suplementario, a partir de un determinado número de hijos.

3. Según el sexo del elector.

Esta clasificación, distingue entre el sufragio masculino y femenino.

Desde el comienzo de las democracias, el sufragio era ejercido únicamente por los varones, quienes eran los únicos llamados a ejercer las magistraturas. Sin embargo, la acción de los movimientos feministas y las distintas corrientes políticas favorables a una participación de la mujer en las funciones públicas, fueron creando condiciones que permitieron a éstas tener acceso a ejercer el sufragio a partir del siglo XIX. En el año 1869 en el Estado de Wyoming (EE.UU), se legisla sobre el sufragio femenino y en Inglaterra en el año 1918 se concede a una gran parte de las mujeres haciéndolo extensivo para todas ellas en el año 1928.

En Chile se concedió derecho a sufragio a las mujeres en el año 1935 respecto de las elecciones municipales, y en el año 1949 se hizo extensivo para las elecciones parlamentarias y de Presidente de la República.

4. Según la obligatoriedad.

Según la obligatoriedad establecida por la ley para concurrir a sufragar, el sufragio puede ser *facultativo* u *obligatorio*.

Esta clasificación tiene un fundamento doctrinario respecto a la naturaleza del sufragio. Para quienes el sufragio es un derecho natural de las personas, consideran que es facultativo o voluntario para su titular el ejercerlo o renunciar al mismo, puesto que nadie está obligado a ejercer su propio derecho.

En cambio, quienes postulan que el sufragio corresponde al ejercicio de una función estatal a través de un órgano estatal, como lo es el cuerpo electoral constituido por los electores, éstos tienen el deber de sufragar y no hacerlo importa una infracción legal que admite sanción por ello.

En Chile el sufragio, para los ciudadanos, era obligatorio y el no hacerlo generaba responsabilidades penales, situación que ha cambiado con motivo de la reforma constitucional de la ley n°20.337 de 4 de abril de 2009 al artículo 15 de la Constitución Política y que establece que en las votaciones populares, el sufragio será personal, igualitario, secreto y voluntario.

5. Según el grado de proximidad del elector con el electo.

Se atiende a la conectividad entre quien elige y quien es elegido por lo cual el sufragio puede ser *directo o indirecto.*

a) Sufragio directo.

Es llamado también sufragio de primer grado, y es aquél en que el elector ejerce por sí mismo el derecho a sufragio, generando una vinculación inmediata, en una única instancia, que aseguran una conexión directa entre éste y el representante.

b) Sufragio indirecto.

Esta clase de sufragio es también llamado de segundo grado, y es aquél en que el elector, en una elección primaria, que corresponde a una primera etapa, elige a terceras personas llamadas electores los cuales están facultados para elegir, en una segunda etapa posterior, llamada elección de segundo grado, a los representantes.

Quienes propician esta clase de sufragio, sostienen que ella hace posible el gobierno de los mejores, al eliminar la ignorancia y la irreflexión de los sufragantes pues en la determinación de las autoridades participa un cuerpo electoral depurado.

En Estados Unidos de N.A., las elecciones de Presidente de la República se realizan a través de este sistema indirecto. En Chile se empleó este sistema indirecto hasta el año 1925 respecto de las elecciones de Presidente de la República.

321. Los sistemas electorales.

Se entiende por *sistemas electorales* las formas y procedimientos que permiten determinar los candidatos electos en las elecciones públicas, teniendo en consideración los sufragios electorales emitidos por los ciudadanos.

Las elecciones particulares, tales como las de las corporaciones, juntas de vecinos, gremios, sindicatos clubes, sociedades etc. se rigen por las normas y procedimientos que las mismas entidades acuerdan.

En Chile, conforme a lo dispuesto en el inciso segundo del artículo 15 de la Constitución, sólo pueden convocarse a votación popular para las elecciones y plebiscitos expresamente previstos en la Constitución.

Los sistemas electorales se aplican tanto en las elecciones unipersonales, como en pluripersonales, esto es, en aquéllas en que existen varios los cargos de representantes.

Para que pueda tener lugar una elección, se requiere que se encuentre precisado el área o espacio territorial dentro de la cual se llevará a cabo la elección así como determinada la agrupación de los ciudadanos que participarán en ella, área que es llamada *circunscripción electoral* y que puede ser de *tres clases:*

a) Circunscripción uninominal.

Es la circunscripción en que los ciudadanos o electores se agrupan en tantas secciones cuantas sean necesarias para que en cada circunscripción corresponda elegir un solo cargo. Por ejemplo, si hay que elegir ciento veinte diputados, se forman ciento veinte circunscripciones. En Inglaterra se emplea este sistema en el caso de determinadas elecciones.

b) Circunscripción única.

Es la circunscripción que tiene lugar cuando todo el electorado constituye una sola circunscripción para elegir el total de los cargos que corresponda elegir. En Chile, durante la vigencia de la Constitución de 1833 en las elecciones de senadores todos los ciudadanos del país votaban para elegir los veinte senadores.

c) Circunscripción plurinominal.

Son varias circunscripciones en que se divide el territorio electoral y en cada una de ellas se procede a elegir varios cargos en número igual o diverso. Es el caso de Chile, en que para las elecciones de senadores, diputados y concejales, el país se encuentra dividido en distintas circunscripciones en torno a las cuales se agrupan los electores para elegir dichos representantes.

322. Clasificación de los sistemas electorales.

Existen diversas técnicas y mecanismos destinados a determinar a los electos en las elecciones pluripersonales y para lo cual se han configurado diversos sistemas, atendiendo a la mayor gravitación que se le otorgue a las mayorías electorales. Se distinguen entre *sistemas mayoritarios*, constituidos por el sistema electoral *uninominal* y de *lista completa*, y los *sistemas minoritarios* que pueden ser *arbitrarios* y *proporcionales* y éstos, de *cuociente electoral* y de *cifra repartidora*[303].

323. Sistemas electorales mayoritarios.

Son aquellos sistemas electorales que se sustentan en el principio que la representación corresponde al candidato, grupo o partido que obtiene la mayoría de votos, sea absoluta o relativa.

Mayoría *absoluta* es la que reúne más de la mitad de los votos válidamente emitidos como es, por ejemplo, de 61 votos si se trata de un total de 120 votos, y mayoría *relativa* es la que ha obtenido la mayor cantidad de votos válidamente emitidos, pero sin alcanzar la mayoría absoluta, como es el caso, por ejemplo, de 59 votos si de un total de 120 votos, en que la lista A obtiene 59 votos, la lista B obtiene 33 votos y la lista C obtiene 28 votos.

Los sistemas electorales mayoritarios se clasifican en la siguiente forma:

a) Sistema de colegio uninominal.

Es un sistema en que los electores se encuentran agrupados en un número de circunscripciones igual al número de representantes que eligen, de modo que en cada circunscripción se elige a un sólo candidato. Por ejemplo, si en un país se deben elegir a 40 representantes, el país se divide en 40 circunscripciones, cada una de las cuales elige un solo representante que corresponde a aquél que obtenga el mayor número de votos.

Este sistema admite *dos variantes* destinadas a establecer los candidatos electos:

---

[303] Justo L. Mario. Ob. cit. p.442.

I. *A una vuelta,* en que mediante una sola votación se determina inmediatamente el candidato elegido por haber obtenido la mayoría de los sufragios, aun cuando ésta sea de carácter relativa. Este sistema es propio del que se aplica en Inglaterra y tiende a combatir el pluripartidismo.

II. *A dos vueltas,* en que se proclama electo al candidato que hubiere obtenido la mayoría absoluta y en caso que ningún candidato la obtuviere, se procede a una segunda votación o vuelta en la que se proclama elegido a quien obtuviere la más alta mayoría.

b) Sistema de lista completa.

Es un sistema en que el elector vota por una lista de candidatos y la que obtiene la mayoría de los votos, obtiene la totalidad de los cargos de representación. Así, por ejemplo, en una elección hay que elegir a cinco representantes y se presentan tres listas, cada una de las cuales presenta cinco candidatos, y se obtienen los siguientes resultados: Lista A, 5.000 votos; Lista B, 4.000 votos y Lista C, 2.000 votos. De conformidad a este sistema electoral, salen electos los cinco candidatos de la Lista A., por haber obtenido la mayor cantidad de votos, y las otras dos listas quedan sin representación.

324. Sistemas electorales minoritarios.

Son aquellos sistemas electorales en que también se concede representación a las minorías electorales, y se clasifican en sistemas *empíricos o arbitrarios* y *proporcionales o racionales.*

1. Sistemas empíricos o arbitrarios.

Son aquellos sistemas en que la representación de las minorías se establece conforme a un criterio arbitrario y artificial determinado previamente por el legislador.

Puede revestir *dos formas:*

a) *Sistema de lista incompleta.*

Es un sistema en que el elector tiene derecho a votar por un número menor de candidatos que el de los cargos que hay que proveer y para lo cual los partidos políticos o corrientes de opinión postulan listas con número inferior de nombres que cargos por llenar. Por ejemplo, si en una circunscripción hay que elegir cinco representantes, el elector sólo puede votar por una lista con tres nombres y los otros cargos corresponden a la minoría. Por consiguiente, la lista que obtiene mayor cantidad de votos elige a tres representantes y los dos restantes corresponden a la minoría o lista con menor cantidad de votos.

b) *Sistema de voto acumulativo.*

Es un sistema en que el elector dispone de tantas preferencias como representantes hayan de elegirse, encontrándose facultado el elector para distribuir a su arbitrio a un solo candidato o repartirlos del modo que desee.

Se puede señalar como ejemplo, el de una elección en que deben elegirse cinco representantes, por lo cual cada elector tiene derecho a marcar cinco preferencias. La Lista A tiene cinco candidatos y por ella sufragaron 3.000 electores que distribuyeron sus votos entre los cinco candidatos a razón de 3.000 votos a cada uno. La Lista B fue sufragada por 2.000 electores que también distribuyeron sus votos por igual entre los cinco candidatos por lo que cada uno de éstos obtiene 2.000 votos. La Lista C sólo tiene 1.000 electores que acumulan sus votos en un solo candidato de esa lista, por lo cual ese candidato obtiene 5.000 votos.

Como consecuencia de ello, resultan elegidos el candidato de la Lista C que obtuvo un total 5.000 votos y cuatro candidatos de la Lista A en que cada candidato obtuvo 3.000 votos cada uno. En cambio, la lista B que en total obtuvo una cantidad total de votos (2000) superior al total de la Lista C (1.000), pero que en forma individual cada uno de los candidatos de esa Lista B obtuvo una cantidad inferior al candidato de la Lista C.

Puede constatarse que gracias a un orden y disciplina de los electores de la Lista C se logró elegir un candidato teniendo esa lista sólo 1.000 electores y, en cambio, la Lista B que obtuvo 2.000 electores al dispersar éstos sus votos no lograron dar una mayoría a ninguno de sus candidatos quedando sin representación.

2. Sistemas racionales o proporcionales.

Son sistemas electorales destinados a establecer una representación proporcional de los candidatos electos atendida la distribución de los electores en las distintas fuerzas políticas que concurren al proceso electoral. Para ello, se recurren a diversas técnicas y procedimientos a fin de establecer con la mayor exactitud y precisión dicha proporción.

Dentro de los principales sistemas electorales proporcionales, se encuentran los sistemas del cuociente electoral y el sistema de la cifra repartidora.

a) *Sistema electoral del cuociente electoral.*

Este sistema considera como base, el cuociente que resulte de dividir el total de votos emitidos en la elección, por el número de representantes a elegir, de modo que resultan elegidos aquellos candidatos que obtengan una cantidad de votos igual o superior a dicho cuociente. Por ejemplo, en una elección para elegir cinco representantes, votan 10.000 electores, en este caso, para ser elegido se requiere haber obtenido 2.000 votos como mínimo.

Este sistema electoral deja, sin embargo, diversos vacíos por la dispersión natural de los votos que se producen en una elección con motivo de varias listas de candidatos que pueden presentarse por lo cual sólo algunos candidatos podrán alcanzar el cuociente electoral.

b) *Sistema de la cifra repartidora.*

Este sistema electoral se basa en dar a cada lista el número de elegidos que sea la resultante común de las listas presentadas, para lo cual es previo calcular la cifra repartidora.

Para ello es necesario realizar las siguientes *operaciones aritméticas:*

1. Se deben sumar los votos obtenidos por cada candidato.
2. Se deben sumar los votos obtenidos por cada lista.

Lista A : 6.500 votos.

Lista B : 3.200 votos.

Lista C : 1.800 votos.

3. Se deben dividir cada uno de los totales de cada lista por 1, 2, 3, 4, etc., hasta el número de cargos a completar. Si se trata de cinco cargos, deberá dividirse cada vez hasta dicho número.

Lista A :Lista B : Lista C :

6.500 : 1= 6.500.3.200 : 1= 3.200.1.800 : 1= 1.800.

6.500 : 2= 3.250.3.200 : 2= 1.600.1.800 : 2= 900.

6.500 : 3= 2.166.3.200 : 3= 1.066.1.800 : 3= 600.

6.500 : 4= 1.625.3.200 : 4= 800.1.800 : 4= 450.

6.500 : 5= 1.300.3.200 : 5= 640.1.800 : 5= 360.

4. Efectuadas las divisiones, se deben ordenar los cuocientes obtenidos en orden decreciente y el cuociente que corresponde al número de cargos a elegir, esto es, en el caso que fueren 5, este cuociente determina la cifra repartidora.

1) 6.500 (Lista A)

2) 3.250 (Lista A)

3) 3.200 (Lista B)

4) 2.166 (Lista A)

5) 1.800 (Lista C)

El cuociente que ocupa el quinto lugar del orden decreciente constituye la *cifra repartidora,* esto es, el correspondiente a 1.800 votos.

5.Los totales de cada lista deben dividirse por el cuociente electoral para determinar la cantidad de candidatos que elige cada lista.

Lista A .....6.500 : 1.800 = 3.

Lista B ......3.200 : 1.800 = 1.

Lista C ......1.800 : 1.800 = 1.

En consecuencia, la Lista A elige tres candidatos y las Listas B y C eligen un candidato cada una.

Se debe observar que una pequeña diferencia en los totales de cada lista puede hacer variar el cuociente electoral y el número de candidatos que puede elegir cada lista.

325. Sistema electoral público vigente en Chile.

El artículo 18 de la Constitución Política de 1980 establece la existencia de un sistema electoral público el cual se encuentra regulado por las Leyes Orgánicas Constitucionales n°18.460 sobre Tribunal Calificador de Elecciones; ley n°18.556 sobre Sistema de Inscripciones Electorales y Servicio Electoral; ley n°18.603 sobre Partidos Políticos, ley n°18.700 sobre Votaciones Populares y Escrutinios; ley n°19.884 sobre transparencia y control del gasto electoral y ley n°20.640 sistema de elecciones primarias para la nominación de candidatos a Presidente de la República, Parlamentarios y Alcaldes.

De conformidad a las señaladas normas legales el sistema electoral de Chile es de carácter mayoritario, pues tratándose de elecciones de Presidente de la República, para ser elegido se requiere obtener más de la mitad de los sufragios válidamente emitidos.

En el caso de elecciones de diputados y senadores, de conformidad a lo dispuesto en el artículo 109 bis de la ley n°18.700, el Tribunal Calificador de Elecciones proclamará elegidos a los candidatos, conforme a las reglas establecidas en el procedimiento que a continuación se detalla:

1. El Tribunal Calificador de Elecciones determinará las preferencias emitidas a favor de cada lista y de cada uno de los candidatos que la integran.

2. Se aplicará el sistema electoral de coeficiente D'Hondt, para lo cual se procederá de la siguiente manera:

a) Los votos de cada lista se dividirán por uno, dos, tres y así sucesivamente hasta la cantidad de cargos que corresponda elegir.
b) Los números que han resultado de estas divisiones se ordenarán en orden decreciente hasta el número correspondiente a la cantidad de cargos que se eligen encada distrito electoral o circunscripción senatorial.
c) A cada lista o pacto electoral se le atribuirán tantos escaños como números tenga en la escala descrita en la letra b).

3. En el caso de las listas conformadas por un solo partido político, el Tribunal Calificador de Elecciones proclamará electos a los candidatos que hayan obtenido las más altas mayorías individuales de cada lista, de acuerdo al número de cargos que le correspondan a cada una de ellas, luego de aplicar las reglas descritas precedentemente.

4. En el caso de los pactos electorales, se aplicarán las siguientes reglas para determinar cuántos escaños le corresponden a cada uno de ellos:

a) Se calculará el total de los votos de cada partido político o, en su caso, de la suma de cada partido político y las candidaturas independientes asociadas a ese partido.
b) Se dividirá por uno, dos, tres y así sucesivamente, hasta la cantidad de cargos asignados al pacto electoral.
c) A cada partido político o, en su caso, a cada partido y las candidaturas independientes asociadas a éste, se le atribuirán tantos escaños como números tenga en la escala descrita en la letra b) precedente.

d) El Tribunal Calificador de Elecciones proclamará elegidos a los candidatos que hayan obtenido las más altas mayorías individuales de cada partido político o, en su caso, de cada partido, considerando las candidaturas independientes asociadas éste dentro de un pacto electoral, de acuerdo a los cupos obtenidos por cada uno de ellos.

En caso de empate entre candidatos de una misma lista, o entre candidatos de distintas listas que a su vez estén empatadas, el Tribunal Calificador de Elecciones procederá en audiencia pública a efectuar un sorteo entre ellos, y proclamará elegido al que salga favorecido.

En el caso de elecciones Municipales, la Ley Orgánica de Municipalidades n° 18.695, para la elección de Concejales, se consagra un sistema proporcional de cifra repartidora y para ser elegido Alcalde, se requiere que obtenga la mayor cantidad de sufragios válidamente emitidos en la comuna, esto es, excluido los votos blancos y nulos.

326. Los partidos políticos.

Es propio de la naturaleza de los hombres que éstos se dividan entre sí para acometer una obra o empresa, pues las diferencias intelectuales, morales, intereses y ambiciones, los inducen a fijar objetivos y procedimientos diferentes para sus logros, por lo cual ellas se agrupan en fracciones antagónicas que compiten entre sí de modo que cada hombre se perfila como partidario de alguna de ellas.

Las características de estas tendencias varían desde aquéllas que buscan restringir la intervención de la autoridad en el desarrollo social, hasta aquéllas que pretenden una mayor injerencia del gobernante en las actividades económicas, políticas y sociales de la comunidad.

En el proceso de acceder a la conquista del poder político, los partidos políticos constituyen una realidad social que adquiere especial importancia en los Estados democráticos pues han adquirido el carácter de principales actores, y sostenedores del régimen representativo de gobierno.

Históricamente en el campo de la política, siempre se ha presentado un fraccionamiento entre los miembros de la comunidad respecto de la manera o forma de ejercer el poder. Así, en Atenas existían partidarios de Pericles y de Demóstenes; en la república romana, partidarios de Mario y de Sila; en Inglaterra, los Torys o conservadores y los Wighs o liberales; en Francia, durante la revolución, los girondinos y los montañeses; en

Estados Unidos de Norteamérica, los federalistas y los unionistas; en Chile, durante la independencia, existían los monárquicos o realistas y los independentista o patriotas.

Sin embargo, estas tendencias no lograron configurar una estructuración operativa ni una organización permanente, por lo cual su grado de influencia y presión fue ejercida frente a situaciones determinadas y precisas.

Es a partir del surgimiento del régimen democrático representativo de gobierno que los partidos políticos comienzan a darse una organización interna permanente y estable. Corresponde a los Estados Unidos de Norteamérica, ser el primer país en que comienza a dárseles una estructuración.

El desarrollo de los partidos políticos, no ha estado ajeno a las críticas y oposición de intelectuales, autores y políticos, como los casos de J.J.Rousseau y de G.Washington, quienes sostenían que los partidos políticos constituían verdaderos obstáculos para la libre generación de la voluntad ciudadana, por su acción distorcionadora al monopolizar el proceso electoral tanto en lo concerniente a determinar los candidatos, así como por su intervención en el proceso electoral.

En la actualidad no existen discrepancias trascendentes en cuanto a reconocerles su importancia en el régimen representativo, como se constata en el pensamiento de juristas tales como Bryce, Kelsen, Laski, Duverger, Burdeau y otros, habiendo logrado reconocer que los partidos políticos han adoptado doctrinas filosóficas, económicas y sociales que les fijan su línea de acción logrando una estabilidad por la organización y disciplina que se han establecido.

327. Concepto de partido político.

Existen numerosos conceptos de partido político atendido a los diversos elementos que los configuran, así como las distintas funciones que se le asignan y la amplitud de sus objetivos y sus planeamientos doctrinarios.

Para Pablo Lucas V. los partidos políticos "son agrupaciones organizadas, estables, que solicitan apoyo social a su ideología y programa político, para competir por el poder y participar en la orientación política del Estado" [304].

[304] Lucas V. Pablo. Principios de Ciencia Política. Ed. Tecnos. Madrid. 1971. T. III. p. 37.

Según G. Burdeau, partido político "es un grupo de individuos que profesan los mismos puntos de vista políticos y se esfuerzan por hacerlos prevalecer, afiliando a ellos el mayor número de ciudadanos y buscando conquistar el poder, o por lo menos, influenciar sus decisiones" [305].

En Chile, el artículo 1° de la Ley n° 18.603, establece que los partidos políticos son asociaciones autónomas y voluntarias organizadas democráticamente, dotadas de personalidad jurídica de derecho público, integradas por personas naturales que comparten unos mismos principios ideológicos y políticos, cuya finalidad es contribuir al funcionamiento del sistema democrático y ejercer influencia en la conducción del Estado, para alcanzar el bien común y servir al interés nacional.

Los partidos políticos expresan el pluralismo político, concurren a la formación y expresión de la voluntad popular, son instrumento fundamental para la participación política democrática, contribuyen a la integración de la representación nacional y son mediadores entre las personas y el Estado.

Los partidos políticos deberán contribuir al fortalecimiento de la democracia y al respeto, garantía y promoción de los derechos humanos reconocidos en la Constitución, en los tratados internacionales ratificados y vigentes en Chile, y en las leyes.

La Constitución Política de 1980 en su artículo 19 n°15 inciso sexto, dispone que los partidos políticos no podrán intervenir en actividades ajenas a las que le son propias ni tener privilegio alguno o monopolio de la participación ciudadana, la nómina de sus militantes s registrará en el servicio electoral del Estado, el que guardará reserva de la misma, la cual será accesible a los militantes del respectivo partido, su contabilidad deberá ser pública, las fuentes de su financiamiento no podrán provenir de dineros, bienes, donaciones, aportes ni créditos de origen extranjero; sus estatutos deberán contemplar las normas que aseguren una efectiva democracia interna. Una ley orgánica constitucional regulará las demás materias que les conciernan y las sanciones que se aplicarán por el incumplimiento de sus preceptos, dentro de las cuales podrá considerar su disolución.

---

[305] Burdeau George. Ob. cit. p.246.

328. Clasificación de los partidos políticos.

Diversas son las clasificaciones de los partidos políticos y atendido a sus orígenes, elementos de organización y objetivos, pueden clasificarse desde diversos puntos de vista.

1. Partidos de derecha, de centro y de izquierda.

Esta clasificación se originó por la forma de ubicación de los diputados en el recinto de la Asamblea Nacional en Francia, correspondiendo los primeros a los de *tendencia conservadora, l*os segundos de carácter moderado y los últimos, de *posiciones radicales.* Esta denominación se les asigna actualmente en el campo de la lucha política, con la diferencia que los partidos socialistas y marxistas, han pasado a ocupar la denominación de partidos de izquierda propiamente tales.

2. Partidos de cuadros y de masas.

Los *partidos de cuadros* también llamados de élites, son partidos que prefieren privilegiar la calidad de sus miembros a la cantidad de los mismos y se caracterizan porque sus fuentes de financiamientos, generalmente, provienen de personas o entidades de influencias económicas o intelectuales. Sus estructuras son débiles, carecen de un contenido programático desarrollado y generalmente actúan con poca disciplina. Dentro de esta categoría se incluyen a los partidos conservadores y liberales.

Los *partidos de masas*, en cambio, son partidos que poseen una organización estable y disciplinada en todos sus niveles, bajo una organización piramidal en que las decisiones son adoptadas con participación de todos los miembros subordinados a sus directivas. Sus financiamientos provienen, fundamentalmente, de las cotizaciones, erogaciones y aportes de sus propios miembros, por lo cual procuran lograr el mayor número de adherentes. Tales son los casos de los partidos socialdemócratas, demócratacristiano, socialistas y comunistas, entre otros.

3. Partidos de opinión y de ideologías.

Los partidos de *opinión* son aquellos partidos que, constituidos por afiliados con heterogeneidad social, pretenden encauzar y dirigir la opinión pública, sin monopolizarla.

Los partidos *ideológicos*, en cambio, son aquéllos que están estructurados sobre la base de una ideología determinada dirigiendo su acción para imponer y controlar todos los sistemas del Estado. Es el caso de los partidos comunistas, socialistas y nacionalsocialistas.

4. Partidos de representación individual y de integración social.

Los partidos políticos de *representación individual* se caracterizan por la libre inscripción de sus miembros y, además, porque sus adherentes tienen una participación exclusivamente política expresada en la selección y elección de los candidatos, quienes actúan sobre la base de un mandato libre.

Los partidos políticos de *integración social* son aquéllos que establecen, entre sus afiliados, fuertes vínculos de deberes y obligaciones que son expresados tanto al interior del partido como en las actividades sociales, formativas y de proselitismo.

Al respecto, señala Sigmund Neumann[306] que se debe distinguir entre la integración de carácter democrática, en que se organizan bibliotecas, clubes deportivos, teatros, centros filantrópicos, etc. y de integración social, en que se exige una entrega total de la personalidad del militante al partido, expresada en que todas las actividades realizadas por la persona, están relacionadas con el partido, como sucede con los partidos de carácter totalitarios.

5. Partidos liberales y partidos autocráticos.

Partidos liberales son aquéllos que tienen por fundamento y finalidad, el logro de la libertad, caracterizándose por su pluralismo doctrinario y su tolerancia y, además, por asignarle una actividad determinada y limitada al Estado.

Los *partidos autoritarios*, son aquéllos que están estructurados en torno a un determinado programa doctrinario que pretende imponer en la sociedad para su transformación, negando la libertad y el pluralismo político.

6. Partidos nacionales y partidos internacionales.

Los *partidos nacionales* son aquéllos que tienen por objetivos los logros políticos dentro de las fronteras del propio Estado. En cambio, los *partidos*

---

306 Sigmund Neumann. Partidos Políticos Modernos. Edit. Tecnos. S.A. España. 1965. p.608.

internacionales, son aquellos que persiguen finalidades de transformación social y económica tanto dentro como fuera del propio Estado.

329. Funciones de los partidos políticos.

En los regímenes políticos modernos de democracia representativa, los partidos políticos desarrollan una labor fundamental que se manifiesta en distintas funciones que realizan.

a) *Establecen y jerarquizan valores*, principios e intereses en torno a propuestas de desarrollo y perfección de las personas y de las actividades del Estado. Con ello, los ciudadanos tienen oportunidad de elegir caminos de soluciones a los problemas sociales, económicos, culturales y otros, propios de toda sociedad, de adherirse a ellos y propiciar actividades para su logro.

b) Contribuyen en la formación de la *opinión pública* permitiendo la educación cívica de los ciudadanos al difundir sus programas y exponer el análisis crítico de las realidades nacionales.

c) Reúnen a los ciudadanos para transformar sus adhesiones en una *fuerza colectiva* capaz de acceder a la conducción del gobierno o, al menos, de influir en la toma de decisiones de éste.

d) *Forman a las personas* para el desempeño de actividades propia de la política, tanto respecto de dirigentes políticos, como de funciones públicas y cargos de representación popular.

e) Cooperan en el *proceso electoral* mediante la presentación de candidatos, dirección de la propaganda política, supervisión del proceso electoral, control de los escrutinios y reclamaciones de los mismos.

f) Intervienen en el *proceso legislativo* a través de los representantes pertenecientes a sus filas, y en la fiscalización de los actos de la autoridad ejecutiva.

g) Participan de la *acción gubernativa* del Estado concretando los programas y postulados políticos, y asumiendo la responsabilidad política por los actos de los militantes que desempeñan dichas funciones.

330. Reconocimiento constitucional de los partidos políticos.

Hasta fines del siglo XIX los partidos políticos eran entidades de hecho, que actuaban bajo la concepción de una asociación de personas y sin reconocimiento legal expreso. No se registra texto constitucional alguno que los regule ni en su organización ni en su funcionamiento. Incluso, generaban algún grado de oposición, como es el caso de la Constitución de Alemania de Weimar de 1919 que señalaba, indirectamente, un rechazo a los mismos, al establecer en su artículo 130 que "los funcionarios son servidores de la colectividad, no de un partido".

Sin embargo, a partir del siglo XX, comienza un paulatino reconocimiento del rol de los partidos políticos y la necesidad de su institucionalización. Así, la Constitución de Uruguay de 1917 en su artículo 82 mencionaba los partidos políticos con motivo de la integración del Poder Ejecutivo, cuyo Consejo de Administración había de tener representación de las minorías.

La Constitución de España de 1931 dedicaba su Título III a "las fracciones o grupos parlamentarios" exigiendo a los diputados la declaración de sus filiaciones y organizando, en forma muy primaria, a los partidos dentro de la Cámara con motivo de su integración en las Comisiones.

La Ley Fundamental de Alemania de 1949 de actual vigencia, en su artículo 21 establece que "los partidos colaboran en la formación de la voluntad política del pueblo. Será libre su fundación. Su ordenamiento interno deberá responder a los principios de la democracia y deberán rendir cuentas públicamente sobre el origen de sus recursos económicos. Serán inconstitucionales los partidos que en virtud de sus objetivos o del comportamiento de sus afiliados se propongan menoscabar o eliminar el orden básico demoliberal o poner en peligro la existencia de la República Federal de Alemania".

La Constitución de Bulgaria de 1971 dispone en su artículo 1° que "El Partido Comunista Búlgaro constituye la fuerza directriz en el seno de la sociedad y del Estado". En similares términos se refieren a los partidos políticos las Constituciones de Hungría de 1949 y la de Rumania en sus respectivos artículos terceros.

La Constitución de España de 1978 fija las bases de los partidos políticos en su artículo 6; la de Francia de 1958 en su artículo 4; la de Grecia de 1975 en su artículo 29; la de Italia de 1947 en su artículo 49; la de Polonia de 1952 en su artículo 3°; la de Portugal de 1976 en su artículo 42; la de Suecia de 1974 en su artículo 7°; la de Turquía de 1961 en su artículo 56.

Por su parte, la Convención Americana sobre Derechos Humanos "Pacto san José de Costa Rica" de 1969 dispone en su artículo 16 que todas las personas tienen derecho a asociarse libremente con fines, entre otros, de índole político, derecho que sólo puede estar sujeto a las restricciones previstas por la ley que sean necesarias en una sociedad democrática en interés de la seguridad nacional, de la seguridad o del orden público, o para proteger la salud o moral pública o los derechos de los demás.

331. Los partidos políticos en Chile.

Los partidos políticos han tenido presencia y acción en Chile desde el inicio de su vida independiente expresados, en una primera etapa, como meras corrientes de opinión, para transformarse, desde la segunda mitad del siglo XIX, en asociaciones con idearios políticos que buscaban el acceso al poder pero carentes de normativas legales que regularen su establecimiento y funcionamiento.

En la Constitución Política de 1925 se les menciona brevemente en su artículo 25 al establecer que en las elecciones de Diputados y Senadores debía emplearse un sistema que diere por resultado en la práctica una efectiva proporcionalidad en la representación de las opiniones y de los partidos políticos.

Sin embargo, por ley n°6.026 de 12 febrero 1937, se prohibió la existencia u organización en Chile, de todo movimiento, facción o partido militarizado o uniformado que persiguiere la implantación de un régimen opuesto a la democracia.

Asimismo, la ley n°8.987 de 1948 prohibió la existencia, organización, acción y propaganda de palabra o por escrito o por cualquier otro medio, del Partido Comunista y, en general, de toda asociación, entidad, partido, facción o movimiento que persiga la implantación de un régimen opuesto a la democracia o que atente contra la soberanía del país.

Con la ley n°9.334 de 1949 comenzó la regulación legal de los partidos políticos pues se dispuso que éstos debían inscribir en el Registro Electoral su escritura de constitución, y por ley n°12.891 de 1958 se estableció que para registrar su nominación el partido político debía acompañar una nómina de por lo menos tres mil electores adherentes con firma autorizada ante notario.

En el año 1962 la ley n°14.852 dispuso que los partidos políticos tendrían personalidad jurídica por el hecho de inscribirse en el Protocolo de Partidos Políticos a cargo del Servicio Electoral con diez mil adherentes.

Posteriormente, el año 1971, por reforma a la Constitución de 1925, contenida en la ley n°17.398 se consagró, como garantía constitucional, el derecho de todos los chilenos de agruparse libremente en partidos políticos, reconociéndole a éstos la calidad de personas jurídicas de derecho público, y con los objetivos de concurrir de manera democrática a determinar la política nacional. Se les reconoció el derecho para establecer su propia organización interna, sus programas y principios, presentar candidaturas y tener acceso a los medios de difusión.

Con motivo del quiebre institucional de 1973 el Gobierno de la Junta Militar, con fecha 13 octubre de 1973 dictó el Decreto Ley n°77 por el cual se prohibió y declaró asociaciones ilícitas y disolvió los Partidos Comunista, Socialista, Unión Socialista Popular, Movimiento de Acción Popular Unitario, Izquierda Cristiana, Acción Popular Independiente y todas aquellas entidades, agrupaciones, facciones movimientos que sustentaren la doctrina marxista o que por sus fines o por la conducta de sus adherentes fueren substancialmente coincidentes con los principios y objetivos de dicha doctrina y que tendieren a destruir o desvirtuar los propósitos y postulados fundamentales consignados en el Acta de Constitución de la Junta Militar.

Con fecha 12 marzo 1977 se dictó por la Junta Militar, el Decreto Ley n°1.697 por el cual se declaró disuelto todos los partidos políticos y entidades, agrupaciones, facciones o movimientos de carácter político no comprendidos en el D.L. n° 77.

La Constitución Política de 1980 estableció en su primitivo artículo 8° las inconstitucionalidad de las organizaciones y de los movimientos o partidos políticos que por sus fines o por la actividad de sus adherentes tiendan a propagar doctrinas que atenten contra la familia, propugnen la violencia o una concepción de la sociedad, del Estado o del orden jurídico de carácter totalitario o fundada en la lucha de clases. Esta disposición fue derogada por la Ley de Reforma Constitucional n°18.825 de 1989.

Las bases constitucionales de los partidos políticos actualmente se encuentran establecidas en el artículo 19 n°15 de la Constitución, en el cual se establece la naturaleza de asociaciones de éstos, que sólo pueden intervenir en actividades que les son propias, no pudiendo tener privilegio alguno o monopolio de la participación ciudadana, sus militantes deben registrarse en nóminas en el Servicio Electoral, su contabilidad debe ser pública y sus financiamientos sólo pueden ser de origen interno.

La Constitución Política, en la indicada disposición, garantiza el pluralismo político, pero declara inconstitucionales los partidos, movimientos u otras formas de organización cuyos objetivos, actos o conductas no respeten los principios básicos del régimen democrático constitucional, procuren el establecimiento de un sistema totalitario, como asimismo, aquéllos que hagan uso de la violencia, la propugnen o inciten a ella como método de acción política.

La organización, funcionamiento y actividades de los partidos políticos se encuentran regulados por la Ley Orgánica Constitucional n° 18.603 de 23 marzo de 1987.

332. Las Fuerzas Armadas.

Las Fuerzas Armadas han constituido una permanente fuerza dinámica dentro de la sociedad y es por ello que en las distintas concepciones referentes a la estructuración del Estado, se han establecido sistemas para regular su organización, con el objeto de precisar sus actividades y funciones circunscritas al campo de la defensa militar del país.

Platón señalaba que los hombres estaban destinados a cumplir funciones específicas atendidas las virtudes de las cuales estaban impregnados, señalando que aquéllos guiados por la virtud y las pasiones generosas capaces de heroísmo, debían cumplir las funciones de la milicia para ofrecer seguridad y paz a la sociedad.

En la antigüedad, los ejércitos se estructuraban sobre la base de los rehenes, prisioneros y esclavos de los pueblos vencidos, lo cual cambió durante la Edad Media en la cual los ejércitos se constituyeron en grupos guerreros dominados por líderes de la aristocracia que se unían en tono al señor feudal y auxiliados además, por grupos mercenarios.

La revolución francesa, al propugnar que el poder no radica en el soberano sino en el pueblo, genera un sentimiento de defensa y protección de la nación, por lo cual los ejércitos se transforman en instituciones permanentes y constituidos por nacionales que se integran por medio del servicio militar obligatorio.

La importancia que se asigna a las Fuerzas Armadas se expresa en su institucionalización constitucional. La Ley Fundamental de Alemania de 1949, las regula en su artículo 87 a); la Constitución de Austria en su artículo 79 y siguientes; la de Bélgica de 1831 en su artículo 118; la de Bulgaria de 1971 en su artículo 62; la de España de 1978 en su artículo 8°; la de Finlandia de 1919 en su artículo75; la de Francia de 1958 en su artículo 15; la de Grecia de 1975 en su artículo 45; la de Holanda de 1972 en su artículo 194; la de Hungría de 1949 en su artículo 70; la de Italia de 1947 en su artículo 52; la de Polonia de 1952 en su artículo 10; la de Portugal de 1976 en su artículo 273; la de Suecia de 1974 en el artículo 9 de su Capítulo X; la de Suiza de 1874 en sus artículos 13 y siguientes; la de Turquía de 1961 en su artículo 60.

En América, asimismo, diversos textos constitucionales consagran su existencia, tal como sucede en la Constitución de EE.UU. de Norteamérica en su artículo II sección 2; Perú en la Constitución de 1979 en su Capítulo XIII; de la República Dominicana de 1994 en su Título XI; de Ecuador de 1977 en su artículo 129; de Venezuela de 1961 en su artículo 132; de El Salvador de 1983 en su artículo 212.

En Chile se encuentran reguladas en el Capítulo XI de la Constitución Política de 1980 y en la Ley Orgánica Constitucional de Fuerzas Armadas n°18.948.

El artículo 101 de la Carta Fundamental señala que las Fuerzas Armadas dependientes del Ministerio encargado de la Defensa Nacional están constituidas única y exclusivamente por el Ejército, la Armada y la Fuerza Aérea. Existen para la defensa de la patria y son esenciales para la seguridad nacional. Las Fuerzas de Orden y Seguridad Pública están integradas sólo por Carabineros e Investigaciones. Constituyen la fuerza pública y existen para dar eficacia al derecho, garantizar el orden público y la seguridad pública interior, en la forma que lo determinen sus respectivas leyes orgánicas. Dependen del Ministerio encargado de la Seguridad Pública. Las Fuerzas Armadas y Carabineros, como cuerpos armados, son esencialmente obedientes y no deliberantes. Las fuerzas dependientes de los Ministerios encargados de la Defensa Nacional y de la Seguridad Pública son, además, profesionales, jerarquizadas y disciplinadas.

333. Funciones de las Fuerzas Armadas.

Las Fuerzas Armadas tiene por función primordial la de velar por la seguridad tanto interna como externa del país, por lo cual constituyen un instrumento de fuerza para respaldar el poder civil en el ejercicio de su soberanía.

Para el cumplimiento de esos objetivos, sus medios son empleados en tierra, mar y aire asignándoseles funciones específicas al Ejército, la Marina y Fuerza Aérea. Asimismo, les corresponde cumplir una labor auxiliar de la autoridad civil, especialmente frente a situaciones de emergencias nacionales, tales como terremotos, huracanes, inundaciones, incendios, epidemias, sequías, paralización de actividades vitales para el servicio a la población tales como la salubridad, electricidad, agua, y otros.[307]

Participan con el poder civil en el resguardo de la seguridad nacional para la adopción de medidas y acciones que protegen al país, su soberanía, su nacionalidad, sus fuerzas o energías espirituales, sociales, económicas, culturales, históricas y demás expresiones de una sociedad de cualquier amenaza que afecte su naturaleza o integridad.

Las Fuerzas Armadas tienen, además, como tarea la de colaborar con las fuerzas de orden público en el caso de alteraciones del orden interno derivadas de sublevaciones, movimientos sediciosos o revolucionarios.

334. Características de las Fuerzas Armadas.

No obstante las naturales diferencias existentes en las distintas Fuerzas Armadas, en ellas existen aspectos y rasgos comunes que permiten indicar sus características.

a) Obediencia.

La obediencia es una condición de existencia de toda comunidad social e implica una relación entre quienes mandan y quienes deben acatar lo mandado, es decir, cumplir la voluntad de quien ordena y constituye, por lo mismo, una condición básica en un sistema político democrático.

En las Fuerzas Armadas esta obediencia se manifiesta en el régimen interno de sus miembros que se encuentran sujetos a la obediencia jerárquica y cuya inobservancia puede ser constitutiva de un ilícito. Además, la obediencia se aplica en su relación con el poder civil al cual se encuentran

---

[307] Polloni Alberto. Las Fuerzas Armadas de Chile. Edit. A. Bello. Santiago. 1972. p.317.

subordinadas por constituir un órgano e instrumento para el cumplimiento de las políticas nacionales que son establecidas por la autoridad civil.

Al respecto, Herman Heller señala "un poder militar que no se subordine al cometido de organizar y actuar para la cooperación social en un territorio, no es más que una partida de bandoleros. Pero en tanto que asegura la función política en lo interior y lo exterior, el poder militar es una ineludible condición de existencia de todo poder estatal. El poder armado asegura la existencia del poder político no sólo en cuanto se ejerce de hecho, sino ya como mera amenaza" [308].

b) No deliberantes.

Como cuerpos armados, las Fuerzas Armadas no son deliberantes, es decir, no pueden entrar a considerar lo positivo o negativo de los motivos de una decisión, resolución u orden antes de adoptarla. Esta prohibición se extiende a las deliberaciones de los problemas colectivos con miras a uniformar criterios o coordinar actitudes que conduzcan a expresar beneplácito o crítica a los órganos del poder político.

Sin embargo, son licitas las deliberaciones que se realicen con motivo de los debates o análisis efectuadas dentro de las instituciones armadas tales como Academias, Escuelas u otros, con propósito de estudios o perfeccionamientos relacionados con situaciones comprendidas dentro de la órbita de la competencia y funciones de ellas.

c) Profesionales.

Como cuerpos armados, las Fuerzas Armadas deben cumplir con su misión propia para lo cual se encuentran concebidas, esto es, la defensa interna y externa del país. Para sus integrantes constituye la actividad permanente y exclusiva que les corresponde desarrollar dentro de la comunidad.

Para estos efectos, se establece una carrera que determina la forma de su ingreso, formación, ascensos y retiros. Atendida la complejidad y trascendencia de la actividad militar resulta comprensible que se les exija a sus integrantes dedicación exclusiva y permanente.

d) Disciplinadas.

Como consecuencia de la calidad de obedientes, las Fuerzas Armadas son disciplinadas, esto es, deben observar estrictamente el cumplimiento

---

[308] Heller Herman Ob. cit. p.226.

de las leyes, ordenanzas, reglamentos, órdenes e instrucciones que les son impuestas para el ejercicio de sus cargos. Toda violación a ellas, importa un acto de indisciplina, una infracción que trae aparejada una sanción.

e) Jerarquizadas..

Su organización interna exige la existencia de un estricto orden de prioridad entre sus integrantes que se estructura a través de escalafones y grados de modo que se genera una vinculación y dependencia tanto en un sentido ascendente como descendente.

335. Su expresión como fuerza política.

El profesionalismo militar de los integrantes de las Fuerzas Armadas, permite a éstos la especialización en diversas áreas de las ciencias y cultura, la cual, aplicada en el ejercicio de las funciones militares, permite un contacto con la realidad circundante de la cual pueden extraerse juicios de valor y de comparación.

Asimismo, los estudios y análisis de los diversos cuadros de vivencias, reales o posibles, efectuadas a través de los órganos institucionalizados de las Fuerzas Armadas, permite investigar y explorar los problemas sociales, económicos y políticos que tengan alguna atingencia con la función militar, la cual induce proponer soluciones constituyéndose, con ello, en una fuerza de expresión social ante la autoridad civil [309].

En muchas oportunidades, la falta de respuesta a estas inquietudes, se ha traducido en una exteriorización de la voluntad militar de cambio, que saltando los márgenes legales, y mediante el empleo del poder bélico que ostentan, han obligado a la autoridad gobernante a la adopción de determinadas medidas de solución, incurriéndose, incluso, en la deposición de los titulares del poder civil, para su sustitución por otra, o bien, asumiendo directamente la función gubernativa.

La gravitación de las Fuerzas Armadas en la vida política de los Estados adquiere mayor preponderancias en la medida que la organización y cultura cívica de los pueblos no se encuentra sólidamente constituida, pues la tentación del caudillismo militar encuentra un fácil acceso al poder ante la debilidad institucional, como se constata, especialmente, en la historia de los países de América del Sur.

[309] Oehling Herman. La función política del Ejército. Instituto de Estudios Políticos. Santiago.1977.p.213.

BIBLIOGRAFÍA

1. Alcalá G. Antonio. Lecciones de Derecho Político. Imp. Fareso S. A. Madrid. 1984.
2. Alessandri A. Somarriva M. Vodanovic A. Tratado de Derecho Civil. Edit. Juríd. Chile. 200
3. Alessandri R. Arturo y otros. Curso Derecho Civil Edit. Nascimento. 1945.
4. Amunátegui J. Gabriel Derecho Constitucional. Edit. Juríd. Chile. 1950.
5. Andrés Bello. Derecho Internacional. Obras Completas. Vol. X. Santiago 1886.
6. Aristóteles. La Política. Libro VII y VIII. Editorial Iberia. Barcelona. 1962.
7. Barros J. Ernesto. Derecho Internacional Público. Edit. Juríd. Chile. 1955.
8. Bernaschina G. Mario. Derecho Constitucional. Edit. Juríd. Chile. 1958.
9. Biscaretti Paolo. Derecho Constitucional. Edit. Tecnos. Madrid. 1973.
10. Blair George. El Gobierno local de los EE.UU. Edit. Omeba. B. Aires. 1966.
11. Burdeau G. Traité de Science Politique. Lib.Gral. de Droit.París.1952.
12. Burdeau George. Derecho Constitucional e Instituciones Políticas. Editora Nacional. Madrid. 1981.
13. Campos H. Fernando. Historia Constitucional de Chile. Edit. Juríd. 1977.
14. Canessa Julio R. Estado según Marx y Hegel. Rev. Política y Estrategia. Editorial Universitaria. Santiago. 1989.
15. Carré de Malberg. R. Teoría General del Estado. Fondo Cultura Económica. México.1948.
16. Cea E. José Luis. Teoría Política y Constitucional. Introducción a la Política y Teoría de la Sociedad .Edit. Juríd. Chile. 1979.
17. Cea E. José. L. Derecho Constitucional Chileno. Edic. P.U. Católica. 2002.
18. Cea. Teoría Política y Constitucional. Instituto Docencia e Investigación Jurídica. Santiago.1972.
19. Cruchaga Tocornal Miguel. Nociones Derecho Internacional. Madrid. 1923.
20. Cumplido Francisco y otro. Derecho Político. Edic. Univer. A Bello. Chile. 1990.

21. Cumplido Francisco y Nogueira. Teoría de la Constitución. Inst. Chileno Estudios Humanísticos.1985.Santiago.
22. Daranas Mariano. Las Constituciones Europeas. Edit. Nacional. Madrid. 1979.
23. Duguit León. Derecho Constitucional. Edit. Reus. Madrid. 1926.
24. Duguit León. Las transformaciones del Derecho Público. Imp. Blas . Madrid 1915.
25. Duverger Maurice. Instituciones Políticas y Derecho Constitucional. Ediciones Ariel. Barcelona. 1970.
26. Duverger Maurice. Introducción a la Política. Edit. Ariel. Barcelona. 1970.
27. Duverger Maurice. Sociología de la Política. Edit. Ariel. Barcelona. 1976.
28. Elías A María. La institucionalización del Poder. Edit. Juríd. Chile. 1967.
29. Evans H. Carles. La Suprema Corte de Estados Unidos. Fondo Cultura Económica. México.1946.
30. Eyzaguirre Sebastián. El Poder en la Teoría del Estado. Edit. Juríd. Chile. 1967.
31. Fayt S. Carlos .Derecho Político. Ediciones Depalma. B. Aires.1988.
32. Fichter J. Sociología. Edit. Herder. Barcelona. 1972.
33. Fischbach George. Derecho Político General y Constitucional Comparado. Edit. Labor. Barcelona. 1934.
34. Galaz U. Sergio. Derecho Constitucional e Instituciones Políticas. Edit. U. Concepción.1960.
35. Giuseppe Graneris. La Filosofía del Derecho a través de su historia y de sus problemas .Edit. Juríd. Chile. 1979.
36. Görlitz Alex. Diccionario Ciencia Política. Editorial Alianza. Madrid. 1980.
37. Guzmán E. Jaime. Derecho Político. Edic. Pontificia Universidad Católica. 1996.
38. Hauriou André. Derecho Constitucional e Instituciones Políticas. Edit. Ariel Barcelona. 1971.
39. Hauriou Maurice. Principios Derecho Público y Constitucional. Editorial Reus. Madrid. 1927.
40. Heller Herman. Teoría del Estado. Edit. Fondo Cultura Económica. México. 1968.
41. Hobbes Thomas. Leviathan. Editorial Nacional. Madrid. 1983.
42. Hübner G. Jorge. Introducción al Derecho. Edit. Juríd. Chile. 2002.

43. Instituto de Ciencia Política Universidad de Chile. Una Visión de las relaciones de Chile con Perú y Bolivia. Imp. Armada. Valparaíso. 1993.

44. Jauregui Carlos Historia del Parlamento Inglés. Edit.. Depalma. B. Aires. 1993.

45. Jellinek G. Teoría General del Estado. Edit. Albatros. B. Aires. 1954.

46. Jhering von Rudolf. La dogmática Jurídica. Edit. Losada. B. Aires. 1946.

47. Justo L. Mario. Introducción a los Estudios Políticos. Ed. Kapeluz. B. Aires. 1969.

48. Justo L.M. Derecho Político. Edit. Kapeluz. B. Aires. 1973.

49. Kelsen Hans. Introducción a la Teoría Pura del Derecho. Edi. Grijley. Lima. 2001.

50. Kelsen Hans. Teoría General del Estado. Edit. Nacional. México. 1979.

51. Lagos C. Guillermo. Historia de las Fronteras de Chile. Los tratados de límites con Argentina. Edit. A. Bello. Santiago.1980.

52. Legaz L. y Lacambra. Filosofía del Derecho. Bosch Casa Edit. Barcelona. 1971.

53. Leiboz Gerhardt. Conceptos Fundamentales de la Política y de Teoría de la Constitución. Grafica González. Madrid. 1964.

54. Libro de la Defensa Nacional de Chile. Ministerio de Defensa. Imp. Morgan. Santiago. 2003.

55. Loewenstein. K. Teoría de la Constitución. Editorial Ariel. Barcelona.1976.

56. Lucas V. Pablo. Curso Derecho Político. Editorial Tecnos. Año. Madrid. 1980.

57. MacIver Robert. Teoría del Gobierno. Editorial Tecnos. S.A. Madrid 1966.

58. Macquiavelo Nicolás. El Príncipe. Edit. Offsetgrama. B.Aires. 1978.

59. Maritain Jacques. El hombre y el Estado. Edit. Kraft. B. Aires. 1952.

60. Maritain Jacques. La carta democrática. Pensadores Católicos Contemporáneos. Ed. Grijalbo. Barcelona. 1964.

61. Mc Iver y Page Ch. Sociología. Edit. Tecnos Madrid.1972.

62. Oehling Herman. La función política del Ejercito. Imp. Geog. Militar Chile. 1977.

63. Ollero Carlos. Introducción al Derecho Político. Librería Bosch. Barcelona. 1948.

64. Oppenheim L. Derecho Internacional Público Imp. Nac. Barcelona. 1961.

65. Pacheco G. Máximo. Teoría del Derecho. Edit. Faríd. Chile. 2004.
66. Papa Pablo VI. Encíclica Humanae Vitae. Edic. Paulinas. Chile. 1992.
67. Pascal G. Derecho Internacional Marítimo. Instituto Hidrográfico Chile. 1983.
68. Peltason. J. W. La Constitución de EE.UU. Editorial World Book Inc. 1986.
69. Pérez S. Nicolás. Tratado Derecho Político. Edit. Civitas. Madrid. 1976.
70. Petit Eugene. Tratado Elemental Derecho Romano. Edit. Albatros. B. Aires.1980.
71. Pinochet U. Augusto. Geopolítica. Editorial A.Bello. Santiago. 1984.
72. Platón. La República. Libro VII. Editorial Renacimiento. Santiago. 1980.
73. Posada. Tratado de Derecho Político. Edit. Nac. Madrid .1935.
74. Poviña Alfredo. Sociología. Edit. Assandri, Córdova, Argentina. 1954.
75. Prelot Marcel. La Ciencia Política. Editorial Eudeba. B.Aires. 1964.
76. Quinzio Jorge M. Derecho Constitucional. Edit. Juríd. Chile. 1969.
77.Raveau Rafael. Tratado Elemental de Derecho Constitucional Chileno y Comparado. Edit. Nascimento Santiago. 1948.
78. Rousseau Charles. Derecho Internacional Público Editorial Ariel. Barcelona. 1966.
79. Rousseau Juan. El Contrato Social. Editorial Edaf. Madrid. 1979.
80. Rychlowski P. Bruno. Filosofía. Edit. Calderón y Cía. Chile. 1976.
81. Sabine H. George. Historia de la Teoría Política. Fondo Cultura Económica México. 1982.
82. Sampay E. Arturo. Introducción a la Teoría del Estado. Edit. Omeba. Año 1961.
83. Sánchez A. Luis. Derecho Constitucional Comparado. Univer. de Madrid. 1988.
84. Sanguinetti Horacio.Derecho Político.Ciencia Política. Edit. Astrea. B Aires. 1986.
85.Sayagues L. Enrique. Tratado de Derecho Administrativo. Edit. Bianchi. Montevideo. 1959.
86. Schmitt Carl. Teoría de la Constitución. Alianza Editorial. Madrid. 1982.
87. Sigmund Neumann. Partidos Políticos Modernos. Edit. Tecnos. S.A. España.1965.
88. Silva B. A. Tratado Derecho Constitucional. Edit. Juríd. Chile. 1963.

89. Silva B. Alejandro. Derecho Político. Ensayo de una Síntesis. Edit. Juríd. Chile. 1980.

90. Silva B. Alejandro. Tratado Derecho Constitucional. Edit. Juríd. Chile. 2000.

91. Tapia V. Jorge. Hermenéutica Constitucional. Edit. Juríd. Chile.1973.

92. Touchard Jean. Historia de las ideas políticas. Edit. Tecnos. Madrid. 1981.

93. Urzúa V Germán. Sociología Política. Edit. Juríd. Chile. 1959.

94. Urzúa V. Germán. Historia de las Ideas Políticas. Edit. Juríd. Chile. 1967.

95. Vargas C. Edmundo. América Latina y los Problemas Contemporáneos del Derecho del Mar. Santiago 1973.

96. Verdugo M. Mario. Manual Derecho Político. Edit. Juríd. Chile.1981.

97. Vial y otro. Derecho Civil. Ediciones Universidad Católica de Chile. 1985.

98. Vivanco M. Angela. Curso Derecho Constitucional. Edit. U. Católica. 2002.

99. Weber Max. Economía y Sociedad. Edit. Fondo Cult. Económica. México. 1964.

100. Wilhelmy M. Tendencias actuales de la Teoría Política. Edit. Juríd. Chile. 1969.

101. Wood Guillermo. El Plebiscito Constitucional de 1925.Edit. Juríd. Chile. 1953.

ÍNDICE

Este libro se terminó de imprimir
en los talleres digitales de

RIL® editores • Donnebaum

Teléfono: 2223-8100 / ril@rileditores.com
Santiago de Chile, abril de 2017

Se utilizó tecnología de última generación que reduce el impacto medioambiental, pues ocupa estrictamente el papel necesario para su producción, y se aplicaron altos estándares para la gestión y reciclaje de desechos en toda la cadena de producción.

www.ingramcontent.com/pod-product-compliance
Lightning Source LLC
LaVergne TN
LVHW092049051026
849517LV00013B/1162
* 9 7 8 9 5 6 7 9 4 3 7 6 0 *